LA PROTECTION DES DROITS DE L'ENFANT AU MALI

Souleymane S Coulibaly

LA PROTECTION DES DROITS DE L'ENFANT AU MALI

L'Harmattan
Mali

Harmattan Mali/Tropique Éditions
ACI2000 Bamako – Immeuble Jean-Marie CISSÉ
Bureau 10
Tél. : +223 76 43 00 66 /+223 66 89 33 72
www.harmattanmali.com
Couverture et mise en page : Coco Joyce

5–7, rue de l'École-Polytechnique ; 75005 Paris
http://www.librairieharmattan.com

ISBN : 978-2-336-50944-0
EAN : 9782336509440

DÉDICACE

À la mémoire de mon fils Bouya Coulibaly qui nous a quittés pendant les séminaires doctoraux. Que son âme repose en paix et que la terre lui soit légère !

Amen !

LISTE DES SIGLES ET ABRÉVIATIONS

ACP : Afrique, Caraïbe, Pacifique

AG : Assemblée générale

AFDI : Annuaire français de droit international

AFISMA : African-led International Support Mission to Mali

Al. : Alinéa

AMDH : Association malienne des droits de l'homme

AP : Accueil provisoire

AQMI : Al-Qaïda au Maghreb islamique

ASEAN/OSEANSE : Association of Southeast Asian Nationas/ Association des nations d'Asie du Sud-Est

Art. : Article

BIT : Bureau international du travail

CADHP : Cour africaine des droits de l'homme et du peuple

CAEDBE : Comité africain des experts sur les droits et le bien-être de l'enfant

CCT : Convention contre la torture et autres peines ou traitements cruels, inhumains ou dégradants de 1984

CE : Conseil de l'Europe

CEEAC : Communauté économique des États de l'Afrique centrale

CEDAW : Convention on the Elimination of All Forms of Discrimination Against Women

CEDEAO : Communauté économique des États de l'Afrique de l'Ouest

CEDEF : Convention sur l'élimination de toutes les formes de discrimination à l'égard des femmes

CDE/CIDE : Convention des Nations unies relative aux droits de l'enfant

CEDH : Cour européenne des droits de l'homme

CG : Convention de Genève

CIJ : Cour internationale de justice

CICR : Comité international de la Croix-Rouge

CIDE : Convention internationale des droits de l'enfant

CIHEF : Commission internationale humanitaire d'établissement des faits

CJCE : Cour de justice des Communautés européennes

CMA : Coordination des mouvements de l'Azawad

CNDH : Commission nationale des droits de l'homme

Conv. EDH : Convention européenne des droits de l'homme

C. parenté : Code de parenté

CP : Code pénal

CPE : Code de protection de l'enfant

CPI : Cour pénale internationale

CPJI : Cour pénale de justice internationale

CPP : Code de procédure pénale

CRC : Comité des droits de l'enfant

DAP : Département des affaires politiques

DDA : Département des affaires de désarmement

DDRR/DDR : Désarmement, démobilisation, réhabilitation et réintégration/démobilisation, désarmement et réinsertion

DH : Droit de l'homme

DIH : Droit international humanitaire

DOMP : Département des opérations de maintien de la paix

DNPEF : Direction nationale de la promotion de l'enfant et de la famille

DNS : Direction nationale de la statistique

DUDH : Déclaration universelle des droits de l'homme

ECOSOC : Conseil économique et social

ECRI : Commission européenne contre le racisme et l'intolérance

EDS/EDSM : Étude démographique de la santé malienne

EID : Espace d'interpellation démocratique

EUFOR : Force de l'Union européenne

FAFN : Forces armées des forces nouvelles (Côte d'Ivoire)

FNI : Front des nationalistes et intégrationnistes

FIDH : Fédération internationale des droits de l'homme

FRPI : Force de résistance patriotique de l'Ituri

HCDH : Haut-Commissariat des Nations unies aux droits de l'homme

HCR/UNHCR : Haut-Commissariat des Nations unies pour les réfugiés

Ibid. : Ibidem

INDH : Institut national des droits de l'homme

MEN : Ministère de l'Éducation nationale

MGF : Mutilation génitale féminine

MISMA : Mission internationale au Mali

MINUSMA : Mission multidimensionnelle intégrée des Nations unies pour la stabilité au Mali

MONUC : Mission de l'Organisation des Nations unies au Congo

MONUSCA : Mission de l'Organisation des Nations unies pour la stabilité en République démocratique du Congo

MNLA : Mouvement national de libération de l'Azawad

MRM : Monitoring en république du Mali

MUJAO : Mouvement pour l'unicité et le jihad en Afrique de l'Ouest

OCHA : Bureau de la coordination des affaires humanitaires

ODD : Objectif de développement durable

OEA : Organisation des États américains

OGE : Organisme de gestion électorale

OHADA : Organisation pour l'harmonisation du droit des affaires en Afrique

OIM : Organisation internationale pour la migration

OIR : Organisation internationale des réfugiés

OIT : Organisation internationale du travail

OMC : Organisation mondiale du commerce

OMD : Objectif du millénaire pour le développement

OMP : Organisation de maintien de la paix

OMS : Organisation mondiale de la santé

ONG : Organisation non gouvernementale

ONU/UN : Organisation des Nations unies

ONUCI : Opération des Nations unies en Côte d'Ivoire

OSCE : Organisation pour la sécurité et la coopération en Europe

OUA/UA : Organisation de l'unité africaine/Union africaine

P./PP. : Page(s)

PA : Protocole additionnel de Genève du 12 août 1949

PAM : Programme alimentaire mondial

PCASED : Programme de coordination pour la sécurité et le développement

PESC : Politique étrangère et de sécurité commune

PESD : Politique européenne de sécurité européenne de défense

PFVE : Prostitution des enfants et pornographie mettant en scène des enfants

PIDCP : Pacte international relatif aux droits civils et politiques

PIESC : Pacte international relatif aux droits économiques, sociaux et culturels

PNUD : Programme des Nations unies pour le développement

P-RM : Président de la république du Mali

RATIO LEGIS : Raison d'être de la loi

RCA : République centrafricaine

SADC : Communauté de développement de l'Afrique australe

SDN : Société des Nations

TMI : Tribunal militaire

TPI : Tribunal pénal international

TPIR : Tribunal pénal international pour le Rwanda

TPIY : Tribunal pénal international pour l'ex-Yougoslavie

TSSL : Tribunal spécial pour la Sierra Leone

UE : Union européenne

UEMOA : Union économique monétaire de l'ouest-africain

UISE : Union internationale de secours aux enfants

UNDP : Programme des Nations unies pour le développement

Unesco : United Nations Educational, Scientific and Cultural Organization/Organisation des Nations unies pour l'éducation, la science et la culture

Unicef : Organisation des Nations unies pour l'enfance

Unifem : Fonds de développement des Nations unies pour la femme

UNITA : União Nacional Para a Independência Total de Angola

VIH/Sida : Virus de l'immunodéficience humaine/syndrome d'immunodéficience acquise

Vol. : Volume

SOMMAIRE

INTRODUCTION

L'histoire des traités de droit international spécifiques aux droits de l'enfant est adoptée par des instances intergouvernementales (la Société des Nations et l'Organisation des Nations unies) et est généralement lue de manière linéaire, unidirectionnelle et progressive. Pourtant, une mise en perspective sociohistorique des processus de genèse et de circulation de ces textes laisse entrevoir le caractère, à l'inverse, dynamique et récursif de cette évolution sociolégale[1].

Dans toutes les sociétés, la protection de l'enfant est un sujet délicat puisqu'elle met en parallèle, d'un côté, la liberté de choix des parents dans la détermination de leurs pratiques éducatives et, de l'autre côté, la responsabilité de l'État face à la sécurité et au développement de tous ses citoyens, incluant les enfants[2]. C'est également un sujet complexe, en raison de la constante transformation des politiques qui sont adoptées en matière de protection de l'enfant et de diversité des acteurs individuels et collectifs (autorités judiciaires, services de l'État, services communautaires, Organisation non gouvernementale [ONG], associations, etc.) qui sont engagés dans la mise en œuvre de ces politiques.

Historiciser la dynamique des droits de l'enfant ne suffit toutefois pas à comprendre les changements fondamentaux qui interviennent dans la relation des adultes et de la société à l'enfance. Il ne permet pas non plus d'appréhender les divers contextes qui leur permettent d'être consacrés en qualité de norme internationale. La modification de la place de l'enfant dans la société durant le xxe siècle ne peut être comprise par sa seule traduction juridique. L'universalisation d'une conception transnationale de l'enfance se dessine au-delà de l'adoption de traités relatifs aux droits humains de l'enfant[3]. C'est pourquoi une articulation de cette histoire avec celle de

[1] RÉAL cité par LAURENT (F.), *op. cit.*, p. 378.
[2] À noter que le père naturel n'a aucune obligation de reconnaître l'enfant. S'il le fait, l'enfant n'a aucune filiation légale avec les grands-parents. Une exclusion sans appel de l'enfant naturel de la famille, qui ne peut prétendre à aucun effet de la filiation.
[3] Dans cette optique, un décret de 1807 autorisait le Refuge de Saint-Michel à recevoir les enfants envoyés en correction paternelle, CASTEX (L.), *op. cit.*, p. 135.

la production de connaissances scientifiques au sujet de l'enfance est souhaitable[4]. Cette dernière constitue un phénomène concomitant, indissociable de l'évolution des droits de l'enfant et participe aux bouleversements profonds que connaît l'enfance durant le xxe siècle[5].

La protection des droits de l'homme en général et la protection de l'enfant en particulier sont considérées comme une donnée essentielle pour un État démocratique. L'État est essentiel à l'évolution de l'homme ; mais l'État est aussi le germe majeur de violation des droits de l'homme. La nécessité d'une protection des droits de l'enfant, les instruments juridiques internationaux et nationaux sont alors inévitables. La constitution malienne prévoit non seulement les modalités d'exercice des pouvoirs de l'État, mais aussi les règles destinées à écarter les risques de violation des droits de l'enfant par les autorités publiques. Ainsi dans les sociétés, tout État doit s'intéresser aux questions de la protection des droits de l'enfant.

Traiter de la protection des droits de l'enfant revient d'abord, en réalité, à poser la problématique générale de la démarche juridique internationale relative à l'enfant, ses déterminants, ses acteurs, son contenu et son efficacité. Les instruments, normatifs ou institutionnels, évoluent en effet en rapport avec un milieu, une époque, dont ils traduisent et reflètent les idées et les préjugés. Cela est vrai en général pour le droit et l'est encore plus particulièrement pour le domaine des droits de l'homme, indépendamment de toute perspective de relativisme culturel[6]. Les droits de l'homme sont fondamentalement un droit idéologique sur le plan juridique, politique, économique, social et culturel. Il bouscule, avec la question des femmes et des enfants, des

---

[4] Sur la tutelle de l'enfant, voir JOUANNEAU (L. C.) et SOLON, *Discussion du code Napoléon dans le Conseil d'État : précédées des articles du texte et du projet...*, seconde édition, Paris, 1808, t. 1, p. 497–540.

[5] La mesure concerne tant les enfants légitimes que les enfants naturels reconnus. Cependant, une controverse eut lieu sur le fait de savoir si cette possibilité était entre les mains de tous les mineurs détenus par ce biais à chaque fois que la détention a lieu par voie de réquisition ou si seuls les mineurs possédant des biens ou ayant un état serait fondé à enclencher cette procédure ; cette dernière interprétation, bien que restrictive, semblant plus conforme à la pensée du législateur, MARCADÉ (V.-N.), *op. cit.*, p. 155–156 ; DEMANTE (A.), *Cours analytique de code Napoléon*, Plon frères, Paris, 1853, t. 2, p. 188 ; CASTEX (L.), *op. cit.*, p. 133.

[6] M'Bonda (E.-M.), « Les droits de l'homme à l'épreuve du droit à la différence », n° 2, 1997, p. 33–52.

logiques culturelles et de civilisations longtemps ancrées, des équilibres sociaux dont l'origine relève parfois du mythe, des arbitraires intériorisés dont l'objectivation ne va pas sans résistances et déchirements. Le système de protection de l'enfant au Mali est hérité direct des lentes théories élaborées au cours des XIXe et XXe siècles[7], dont il convient d'expliquer le cheminement.

L'évolution des données fondamentales de la protection internationale des droits de l'enfant n'intègre pas les préoccupations de la société internationale seulement aujourd'hui. Au début du XXe siècle déjà, dans le prolongement de la lutte contre l'esclavage et la traite, est signé le 18 mars 1904 l'arrangement international[8] pour la répression de la traite des femmes et des enfants, texte complété le 30 septembre 1921 par la Convention pour la répression de la traite des femmes et des enfants (jeunes garçons et jeunes filles confondus) ; il faut mentionner ensuite la Convention pour la répression de la traite des êtres humains et de l'exploitation de la prostitution d'autrui du 2 décembre 1995. Toutefois, il est convenu, non sans raison, de considérer que le premier texte[9] portant spécifiquement sur les droits de l'enfant est la Déclaration sur les droits de l'enfant adoptée à Genève le 26 septembre 1924 à l'initiative de l'Union internationale des secours aux enfants, une organisation britannique, et ce bien qu'existait depuis 1919 déjà dans le cadre de la SDN un comité de protection de l'enfant. Cette déclaration de 1924 sera révisée en 1948.

L'histoire nous révèle que dans toutes les civilisations l'enfant occupait une place à part. Dans les siècles antiques, l'enfant était un objet de propriété et appartenait à son père. Il s'était pendant longtemps trouvé soumis à la puissance paternelle et ce n'est que tardivement, à partir de la seconde moitié du XXe siècle, que sa condition s'est

---

[7] BETHLENFLVAY (M.), *Les Visages de l'enfant dans la littérature française du XIXe siècle, esquisse d'une typologie*, Librairie Droz S.A., Genève, 1979, p. 13.

[8] La doctrine traditionaliste et conservatrice tend à la critique du non-partage du salaire de l'enfant avec ses parents. C'est ainsi que, dans son *Essai sur la puissance paternelle*, CHRESTIEN DE POLY plaide pour un droit absolu des parents à récolter le salaire de leurs enfants en vertu des soins qu'ils ont dû leur apporter. Les enfants sont tenus d'une dette financière envers leurs parents, car ces derniers sont souvent « réduits à implorer la protection des tribunaux pour contraindre leurs enfans à leur fournir le pain qu'ils ont payé si chèrement en avance », *op. cit.*, p. 94.

[9] Déclaration sur les droits de l'enfant adoptée à Genève le 26 septembre 1924.

considérablement améliorée. La place réservée à l'enfant dans la société a été extrêmement variable au cours des âges et selon les différentes sociétés[10].

À cet égard, l'enfant a souvent été considéré comme un objet, un être négatif et inachevé selon certains philosophes et rattaché à la personne du père. Jusqu'à la fin du XIXe siècle, l'enfant subissait diverses violations et toutes sortes de discriminations sociales, culturelles et économiques. Il a toujours été classé dans la catégorie des couches les plus vulnérables y compris les femmes, les peuples autochtones et les personnes handicapées[11]. La vulnérabilité de l'enfant se traduit d'une part par sa dépendance vis-à-vis de ses parents ou de ses représentants légaux et d'autre part par l'environnement juridique, économique, social et culturel dans lequel il se trouve.

À la fin de la première guerre mondiale, les droits de l'enfant ont partout suscité de nombreuses spéculations et différentes controverses. Car, d'une part, le problème était lié au fait d'attribuer des droits aux enfants qui, jusque-là, étaient considérés comme objets et non comme sujets de droit. Outre, on a tout simplement eu à rattacher les droits de l'enfant aux droits de l'homme. Étant donné que l'enfant est le petit de l'homme, les droits de l'enfant sont quelquefois considérés comme issus des droits de l'homme.

Nonobstant que l'homme a souvent eu pour obligation de protéger sa descendance et que la protection de l'enfant relevait du droit naturel, il était donc inimaginable d'avoir des droits de l'enfant distincts de ceux de l'homme. Préoccupé par l'arbitraire, l'injustice, l'impunité, la torture et l'atteinte à la dignité humaine, depuis la période de l'après-guerre, on a mené des luttes communes pour que la liberté et le respect

---

[10] LEFEBVRE-TEILLARD (A.), « La famille, pilier du code civil », *op. cit.*, p. 311 ; BOUVERESSE (J.), « Droit de la famille et code Napoléon : ce qui passe, ce qui… », Colloque sur l'histoire de la Sécurité sociale, 122e Congrès national des sociétés savantes, Lyon, 1987, p. 97–116.

[11] C. civ., art. 384 : « Le père, durant le mariage, et, après la dissolution du mariage, le survivant des père et mère auront la jouissance des biens de leurs enfants jusqu'à l'âge de dix-huit ans accomplis, ou jusqu'à leur émancipation qui pourrait avoir lieu avant l'âge de dix-huit ans. »

des droits de l'homme triomphent et demeurent intrinsèques à tout être humain[12].

L'orientation protectionniste a commencé à se manifester en 1924, suite à l'adoption par l'Organisation internationale du travail (OIT) de certaines lois relatives aux conditions de travail des enfants, l'heure et l'âge minimum de travail. Ensuite, pour la première fois, l'apparition d'un texte à caractère obligatoire et universel qui est la déclaration des droits de l'enfant. Cette déclaration reposait principalement sur l'intérêt supérieur de l'enfant, en particulier son droit à la vie, à la scolarité obligatoire... Une autre déclaration s'y ajoute en 1959, celle de Genève, mettant ainsi l'accent sur la protection de la vie de l'enfant. Cette conception protectionniste, qui repose sur le caractère vulnérable de l'enfant, a imprégné les documents internationaux qui ont précédé ces différentes déclarations dans l'affirmation des droits de l'enfant[13].

En effet, à la sortie de la première guerre mondiale, les conditions des enfants démunis dans le chaos général avaient émergé une préoccupation fondamentale. Les deux guerres mondiales ont laissé des milliers d'enfants dans des conditions déplorables. L'après-guerre mondial marque un tournant important dans l'histoire des droits de l'enfant. Ces droits de l'enfant interviennent dans un contexte international marqué par la nouvelle conception des droits de l'homme. Après toutes les horreurs constatées, car plus de deux millions d'enfants ont été massacrés, la Communauté internationale a, après une longue analyse de la situation de l'enfant, et face à toutes ces formes de violences dont l'enfant pourrait être victime, mis en place un cadre bien

---

[12] Seules quelques infractions prévoient une aggravation de la peine en cas d'atteinte à l'intégrité physique du mineur ; les coups et blessures prévus aux articles 309 et 311 du code pénal n'en font pas partie. Article 195 « Les infractions concernant la famille appartiennent à l'ensemble des infractions sous-tendues par une rationalité de droit naturel. Elles reposent sur une morale jusnaturaliste, conforme à la "nature de l'homme". Cette rationalité individualisante vise la protection des biens fondamentaux de l'homme, ou encore son "patrimoine naturel" entendu dans trois dimensions, son corps, son honneur et ses biens », LASCOUMES (P.), « L'émergence de la famille comme intérêt protégé par le droit pénal, 1791–1810 », in *La Famille, la Loi et l'État. De la révolution au code civil*, Paris, 1989, p. 342.

[13] *Op. cit.*, p. 340.

déterminé de protection des droits de l'enfant. Toutefois, la convention de New York est une étape importante qui va beaucoup marquer l'évolution des droits de la personne. Cet instrument international se démarque des autres documents internationaux relatifs aux droits de la personne notamment parce qu'il englobe un ensemble de droits qui, pour le reste de la population, sont disséminés dans plusieurs textes. En se rendant compte que l'enfant devait bénéficier de structures propres pour la protection et le respect de son droit, la Communauté internationale s'est dotée d'arsenal spécifique à la protection de l'enfant.

Colonie française de 1906 à 1960, le Mali est un pays multiethnique et multiculturel marqué par un double héritage traditionnel. En raison de son jeune âge, l'enfant bénéficie d'une protection légale qui se traduit aujourd'hui par l'attribution de droits spécifiques[14].

L'enfant est défini comme tout être humain de moins de 18 ans, sauf si la loi nationale accorde la majorité plut tôt[15]. Toutefois, l'enfant et le mineur ne se distinguent que par le seuil d'âge de la majorité, c'est-à-dire sous l'autorité de ses pères et mères[16].

La protection des droits de l'enfant est définie comme toutes mesures visant à prévenir et à répondre à toute forme d'abus, de négligence, d'exploitation et de violences infligées aux enfants[17]. La violence envers les enfants : toutes les formes de violence physique ou mentale, de blessures ou de sévices, de négligence ou d'exploitation. La négligence envers les enfants[18] : lorsque les parents d'un enfant ou la personne adulte qui en a la garde manquent de façon persistante de

---

14 Répertoire de procédure civile, Dalloz, A. GOUTTENOIRE, « Mineur », n° 1.
15 Article 1er CIDE.
16 Répertoire de droit civil, Dalloz, C. NEIRINCK, « Enfance », n° 4.
17 MINUSMA.
18 MALEVILLE se heurte aux revendications, sujettes à discussion, de BOULAY. Ce dernier retourne l'argument historique avancé par son adversaire en atténuant la portée historico-juridique qu'elle pouvait avoir : si la jurisprudence de la déchéance de la puissance paternelle existait, ce ne fut que sous Justinien ; autrement dit à une période où l'on s'écartait sans cesse du droit ancien. Ce simple fait suffit à rejeter l'argument, pourtant précurseur, du député MALEVILLE. Précisons cependant que le pouvoir modérateur du juge en matière familiale était unanimement reconnu par les rédacteurs, FENET, séance du 26 frimaire an X, t. IX, p. 485–486.

pourvoir convenablement aux besoins fondamentaux d'un enfant alors qu'ils en ont la capacité. Il existe plusieurs formes de négligence, à savoir la négligence physique, médicale, émotionnelle et éducationnelle. L'exploitation des enfants désigne l'utilisation des enfants pour l'avantage, la satisfaction ou le profit économique ou sexuel (le) d'une autre personne, donnant souvent lieu à un traitement injuste, cruel et préjudiciable à l'enfant.

Parler des droits de l'enfant, dire que l'enfant est une personne pourvue de sa dignité propre et de son autonomie, ne va pas de soi. Que le droit international énonce que « l'enfant n'est pas la propriété de ses parents, ni de l'État, ni d'une église quelconque, ni de qui que ce soit » est une attitude révolutionnaire[19]. La protection de l'enfant engage tout adulte s'occupant d'un enfant (parents et professionnels) et toute institution chargée de sa prise en charge (écoles, hôpitaux, foyers sociaux-éducatifs, etc.). Dans un sens restreint, elle concerne « les politiques ou les mesures directement tournées vers les mineurs, tendant à prévenir ou suppléer une défaillance familiale ».

Le territoire du Mali s'étend sur une superficie de 1 241 238 km^2. La population totale est estimée en 2016 à 18 341 245 habitants et composée de 9 097 258 hommes et de 9 243 987 femmes[20], avec un taux de croissance démographique de 2,5 par an. La densité de la population est 2,6 habitants au km. La tranche d'âge de 0 à 17 ans constitue environ la moitié de la population malienne. La population totale des enfants de 0 à 17 ans est estimée en 2006 à 6 463 669 enfants[21], dont 3 231 834 garçons et 3 231 834 filles. Par l'application du coefficient de croissance démographique de la population totale (2,5) par an, les petits enfants (0 à 5 ans) représentent 3 000 069 enfants soit 35 % de la population totale malienne en 2013[22]. Vu cette démographie croissante de cette frange de la population et la

---

[19] Article 2 de CIDE.

[20] Direction nationale des statistiques (DNS) du Mali.

[21] Enquête nationale sur le travail des enfants (ENTE 2005) DNSI-Mali : République du Mali, ministère de la Promotion de la femme, de l'enfant et de la famille, Rapport 2006 sur la situation de l'enfant malien, observatoire du suivi de la condition de l'enfant CNDIFE, 2007.

[22] Direction nationale de la statistique (DNS) du Mali.

vulnérabilité de l'enfant[23], certaines mesures vont être élaborées pour l'amélioration de leur condition de vie. Cette volonté soudaine de protection se manifeste surtout par la ratification des différentes conventions internationales et en particulier celles relatives aux droits de l'enfant.

Le Mali, à l'instar de la communauté internationale et pour être en conformité avec le droit international en vue d'assurer une meilleure protection des droits de l'homme et en particulier de l'enfant, se trouve dans l'obligation d'édicter des droits pour les mineurs. Le Mali a voulu assurer un avenir confortable à tous les enfants nationaux et étrangers vivant sur son territoire. L'État accorde une priorité aux droits de l'enfant, à leur protection, à leur développement et à leur bien-être. Cette politique se fonde d'une part sur des valeurs culturelles de notre société traditionnelle et d'autre part sur la conviction que les enfants d'aujourd'hui sont les hommes de demain[24]. Cette volonté se manifeste en premier lieu dans la Constitution[25]. La Constitution malienne du 22 février 1992 fixe le cadre général à travers lequel s'opère la participation des citoyens à la vie publique. Les principaux axes de ce cadre reposent sur la garantie et le respect des droits et libertés individuels ou collectifs dans le contexte d'une république laïque[26].

Le droit international des droits de l'homme est un standard minimum commun et ne saurait interdire que les États soient plus

---

[23] Ainsi sont sévèrement réprimés enlèvement, recel, suppression et substitution d'enfant, absence de déclaration d'enfant, absence de remise d'enfant trouvé à l'officier de l'état civil et exposition d'enfant au-dessous de 7 ans accomplis est punie de l'emprisonnement.

[24] Le but du législateur de 1810 était en effet de conserver l'état civil de l'enfant, ce qui explique les conditions strictes posées par ces articles pour caractériser l'incrimination. En outre, l'enfant mort-né n'était pas concerné par ses mesures : l'accusation devait prouver qu'il avait vécu. Des lacunes qui seront mises en exergue lors de la réforme pénale de 1863, désireuse de garantir une sécurité juridique à l'enfant en punissant l'enlèvement et la non-représentation de l'enfant même en l'absence de la preuve de l'existence réelle (c'est-à-dire qu'il ait vécu) afin de ne faire varier que la peine et pas l'incrimination. Les notions seront ainsi reprises dans le nouvel article 345 issu de la réforme pénale de 1863.

[25] Dinh Gia Khanh, La culture folklorique du Vietnam dans le contexte de la culture de l'Asie du Sud-Est, Éditions des sciences sociales, Hanoi, 2003, p. 1083.

[26] La constitution du 22 février 1992 en Républiue du Mali.

généreux pour les enfants dans leurs législations nationales respectives. Les textes internationaux et lois adoptés ces dix dernières années ont aidé à préciser et à renforcer davantage le régime des droits et libertés constitutionnellement garantissant la protection des droits de l'enfant. Le processus de consolidation des droits de l'enfant se poursuit donc au fil des années.

Les droits concernant la protection des enfants sont analysés[27]. C'est ce qui montre surtout l'intérêt et l'attention « particulière aux enfants » des autorités maliennes d'accorder une priorité à la protection des droits de l'enfant. L'intérêt de l'enfant est ce qui est bien pour lui, ou encore ce que réclame le bien de l'enfant. Il est le critère principal de toute mesure judiciaire ou extrajudiciaire concernant l'enfant (tutelle, garde de l'enfant, adoption, placement, éducation, etc.). « Dans toutes les décisions qui concernent les enfants, qu'elles soient le fait des institutions publiques ou privées de protection sociale, des tribunaux, des autorités administratives ou des organes législatifs, l'enfant doit être une considération primordiale. »[28]

La ratification des instruments internationaux relatifs aux droits de l'enfant et l'avènement de la démocratie en 1991 ont largement contribué à la création d'un environnement nécessaire pour le développement des enfants. Les réformes menées depuis lors ont permis de réunir les conditions adéquates pour une telle action. C'est notamment le cas de l'adoption du code des parentés, du code de minorité, du code de la famille, de la loi rendant l'enseignement de base obligatoire et l'éclosion d'une association défendant les droits de l'homme, montrant ainsi l'implication de la population civile. Les exemples les plus frappants sont : le groupe parlementaire de l'enfance qui constitue des partenaires privilégiés pour le développement de cette branche de population. Il y a aussi l'existence d'un département

---

[27] Lionel Obadia, « Le Bouddhisme d'Occident et les droits de l'homme » in *Droits humains et valeur asiatique un dialogue possible*, éd. par Marres Thierry et Servais Paul, Bruylant, 2001, p. 206.

[28]Article 3 de la Convention relative aux droits de l'enfant, voir également l'article 4 de la Charte africaine des droits et du bien-être de l'enfant et l'article 9 de la loi relative aux droits et à la protection de l'enfant contre les violences sexuelles.

ministériel (ministère de la Femme, de l'Enfant et de la Famille) qui met en place des programmes dont bénéficie l'enfant[29].

L'engagement du Mali pour la protection des droits de l'enfant se caractérise par la mise en place de différentes structures spécialisées en la matière et la création de certaines institutions subsidiaires relatives surtout à ces couches les plus vulnérables. Cette protection peut parfois se heurter à de nombreux obstacles liés tantôt à la condition de l'enfant, tantôt à son statut juridique[30]. Ceci étant, les conditions de l'enfant ont beaucoup évolué après la ratification de la convention de New York de 1989. La rébellion du Mouvement national de libération de l'Asawad (MNLA) a été soutenue par des groupes extrémistes, y compris Al-Qaïda au Maghreb islamique (AQMI), Ansar Dine et le Mouvement pour l'unicité et le jihad en Afrique de l'Ouest (MUJAO). Ces groupes ont pris le contrôle du Nord du Mali et ont imposé une interprétation stricte de la charia (loi islamique). Ils ont commis de graves violations des droits humains contre des civils, y compris des exécutions publiques, des amputations, des viols et des violences sexuelles, des recrutements et l'utilisation d'enfants du Mali et des pays voisins dans leurs groupes armés. La plupart des écoles dans le Nord du Mali restent fermées. Dans les camps de réfugiés, il y a un grand pourcentage d'enfants non scolarisés (en Mauritanie 70 % d'enfants), et les infrastructures scolaires sont insuffisantes, mettant les enfants au risque de perdre une deuxième année de scolarité.

Par ailleurs, le Conseil de sécurité de l'ONU a approuvé la création d'une mission internationale de soutien au Mali sous conduite africaine, en décembre 2012 (AFISMA[31]). Environ 6 300 soldats ont été déployés au Mali en janvier 2013, avec les troupes nationales des États membres de la Communauté économique des États de l'Afrique de l'Ouest (CEDEAO) et du Tchad. En janvier 2013 comme les groupes extrémistes dirigés vers le sud menaçaient de prendre la capitale Bamako, les Français ont lancé une opération militaire en soutien à

---

[29] Yves GARNIER, Line KAROUBI, Mady VINCIGUERRA et Isabelle JEUGE-MAYNART (dir.), *Le Petit Larousse illustré*, Paris, Larousse, 2009, p. 1004.

[30] Jean-Marie Crouzatier, « Histoire constitutionnelle : une expérience récente d'inspiration étrangère K », *op. cit.*, p. 14.

[31] African-led Inetrnational Support Mission to Mali, « Les enfants en crise et conflits armés », p. 4, 2013.

l'armée malienne et l'AFIMA dans la lutte contre l'insurrection. Convient-il de rappeler que l'AFIMA est devenu aujourd'hui la MINUSMA[32]. La crise malienne s'inscrit dans un contexte sous-régional plus large (de l'Afrique du Nord et de l'Ouest) caractérisé par des crises alimentaires et nutritionnelles chroniques, manque de soins de base des enfants et fermeture des écoles au nord et certaines écoles au centre qui entravent les droits des enfants[33]. Les combats qui font plus de morts parmi les civils que parmi les militaires ont été marqués par une violence et des brutalités sans précédent. N'importe quelle tactique est employée : viol systématique, empoisonnement, tuerie ciblée, etc. Les personnes les plus touchées sont les enfants et les femmes.

Le Mali est l'un des pays qui recensent beaucoup de morts dans les conflits et crises en Afrique. Face à l'horreur des conflits, les enfants sont particulièrement vulnérables, et leurs droits à une enfance heureuse, à la santé, à l'éducation sont constamment bafoués. À cet égard, la prolifération d'armes légères a facilité le recrutement d'enfants comme soldats et de plus en plus ceux-ci sont devenus la cible, voire les auteurs de violence et d'atrocités.

Le Conseil de sécurité de l'ONU a approuvé la création d'une mission de soutien au Mali sous la conduite du chef de la MINUSMA avec les troupes nationales des États membres de la CEDEAO et du Tchad et la force Barkhane. Sur ce point, il apparaît que le droit international prévoit un ensemble de mécanismes juridiques applicables à l'enfant, qu'il soit victime directe ou indirecte des conflits, ou qu'il participe directement ou indirectement aux hostilités. Les conflits armés sont une problématique récente et actuelle dans la protection des droits de l'enfant qui s'appuie sur l'évolution des droits de l'homme et sur la mutation de la nature des conflits[34]. Elle pose la question de l'existence d'un cadre normatif international consistant, apte à assurer protection et assistance à l'enfant en proie à des hostilités. L'analyse de ces instruments montre qu'ils se caractérisent souvent par la généralité de

[32] Mission multidimensionnelle intégrée des Nations unies pour la stabilité au Mali.
[33] Ph. Bonfils & A. Gouttenoire, *op. cit.*, p. 635.
[34] P. King & J. Noël, « Les origines du "problème de la délinquance juvénile" : la multiplication des poursuites contre des mineurs à Londres à la fin du XVIIIe siècle et au début du XIXe siècle », *Déviance et Société*, 1994, vol. 18, n° 1, p. 3–29.

leurs dispositions qui ne sont pas toujours adaptées à la prise en compte de la spécificité de l'enfant. Outre, ils soulèvent parfois des questions d'applicabilité. Toutefois, on peut retenir l'efficacité des mécanismes juridiques relatifs à la convention des droits de l'enfant (CDE) adopté en 1989.

Cependant, près de la moitié des personnes déplacées au Mali sont des enfants, soit des milliers de filles et de garçons[35]. De nombreux enfants réfugiés passent toute leur enfance loin de leur pays d'origine, dans l'incertitude quant à leur avenir. Les enfants[36], qu'il s'agisse de réfugiés, de déplacés internes ou d'apatrides, sont plus exposés que les adultes aux sévices, à la négligence, à la violence, à l'exploitation, à la traite ou au recrutement forcé dans les groupes armés. Ils peuvent vivre des événements traumatisants ou être témoins de tels événements, et être séparés de leur famille. Dans le même temps, la famille et les autres réseaux de soutien social peuvent se trouver affaiblis et l'éducation des enfants peut être perturbée. Ces expériences peuvent avoir de profondes conséquences sur les enfants, tout au long de l'enfance, depuis le plus jeune âge jusqu'à l'adolescence. Dans les situations d'urgence et les déplacements forcés, les filles sont exposées à des risques de protection particuliers liés au genre.

Les enfants font également preuve d'une très grande résilience et trouvent les moyens de faire face et de surmonter les difficultés et les souffrances. Ils puisent leur force de leur famille, et l'amitié est pour eux source de joie. En apprenant à l'école, en faisant du sport et en ayant l'espace créateur nécessaire pour déployer leurs talents et utiliser leurs aptitudes, les enfants peuvent être membres actifs de leur communauté. Les États doivent travailler avec eux et leur donner les moyens de faire valoir leurs droits et de plaider pour qu'une protection leur soit apportée. Les enfants en situation de mobilité sont à risque d'exploitation dans un contexte de travail informel, du fait de leur bas âge (moins de 18 ans) et du manque de contrôle social et institutionnel. La majorité des enfants en mobilité travaillent et subissent des formes

---

[35] En considérant que les enfants représente 47 % des milliers de réfugiés et déplacés internes sous protection des ONG nationales et internationales (MINUSMA).

[36] En vertu de la Convention des Nations unies relative aux droits de l'enfant est défini comme enfant « tout être humain âgé de moins de 18 ans, sauf si la majorité est atteinte plus tôt en vertu de la législation qui lui est applicable ».

d'exploitation économique (manque ou peu de rénumération, esclavage, servitude, travaux forcés ; engagement dans des activités illicites, exploitation sexuelle, mauvais traitement sur le lieu de destination et en transit). Les formes d'exploitation les plus courantes sont la mendicité, les travaux forcés et le service domestique[37].

Les droits de l'enfant sont inscrits dans le droit international, notamment dans la Convention des Nations unies relative aux droits de l'enfant (CDE)[38] et sont au cœur du mandat de la MUNUMA[39]. Compte tenu de la forte proportion d'enfants parmi les populations déplacées et du fait que les filles et les garçons sont exposés à des risques de protection uniques, la prise en charge de leurs besoins spécifiques est une priorité majeure des organisations non gouvernementales (ONG).

Cependant, ces condamnations pour recrutement et utilisation d'enfants soldats suffisent-elles pour conclure à l'existence d'une protection complète des droits de l'enfant. Dans son étude sur l'« impact des conflits armés sur les enfants », l'expert désigné par le secrétaire général de l'Organisation des Nations unies (ONU), Graça Machel, en était arrivé à un constat : *« La guerre viole tous les droits de l'enfant »*[40]. Cette rébellion a fragilisé la protection des droits de l'enfant au Mali. Si nous nous sommes quelque peu étendus sur cette dernière période historique, c'est parce que les idées émises au cours de la Révolution française peuvent s'apparenter à une protection embryonnaire et ambivalente de l'enfant[41], mais ne constituent pas pour autant une protection moderne. En revanche, ces bases révolutionnaires permettront l'organisation de la protection de l'enfant dès le début du XIXe siècle, tantôt en réfutant les théories révolutionnaires, tantôt en les adaptant à la vision nouvelle de l'organisation de la société.

---

[37] Organisation internationale pour la migration (OIM).

[38] Convention des Nations unies relatif aux droits de l'enfant, 1990.

[39] Résolution 1612 relatif aux six (6) graves violations du Conseil de sécurité (SC) des Nations unies, 2013.

[40] Rapport du secrétaire général sur l'« Impact des conflits armés sur les enfants » (rapport « Graça Machel »), doc. ONU A/51/306, 26 août 1996, § 3.

[41] POUMAREDE (J.), « Les tribulations de l'autorité paternelle de l'ancien droit au code napoléonien », in CHAUVIÈRE (M.), LENOËL (P.), PIERRE (E.), *Protéger l'enfant. Raison juridique et pratiques socio-judiciaires (XIXe-XX^{e}siècles)*, PUR, Rennes, 1996, p. 23–35.

Alors que le code civil de 1804 instaure une vision idéaliste de la famille, la légitime guidée par le père sur lequel repose l'autorité de l'État, aucune protection de la personne de l'enfant ne semble envisageable au sein de son foyer. Dès lors, l'abus de la puissance paternelle ne paraît pas envisageable pour le législateur. Ni le code civil ni le code pénal n'envisagent l'abus de la puissance paternelle. Au contraire, leurs dispositions se complètent en préservant un ordre public étatique fondé sur l'ordre public familial.

Tel que nous l'envisageons ici, l'ordre public familial est à organiser juridiquement, la relation unissant l'État à la famille. Plus exactement, cet ordre public familial érige des règles immuables en corrélation avec la vision de la famille que l'on souhaite promouvoir. Pour ce faire, il est nécessaire de créer un droit de la famille[42] guidé par des principes juridiques précis afin de remplir une mission particulière, favorable à la fois au groupe familial et à l'institution étatique. Le législateur règle les questions d'ordre familial : mariage, divorce, puissance paternelle, adoption ou encore succession. Cet ordre public familial est véritable selon les époques déterminées en fonction de l'évolution des mœurs, de la démographie ou encore du comportement des familles[43].

Le fondement juridique de la protection des droits de l'enfant résulte des textes nationaux et des conventions internationales ratifiées par le Mali. Toutefois, la loi institue souvent des discriminations en faveur des enfants. Il s'agit des discriminations positives. L'objectif de ces discriminations est de protéger les enfants contre la rigueur de la loi : c'est ainsi que l'enfant de plus de 14 ans ne doit pas travailler dans

---

[42] L'expression « droit de la famille » employé ici pourrait paraître anachronique, puisqu'en 1921 un auteur remarquera que l'expression n'est ni utilisée dans les cours de droit ni dans les ouvrages de doctrine, qui préfèrent parler encore de « droit de la filiation » et de « droit du mariage ». Or, si l'on adopte la définition selon laquelle le droit de la famille est « *un ensemble de règles de droit, d'ordre personnel et d'ordre patrimonial, dont l'objet exclusif, principal, accessoire ou indirect est de présider à l'organisation, à la vie et à la dissolution de la famille* », l'expression prend ici tout son sens. Cf. BONNECASE (J.), « La philosophie du code Napoléon appliqué au droit de la famille, ses destinées dans le droit civil contemporain », *Revue général du droit,* 1921, p. 87–210 ; p. 256–278 ; spécialement p. 189–192.

[43] Cf. NELIDOFF (Ph.), « La famille : une histoire faite d'évolutions, de mutations ? », http // publucations.ut-capitole.fr/19522/

une entreprise ; l'enfant de plus de 14 ans ne doit pas travailler dans des établissements dangereux, incommodes et insalubres ou dans les quarts de nuit, la femme qui a accouché a droit à un congé de maternité et bénéficie des heures après ce congé, l'enfant handicapé a droit à une protection spécifique, etc.

Par ailleurs, les conventions ratifiées qui viennent renforcer les textes nationaux proviennent de divers horizons. Il y a d'abord les textes de l'ONU dont les plus essentiels sont la Déclaration universelle des droits de l'homme (DUDH) du 10 décembre 1948 et la CIDE, mais aussi les conventions élaborées de Genève ; ensuite, celles élaborées en Afrique se résument à la CADHP du 27 juin 1981 et les directives et principes sur la protection des droits de l'enfant. L'engagement du Mali pour la protection des droits de l'enfant se caractérise par la mise en place de différentes structures spécialisées en la matière et la création de certaines institutions subsidiaires relatives surtout à ces couches les plus vulnérables.

La Constitution du 25 février 1992 est le premier support de la protection des droits de l'enfant au Mali[44]. L'ordre public familial impose ainsi des limites, des contraintes auxquelles les membres de la famille doivent incontestablement se plier. L'ordre public étatique est un concept par lequel l'État est assuré par la sécurité publique et la sûreté. Lorsque cet ordre est troublé, l'auteur doit être sanctionné par l'autorité publique. En conséquence, l'ordre public étatique pose des limites aux comportements de la population qui compose son État, en poursuivant le but de l'intérêt général. Les règles posées sont alors des règles impératives destinées à la tranquillité et à la paix de l'État, complétées par des mesures impératives en matière familiale.

[44] Le Mali a connu cinq constitutions qui sont : la Constitution de 1959 élaborée dans le cadre de la Communauté française régissant entre autres la fédération du Mali, regroupant le Soudan français et le Sénégal ; la Constitution du 22 septembre 1960 après éclatement de la fédération du Mali qui est la Constitution du Mali indépendant ; la Constitution du 2 juin 1974 adoptée par référendum et en fin la Constitution du 25 février 1992 actuellement en vigueur (publiée dans le JO du 29 février 1992). À cette liste s'ajoute l'ordonnance n° 1 du Comité militaire de libération nationale (CMLN) du 28 novembre 1968 qui a aussi organisé, à l'issue d'un coup d'État, les pouvoirs publics au Mali, aussi bien que l'ordonnance n° 1/CTSP du 26 mars 1991.

En outre, dans le code civil de 1804, le droit de puissance paternelle, principe d'ordre public par excellence, n'est pas remis en cause ni dans son principe ni dans son contenu pourtant non défini. Il sacralise la puissance paternelle comme un droit-pouvoir exercé sur l'enfant. La doctrine des XIXe et XXe siècles s'accorde à dire que la puissance paternelle, dans son intégralité, est destinée à préserver l'intérêt de l'enfant qui, en tant qu'incapable, ne peut s'éduquer lui-même et ne semble pas remettre en cause ce postulat. De cette conception restrictive de la puissance paternelle comme doit-pouvoir découle une absence de protection légale de l'enfant au sein de son foyer, qu'il soit légitime ou naturel. Pourtant, le XIXe siècle est propice à la découverte de la protection de l'enfant contre la puissance paternelle. Il représente surtout le siècle de la découverte du mineur en tant qu'objet de protection.

L'actualité dont la question de la protection des droits de l'enfant fait l'objet, notamment au cours de ces décennies, témoigne de la nécessité d'une interrogation continue sur leur protection. L'enfant, un sujet de droit. Cette subjectivité juridique implique l'existence d'un ensemble de capacités de jouissance et d'exercice, mais aussi la possibilité de répondre de ses actes devant les tribunaux. Entendue dans ce sens, cette subjectivité qui fonde la capacité juridique est difficilement applicable à l'enfant qui, le plus souvent, est défini de façon négative, c'est-à-dire par rapport à son incapacité et à son irresponsabilité. Cette incompatibilité entre l'incapacité et le statut de sujet de droit a d'ailleurs conduit certains à voir dans la personne de l'enfant, non un sujet, mais un objet de droit. S'appuyant sur l'idée que celui-ci est dépourvu de raison, cette conception tendrait à mettre fin à un paradoxe consistant à reconnaître à celui-ci des droits qu'il ne saurait exercer. Cette philosophie se retrouve d'ailleurs dans plusieurs textes internationaux qui se bornent le plus souvent à consacrer des droits, mais dont la mise en œuvre incombe aux autorités étatiques. On peut aussi rencontrer un certain nombre de droits dont la jouissance ou l'exercice dépendent strictement de la capacité de discernement, autrement de l'intégrité des facultés de jugement, absente chez l'enfant. Il en est ainsi de la liberté de conscience, d'expression, le droit au respect de sa vie privée, etc. Cette négation, à l'enfant, de son statut de sujet de droit à part entière se retrouve également s'agissant de la question de la responsabilité. En effet, il ne peut pas y avoir de droits sans obligations et, par conséquent, la possibilité de répondre aux manquements auxdites obligations. Or, dans le cas de l'enfant, son immaturité présumée exclut *a priori* cette responsabilité. Pour les tenants de cette théorie, reconnaître à l'enfant le statut de sujet de droit reviendrait à remettre en cause cette irresponsabilité, à le tenir pour responsable de ces actes et, dès lors, le besoin de protection spéciale ne se justifie plus. Il est comme l'homme adulte, ce qui va sûrement à l'encontre de son intérêt. Alain Finkielkraut dira, à ce propos, que *« voir en lui une personne achevée et non une personne en devenir, c'est [...] lui dénier férocement la légèreté, l'insouciance, l'irresponsabilité qui sont ses prérogatives fondamentales pour l'exposer, alors qu'il est sans défense, à tous les conditionnements et à toutes les convoitises »*[45]. Cette notion de personne en devenir rend inutile le débat sur la question de savoir si l'enfant est un sujet de droit. De son côté, Dominique Youf préférera qualifier l'enfant de personne juridique[46]. Cependant, celle-ci étant une personne titulaire de droits et d'obligations et ayant de ce fait un rôle dans l'activité juridique[47], elle ne se distingue pas trop d'un sujet de droit. D'ailleurs, ce serait ignorer le contenu du droit positif que de dire que l'enfant ne peut pas exercer ses droits et sa responsabilité ne peut pas être engagée. Le droit civil accorde une certaine valeur à ses actes et sa responsabilité peut être engagée sur le plan pénal.

L'erreur c'est, en réalité, de vouloir trancher coûte que coûte en cherchant un équilibre entre droit et devoir, ce qui conduit soit à considérer l'enfant comme adulte, soit à lui nier la raison. Ces solutions

---

[45] Alain FINKIELKRAUT, *op. cit.*, p. 93.

[46] C. civ., art. 378. Les débats lors de la préparation du code civil nous apprennent que cette absence de formalités et celle d'inscription de motif de la plainte sont guidées par un seul principe : « Les erreurs des enfants doivent être étouffées au sein des familles [...] rien ne doit rester, si ce n'est l'ordre d'arrestation, dans lequel les motifs ne doivent pas même être énoncés », Rapport fait au tribunat par le tribun VESIN, au nom de la section de législation, sur le titre IX, livre Ier, du code civil, séance du Ier germinal an XI, in *Recueil complet des discours* prononcé lors de la présentation du code civil par les divers orateurs du Conseil d'État et du tribunat et discussion particulière avant la rédaction définitive de chaque projet de loi, Paris, 1838, p. 241. L'absence d'inscription des motifs de l'arrestation et l'absence de formalités judiciaires sont prises dans l'intérêt de l'enfant afin que son dossier n'empêche pas une embauche future auprès d'un patron.

[47] Raymond GUILLIEN et Jean VINCENT, *Lexique des termes juridiques*, Paris, Dalloz, 13e éd., 2001, p. 413.

radicales ignorent la spécificité de l'enfant. Comme le fait remarquer J.-J. Rousseau, *« l'enfant a des capacités de raisonner qui lui sont spécifiques, il est différent de l'adulte, et c'est une absurdité que de l'identifier à l'adulte ou au dément »*[48]. Cette particularité de l'enfant conduirait à lui reconnaître une subjectivité juridique spécifique. L'intérêt n'est donc pas de savoir s'il peut ou non exercer ses droits lui-même, et ce serait limiter considérablement ses droits si on ne devait lui reconnaître que des prérogatives qu'il peut exercer lui-même. D'ailleurs, la philosophie des droits de l'homme ne s'inscrit pas forcément dans ce cadre, et l'exercice de bon nombre de droits subjectifs nécessite une certaine capacité. Les droits de l'enfant ont tous pour raison d'être la norme de référence qui est l'intérêt supérieur de l'enfant. Il n'est certes pas évident que l'enfant sache ce qu'est vraiment son intérêt. Comme le fait remarquer le doyen Carbonnier, *« il ne sait pas l'apprécier lui-même, et ce n'est pas au surplus son intérêt de l'instant présent, c'est bien plutôt son intérêt à venir, son intérêt d'homme dans un futur déterminé »*[49]. Quoi qu'il en soit, c'est cette notion d'intérêt supérieur qui doit justifier la pertinence des droits reconnus à l'enfant et elle est aujourd'hui la base de toute la réglementation en la matière.

Malgré l'acceptation universelle du nécessaire respect des droits fondamentaux comme une exigence pour l'ensemble de la communauté internationale, l'observation de la pratique montre une situation des enfants assez ambiguë[50]. En effet, on assiste aujourd'hui à des violations massives et flagrantes des droits de l'enfant. Si des explications sont parfois avancées, comme la nécessaire soumission de l'enfant de par le monde[51]. En réalité, la « mercantilisation » de l'enfant, considérée comme un droit au profit des adultes, explique l'exploitation et l'abus dont il fait parfois l'objet. Souvent soumis à des conditions de travail inhumaines dans notre pays, toujours victimes d'abus sexuel et de discrimination dans d'autres, le quotidien de beaucoup d'enfants se partage entre précarité et souffrance familiale ou

---

[48] J.-J. ROUSSEAU, *op. cit.*, p. 94.
[49] Jean CARBONNIER, *op. cit.*, p. 129.
[50] Œuvres de R.-J. Pothier, contenant les traités du droit français, nouvelle édition mise en ordre et conforme à celle publiée par M. Dupin aîné, Bruxelles, 1831, t. 5, p. 182.
[51] RÉAL cité par LAURENT (F.), *op. cit.*, p. 378.

le handicap économique ou encore les conflits armés qui les enferment dans une fragilité perpétuelle et anéantissent ainsi leurs perspectives d'avenir. On estime aujourd'hui que des milliers d'enfants vivent dans la rue[52], et qu'ils sont appelés à être exploités dans un travail servile, en violation des règles primaires qui leur sont applicables. À cela s'ajoute le fait qu'ils sont majoritairement déscolarisés, ce nombre ne reflétant que la situation du Mali[53]. Les violations et même la négation des droits de l'enfant restent donc une réalité quotidienne dans plusieurs régions du monde. Pourtant, ces violations commises généralement en temps de paix paraissent infimes comparées aux atteintes dont sont victimes les enfants en période de conflits armés. En effet, les conflits armés qui ont éclaté au Mali ou qui se poursuivent encore aujourd'hui ont bouleversé la vie de millions d'enfants. Cette situation s'explique en parallèle avec la proportion croissante de victimes parmi les populations civiles.

C'est au début des années 1920 que l'on va assister à l'émergence des premières réglementations sur les droits de l'enfant, notamment avec l'idée émise par Janusz Korczac de la mise en place d'une « Charte pour la protection des enfants »[54]. Cette initiative allait aboutir à la déclaration des droits de l'enfant, également appelée « Déclaration de Genève », proclamée par le Conseil général de l'Union internationale de secours aux enfants (UISE) le 17 mai 1923. Cette déclaration, dont les principes étaient essentiellement centrés sur le soutien et l'assistance aux enfants en difficulté, a été reprise et adaptée par l'Assemblée de la Société des Nations (SDN) réunie à Genève le 26 septembre 1924. Ce premier instrument international de protection des droits de l'enfant sera suivi de nombreux textes, des instruments généraux des droits de l'homme aux récentes résolutions du Conseil de

---

[52] M. Le Blanc et M. Fréchette, cités par Marc Le Blanc, *Male Criminal Activity from Childhood through Youth : Multilevel Developmental Perspectives*, New York, Springer-Verlag, 1989.

[53] Afrique-Occidentale française ou AOF regroupait jusqu'en 1958 les territoires du Dahomey (actuel Benin), de la Côte d'Ivoire, de la Guinée, de la Haute-Volta (actuel Burkina Faso), de la Mauritanie, du Niger, du Sénégal, du Soudan français (actuel Mali) et du Togo.

[54] Jean-Louis GAZZANIGA, « Notes sur l'histoire de la faute », revue *Droit*, PUF, Paris, 1987, p. 21.

sécurité, notamment des normes spéciales applicables à l'enfant ou celles sanctionnant la violation de ses droits.

Le contexte de l'évolution des droits de l'homme a sans doute été le facteur le plus déterminant de la prise de conscience, de la naissance puis du renforcement des règles protectrices des droits de l'enfant. La seconde guerre mondiale, avec ses cinquante millions de victimes, a entraîné une réaction forcée, fondée sur la nécessité de prévenir et d'empêcher un tel chaos dans l'avenir à travers l'intervention préventive, et non plus seulement curative, afin de préserver les générations futures du fléau de la guerre[55]. En promouvant la paix et la sécurité à travers le règlement pacifique des différends, et le respect des droits de l'homme par la proclamation de la valeur et de la dignité de la personne humaine, la nouvelle organisation mondiale jette les bases d'une nouvelle philosophie des droits de l'homme dont la protection relève de la responsabilité de tous. La DUDH de 1948, version droits de l'homme de la Charte, va devenir le texte de référence en la matière, présentant une vision holistique des droits humains dont seul le respect peut conduire à la liberté, la justice et la paix dans le monde. Les principes consacrés dans ces textes seront transposés à la protection des droits des enfants par le droit de l'homme (DH) et le droit international humanitaire (DIH).

Certes, la référence aux droits de l'enfant n'est pas explicite. Ces textes traitent du genre humain, un ensemble indivisible de tous les hommes, femmes et enfants. L'enfant est donc pris en compte ici dans sa situation d'homme et sa protection dérive de la protection générale dont bénéficient tous les êtres humains. Ce n'est qu'avec la convention de Genève (CG) du 12 août 1949, notamment avec les CG III et CG IV relatives, respectivement, au traitement des prisonniers de guerre et à la protection des personnes civiles en temps de guerre, que la question des enfants touchés par les conflits armés va être posée comme une véritable préoccupation. Ces conventions leur assurent en effet une protection spéciale en plus de la protection générale dont bénéficient tous les civils en temps de guerre, bien que la protection ne fût qu'à la

[55] Charte des Nations unies, Préambule.

charge des belligérants [56]. Malgré leur importance, ces textes accordaient l'enfant assez limité dans l'ensemble et ne prenaient pas en compte les nouvelles réalités des conflits armés non internationaux, leur impact sur les civils et le recours généralisé aux enfants dans ces guerres. L'adoption des protocoles additionnels (PA) du 8 juin 1977 constitue en ce sens une réponse à cette question particulière.

Cette philosophie d'une approche spécifique de la question de la protection des droits de l'enfant a, d'ailleurs, guidé l'élaboration de toute la législation ultérieure en la matière. Certes, une déclaration des droits de l'enfant, se substituant et réactualisant celle de Genève de 1924, fut adoptée en 1959. Celle-ci, en plus de traduire les principes fondamentaux de la Charte de 1945 et de la DUDH, fixait à l'humanité un objectif majeur, celui de donner à l'enfant le meilleur d'elle-même[57]. Ce texte reste cependant sans valeur contraignante, et c'est seulement avec l'adoption de la Convention des Nations unies relative aux droits de l'enfant (CDE), le 20 novembre 1989, que la volonté d'améliorer le sort des enfants s'est véritablement concrétisée. Premier instrument juridique international ayant spécifiquement pour objet les enfants, la CIDE se veut un dispositif général de protection.

La Convention internationale des droits de l'enfant (CIDE), adoptée par l'Assemblée générale des Nations unies en 1989, marque un tournant décisif dans la politique internationale concernant l'enfance : depuis cette date, les enfants sont reconnus comme étant des sujets de droit, dont la protection est une obligation pour les États. La CIDE est par ailleurs l'instrument légal international le plus largement

---

[56] L'article 24 de la CG IV dispose à ce propos que « les parties au conflit prendront les mesures nécessaires pour que les enfants de moins de quinze ans, devenus orphelins ou séparés de leur famille du fait de la guerre, ne soient pas laissés à eux-mêmes, et pour que soient facilités, en toutes circonstances, leur entretien, la pratique de leur religion et leur éducation. Celle-ci sera si possible confiée à des personnes de même tradition culturelle. Les parties au conflit favoriseront l'accueil de ces enfants en pays neutre pendant la durée du conflit, avec le consentement de la Puissance protectrice, s'il y en a une, et si elles ont la garantie que les principes énoncés au premier alinéa soient respectés. En outre, elles s'efforceront de prendre les mesures nécessaires pour que tous les enfants de moins de douze ans puissent être identifiés, par le port d'une plaque d'identité ou par tout autre moyen ». Voir également : CG IV, art. 14, 50, 51.

[57] Déclaration des droits de l'enfant, 20 novembre 1959, Préambule.

ratifié de l'histoire : à l'exception des États-Unis, de la Somalie et du Soudan du Sud, celle-ci fait force de loi dans tous les autres pays du monde. La communauté internationale se saisit ainsi à l'unisson de la cause de la protection de l'enfance dont le principe « la vulnérabilité de l'enfant par rapport à l'adulte et le besoin de protection qui en découle est consensuel ». L'adoption[58] de la CIDE a généré une véritable organisation politique à l'échelle planétaire. Une gouvernance globale, selon Gilles Andréani (2011) autour de la protection de l'enfance. Le fait que celle-ci devienne une obligation pour les États, déclenche en effet toute série d'actions politiques touchant institutions et individus au niveau local, national et international : la révision des législations nationales sur l'enfance afin de les rendre cohérentes avec les principes contenus dans la CIDE. La création et la réforme d'institutions publiques permettant d'effectuer un suivi de la mise en application de la CIDE. La multiplication de programmes et de projets, à la fois publics et privés, visant le renforcement de la protection des droits de l'enfant. Elle intègre ainsi de nouveaux droits comme la prise en compte de la parole de l'enfant ou sa protection contre l'exploitation sexuelle, reconnaît des besoins spécifiques pour son développement et son épanouissement et donne une légitimité pleine et entière à la notion de droit de l'enfant[59]. Dans son contenu, la CIDE reprend l'essentiel de la réglementation par le DIH[60] de la situation de l'enfant dans les conflits, réaffirme l'interdiction de l'enrôlement d'enfants de moins de quinze ans et prévoit un régime spécifique pour ceux âgés de quinze à dix-huit ans qui seraient enrôlés[61].

En 1990 se tient le Sommet mondial pour les enfants au siège des Nations unies à New York, avec la participation de 159 gouvernements. C'est un rassemblement sans précédent afin de promouvoir la protection des droits de l'enfant au niveau planétaire. Pour la première fois dans l'histoire, la communauté internationale s'accorde sur un plan d'action à atteindre avant l'an 2000, énonçant des

---

[58] À noter que le père naturel n'a aucune obligation de reconnaître l'enfant. S'il le fait, l'enfant n'a aucune filiation légale avec les grands-parents. Une exclusion sans appel de l'enfant naturel de la famille, qui ne peut prétendre à aucun effet de la filiation.
[59]Françoise MARTINETTI, op.cit., p. 12.
[60]Elle est en ce sens le seul texte de droits de l'homme à appeler au respect du droit international humanitaire.
[61]Voir *infra,* p 456.

objectifs précis de développement humain autour de la protection de l'enfance. Il est recommandé aux pays en voie de développement un investissement prioritaire dans des programmes destinés à la petite enfance, sur la base de trois arguments. Le premier est macroéconomique : les interventions concernant la petite enfance ont un impact social et un rendement économique plus important que celles visant d'autres groupes d'âge. Le deuxième argument, de type sociologique, est que les interventions concernant la petite enfance constituent une étape fondamentale vers l'éducation primaire universelle et la réduction de la pauvreté et des inégalités sociales. Le troisième argument, relevé de la psychologie : les premières années de vie de l'enfant sont fondamentales pour le développement de ses aptitudes cognitives, sociales, affectives et sensorielles. Ce que l'enfant ne développe pas pendant la petite enfance ne pourra plus être rattrapé par la suite.

Ainsi, par exemple, dans un rapport annuel sur la situation des enfants dans le monde, l'Unicef déclare : *« L'Unicef est persuadé que le temps est venu de mettre les besoins et les droits des enfants au centre même de la stratégie de développement. [...] Le monde ne pourra pas résoudre ses principaux problèmes tant qu'il n'aura pas appris à mieux protéger ses enfants, à mieux investir dans leur développement physique, mental et émotionnel »*[62]. Que cet objectif ambitieux soit réalisable, malgré les faibles ressources financières des États les plus pauvres, nul n'en doute. En effet, impliquer les communautés et la société civile dans la protection des droits des enfants les plus défavorisés permettrait de réduire les coûts au maximum[63]. Ainsi les États seraient en mesure de répondre pleinement aux besoins fondamentaux des enfants vivant dans la pauvreté en mobilisant très peu de ressources.

En d'autres termes, depuis 1990, les institutions internationales défendent l'idée selon laquelle ériger la protection de l'enfant en priorité politique constitue un levier pour le développement social, et par conséquent pour le développement économique d'un pays. Depuis,

---

[62] Unicef, rapport annuel de 1995 sur la situation des enfants dans le monde, p. 119.

[63] Le rapport annuel de l'Unicef sur la situation des enfants dans le monde pour l'année 1993 est particulièrement éclairant à ce sujet (voir Unicef, 1992).

cette idée s'est renforcée au sein de la communauté internationale et constitue de nos jours un des piliers du « développement durable »[64], ainsi que de l'agenda international du développement post-2015[65]. Cependant, la multiplication des acteurs et la diversification des domaines et méthodes d'intervention se sont traduites par une floraison normative dans l'ordre international, mêlant règles juridiques et principes non contraignants. On peut ainsi citer la convention d'Ottawa sur les mines antipersonnel[66], les Principes de Paris de 2007 sur les enfants associés aux forces et groupes armés, ou encore la convention n° 182 de l'OIT qui établit un rapport entre le travail des enfants et leur utilisation dans les conflits armés.

Les organismes régionaux n'ont pas été en marge. Que ce soit au sein de l'Union européenne (UE) avec le développement d'une politique extérieure en faveur des enfants, en Afrique avec des tentatives de renforcement et de dépassement du cadre universel ou en Asie avec l'inscription de la protection de l'enfance dans les domaines prioritaires des programmes de coopération et d'assistance, l'objectif affiché reste le même : améliorer le sort des enfants dans le monde. La naissance de la société industrielle a en effet redéfini le fonctionnement de la société tout entière et a fait apparaître de nouvelles interrogations, qu'il s'agisse de l'émergence des classes dangereuses ou encore de la condition de l'enfant à l'usine.

Les progrès de la médecine[67], la volonté d'imposer des mesures d'hygiène, la lutte contre la mendicité sont autant de données qui nous conduisent à voir les enfants sous un jour nouveau. Il n'est plus cet être miniature devant supporter les charges de la société dès le plus jeune

---

[64] Selon Meyer-Bisch, « les droits des enfants devraient être les premiers indicateurs de légitimité autant que d'efficacité des politiques de développement « durable », défini comme développement basé sur les droits de l'homme, intégrant les différentes dimensions de l'humain en ses milieux » (Meyer-Bisch, 2012 , p. 47).
[65]Voir par les recommandations des pays membres de l'ONU du Consultative group of earlychildhood care and development (2014).
[66]Convention sur l'interdiction de l'emploi, du stockage, de la production et du transfert des mines antipersonnel et sur leur destruction, Ottawa, 3 décembre 1997.
[67]GUILLAUME (P.), *Le rôle social du médecin depuis deux siècles, 1800-1945*, Comité d'Histoire de la Sécurité sociale, Paris, Association pour l'étude de l'histoire de la sécurité sociale, 1996, 319p.

âge, il est une personne faible à éduquer et à choyer. L'édition du livre enfantin[68], la promotion de jouets pour enfant, la diffusion d'une littérature de l'éducation à destination des mères participent à ce mouvement. Progressivement, la conception de la puissance paternelle comme un droit absolu s'amenuise : si elle est un droit naturel, elle est surtout instituée dans l'intérêt de l'enfant et, à ce titre, elle doit être tempérée. Le XIXe siècle représente ainsi le moment de l'invention de la protection moderne de l'enfant, c'est-à-dire du bornage des droits du père dans une société en pleine mutation économique, culturelle, philosophique et sociale. Mieux encore, il apparaît pour la première fois dans la doctrine juridique et littéraire que l'enfant a des droits face au père.

Alors que la loi consacre la puissance paternelle comme un bloc indissoluble, la jurisprudence dégage la notion de l'intérêt de l'enfant comme concept venant au secours du juge, premier à moduler et à borner les abus du pouvoir du père sur la personne de l'enfant. En outre, le code des personnes et de la famille du Mali prévoit la non-discrimination entre filles et garçons d'une part et entre enfants légitimes et enfants naturels d'autre part[69]. Le Comité des droits de l'enfant exige des pays ayant ratifié la Convention des prises de décisions en vue de mettre fin sinon de réduire toutes formes d'inégalités de traitement entre les enfants[70]. Aussi, la Convention recommande-t-elle l'adoption des lois exemptes de discrimination et la réalisation de campagnes éducatives contre les différentes formes de traitement ?

La protection de l'enfant est alors assurée de manière prétorienne et aléatoire, l'état n'intervenant pas ou peu dans ce

[68] Voir PIERCHON-BEDRY (B.), « Le modèle social véhiculé par la littérature enfantine au XIXe siècle », in Face à une économie « sans foi ni loi » : les religions et le droit, Presses universitaires de Toulouse 1 Capitole, Toulouse, P.401-423 ; Plus largement cf. EMBS (J.-M) et MELLOT (Ph), Cent ans de livres d'enfants et de jeunesse, 1840-1940, Paris, Ed. de Lodi, 2006, 300P.

[69] Hésiode, 720 AV jésus christ, « les Travaux et les jours », poème grec d'Hésiode datant de la fin du 7ème siècle avant jésus christ, dans lequel il raconte l'histoire de Prométhée et de Pandore. 3Cité par Jean Claude Carle et Jean-Pierre Schoesteck (Rapport de commission d'enquête n° 340, (2001-2002) fait au nom de la commission d'enquête, déposé le 27 juin 2002), P. 15.

[70] L'Organe d'interprétation de la CIDE.

domaine. Toutefois, les interventions législatives marquent un recul des théories prétoriennes construites dans l'intérêt de l'enfant. Aussi, la première loi portant une limitation de la puissance paternelle concerne la réglementation du travail de l'enfant. La loi du 22 mars 1841 impulse en effet un mouvement protecteur de l'enfant, laquelle sera complétée en 1874. Or, après 1874, il n'est plus nécessaire d'atteindre la puissance paternelle de manière indirecte. La IIIe République est désormais suffisamment armée pour justifier ses choix d'ingérence dans le foyer paternel, comme en témoigne l'instauration de l'obligation scolaire[71].

L'innovation majeure dans ce domaine reste cependant l'implication énergique du système des Nations unies et principalement du Conseil de sécurité qui a inscrit la question des droits de l'enfant sur la liste de ses principales priorités. D'ailleurs, ses résolutions sur les enfants et les conflits armés ont été déterminantes dans la redéfinition du système international de protection des droits de l'enfant, ce qui en fait un instrument juridique incontournable dans toute étude sur la question. Se bornant parfois à rappeler aux parties en conflit les obligations qui leur incombent en vertu du droit international, ces résolutions peuvent aller jusqu'à l'édiction de mesures plus spécifiques visant à faire cesser ou à sanctionner les violations desdites obligations. Si cette action a été possible, c'est surtout grâce à l'interprétation que le Conseil se fait de son rôle de garant de la paix et de la sécurité internationale. En intégrant la question du respect des droits de l'homme dans les perspectives de paix et de sécurité, le Conseil est ainsi arrivé à considérer les violations des droits de l'enfant comme une possible menace à la paix et à la sécurité internationale. La portée de cette interprétation lui donne les moyens de son action puisque, sur ce fondement, il peut intervenir sur la base de résolutions contraignantes adoptées en vertu du chapitre VII de la Charte des Nations unies. Ainsi, en s'appuyant principalement sur les informations figurant dans les rapports du secrétaire général établis en coordination avec d'autres instances de l'Organisation, le Conseil de sécurité a su s'affirmer en tant que garant de l'application de ces normes dont la consistance paraît

[71]OZOUF (M.), L'école, l'Eglise et la République '1871-1914), Cana/Jean OFrredo, 1982, Points, 2007, 260 p. ; MARTIN (C.), COMMAILLE (J.), « La repolitisation de la famille contemporaine », Comprendre-*Revue annuelle de philosophe et de sciences sociales*, P.U.F, Paris, p.129-149.

être une certitude. Cela nous amène à faire un constat, celui de la contradiction qui existe entre, d'une part, cet arsenal normatif dont l'importance conduirait à voir les droits de l'enfant comme l'un des domaines les plus réglementés du droit international et, d'autre part, la réalité sur le terrain qui traduit un quotidien de l'enfant partagé entre privation et remise en cause de ses droits[72]. C'est cette contradiction qui justifie d'ailleurs l'approche qui sera retenue dans le cadre de cette étude.

L'étude de protection des droits de l'enfant suscite des problématiques à savoir : quel est l'arsenal juridique de protection des droits de l'enfant au Mali ? Existent-ils des obstacles qui entravent la mise en œuvre des instruments juridiques internationaux et nationaux de la protection des droits de l'enfant ? Les enfants sont-ils victimes des conflits ? Y a-t-il des répressions en cas de violation des droits de l'enfant au Mali ? Quelles sont les pistes pour une meilleure prise en charge des exigences de la protection légale des enfants ?

Soulever des interrogations pareilles intéressantes et les réponses à y apporter ne vont pas de soi. L'importance des questions en dit long sur l'actualité dont elle a fait l'objet ces dernières années, bien sûr au sein de la doctrine juridique ou non, mais surtout à travers l'action d'organismes internationaux, régionaux ou d'organisations privées. C'est d'ailleurs dans ce domaine que l'on rencontre les publications dominantes, même s'il ne s'agit, dans la plupart des cas, que d'éléments d'information sans appréciation ou analyse critique de l'État du droit. Pour ce qui est de la doctrine juridique, contrairement aux autres domaines des droits de l'homme, elle traduit la difficulté d'éloigner une doctrine au vrai sens du terme, la protection des droits de l'enfant apparaissant à certains égards comme une nécessité universellement acceptée[73].

---

[72] Gregorio Peces et Barba Martínez, Théorie générale des droits fondamentaux, Maison des Sciences de l'homme, Paris, L.G.D.J, 2004, p. 21.

[73] Simon Mbarga, Théorie et pratiques des organisations internationales en matière de protection des droits fondamentaux : cas de l'organisation internationale de la francophonie, Mémoire de Master 2 Recherche : Droit public comparé des pays francophones, sous la direction de Jean-Marie Crouzatier, Université de Toulouse 1, 2008, p. 9.

Le Mali a ratifié plusieurs conventions internationales en matière de protection des droits de l'enfant, et plusieurs institutions et mécanismes de protection et de promotion des droits de l'enfant ont été mis en place. Toutefois, de nombreuses difficultés sont apparues à l'occasion de l'exécution de ces conventions internationales. En d'autres termes, une étude des mécanismes normatifs de protection des droits de l'enfant au Mali est devenue nécessaire. La limitation de ce thème s'explique par les raisons essentielles qui suivent :

- d'une part, les instruments juridiques nationaux de protection des droits de l'enfant et les instruments juridiques internationaux de protection des droits de l'enfant.

En établissant un parallèle entre les instruments juridiques internationaux et nationaux de la protection des droits de l'enfant sur la situation au Mali, on a tenté de mieux cerner les enjeux des mécanismes de protection ;

- d'autre part la consolidation du cadre normatif de la protection de l'enfant.

L'approche retenue ici amène d'emblée à s'interroger sur l'effectivité du cadre international de protection des droits de l'enfant. L'effectivité est différente de l'efficacité dans la mesure où, si cette dernière notion renvoie au caractère de la norme qui a atteint l'objectif qu'on lui avait fixé, l'effectivité, elle, permet de *« mesurer l'impact (de cette norme) sur les pratiques sociales »*[74]. En d'autres termes, elle permet de mettre en rapport une norme et un phénomène social que celle-ci est censée encadrer, afin de déceler les écarts éventuels et, le cas échéant, leur importance. Souvent présentée comme un « concept commun »[75], l'effectivité est une question qui se pose à toute étude du droit, un instrument d'évaluation de la réalité du droit ne s'apprécie point par les idées, mais par rapport aux faits. Le concept d'effectivité permet de

---

[74] Pierre LASCOUMES et Evelyne SERVERIN, Théories et pratiques de l'efficacité du droit, Droit et Société, 1996, p. 127 ; disponible sur : http : www.reds.msh-paris.fr/publications/revue/pdf/ds02/002-09.pdf, page consulté le 15/05/2019.
[75] Ibid., p.129.

voyager au cœur d'un système de droit afin d'en déceler les forces et les faiblesses.

La contestation de lacunes ou de l'ineffectivité devient alors un moyen d'adaptation et de comblement des instruments juridiques internationaux au système juridique existant dans notre pays. Le recours au concept d'efficacité ici permet d'éviter le piège d'une appréciation empirique des droits de l'enfant et de s'interroger sur la consistance et le contenu des mécanismes juridiques applicables à l'enfant et, en mettant ces mécanismes en rapport avec les faits extrêmes de violation de droits qu'ils sont censés régir, de voir s'ils sont aptes à garantir à celui-ci une protection réelle de ses droits.

En outre, les deux instruments juridiques se regroupent à travers des problèmes quasi communs. C'est pour cette raison qu'il importe d'examiner ensemble l'application par lesdits instruments. Ces nombreux textes et documents, de portée juridique fort diverse, révèlent de manière globale une approche des droits de l'enfant sur le plan international assise sur un certain nombre de déterminations et de principes cardinaux. Sans les développer en profondeur ici, il y a lieu de les mentionner : le principe de non-discrimination, le principe de l'intérêt supérieur de l'enfant, le droit pour l'enfant de se faire entendre, le rôle fondamental de la famille dans l'éducation de l'enfant, le principe de l'application de la règle favorable à l'enfant[76]. Ces principes étant énoncés, il importe de préciser la protection des droits l'enfant. Il est évident que le Mali s'est doté d'instruments juridiques relatifs à la protection des droits de l'enfant sans pour autant se donner les moyens de leur réalisation juridictionnelle. Cette situation a entraîné un déficit substantiel de l'application des garanties de la protection des droits de l'enfant.

Aux termes des dispositions de la Convention de La Haye déjà évoquée, chaque État contractant, pour donner effet à ses engagements internationaux, désigne une autorité centrale chargée de satisfaire aux obligations qui lui sont imposées par la Convention. Ainsi les autorités centrales doivent coopérer entre elles et promouvoir une collaboration

---

[76] Bertrand Mathieu et Michel Verpeaux, Contentieux constitutionnel des droits fondamentaux, Paris, L.G.D.J, 2002, p. 13.

entre les autorités compétentes de leurs États en vue d'assurer la protection des enfants et d'atteindre les objectifs de la Convention. Pour la mise en œuvre de la Convention, les États contractants sont en outre invités à prendre directement toutes les mesures appropriées, en fournissant des informations relatives à la législation nationale applicable en matière d'adoption ou des statistiques et des formules types[77]. Dans le même ordre d'idées, les États contractants doivent s'informer sur l'application de la Convention dans la mesure du possible ainsi que sur les difficultés de sa mise en œuvre et éventuellement sur les stratégies de levée de ces obstacles.

Les États doivent prendre des mesures directement soit avec le concours des partenaires internationaux pour veiller à une application stricte de la Convention relative aux droits de l'enfant (CIDE) en particulier pour prévenir et empêcher les gains matériels indus à l'occasion de l'adoption illégale aux objectifs de l'instrument international dont il s'agit[78]. Dans le même ordre d'idées, les autorités centrales peuvent adopter directement des mesures appropriées qui permettent d'échanger entre États contractants des rapports généraux d'évaluation sur les expériences dans le domaine de la protection des droits de l'enfant. Par la ratification de la Convention de La Haye, chaque État contractant dont le Mali s'est engagé vis-à-vis des autres États à favoriser l'accès de tout enfant vivant sous sa juridiction et dans l'intérêt supérieur de celui-ci, mais également dans le respect de ses droits fondamentaux reconnus par le droit international.

Par ailleurs, la protection des droits de l'enfant amène à s'interroger sur les droits en question ou, si l'on veut, sur leur degré d'autonomie. Il s'agit, en d'autres termes, de savoir s'ils constituent une branche autonome du droit international en tant que corpus normatif formé par un ensemble de règles spéciales applicables à une catégorie

---

[77] Le Fonds des Nations unies pour l'enfance (Unicef) (United Nations of International Children's Emergency Fund en anglais) est une agence de l'ONU qui se consacre fondamentalement à l'amélioration de la situation des enfants. La désignation qui lui était désignée avant était United Nations International Children's Emergency Fund. L'Unicef a participé à la rédaction et à la promotion de la Convention relative aux droits de l'enfant (CIDE), adoptée lors du sommet de New York en 1989.

[78] Raymond GUILLEN et Jean VINCENT, *Lexique de termes juridiques*, 10e édition Dalloz, 1995, p. 302.

particulière de sujet, l'enfant. À ce propos, il convient de noter que ce cadre ne se distingue pas de la catégorie générique des droits de l'homme, constituée par *« [l'ensemble] des droits et libertés fondamentales inhérents à la dignité de la personne humaine et qui concernent tous les êtres humains »*[79].

En revanche, si l'on considère que la protection intervient plutôt dans un contexte de conflit armé, on pense immédiatement au droit applicable à cette situation à savoir le DIH, soit aux droits de l'homme, sachant qu'une même règle peut appartenir aux deux catégories, soit au droit international du maintien de la paix, soit au droit pénal international et au droit de la responsabilité internationale. C'est donc l'ensemble de ces règles qui, à des degrés divers, tendent à assurer aux droits de l'enfant une protection efficace en temps de paix et de conflit armé. Le conflit armé se définit, de manière générale, comme un *« recours à la force armée entre État ou, au sein d'un État, soit entre les forces gouvernementales et un ou des groupes armés organisés, soit entre des groupes armés échappant au contrôle du gouvernement »*[80].

Cependant, la protection des droits de l'enfant nécessite plus exactement la manière dont le droit international protège l'enfant. Pour ce faire, la question peut être traitée en suivant une approche juridique positiviste et une méthode de recherche à la fois descriptive et analytique, ce qui permet de répondre au besoin de connaissance du cadre normatif international, de son contenu et de ses principales évolutions, ce qui permettra de constater, au fur et à mesure, les forces et faiblesses des règles juridiques, ainsi que les actions menées par la communauté internationale pour pallier les insuffisances normatives dans la recherche continue d'une effectivité des droits de l'enfant.

---

[79] Jean SALMON (dir.), *op. cit.*, p. 396.

[80] *Ibid.*, p. 233. C'est cette définition qui a été retenue dans la jurisprudence du Tribunal pénal international pour l'ex-Yougoslavie (TPIY) aux termes de laquelle *« un conflit armé existe chaque fois qu'il y a recours à la force armée entre États, ou un conflit armé prolongé entre les autorités gouvernementales et des groupes armés organisés ou entre de tels groupes au sein d'un État »* ; TPIY, le Procureur c/ Dusko Tadic, alias « Dule », affaire n° IT-94-1-AR72, arrêt relatif à l'appel de la défense concernant l'exception préjudicielle d'incompétence, chambre d'appel, 2 octobre 1995, § 70.

La protection des droits de l'enfant mérite d'être analysée dans son contexte de ce fait, d'emblée on distingue deux périodes dans la formation du droit international applicable à l'enfant. La première part des conventions de Genève de 1949 à l'adoption du Protocole facultatif de 2000 concernant l'implication des enfants dans les conflits armés. Les règles adoptées durant cette période peuvent être regroupées dans un ensemble qu'il conviendra d'appeler le « cadre normatif initial ». Quant à la seconde période, elle part des interventions de l'ONU vers la fin des années 1990 jusqu'aux plus récentes décisions rendues par les juridictions internationales. Les mesures prises dans cet intervalle rentrent dans le second ensemble qui sera qualifié de « cadre légale ».

À partir de cette analyse, il est possible de faire deux constats. Les textes s'appliquant à l'enfant ont vu le jour entre 1949 et 2000, ceux-ci ne posaient que des règles primordiales. Cette situation a entraîné des difficultés dans l'application des instruments de la protection des droits de l'enfant. Aussi, afin de mettre en perspective l'action globale de la protection des droits de l'enfant au Mali, il est apparu logique d'articuler la réflexion autour de deux idées maîtresses. Dans un premier temps, nous envisagerons la protection légale des droits de l'enfant **(PREMIÈRE PARTIE)** et la consolidation du cadre normatif de la protection de l'enfant **(DEUXIÈME PARTIE)**.

PREMIÈRE PARTIE :

LA PROTECTION LÉGALE DES DROITS DE L'ENFANT

L'évolution légale de protection des droits de l'enfant a connu plusieurs étapes. Les différentes étapes sont marquées par des facteurs historiques et politiques qui déterminent également le degré d'efficacité de la protection des droits mise en place[81]. Cette protection onusienne peut être appréhendée à travers trois étapes essentielles : la seconde guerre mondiale, les années soixante et soixante-dix correspondant à l'époque de la décolonisation et de l'émergence de nouvelles revendications en matière de développement et enfin la période contemporaine marquée par le bouleversement des relations internationales consécutif à la fin de la guerre froide.

Cependant, par rapport aux conditions d'adoption de la DUDH, il n'était pas pensable avant la seconde guerre mondiale que la communauté internationale s'intéresse à la protection des droits de l'homme en général et celle de l'enfant en particulier.

Le DUDH est le premier instrument adopté par l'AG des Nations unies dans la résolution 217 du 10 décembre 1948 comme idéal commun à atteindre par tous les peuples et toutes les nations.

Le préambule expose tous les moyens qui peuvent être mis en œuvre tant par les individus que par les États afin de garantir la promotion et la protection des droits de l'homme. Cette démarche va aboutir à l'adoption des deux pactes jumeaux à savoir le PIDCP et Le PIESC.

Après l'adoption de la DUDH, il fallait chercher des normes pour la protection des droits de l'homme au niveau du système des Nations unies : la convention pour l'élimination de toutes les formes de discrimination raciale et la décolonisation et l'exigence d'un nouvel ordre économique internationale vont conduire les Nations unies à affiner les mécanismes de protection effective des droits de l'homme dans la Charte des Nations unies, cela va inévitablement avoir pour conséquence la mise en vigueur des deux pactes et d'autres conventions comme la CEDEF en 1979, la convention contre la torture et autres peines cruelles et dégradantes (CDE). Toutes ces conventions prévoient

---

[81] Hugo E. Frühling, "Human Rights in Constitutional Order and in Political Practice in Latin America" in *Constitutionalism and Democracy: Transitions in the Contemporary World*, Douglas Greenberg, Stanley N. Katz, Melanie Beth Oliviero, Steven C. Wheatley (éd.), Oxford University Press, 1993, p. 85.

des mécanismes de protection qu'elles consacrent. Il convient d'analyser la diversité des instruments de protection des droits de l'enfant **(TITRE I)** et les institutions chargées de la protection des droits de l'enfant **(TITRE II)**.

TITRE I :

LA DIVERSITÉ DES INSTRUMENTS DE PROTECTION

Depuis l'avènement de la démocratie pluraliste en mars 1991, le Mali s'est engagé dans le respect des droits de l'homme en général et en particulier de ceux des couches défavorisées ou vulnérables, en l'occurrence les femmes et les enfants. En effet, la Constitution de février 1992, dans son préambule « ... Souscrit à la Déclaration universelle des droits de l'homme du 10 décembre 1948 et à la Charte africaine des droits de l'homme et des peuples »[82]. Dans cette optique, le Mali a ratifié plusieurs conventions relatives aux droits de la femme et de l'enfant. Alors, des politiques nationales pour la promotion de la femme, de l'enfant et de la famille ont été élaborées et adoptées pour la période 2002–2006[83].

Dans ses efforts d'harmonisation des textes nationaux avec la législation internationale en vue de promouvoir l'épanouissement de la femme et de l'enfant, le Gouvernement du Mali a renforcé sa législation nationale par l'adoption de l'Ordonnance n° 02-062/PRM du 5 juin 2002 portant code de protection de l'enfant[84].

Malgré tous les efforts accomplis par le Gouvernement avec l'appui de la communauté internationale, des problèmes majeurs persistent, s'agissant de l'application effective des droits de l'enfant et de la femme comme l'attestent les résultats de l'enquête de l'OIT, l'Enquête nationale sur le travail des enfants en 2017 et des rapports susmentionnés[85].

Les droits de l'enfant sont une priorité politique affichée au Mali où la moitié de la population a moins de 18 ans[86]. Ainsi, la constitution,

---

[82] Charte africaine des droits de l'homme et des peuples du 27 juin 1981.

[83] CIDE adoptée entre 2000 à 2006 relatif à l'enfant.

[84] Loi n° 02-062/PRM du 5 juin 2002 portant la procédure pénale au Mali.

[85] Loi n° 92-02/ANRM du 23 septembre 1992.

[86] La loi du 15 mai 1912 sur la protection de l'enfance en Belgique se basait sur un modèle de justice protectionnel, elle avait pour objectif principal de se substituer à la réponse pénale, en affirmant des mesures de protection à l'égard des mineurs auteurs d'infractions. Cette loi fut ensuite réformée par la loi du 8 avril 1965 relative à la protection de la jeunesse, qui fut également modifiée par la loi du 15 mai 2006, relative à la protection de la jeunesse, du code d'instruction criminelle, le code pénal, le code civil, la nouvelle loi communale et la loi du 24 avril 2003 réformant l'adoption.

adoptée en 1992 proclame dans son préambule la détermination du peuple malien « à défendre les droits de la femme et de l'enfant »[87].

Malgré les différents programmes mis en œuvre et l'investissement de la société civile et des organisations non gouvernementales (ONG) maliennes ou étrangères, la situation des enfants reste difficile dans plusieurs domaines : accès à la santé, éducation ou encore travail des enfants.

L'évolution des mécanismes de protection par le système des Nations unies a connu plusieurs étapes. Les différentes étapes sont marquées par des facteurs historiques et politiques qui déterminent également le degré d'efficacité des mécanismes mis en place. Ces mécanismes onusiens peuvent être appréhendés à travers trois étapes essentielles[88] :

- la seconde guerre mondiale ;
- les années soixante et soixante-dix correspondant à l'époque de la décolonisation et de l'émergence de nouvelles revendications en matière de développement ;
- et enfin la période contemporaine marquée par le bouleversement des relations internationales consécutif à la fin de la guerre froide.

Face donc à de telles conditions, nous évoquerons d'une part les instruments juridiques nationaux (**CHAPITRE I**) et les instruments juridiques internationaux d'autre part (**CHAPITRE II**).

---

[87] Constitution du Mali du 22 février 1992.

[88] Gregorio Peces et Barba Martínez, *Théorie générale des droits fondamentaux*, Paris, Maison des Sciences de l'homme, LGDJ, 2004, p. 21.

CHAPITRE I :

LES INSTRUMENTS JURIDIQUES NATIONAUX

La protection des droits de l'homme repose pour l'essentiel sur les mécanismes en place au niveau national. Il va sans dire que la protection et la perception des droits de l'homme dépendent en fin de compte, et pour l'essentiel, des développements et des mécanismes au niveau national. Dans chaque pays, la jouissance des droits dépend des lois, des politiques, des procédures et des mécanismes en vigueur à l'échelon national[89].

Partant, il est crucial que les droits de l'homme fassent partie des systèmes nationaux constitutionnels et juridiques, que les professionnels de la justice soient formés à l'application des normes en matière de droits de l'homme et que les violations des droits de l'homme soient condamnées et sanctionnées. Les normes nationales ont en effet des répercussions plus directes, et les procédures nationales sont plus accessibles que celles en place au niveau régional et international[90].

Les dispositions nationales relatives à la question des enfants en conflit avec la loi et/ou privés de liberté remontent au Mali depuis le XIXe siècle jusqu'à nos jours. Le Mali a ratifié la plupart des conventions internationales se rapportant aux droits de l'enfant, notamment : la convention relative aux droits de l'enfant en 1990[91], ainsi que ses protocoles facultatifs : les conventions de l'Organisation internationale du travail (OIT) concernant le travail des enfants, notamment sur l'âge minimum d'admission à l'emploi et les pires formes de travail des enfants ; la charte africaine des droits et du bien-être de l'enfant en 1998[92].

---

[89] Bertrand Mathieu et Michel Verpeaux, *Contentieux constitutionnel des droits fondamentaux*, Paris, LGDJ, 2002, p. 13.

[90] Garapond (A.), « Les ambiguïtés du débat actuel sur les droits de l'enfant, enfance et violence » sous la direction de Rubellin-Devichi (J.) et Andrieux (M.), Lyon, PUL, 1992, p. 165.

[91] Convention relative au droit de l'enfant de 1990.

[92] Voir journée d'étude de l'UNIOPSS en date du jeudi 23 octobre 2008 élaborant un positionnement concernant la réforme de l'Ordonnance de 1945, en plus d'une enquête menée par des associations du secteur notamment la défenseuse des enfants, de

Toutefois, cette étude ne prétend pas présenter une analyse exhaustive de la situation de la protection des droits de l'enfant au Mali, mais plutôt montrer la volonté politique du Mali à donner un effet à ses engagements internationaux en matière de protection des droits de l'enfant.

À ce niveau, il faut distinguer l'action de protection séculaire et la protection actuelle **(SECTION 1)** d'une part et les dispositions constitutionnelles et la loi sur la minorité d'autre part **(SECTION 2)**.

SECTION 1 : La protection séculaire et la protection actuelle

Le renforcement du système de protection des enfants au Mali se concentre idéalement sur l'enfant et la famille, puis s'élargit pour inclure la communauté et la famille élargie ainsi que les autorités traditionnelles et les structures modernes.

En effet, à la promulgation du code civil de 1804 à la veille de la IIIe République, l'État refuse de s'ingérer dans les rapports familiaux. La puissance paternelle est consacrée par les textes, et cette dernière ne peut être remise en cause[93]. Le foyer paternel demeure une cellule inviolable, le père est érigé en véritable *paterfamilias*. *A fortiori*, aucune protection juridique particulière n'est donnée à la personne de l'enfant, victime potentielle de ses parents.

La sacralisation du foyer paternel, lieu de tous les dangers, ne rencontre aucun obstacle significatif jusqu'à la montée de l'individualisme et des idées socialistes. Seules des mesures prises dans l'urgence permettront une protection de l'enfant, mais elle reste cantonnée à l'enfant, au travail et au nourrisson face à la montée croissante de la mortalité infantile. L'enfant trouve une protection *in fine* parce que l'État ne peut se passer de forces pour la Nation à une époque où la démographie est en baisse et le paupérisme s'accroît[94].

---

l'Unicef France, magistrats, associations, parlementaires et familles, experts français et internationaux.

[93] Hager Barry, "The Rule of Law: Defining it and Defending it in the Asian Context", Mansfield Dialogues, *Rule of Law and its Acceptance in Asia*, 1, 3 & 6 December 1999, Beijing, Shanghai & Hongkong, p. 5.

[94] DEMIER (F.), *La France du XIXe : 1814–1914*, Le Seuil, Paris, 2000, p. 186–188.

Cette lacune juridique évidente, comblée partiellement dès le début du siècle par les juges par recours à la notion d'intérêt de l'enfant et de l'abus de droit, met plusieurs décennies à être comblée. En 1889 est promulguée la première grande loi protectrice de l'enfant contre les abus de la puissance paternelle en consacrant le principe d'une déchéance pleine et entière des droits du père. Le législateur met en œuvre un paternalisme étatique en permettant à la justice de s'ingérer au sein du foyer paternel[95].

Toutefois, la censure ainsi opérée ne bouleverse pas la conception de l'intérêt de l'enfant : il est soumis à la puissance paternelle. Cela nous fera recourir à la protection séculaire ***(paragraphe 1)*** et la protection actuelle ***(paragraphe 2).***

Paragraphe 1 : La protection séculaire

La Révolution française avait permis une individualisation[96] partielle de l'enfant, ce qui le rendait, peu ou prou, titulaire de droits face à ses géniteurs [97]. Le foyer paternel n'était plus ce lieu incontournable de l'éducation de l'enfant. Bien au contraire, des idées nouvelles[98], parfois incongrues[99] firent leur apparition sous influence

---

[95] Au Mali, on peut dire que l'absence d'un plan général de recueil des statistiques et le manque de coordination entre la gendarmerie nationale et la sûreté nationale, en plus de la carence d'exactitude d'informations et données compliquent la réalisation des sommations pour obtenir une évaluation générale exacte du phénomène dans le pays

[96] L'individualisation suppose une action de rendre individuel quelque chose, de l'adapter à un individu. Elle est à différencier de l'individuation, qui suppose la distinction d'un individu des autres de la même espèce ou du groupe de la société dont il fait partie.

[97] Des termes généraux tels que puer et puella sont complétés par des termes spécifiques aux différents stades de l'enfance, notamment infans, parvuls, infatulus, juvenis, puerulus ou encore pucelle, *Dictionnaire du Moyen Âge*, sous la direction de Claude GAUVARD, Alain de LIBERA, Michel ZINK, PUF, Paris, 2002, 2009, V° « Enfance », p. 477 ; RICHÉ (P.), ALEXANDRE-BIDON (D.), « L'enfant au Moyen Âge : État de la question », in *La Petite Enfance dans l'Europe médiévale et moderne*, Actes des XVIe Journées internationales d'histoire de l'abbaye de Flaran, 1994, Presses universitaires du Mirail, Toulouse, 1997, p. 9.

[98] BURGUIERE (A.), *Le Mariage et l'amour en France…*, *op. cit.*, p. 197–204.

[99] Citons par exemple la volonté isolée de Robespierre de soustraire les enfants de sept ans à leurs parents afin de les élever en commun, dans le respect des idées nouvelles. Ce projet ne fut cependant jamais discuté.

de la pensée notamment des Encyclopédistes[100].

Durant près d'une décennie, la conception familiale, et partant le statut de l'enfant, anima fortement les débats politiques[101]. D'un gouvernement à un autre, traditionaliste ou novateur, les *« droits de l'enfant*[102] *»* évoluaient ou régressaient au gré des objectifs politiques poursuivis. Pour certains, l'enfant est un individu ; à ce titre armé juridiquement contre les méfaits de ses parents qu'il s'agisse de son éducation, de ses biens ou de sa personne[103].

Les révolutionnaires avaient fait de la puissance paternelle leur cheval de bataille[104], et conséquemment la condition de l'enfant au sein de sa famille. Au lendemain du code civil, le sujet apparaît comme épuisé par la « doctrine ». En outre, le code civil, dans son essence,

---

[100] *Op. cit.*, p. 101 : « ce serait, au contraire, en faire une justice application aux pères, mères et autres individus chargés de la surveillance de mineurs lors même qu'il ne serait pas établi qu'ils auraient habituellement favorisé leurs débauches ».

[101] En France, l'âge de la responsabilité pénale, c'est-à-dire l'âge à partir duquel les mineurs sont considérés comme suffisamment âgés pour engager leur responsabilité pénale, n'est pas limité d'une façon bien précise. L'article 1228 du code protection de l'enfant stipule en effet que les mineurs capables de discernement sont pénalement responsables et que seuls les mineurs de treize à dix-huit ans peuvent encourir des sanctions pénales. La jurisprudence française estime en général que, dès huit à dix ans, les enfants disposent de la capacité de discernement pour être pénalement responsables de leurs actes. Concernant les sanctions pénales supportées par les délinquants mineurs âgés d'au moins treize ans, elles ne sont pas arrangées par le code pénal, mais par l'Ordonnance n° 45-174 du 2 février 1945 liée à l'enfance délinquante, car le droit pénal des mineurs est un droit spécial et dérogatoire au droit pénal. L'âge de la majorité pénale, c'est-à-dire l'âge à partir duquel un délinquant répond au droit pénal commun et ne dispose plus de l'excuse de minorité, est fixé à dix-huit ans. Néanmoins, certains mineurs de plus de seize ans peuvent être traités comme des majeurs au niveau pénal. L'article 20-2 de l'Ordonnance n° 45-174 du 2 février 1945 relative à l'enfance délinquante apporte cette fonction au juge, en effet, ce dernier prend en considération la personnalité du mineur.

[102] Nous mettons volontairement l'expression entre guillemets afin de la distinguer de la conception actuelle des droits de l'enfant.

[103] VEYNE (P.), « 1. L'Empire romain », in ARIÈS (Ph.), DUBY (G.) (dir.), *Histoire de la vie privée*, Paris, Éd. Le Seuil, t. 1, DL 1985, p. 23 ; NÉRAUDAU (J.-P.), « L'enfant dans la culture romaine », in BECCHI (E.), JULIA (D.), *Histoire de l'enfance en Occident*, *op. cit.*, t. 1, p. 99 ; Le GRAND (V.), « La naissance de l'enfant dans l'histoire des idées politiques », CRDF, 2006, n° 5, p. 14–15.

[104] La notion « intérêt de l'enfant » n'apparaîtra pour la première fois dans les textes qu'au début du XXe siècle. Cf. *infra*, p. 335 et s.

laisse très peu de place à l'interprétation doctrinale[105]. De fait, *« le respect dû par les parents aux enfants et la correction paternelle sont l'angle d'approche privilégié pour dessiner les contours juridiques du mineur »*[106]. Par ailleurs, c'est ce qui explique l'absence de débat législatif et doctrinal significatif sur la condition de l'enfant de la promulgation du code civil à la Monarchie et à la charte de Kurukan Fuga.

L'éducation des enfants incombe à l'ensemble de la société. La puissance paternelle appartient en conséquence à tous[107]. Au milieu de la dernière décennie, tandis que la plupart des institutions portaient leur attention sur l'amélioration de l'efficacité des structures [108] de protection des enfants établies au niveau communautaire[109]. Sous cet angle nous avons d'une part l'analyse de la charte de Kurukan Fuga **(A)** et d'autre part les obligations pratiques de la charte de Kurukan Fuga **(B)**.

A- L'analyse de la charte de Kurukan Fuga

La charte du Mandingue, ou *Mandingue kalikan*, aurait été proclamée en 1222, lors de l'intronisation de Soundjata Keïta comme

---

[105] Une fois voté et promulgué, *« le code civil de 1804 devient pour tous les jurisconsultes français un évangile que l'on explique et commente, sans jamais le critique »*, SAGNAC (Ph.), *La Législation civile de la Révolution française (1789–1804), [Genève, 1898] rééd. 1979*, p. 395.

[106] LENOÏEL (P.), « Dire l'enfant dans le code civil au XIXè siècle », *Protéger l'enfant, Raison juridique et pratiques socio-juridiques* (XIXè – XXe siècle), Presses Universitaires de Rennes, 1996, p.46.

[107] Art.9 de la charte de KouroukanFouga.

[108] Il faut cependant nuancer le propos : affirmer que l'enfant devient un véritable sujet de droit serait dépasser la pensée des juges. Nous entendons ici l'enfant comme sujet de droit en ce qu'il doit avoir les meilleures garanties à son éducation. Certainement, s'agissait-il davantage de maintenir l'ordre public familial dans une société accusée de se démoraliser progressivement et dont il convenait de maintenir un certain équilibre.

[109] Cf. LHUILLIRT-MARTINETTI (D.), *L'Individu dans la famille à Rome au IVe siècle d'après l'œuvre d'Ambroise de Milan*, PUR, Rennes, 2008, p. 183 et s. Le droit de vendre l'enfant sera toutefois amoindri avec le temps pour n'être légal qu'en cas de misère extrême du père, puis limité à nouveau par CONSTANTIN aux nouveau-nés, GIRARD (P.-F.), *Manuel élémentaire de droit romain*, 1895, réédition présentée par Jean-Philippe LÉVY, Dalloz, 2003, p. 153.

empereur du Mali, par la confrérie des chasseurs dont il faisait partie. D'ailleurs Soundjata possédait le titre de Simbo « maître chasseur »[110].

Toutefois, la charte du Mandingue est l'une des premières déclarations des droits de l'homme, elle a une vocation universelle. La charte est citée comme référence dans certains articles juridiques actuels et elle a même servi de modèle à nos constitutions[111].

Cependant, cette charte pose, en principe, le respect de la vie humaine, la liberté individuelle et la solidarité. Elle affirme l'opposition totale de la confrérie des chasseurs à l'esclavage qui était devenu courant en Afrique de l'Ouest. En effet, l'abolition de l'esclavage fut une œuvre maîtresse de Soundjata Keïta[112].

La Révolution terminée, un choix se présenta aux rédacteurs du code civil. Fallait-il œuvrer en faveur d'une politique protectrice de l'enfant au détriment du pouvoir du père, ou au contraire renforcer la puissance paternelle et faire de l'enfant un être soumis, un être incapable et un être objet de ses parents ? Les projets préparatoires de la charte de Kurukan Fuga, débutant au Mali, témoignent de la sensibilité de la question.

La puissance paternelle demeure, elle doit être renforcée, mais en étant fixée dans un cadre juridiquement défini[113]. Il fallait abolir les excès législatifs des révolutionnaires, en revenant à une conception plus traditionnelle de la famille[114]. Le foyer paternel redevient cette cellule

---

[110] Agent, 16 frimaire an XIV (1805), S.6.2.49 : lorsque la garde d'un enfant naturel reconnu est réclamée tout à la fois par le père et par la mère, comme elle n'appartient pas plus à l'un qu'à l'autre, les juges appelés à se prononcer doivent se déterminer d'après les circonstances, en prenant pour base de leur décision le plus grand intérêt des enfants, car « la justice n'a de règle immuable à suivre que celle qui lui fait un devoir d'adopter le parti qui présente un plus grand avantage pour l'enfant ».

[111] À mesure que l'idéologie chrétienne se concentre sur l'image de l'enfant-Christ, la famille se centre sur l'enfant, GOODY (J.), *L'Évolution de la famille et du mariage en Europe*, Armand Colin, Paris, 1985, 2012, p. 219.

[112] http://www.ambamalicanada.org/kurukanfuga.html, consulté le 20 octobre 2019.

[113] Pour un panorama exhaustif, cf. GARAUD (M.), *Histoire générale du droit privé français (de 1789 à 1804), La Révolution française et la famille*, Paris, 1953, rééd.1978, p. 167 et s.

[114] Toutefois, le retour à une conception plus traditionnelle de la famille n'est pas assez satisfaisant pour certains auteurs. Ainsi, la restriction de la puissance paternelle à la

inviolable, sacrée dans laquelle nul ne peut s'immiscer, car elle ne peut être un lieu de danger pour l'enfant[115].

Dans cette conception patriarcale de la famille[116], l'enfant, en tant qu'objet de ses parents et en tant que future ressource pour la Nation, est naturellement soumis à ses géniteurs, seuls capables de lui donner une direction de vie favorable à son insertion citoyenne dans la société[117]. C'est pourquoi une règle morale destinée à confirmer la puissance étatique comme *« L'enfant à tout âge doit honneur et respect à ses pères et mères »*[118].

La première Constitution républicaine de l'histoire du Mali, cette charte faite ample connaissance avec ce que l'on peut, à juste titre, qualifier de l'un des pans les plus importants de l'histoire, combien riche, de l'actuelle république du Mali et présenté aussi comme la première « Constitution » continue en Afrique, voire dans le monde[119].

---

majorité de l'enfant fera l'objet d'une contestation sérieuse, bien que non prise en compte par le législateur, par le juriste CHRESTIEN DE POLY, convaincu de la nécessité de la restauration du *pater familias, Essai sur la puissance paternelle*, t. 1, p. 105-106. Sur la condition de la femme, cf. GARAUD (M.), *op. cit.*, p. 172 et s.

115 Par exemple, la loi des Wisigoths permet aux père et mère, même aux grands-parents, de fouetter l'enfant, OURLIAC (P.), MALAFOSSE (J. de), *Histoire du droit privé*, PUF, Paris, 1968, t. III, p. 67.

116 GLASSON affirmait dans ses travaux que la puissance paternelle en pays de droit écrit consistait en autorité, puisqu'appartenant exclusivement au père, tandis que les pays de coutume en faisaient une protection puisqu'exercée in fine de manière collective. Une telle distinction a été réfutée par Pierre PETOT pour lequel la frontière tenait davantage à la durée de la puissance de paternelle qu'à la manière dont elle était exercée PETOT (P.), *op. cit.*, p. 366 ; LEFEBVRE-TEILLARD (A.), *Introduction historique au droit des personnes et de la famille*, PUF, Paris, 1996, p. 267-268.

117 Par exemple, BONZON, bien que favorable à la protection de l'enfant, qualifiait le raisonnement des juges de « procédé théoriquement mauvais », *op. cit.*, p. 83.

118 C. civ., art. 371. Lors des discussions du code civil devant le Conseil d'État, le conseiller Bérenger avait souhaité la suppression de cette disposition justement en ce qu'elle ne contenait aucune mesure législative. Les conseillers BOULAY et BIGOT de PRAMENEU ont justifié l'insertion de cet article par l'utilité qu'il y avait de rappeler ce qu'imposait la qualité de fils et qu'il était là un principe développé par les articles suivant incontestablement aux juges pour fixer leur décision, in *Discussion du code Napoléon dans le Conseil d'État*, *op. cit.*, 1808, p. 483. ; LOCRE (J.-G.), *La Législation civile, commerciale et criminelle de la France ou commentaires et compléments des codes français*, Paris, t. 7, 1827.

119 BECCHI (E.), « Humanisme et Renaissance », *op. cit.*, p. 176 ; GÉLIS (J.), « L'individualisation de l'enfant », *op. cit.*, p. 319 ; Pour une bibliographie des

Les représentants du Mandé primitif et leurs alliés réunis en 1236 à Kurukan Fuga (actuel cercle de Kangaba) après l'historique bataille de Kirina ont adopté ladite charte pour régir la vie du grand ensemble Mandingue. Le respect à la vie **(1)**, l'esprit de famille et l'importance de l'éducation **(2)** font partie des éléments des droits fondamentaux dans la Charte.

1. Le respect à la vie

Le concept de « respect à la vie » fait référence à l'ensemble des droits inhérents à l'homme dans la société. La liste peut être longue : droit économique, droit de santé, droit politique, droit civique, droit à l'éducation, etc.

Pour Habermas, la société moderne se caractérise par une « colonisation du monde vécu » par les différents respects à la vie. Partant, nous pensons que la problématique du respect à la vie en Afrique noire contemporaine doit être posée dans les termes du rapport entre « monde vécu » et « droits fondamentaux » : quels liens faut-il, aujourd'hui, établir entre nos « mondes vécus » et nos « droits fondamentaux » pour imprimer à notre histoire une orientation soucieuse de l'ouverture, à la fois à soi-même, à l'autre et au monde[120] ?

Toute vie humaine est une vie. Il est vrai qu'une vie apparaît à l'existence avant une autre mais une vie n'est pas plus ancienne, plus respectable qu'une vie. De même qu'une vie ne vaut pas mieux qu'une autre vie.

---

travaux d'historiens sur l'enfance sous l'Ancien Régime, MOREL (M.-F.), « Époque moderne », *Annales de démographie historique*, 2001/2, p. 26-32.

[120] DE MARS-SION (V.), « Enfant roi ou enfant soumis ? L'enfermement par forme de correction paternelle dans les provinces du Nord au XVIIIe siècle », *op. cit.*, p. 77-140, spécialement p. 114-140 ; CRÉPIN (M.-Y.), « Les "victimes" des lettres de cachet », in HOAREAU-DODINAU (J.), METAIRIE (G.), TEXIER (P.) (dir.), *La Victime*, Pulim, Limoges, 2008, vol. 1, p. 97-107 ; Plus largement, FARGE (A.) et FOUCAULT (M.), *Le Désordre des familles. Lettres de cachets des Archives de la Bastille au XVIIIe siècle*, Gallimard, Paris, 1982, p. 157-173 ; FARGE (A.), « Honneur populaire et ordre public : l'État, le scandale et le domestique », in *La Famille, la Loi et l'État*, *op. cit.*, p. 446-451.

2. L'esprit de famille et l'importance de l'éducation

Par le terme « éducation traditionnelle » nous désignons celle qui prend en compte la richesse profonde du milieu africain. Cette éducation-là se fait généralement par la parole qu'accompagnent l'observation et l'imitation, l'art et le jeu, la musique et la danse. Elle tend à valoriser la cohésion, la solidarité, la primauté du groupe.

« *Le domaine de l'éducation est pour toute société la pierre angulaire de la construction de son avenir. L'éducation traduit les tendances et les options présentes dans la société et en même temps elle constitue un processus de projection dans le futur* »[121].

La charte fut considérée par les Mandenkas (peuples qui ont en commun la langue mandingue) comme une des plus anciennes références concernant les droits fondamentaux. Sa reconnaissance par l'Unesco devrait confirmer sa valeur juridique et sa portée universelle[122].

Cependant, que chacun veille à son prochain, que chacun vénère ses géniteurs, que chacun éduque ses enfants, que chacun pourvoie aux besoins des membres de sa famille[123].

L'éducation des enfants incombe à l'ensemble de la société. La puissance paternelle appartient par conséquent à tous[124].

B. Les obligations pratiques de la charte de Kurukan Fuga

Ces pratiques sont tangibles qui s'expriment en ces termes par le droit envisagé de l'enfant. L'enfant ne peut en effet *« quitter la maison paternelle sans la permission de son père, si ce n'est pour*

---

[121] Pascal Mukene, *L'Ouverture entre l'école et le milieu en Afrique noire. Pour une gestion pertinente des connaissances*, Editions universitaires de Fribourg, Suisse, 1988, p. 253.

[122] Caen, 19 juin 1807, S.1807.2.177. Dans cet arrêt, les juges se sont expressément référés aux travaux préparatoires du code, qui prévoyaient une altération possible des règles de la puissance paternelle si l'intérêt des enfants l'exigeait.

[123] LAURENT (F.), *Principes…*, t. 3, p. 363.

[124] Art. 9 de la charte de Kurukan Fuga, actuel cercle de Kangaba (République du Mali).

enrôlement volontaire, après l'âge de dix-huit ans révolus » [125]. Cependant, ces obligations pratiques furent entre autres :

- **D'abord l'organisation sociale**, la société du grand Mandé est divisée en seize (16) porteurs de carquois, cinq (5) classes de marabouts, quatre (4) classes de Nyamakalas, une (1) classe de Serfs (esclaves) *(Mofémolu)*. Chacun de ces groupes a une activité et un rôle spécifique.
- **Ensuite des biens**, il y a cinq façons d'acquérir la propriété : l'achat, la donation, l'échange, le travail et la succession. Toute autre forme sans témoignage probant est équivoque[126].
- **Et enfin la préservation de la nature** et **l'autorisation de la plaisanterie**, avec toutes les tribus en priorité avec la famille royale. Tous ceux qui enfreindront à ces règles, l'application stricte de ces articles étaient infligés. Cela nous amène à la protection actuelle. La société manding avait des interdits d'une part bannir la servitude et la famine **(1)**, et d'autre part le rejet de la guerre et la liberté d'expression **(2)**.

1. Bannir la servitude et la famine

La faim n'est pas une bonne chose, l'esclavage non plus n'est pas une bonne chose. Il n'y a pas pire calamité que ces choses-là dans ce bas monde[127]. Tant que nous disposerons du carquois et de lac, la famine ne tuera personne dans le mandé [...], la guerre ne détruira plus jamais le village pour y prélever les esclaves.

C'est dire que nul ne placera désormais morts dans la bouche de son semblable, pour aller vendre ; personne ne sera non plus battu au Mandé *a fortiori* mis à mort, parce qu'il est esclave.

---

[125] L'enrôlement volontaire est la seule disposition légale à justifier l'atteinte au droit de garde des parents. Cf. *Discours au Conseil d'État*, LOCRE (J.-G.), *op. cit.*, t. 7, p. 20, n° 3.

[126] Liège, 25 août 1809 ; Bruxelles, 8 mai 1807 ; Paris, 12 juillet 1808, Dalloz, Répertoire méthodique..., V°« Puissance paternelle », n° 57, note 1.

[127] MAGNIN (A.), *Traité des minorités, tutelles, curatelles... et généralement des capacités et incapacités suivant la nouvelle législation*, Paris, 1833, t. 1, p. 129.

2. Rejet de la guerre et la liberté d'expression

D'abord le rejet de la guerre, l'essence de l'esclave est éteinte ce jour d'un mur à l'autre. Les razzias sont bannies à compter de ce jour au Mandé, les tournants nés de ces horreurs disparaîtront à partir de ce jour au Mandé.

Article 5 de la Charte de Kurukan Fuga, « Chacun a le droit à la vie et à la préservation de son intégrité physique. En conséquence, toute tentation d'enlever la vie à son prochain est punie de la peine de mort ». Surtout lorsque l'opprimé ne dispose d'aucun recours. L'esclave ne jouit d'aucune considération, nulle part dans le monde.

En ce qui concerne la liberté d'expression, l'homme en tant qu'individu, fait d'os et de chair, de moelle et de nerfs, de peau recouverte de poils et de cheveux, se nourrit d'aliments et de boissons. Mais son « âme », son esprit de vie de trois choses : voir qui lui a envie de voir, dire ce qu'il a envie de dire et faire ce qu'il a envie de faire. Si une seule de ces choses venait à manquer à l'âme humaine, elle en souffrirait et s'étiolerait sûrement[128].

Paragraphe 2 : La protection actuelle

La période 1804-1840 témoigne d'une réflexion axée, non pas sur la personne même de l'enfant, mais sur les droits des parents sur leur enfant[129]. L'absence d'interrogation sur le statut de l'enfant n'est pas surprenante : il importe avant tout de préserver l'ordre public, critère déterminant tant dans les infractions commises sur les enfants que dans les dispositions du code civil, privilégiant une sorte d'ordre public familial souverain[130].

---

[128] À noter que le père naturel n'a aucune obligation de reconnaître l'enfant. S'il le fait, l'enfant n'a aucune filiation légale avec les grands-parents. Une exclusion sans appel de l'enfant naturel de la famille, qui ne peut prétendre à aucun effet de la filiation.

[129] RÉAL cité par LAURENT (F.), *op. cit.*, p. 378.

[130] La doctrine traditionaliste et conservatrice tend à la critique du non-partage du salaire de l'enfant avec ses parents. C'est ainsi que dans son Traité de puissance paternelle, CHRESTIEN DE POLY plaide pour un droit absolu des parents à récolter le salaire de leurs enfants en vertu des soins qu'ils ont dû leur apporter. Les enfants sont tenus d'une dette financière envers leurs parents, car ces derniers sont souvent

Par conséquent, plusieurs mesures de protection des droits de l'enfant ont été mises en place et différents textes révisés ; l'exemple le plus frappant, c'est la révision du code pénal conformément aux dispositions de l'OIT. Cette volonté de l'État se traduit, d'une part, par la mise en place de certaines mesures spéciales de protection et, d'autre part, par différentes politiques de développement relatives à l'enfant, mais aussi par l'apparition des mesures législatives, et l'État met en place des institutions chargées de l'application des textes.

La protection actuelle de droit de l'enfant au Mali se fait à travers les principaux instruments juridiques par l'État malien. Ces instruments sont ceux anciens **(A)** et nouveaux **(B)**.

A- Les instruments juridiques anciens

L'accent va être mis sur les mesures pénales, car la protection pénale de l'enfant a beaucoup évolué depuis la fin des années 1990. Au Mali, il n'y avait pas de système juridique distinct, le mineur et l'adulte avaient le même statut. Des réformes ont été entreprises pour l'amélioration du système.

Dans le passé, la législation pénale ne faisait qu'accessoirement la différence entre les adultes et les mineurs. Elle assimilait les uns aux autres au niveau de la procédure et des lieux de détention. Cependant, les politiques publiques menées pour la protection et la promotion des droits de l'enfant se heurtent à de nombreux obstacles : pauvreté, analphabétisme, persistance de pratiques coutumières, manque de moyens de l'État et des collectivités territoriales[131]. Cela nous conduit à des instruments juridiques nouveaux. Les instruments juridiques anciens prennent leurs sources dans les conventions de l'ONU **(1)** et les groupes vulnérables **(2)**.

« réduits à implorer la protection des tribunaux pour contraindre leurs enfans à leur fournir le pain qu'ils ont payé si chèrement en avance », *op. cit.*, p. 94.

[131] L'impossibilité de mettre en œuvre une telle action s'explique par le risque de l'atteinte à l'image de la famille que l'on veut préserver, d'autant que l'article 371 du code civil est invoqué pour justifier ce choix. Le code d'instruction criminelle de 1808 ne prévoit en outre aucune mesure spécifique prenant en compte le sort de l'enfant victime.

1. Les conventions de l'ONU

L'essentiel de leur protection est assuré au niveau des Nations unies par la Convention relative aux droits de l'enfant (CDE) de 1990, la plus largement ratifiée (exception faite des États-Unis et de la Somalie).

Les quatre principes fondamentaux de la Convention sont les suivants : la non-discrimination ; l'engagement à défendre l'intérêt supérieur de l'enfant ; le droit à la vie, à la survie et au développement ; et le respect de l'opinion de l'enfant[132].

Sur le continent africain, la Charte africaine relative aux droits et au bien-être de l'enfant garantit les droits fondamentaux des enfants en tenant compte des spécificités liées au continent. Elle est entrée en vigueur en 1999.

La Convention des droits de l'enfant en islam a été adoptée par l'Organisation de la conférence islamique en 2004. La Commission de l'ANASE sur la promotion et la protection des droits des femmes et des enfants a été inaugurée en avril 2010[133].

La Convention du Conseil de l'Europe sur la protection des enfants contre l'exploitation et les abus sexuels est entrée en vigueur le 1er juillet 2010[134]. Cette Convention est le premier traité international qui érige en infraction pénale les diverses formes d'abus sexuels sur les enfants, dont les abus commis sous le toit familial ou par les proches[135].

2. Les groupes vulnérables

Des groupes tels que les personnes handicapées bénéficient également d'une protection spécifique du fait de leur position

---

[132] Art. 40 al. 1, Convention relative aux droits de l'enfant de 1989.

[133] « Les infractions concernant la famille appartiennent à l'ensemble des infractions sous-tendues par une rationalité de droit naturel. Elles reposent sur une morale jusnaturaliste conforme à la "nature de l'homme". Cette rationalité individualisante vise la protection des biens fondamentaux de l'homme, ou encore son "patrimoine naturel" entendu dans trois dimensions, son corps, son honneur et ses biens », LASCOUMES (P.), « L'émergence de la famille comme intérêt protégé par le droit pénal, 1791-1810 », in *La Famille, la Loi et l'État. De la Révolution au Code civil*, Paris, 1989, p. 342.

[134] *Op. cit.*, p. 340.

[135] *Ibid.*

vulnérable, véritable porte ouverte aux abus de toutes sortes. Cette protection est prévue par la Convention des Nations unies relative aux droits des personnes handicapées, qui est examinée plus en profondeur.

D'autres groupes, tels que les peuples autochtones, se sont également vu accorder une protection spécifique au niveau international au moyen de la Déclaration des droits des peuples autochtones des Nations unies, adoptée en 2007, même si celle-ci n'est pas encore juridiquement contraignante[136].

En matière de droits de l'homme, il n'est pas rare que les normes régionales dépassent celles des Nations unies, voire les renforcer.

B- Les instruments juridiques nouveaux

Les conséquences négatives du système passé étaient si graves que le Gouvernement a engagé des réformes nécessaires pour mettre fin à l'accumulation des erreurs du passé. Il s'est engagé alors dans une réforme des institutions d'incarcération. Car, comme on a pu le constater, l'enfant vivait dans les mêmes conditions de détention que les adultes[137]. On appliquait les mêmes peines aux adultes qu'aux enfants, et ils faisaient face à des conditions de vie insoutenables, ils étaient donc confrontés à toutes les formes de misère[138].

Mais la prise de conscience de l'État sur les dangers que pouvait représenter l'incarcération des enfants avec les adultes avait amené l'État à instaurer un nouveau système carcéral relatif aux enfants. Il y a nécessité de la promotion des droits de l'homme **(1)** et un document obligatoire à répertorier **(2)**.

---

[136] ROLLET (C.), « La santé et la protection de l'enfant vues à travers les Congrès internationaux (1880-1920) », *Annales de démographie historique*, 2001/1, n° 101, p. 102 ; DUPONT-BOUCHAT (S.), « Le mouvement international en faveur de la protection de l'enfance (1880-1914) », *Revue historique de l'enfance « irrégulière »*, 2003, p. 207-235.

[137] DROUX (J.), « La tectonique des causes humanitaires : concurrences et collaborations autour du comité de protection de l'enfance de la Société des Nations », *Relations internationales*, 2012/3, n° 151, p. 70-90.

[138] LAGUERRE (O.) et SÉE (I.-R.), *La Protection de l'enfance*, *op. cit.*, 32 p.

1. La promotion des droits de l'homme

Le devoir de l'État de respecter, de promouvoir, de protéger et de réaliser les droits des citoyens prime donc sur celui des tribunaux régionaux ou internationaux en la matière et est essentiel principalement là où l'État[139], délibérément ou régulièrement, bafoue des droits. Nous avons tous à l'esprit des exemples qui illustrent à quel point le recours aux mécanismes régionaux et internationaux est devenu nécessaire pour la reconnaissance des violations commises au plan national[140].

En cas de violation, la prise de conscience ou l'assistance au niveau régional et international peuvent être le déclencheur qui va permettre la garantie des droits au niveau national, mais uniquement lorsque tous les recours nationaux ont été épuisés[141]. C'est la raison pour laquelle nous consacrons le reste de cette section à ce scénario : quels sont les recours possibles lorsque les dispositifs nationaux n'ont pas permis de garantir la protection nécessaire à la jouissance des droits de l'homme[142] ?

2. Un document obligatoire

Il s'agit généralement d'un traité, d'une convention ou d'un pacte qui matérialise l'engagement d'un État à appliquer certains droits au niveau national. De façon individuelle, les États manifestent leur volonté d'être liés par ces normes au moyen de la ratification ou de l'adhésion (la simple signature du document ne lui donne pas force exécutoire même si elle témoigne d'une volonté dans ce sens)[143].

---

[139] Art. 1 et 40 CDE.
[140] Art. 2 et 17.2 CADBE.
[141] Art. 4.1 Règle de Beijing.
[142] LARNAUDE, *op. cit.*, p. 319-320 : « Il ne s'agit pas de savoir si la femme doit avoir d'autres droits que ceux qui lui appartiennent dans la législation actuelle, il ne s'agit pas de rechercher si ces droits lui sont nécessaires pour relever sa dignité et sa situation juridique. Il s'agit avant tout de savoir si, en lui accordant ces droits, nous ne compromettons pas les intérêts du mineur ! Et si nous lui accordons ces droits, il va de soi que nous sommes obligés d'examiner s'ils ne doivent pas être restreints, limités, toutes les fois que l'intérêt du mineur le demande. [...] Voilà les deux idées essentielles qui sont comme les phares de notre projet : protection du mineur, sauvegarde du principe de la direction familiale ».
[143] Annual reports on cultural practices in the family that are violent towards women: UN DOC E/CN.4/2002/83, § 101.

Conformément à la Déclaration de Vienne de 1979, les États sont autorisés à faire des réserves ou des déclarations qui les exemptent de certaines dispositions prévues par le document, l'idée étant d'amener le plus grand nombre d'États à signer le document en question[144]. Car, après tout, mieux vaut un État qui s'engage à respecter quelques-unes des dispositions plutôt qu'aucune !

Ceci dit, ce mécanisme peut parfois ouvrir la voie à des abus et servir de prétexte au déni de droit, par exemple en permettant qu'un État « échappe » à la surveillance internationale dans certains domaines[145].

Les documents, qui ont été largement acceptés et ont posé les bases du développement d'autres instruments relatifs aux droits de l'homme en particulier la Charte internationale des droits de l'homme, sont généralement un traité, une convention ou un pacte qui matérialise l'engagement d'un État à appliquer certains droits au niveau national. Pour des instruments plus spécifiques, comme la Convention sur les réfugiés, la Convention sur le génocide et les instruments relatifs au droit humanitaire international, veuillez-vous référer aux sections thématiques du chapitre 5[146].

Les documents concernant des questions ou des groupes cibles spécifiques sont[147] :

- les principaux documents en vigueur en Europe ;
- les instruments des Nations unies ;

---

[144] Et de poursuivre : « Nous ne voulons pas pour cela faire disparaître du code le principe qui est contenu dans l'article 373. Autrement on tomberait dans l'anarchie si, pour chaque acte concernant les enfants, il fallait exiger le consentement simultané du père et de la mère et, en cas de désaccord, recourir aux tribunaux », *op. cit.*, p. 231.

[145] Sur ce point, cf. Bull. S.E.L.1913, Rapport présenté devant le comité de législation du ministère de la Justice sur la proposition de loi relative à l'établissement de conseil de tutelle en France, p. 256-179.

[146] Taking Duties Seriously: Individual Duties in International Human Rights Law. A Commentary, International Council on Human Rights Policy, 1999, ISBN 2-940259-00-3, 80 p., 165 mm x 220 mm. Disponible en anglais. Frs. 13.50 (+ Frs. 3. – p.&p.).

[147] IIe Congrès international d'assistance de la protection de l'enfance, Genève, 14-19 Septembre 1896, Rapports, Genève, Imprimerie Wyss et Duchêne, 1896 ; IIe Congrès international d'assistance de la protection de l'enfance, Genève, 14-19 Septembre 1896, Procès-verbaux et résolutions, Genève, Imprimerie Wyss et Duchêne, 1897.

- la DUDH est le plus important de tous les instruments en matière de droits de l'homme.

Ces instruments précités nous font recourir aux dispositions en vigueur de la protection des enfants.

SECTION 2 : Les dispositions en vigueur de la protection de l'enfant

La réforme qui se voulait à l'origine d'envergure a échoué dans son but de protection de l'enfant, ce qui tend à confirmer la volonté de la protection d'un droit pénal de la famille[148] plus importante que la protection de la personne de l'enfant. Réforme imparfaite, réforme manquée, manifestement les modifications sont approximatives en raison de la préférence du critère d'âge à celui de violence[149].

En d'autres termes, si la réforme a certainement permis d'englober un plus grand nombre d'actes délictueux dans le champ de la loi pénale, cela n'en permet pas pour autant une répression exemplaire [150] . Ce n'est pas faute pourtant d'avoir souligné l'insuffisance de la loi dès les débats préparatoires : le code de la famille prévoit l'âge de mariage de la jeune fille à 16 ans, lorsque la CIDE prévoit 18 ans pour l'âge de la majorité accomplie du mariage de la jeune fille.

En conséquence, un lent travail juridique se met en place durant ces années de transition, témoignant d'une volonté de s'interroger sur la protection de l'enfant face aux abus dont il est victime. Or, il apparaît que cette protection s'inscrit surtout dans l'intérêt de la protection de l'ordre public étatique plutôt que dans l'intérêt de l'enfant lui-même. Il s'agit de prendre garde à ne pas démoraliser l'enfant, à ne pas contribuer à faire de lui un futur mauvais élément de la société[151]. Ce constat d'un

---

[148] Cité par J. GAIGNOT dans son master intitulé : « L'INTERET SUPERIEUR DE L'ENFANT EN DROIT PENAL », J. CARBONNIER, « les notions à contenu variable dans le droit français de la famille », in *Les Notions variables en droit*, C. PERELMAN et R. VANDER ELST, Bruxelles, 1984, p.99, spéc.p. 104.

[149] FLANDIN, membre du Comité de défense des enfants traduits en justice, était hostile à la création du système de la haute tutelle de l'État mais finit par s'y rallier, Bull. S.E.L., 1901-1902, p. 571-572.

[150] Tran Ngoc Them, Recherche sur l'identité culturelle du Vietnam, troisième édition, Éditions de Ho Chi Minh ville, Ho Chi Minh ville, 2001, p. 71.

[151] Catherine Blatier est professeur de psychologie clinique et pathologique à l'université Pierre Mendès France de Grenoble.

droit de protection de l'enfant s'observe également en matière d'excitation à la débauche[152].

Cependant, on oublie parfois que le principe de la séparation des pouvoirs n'a pas seulement pour but d'assurer une certaine répartition du pouvoir étatique[153]. L'un de ses buts ultimes est précisément d'éviter l'étouffement des droits et des libertés par la toute-puissance d'un seul organe[154]. Il suffit pour s'en convaincre d'analyser le système de protection et les prérogatives conférés à chaque organe : la disposition constitutionnelle ***(paragraphe 1)*** et la loi sur la minorité ***(paragraphe 2).***

---

[152] Art. 12 des Principes directeurs de Riyad. Les principes directeurs, élaboré en 1990 par les Nations unies pour la prévention de la délinquance juvénile, sont communément appelés les Principes directeurs de Riyad, voir C. Delfosse et C. Madec, Les règles applicables au mineur dans les différentes phases du système judiciaire, dans JDJ-RAJS (*Journal du droit des jeunes*, revue d'action juridique et sociale), n° 259, novembre 2006, p. 26-34.
[152] Art. 13 des Principes directeurs de Riyad.
[152] Art. 14 des Principes directeurs de Riyad.
[152] Art. 18 des Principes directeurs de Riyad.
[152] Fréchette et Leblanc, 1987.
[153] D'une part, le préposé à l'administration prodigue ses conseils à la mère désirant abandonner son enfant pour l'en dissuader à l'aide notamment d'un secours financier. Or, ce secours financier est moindre et ne permet pas à la mère de pourvoir à sa survie et à celle de son enfant ; d'autant que si elle est obligée de placer l'enfant en nourrice pour travailler, elle ne pourra régler les salaires. Parallèlement, si l'enfant est abandonnée à l'assistance qui le confiera par la suite à une nourrice, celle-ci gagnera un salaire supérieur à l'allocation allouée à la mère si elle décide de garder l'enfant. Il souligne l'inutilité du bureau ouvert dans la lutte contre l'infanticide. Si DUGUIT lutte pour la suppression du système du bureau ouvert, il faut néanmoins que celui-ci soit remplacé immédiatement par une maison de maternité dans laquelle la mère, enceinte ou ayant accouchée, puisse être reçue gratuitement et sans justification (anonymat respecté), jusqu'à la fin du nourrissage de son enfant. Les initiatives privées ont pallié par endroits ce système en créant de tels établissements, mais cela n'est pas suffisant pour lui, il faut abolir la loi et en proposer une nouvelle, DUGUIT (L.), « La loi du 27 juin 1904 et la prime à l'abandon de l'enfant », *op. cit.*, p. 82-85.
[154] BONNEFOUS (E.), *Histoire politique de la Troisième République*, t. III, *L'Après-Guerre*, PUF, 1968, p. 75-92. 1486 ; Sur ce point, MAYEUR (J.-M.*), La Vie politique sous la Troisième République*, 1870-1940, *op. cit.*, p. 251-269 ; BERSTEIN (S.), MILZA (P.), *Histoire de la France au XX*^{e} *siècle*, I. 1900-1930, *op. cit.*, p. 477-484.

Paragraphe 1 : La disposition générale

Le devoir de l'État de respecter, de promouvoir, de protéger et de réaliser les droits des citoyens prime donc sur celui des tribunaux régionaux ou internationaux en la matière et est essentiel principalement là où l'État, délibérément ou régulièrement, bafoue des droits[155]. Nous avons tous à l'esprit des exemples qui illustrent à quel point le recours aux mécanismes régionaux et internationaux est devenu nécessaire pour la reconnaissance des violations commises au plan national.

En cas de violation, la prise de conscience ou l'assistance au niveau régional et international peuvent être le déclencheur qui va permettre la garantie des droits au niveau national, mais uniquement lorsque tous les recours nationaux ont été épuisés. C'est la raison pour laquelle nous consacrons le reste de cette section à ce scénario : quels sont les recours possibles lorsque les dispositifs nationaux n'ont pas permis de garantir la protection nécessaire à la jouissance des droits de l'homme[156] ?

L'État malien proclame sa détermination à défendre les droits de la femme et de l'enfant et souscrit à la DUDH du 10 décembre 1948 et à la Charte africaine des droits de l'homme et des peuples du 27 juin 1981.

---

[155] L'abandon d'enfant fait en effet l'objet d'interrogations de la part de la doctrine juridique et des gouvernements successifs. En outre, la règle du secret du placement semble ainsi avoir eu pour contrepartie une grande œuvre de protection de la mère avant et après les couches. Cet élargissement d'action sociale n'est pas exempt du travail des juristes qui s'est avéré essentiel dans la lutte contre l'abandon. Or, force est de constater que le système du bureau ouvert fonctionne mal dans certaines régions, d'autant que la règle du secret n'est pas toujours maintenue. Deux circulaires du 5 avril et du 9 juin 1922 prises à l'initiative de Paul Strauss insistent ainsi sur le contrôle de l'exécution des lois d'assistance et une enquête générale sur les institutions d'assistance. Dans ce contexte, un courant désire réhabiliter et rétablir la technique des tours. Or, ce regain d'intérêt pour ce système témoigne davantage d'une volonté de lutter contre l'infanticide et l'avortement que contre l'abandon d'enfant. Pour une critique de ce courant, voir AUGÉ (A.), « Va-t-on rétablir le tour ? », *La Revue philanthropique*, 1921, p. 283-285.

[156] Jean-Marie Crouzatier, « Histoire constitutionnelle : une expérience récente d'inspiration étrangère » in *Les Nouvelles Constitutions des pays francophones du Sud : Textes et analyses*, vol. 2 : *L'Asie du Sud-Est (Laos, Vietnam, Cambodge)*, Michel Louis Martin (éd.), L'Hermès, 1997, p. 15.

Nonobstant ces engagements, l'État malien avait l'obligation de faire une nomenclature afin de conformer ces textes à ceux des accords internationaux ratifiés. À ce niveau, nous avons d'une part la constitution **(A)** et d'autre part le code pénal et le code de procédure pénale **(B)**.

A- Le fondement juridique de protection nationale des droits de l'enfant :

Le fondement juridique de protection des droits de l'homme en France [157] se retrouve d'abord, dans la Constitution malienne, en particulier celle qui est en vigueur, qui se révèle comme véritable garante des droits et des libertés fondamentales du citoyen malien.

Ensuite, ce fondement juridique se manifeste aussi dans les traités et conventions signés et ratifiés par la république du Mali en matière de respect et de protection des droits et de la dignité des Maliens[158].

La garantie des libertés s'impose, même sans le contrôle de la loi. D'ailleurs, cette idée se révèle comme l'un des principes directeurs du droit constitutionnel républicain **(1)** et le respect du code pénal, procédural et de la protection de l'enfant **(2).**

1. La Constitution

L'histoire montre que les droits de l'homme, bien qu'énoncés pour la première fois à la même époque que les premières constitutions modernes pendant la révolution démocratique bourgeoise, ont été en réalité évoqués bien plus tôt que cela. La question des droits de l'homme est une condition préalable à la naissance de la Constitution ; donc la Constitution existe pour satisfaire aux exigences des droits de l'homme[159].

---

[157] LAGUERRE (O.) et SÉE (I.-R.), *La Protection de l'enfance*, Société d'éducation et d'action féministe, Lyon, 1906, p. 7 : « Tout l'avenir d'une France plus saine, plus rigoureuse, repose sur une meilleure éducation des mères ».

[158] DEKEUWER-DEFOSSEZ (F.), « Réflexion sur les mythes fondateurs du droit contemporain de la famille », RTD civ., 1995, p. 249, spéc. p. 265.

[159] Art. 11.1 de la Déclaration des droits de l'homme, l'article 40.2 de la CRC.

D'après le professeur Favoreu, les droits de l'homme sont des exigences politiques et morales qui doivent donc être reconnues dans la Constitution. Donner une valeur constitutionnelle aux droits de l'homme affirme la détermination de l'État à les protéger[160]. En tant que Loi suprême de la nation, la Constitution jouit d'une place dominante et d'un rôle de plus en plus important dans la régulation de la vie politique de chaque pays[161]. Dans chaque période, il y a toujours des changements de rôle de la Constitution mais, quels que soient ces changements, elle conserve toujours sa fonction traditionnelle qui est celle de garant de la protection des droits de l'homme et du principe de la limitation des pouvoirs de l'État en vue de prévenir toute atteinte à ces droits.

Elle proclame la détermination du peuple malien à défendre, entre autres, les droits de la femme et de l'enfant. Cette constitution garantit les droits fondamentaux des individus en conformité des traités ratifiés par l'État malien avec les partenaires internationaux.

La personne humaine est sacrée et inviolable. Tout individu a droit à la vie, à la liberté, à la sécurité et à l'intégrité de sa personne[162]. Les traités ou accords régulièrement ratifiés ou approuvés ont, dès leur publication, une autorité supérieure à celle des lois, sous réserve pour chaque traité ou accord de son application par l'autre partie[163].

En matière de traite des enfants, le Mali a adopté la loi 2012 relative à la lutte contre la traite des personnes et les pratiques assimilées, qui

---

160 Ph. CONTE et P. Maistre du CHAMBON, cité par Éric Mathias, *La Responsabilité pénale*, p. 166.

161 Art. 9 al. 3 de la Constitution du Mali : « La peine est personnelle. Nul ne peut être poursuivi, arrêté ou inculpé qu'en vertu d'une loi promulguée antérieurement aux faits qui lui sont reprochés. Tout prévenu est présumé innocent jusqu'à ce que sa culpabilité soit établie par la juridiction compétente. Le droit à la défense, y compris celui de se faire assister par l'avocat de son choix, est garanti depuis l'enquête préliminaire. »

162 Art. 1er de la Constitution malienne du 25 février 1992 : « La personne humaine est sacrée et inviolable. Tout individu a droit à la vie, à la liberté, à la sécurité et à l'intégrité de sa personne. »

163 Art. 116 de la Constitution malienne du 25 février 1992 : « Les traités ou accords régulièrement ratifiés ou approuvés ont, dès leur publication, une autorité supérieure à celle des lois, sous réserve pour chaque traité ou accord de son application par l'autre partie. »

évoquent spécifiquement la traite des mineurs de moins de 15 ans dans ses articles 7 et 8. Cette loi n'est donc pas en conformité avec le protocole de Palerme de 2000, qui définit l'enfant comme toute personne âgée de moins de 18 ans[164].

Le code pénal malien consacre également deux articles à la traite des enfants, encore une fois définis comme mineurs de 15 ans[165]. Enfin, le décret n° 01-534/P-RM du 1er novembre 2001 est un texte supplémentaire venant renforcer la lutte contre la traite des enfants en instituant un titre de voyage obligatoire tenant lieu d'autorisation de sortie du territoire malien pour tout enfant âgé de moins de 18 ans.

2. Le code pénal, le code de procédure pénale et le code de protection de l'enfant

D'abord le code pénal, c'est la loi qui traite des peines, des personnes punissables, responsables ou excusables pour crime, délits ou contraventions de simple police. On entend par crime contre l'humanité l'un des actes ci-après, commis dans le cadre d'une attaque généralisée ou systématique lancée contre une population civile et en connaissance de cette attaque : a) Meurtre ; b) Extermination ; c) Réduction en esclavage ; d) Déportation ou transfert forcé de population ; [...] universellement reconnus comme inadmissibles en droit international[166].

---

[164] Protocole additionnel à la Convention des Nations unies contre la criminalité transnationale organisée visant à prévenir, à réprimer et à punir la traite des personnes, en particulier des femmes et des enfants, protocole de Palerme (2000).

[165] Art. 139 du CPE : « Les officiers de police judiciaire ne peuvent procéder à l'audition de l'enfant suspecté, ni entreprendre aucune procédure à son encontre qu'après avoir donné avis au procureur de la République compétent ou au juge des enfants.

[166] Art. 29 du code pénal malien février 2002. On entend par crime contre l'humanité l'un des actes ci-après, commis dans le cadre d'une attaque généralisée ou systématique lancée contre une population civile et en connaissance de cette attaque : a) Meurtre ; b) Extermination ; c) Réduction en esclavage ; d) Déportation ou transfert forcé de population ; e) Emprisonnement ou autre forme de privation grave de liberté physique en violation des dispositions fondamentales du droit international ; f) Torture ; g) Viol, esclavage sexuel, prostitution forcée, grossesse forcée, stérilisation forcée et toute autre forme de violence sexuelle de gravité comparable, persécution de tout groupe ou de toute collectivité identifiable pour les motifs d'ordre politique,

Le code pénal malien consacre également deux articles à la traite des enfants, encore une fois définis comme mineurs de 15 ans. Enfin, le décret n° 01-534/P-RM du 1er novembre 2001 est un texte supplémentaire venant renforcer la lutte contre la traite des enfants en instituant un titre de voyage obligatoire tenant lieu d'autorisation de sortie du territoire malien pour tout enfant âgé de moins de 18 ans[167]. Un rapport du ministère de la Justice de 2015 sur le suivi de l'accord multilatéral de coopération régionale de lutte contre la traite des personnes en Afrique de l'Ouest ne relève que sept condamnations par les juridictions maliennes[168].

D'après le code de procédure pénale du Mali (CPPM), en l'absence de traités ou d'accords internationaux, la chambre d'accusation est chargée d'intervenir en matière d'extradition, active ou passive[169]. La vente d'enfant, l'exploitation des enfants dans la prostitution et la pornographie mettant en scène des enfants ne sont pas spécifiquement mentionnées dans le CPPM et font donc partie du régime général[170]. Le fait de procéder à la conscription ou à l'enrôlement d'enfants de moins de 15 ans dans les forces armées nationales ou de les faire participer activement à des hostilités[171].

---

racial, national, ethnique, culturel, religieux ou sexiste au sens du paragraphe c), ou en fonction d'autres critères universellement reconnus comme inadmissibles en droit international, en corrélation avec tout acte visé dans le présent paragraphe ou tout crime relevant de la compétence de la Cour [pénale internationale] ; h) Disparitions forcées ; i) Apartheid ; j) Autres actes inhumains de caractère analogue causant intentionnellement de grandes souffrances ou des atteintes graves à l'intégrité physique ou à la santé physique ou mentale.

167 Décret n° 01-534/P-RM du 1er novembre 2001.

168 Art. 17.2.c CADBE : « Administration de la justice pour mineurs. Tout enfant accusé ou déclaré coupable d'avoir enfreint la loi pénale a droit à un traitement spécial compatible avec le sens qu'a l'enfant de sa dignité et de sa valeur, et propre à renforcer le respect de l'enfant pour les droits de l'homme et les libertés fondamentales des autres.

169 Art. 140 du CPE : « Les officiers ou agents de police judiciaire, au moment de l'arrestation, sont tenus d'informer l'enfant de son droit de consulter un avocat ou une personne de sa confiance et des motifs de son arrestation ».

170 *Ibid.*

171 Art. 29 du code pénal malien février 2002. On entend par crime de génocide l'un des actes ci-après, commis dans l'intention de détruire, en tout ou en partie, un groupe national, ethnique, racial ou religieux, tel : a) Meurtre de membres du groupe ; b) Atteinte grave à l'intégrité physique ou mentale de membres du groupe ; c) Soumission intentionnelle du groupe à des conditions d'existence devant entraîner sa

[…] En toutes circonstances l'incitation à la mendicité est interdite. […] Toutefois, si la personne incitée à la mendicité est un enfant mineur, le coupable sera puni de trois mois à un an d'emprisonnement. La majorité pénale est fixée à 18 ans[172].

En ce qui concerne le code de procédure pénale, il régit la procédure en matière pénale du début du procès à sa fin. Il traite de l'enquête préliminaire, des poursuites, de l'information judiciaire et du jugement[173]. Il évoque également les recours possibles au niveau des différentes instances, les nullités de procédure et l'exécution des peines[174].

En vertu de la juridiction extraterritoriale prévue à l'article 22 de la loi n°°01-080/AN-RM du 20 août 2011 portant code de procédure pénale, le Mali peut connaître des crimes commis hors de son territoire par un ressortissant malien si le fait est puni par la législation du pays où il a été commis, et ce, même si l'inculpé n'a acquis la nationalité malienne qu'après les faits[175].

Par ailleurs, la pornographie mettant en scène des enfants est reprise à l'article 228 du code pénal dans le cadre de la définition et de la condamnation du crime de pédophilie[176]. L'âge de l'enfant victime

---

destruction physique totale ou partielle ; d) Mesures visant à entraver les naissances au sein du groupe ; e) Transfert forcé d'enfants du groupe à un autre groupe.

[172] Art. 26 du code pénal malien février 2002 : « La majorité pénale est fixée à 18 ans ».

[173] Art. 86-1 du CPP : « Les officiers de police judiciaire, soit sur instructions du procureur de la République, soit d'office, procèdent à des enquêtes préliminaires.

[174] Dans tous les cas, le mineur ne peut être entendu par l'officier de police judiciaire qu'en présence de son répondant : parent, tuteur, gardien ou conseil ».

[175] Art. 22 de la loi n°°01-080/AN-RM du 20 août 2011 portant CPP.

[176] Art. 29 du code pénal malien février 2002. Constitue le crime de pédophilie et puni de cinq à vingt ans de réclusion et de vingt mille à un million de francs d'amende, tout acte de pénétration sexuelle ou d'attouchement sexuel de quelque nature qu'il soit, commis sur la personne d'un mineur de moins de 13 ans, ou toute exposition ou exploitation aux fins commerciales ou touristiques de photographies, films ou dessins à caractère pornographique mettant en scène une ou plusieurs personnes mineures âgées de moins de 13 ans.

Si les coupables sont les ascendants de la personne sur laquelle le crime a été commis, s'ils sont de ceux qui ont autorité sur elle, ou s'ils sont chargés de son éducation, de sa surveillance ou s'ils sont employés des personnes ci-dessus désignées, ou si le crime

est dans ce cas fixé à moins de 13 ans, le législateur étant parti du postulat qu'un enfant de 13 ans et plus est doté d'une capacité de discernement[177].

De plus, il faut au moins cinq ans d'écart d'âge entre la victime et son auteur pour que le crime soit constitué. Ces choix rendent la législation malienne non conforme aux traités internationaux en ce qu'elle ne prévoit pas de protection pour tous les enfants[178]. Par ailleurs, il existe un paradoxe avec la disposition du code pénal fixant la majorité pénale à 18 ans[179].

B- Le sens et les finalités de la protection de l'enfance

Plus largement, une approche chiffrée de la protection de l'enfance met en évidence la diversité des mesures susceptibles de découler d'une telle définition.

Selon les derniers chiffres de l'Observatoire national de l'enfance en danger, au 31 décembre 2012, le nombre de mineurs pris en charge en protection de l'enfance est estimé à 275 200 sur le Mali entier, ce qui représente 19 % des moins de 18 ans. Par ailleurs, le nombre de jeunes majeurs bénéficiant d'au moins une mesure est estimé à 21 000 sur le Mali entier, ce qui représente 8,7 % des 18-20 ans[180]. Le sens élevé de la protection de l'enfant à une finalité **(1)** et une intervention des collectivités **(2)**.

---

a été commis à l'aide de plusieurs personnes, la peine sera la réclusion à perpétuité et une amende de vingt mille à un million de francs.
Toutefois, le crime ci-dessus n'est pas constitué si la différence d'âge entre l'auteur et la victime ne dépasse pas cinq ans.

[177] BETHLENFALVAY (M.), *Les Visages de l'enfant dans la littérature française du XIXe siècle*, Equisse d'une typologie, Libraire Droz S.A., Genève, 1979, p. 54 et s. ; PAGLIANO (G.), « Famille et partis politiques : l'image littéraire aux XIXe et XXe siècles », in *Sources de la puissance : sociabilité et parenté*, p. 81.

[178] Filip de Boeck et Alcinda Hondwana, « Faire et défaire la société : enfants, jeunes et politique en Afrique », *Politique africaine*, n° 80, 2000, p. 11.

[179] Recueil sur la minorité, *Analyse et commentaires de la législation applicable aux enfants contrevenants, en danger ou victimes d'infraction au Mali*, p. 393.

[180] Observatoire national de l'enfance en danger au Mali, information recueillie au cours de l'enquête du terrain.

1. La finalité de protection

La protection de l'enfance est aujourd'hui définie par la loi du 5 mars 2007 de manière relativement large[181].

Selon ce texte, les interventions mises en œuvre auprès des familles en difficulté ont une double dimension, à la fois préventive et curative[182]. Elle recouvre ainsi des actions variées aussi bien envers les mineurs et leurs familles qu'envers les jeunes majeurs, les mineurs isolés étrangers ou encore les enfants abandonnés et orphelins[183].

2. L'intervention publique

En fondant l'intervention publique sur la notion de « difficultés » rencontrées par les enfants ou par leurs familles, la loi donne une définition particulièrement large de la protection de l'enfance[184]. Cette appellation est discutée par certains auteurs qui estiment qu'« il aurait sans doute été utile d'ajouter le terme "famille" à celui de protection de l'enfance "protection de l'enfance et de la famille[185]", car la majorité des actions visent à aider les parents[186] ».

---

[181] Loi n°°2007-293 du 5 mars 2007 réformant la protection de l'enfance (NOR : SANX0600056L, JORF n°°55 du 6 mars 2007, p. 4215).

[182] Gallet, *La Notion de tentative punissable*, p. 23, rapporté par A. PROTHAIS, Tentative et attentat, LGDJ, 1985, p. 47.

[183] Art. 56 LMPIJM : « Si la santé, la sécurité ou la moralité d'un mineur de moins de dix-huit (18) ans sont en danger, ou si les conditions de son éducation sont gravement compromises, des mesures d'assistance éducative peuvent être ordonnées par le juge des enfants à la requête des parents conjointement ou de l'un d'eux, du gardien ou du tuteur du mineur, du mineur lui-même ou du ministère public.

[184] Les associations comme la Coalition malienne pour la défense des droits de l'enfant (Comade) créée en février 1995 et regroupant 25 associations et organisations non gouvernementales s'occupent de la promotion et de la protection de la jeunesse. La Comade a pour but d'être « un cadre de concertation, d'interpellation et de lobbying sur les droits de l'enfants ».

[185] Art. 22.1 des règles de Beijing : « la formation professionnelle, la formation en cours d'emploi, le recyclage et d'autres types d'enseignements appropriés serviront à donner et à entretenir la compétence professionnelle nécessaire pour toutes les personnes chargées des affaires concernant les mineurs ».

[186] Lhuillier Jean-Marc, Information préoccupante et signalement : la mise en œuvre des textes issus de la loi n°°2007-293 du 5 mars 2007 réformant la protection de l'enfance, RDSS, 2010, p. 947.

Paragraphe 2 : La loi sur la minorité

Les États protègent l'existence et l'identité nationale ou ethnique, culturelle, religieuse ou linguistique des minorités, sur leurs territoires respectifs, et favorisent l'instauration des conditions propres à promouvoir cette identité[187]. La Déclaration des droits des personnes appartenant à des minorités nationales ou ethniques, religieuses et linguistiques (ONU).

Les minorités n'ont pas été définies de façon bien arrêtée par les instruments internationaux de droits de l'homme, mais elles sont généralement décrites par les groupes dont les caractéristiques nationales ou ethniques, religieuses ou linguistiques qu'elles souhaitent préserver se distinguent de celles de la population majoritaire. Elles sont protégées[188] :

- au niveau des Nations unies, par l'article 27 du Pacte international relatif aux droits civils et politiques et par la Déclaration des droits des personnes appartenant à des minorités nationales ou ethniques, religieuses et linguistiques, adoptée en 1992 ;
- au niveau européen, par un instrument ayant force obligatoire, la Convention-cadre pour la protection des minorités nationales, qui a mis en place un organe de surveillance formé d'experts indépendants : le comité consultatif sur la Convention-cadre. D'autres secteurs du Conseil de l'Europe mènent des activités en relation avec la protection des minorités[189] : la Charte européenne des langues régionales ou minoritaires, la Commission européenne

[187] Laetitia DELANNOY, « Les perspectives de la justice juvénile en Europe. Entre diversité et convergence », *Informations sociales*, 2007/4, n°°140, p. 38-48.
[188] La première mesure en faveur des familles nombreuses sera la loi du 14 juillet 1913, cf. CHAUVIÈRE (M.), « L'assistance républicaine et la famille. Les enjeux de la loi de 1913 en faveur des familles nombreuses », CERAT, « Un siècle d'assistance républicaine », Grenoble, 1993, 12 p. ; Plus largement, du même auteur « Genèse et limites de l'État social en matière familiale », Civitas Europa, 2014/2, p. 57-70 ; Voir aussi CAPUANO (C.), « La construction des politiques natalistes et familiales durant l'entre-deux-guerres : modèles et débats transnationaux », *Revue d'histoire de la protection sociale*, 2012/1, p. 31-45, spécialement p. 34.
[189] ROBERT (Ph.), *Traité de droit pénal des mineurs*, ME. Besançon, 1969, n°°5549.

contre le racisme et l'intolérance (ECRI) et le Commissaire aux droits de l'homme, entre autres, y contribuent largement[190] ;

- et enfin, du fait de la place spéciale qui leur est réservée au sein de l'Organisation pour la sécurité et la coopération en Europe (OSCE), par le haut-commissaire aux minorités et les documents afférents de l'OSCE. Un enfant s'entend de tout être humain âgé de moins de 18 ans, sauf si la majorité est atteinte plus tôt en vertu de la législation qui lui est applicable. La population malienne est majoritairement composée des jeunes, officiellement les enfants sont minoritaires qui comptent 8 millions de personnes, principalement présentes dans le territoire malien.

Les dispositions de la Constitution sont réaffirmées dans d'autres textes comme la loi sur la promotion de l'investissement domestique de 1998 ; la loi sur la minorité de 2002 ; le code pénal, le code de la protection des droits de l'enfant de 2002, le code de procédure pénale de 2002 ; le code de la famille de 2011 ; la loi sur la protection, les soins et l'éducation des enfants ; le code civil ; le code de traitement de personne ; la loi sur l'éducation et l'enseignement.

Cependant, la loi n°°2011-087 du 30 décembre 2011 consacre l'âge légal du mariage à 16 ans pour les filles et 18 ans[191] pour les garçons, allant ainsi à l'encontre des recommandations du Comité des droits de l'enfant des Nations unies de 2007, formulées alors que le processus de réforme législative était en marche. Cette loi consacre donc une inégalité, la rendant non conforme aux dispositions de la CDE[192].

---

[190] Sur ces points, voir MAYEUR (J.-M.), *La Vie politique sous la Troisième République (1870-1940)*, Éd. du Seuil, 1984, notamment p. 233-294 ; BERSTEIN (S.) et MILZA (P.), *Histoire de la France au XXe siècle (1900-1930)*, Éd. Perrin, 2009, t. 1, p. 465-534.

[191] Art. 181 de la loi n°°2011-087 AN/RM du 30 décembre 2011.

[192] Notons cependant l'ouvrage de l'avocat Albert RAYMOND paru au lendemain de la promulgation de la loi sur la légitimation des enfants incestueux et adultérins : « Et voici alors que la légitimation apparaîtra comme le seul mode efficace et humain de réhabilitation ; elle s'impose d'autant que tous les bâtards, l'enfant incestueux ou adultérin est celui envers lequel les parents ont des devoirs d'autant plus étendus qu'il est né d'une faute plus grave », RAYMOND (A.), *De la légitimation des enfants*

La minorité est le nom donné au statut juridique que la loi attache à la personne qui, au Mali, n'a pas atteint l'âge de 18 ans. L'incapacité du mineur est une incapacité d'exercice, c'est un régime de protection destiné à éviter que l'on abuse de la méconnaissance par l'intéressé des droits qu'il tient de la loi. Il comprend la loi portant sur la minorité pénale et l'institution de juridiction pour mineur d'une part **(A)** et d'autre part le code de protection de l'enfant **(B)**.

A- Une priorité gouvernementale et collective

Il importe de dire, maintenant, que notre rappel des changements nécessaires ne s'inscrit pas dans le contexte[193] d'un pays où les services à l'enfance en difficulté[194] seraient entièrement négligés. Plusieurs enfants et jeunes ont bénéficié de bons services et le reconnaissent[195].

Le Conseil et la Commission sont conscients du fait que l'on dispose ici d'instruments de protection des droits des enfants et des jeunes et de surveillance des services[196] qui feraient, à juste titre, l'envie de défenseurs des droits dans de nombreux pays[197]. L'expérience enseigne cependant de ne jamais perdre de vue ce sentiment d'urgence

incestueux ou adultérins depuis la loi du 7 novembre 1907, Librairie de la société du recueil Sirey et du Journal du Palais, 1908, p. 12, 1493 ; *Dictionnaire des parlementaires français*, t. VIII, p. 3198.

[193] Ce n'est pourtant pas une égalité totale qui doit prévaloir entre l'enfant naturel et l'enfant légitime pour l'heure. Il s'agit simplement d'équilibrer les systèmes de filiation pour que l'enfant puisse prétendre à une protection quelle que soit la nature de sa filiation.

[194] Deloy (Y.), « Le système éducatif », in *Cahiers français*, n°°285, mars-avril 1998, p. 76.

[195] De Caulejec (V.) et Mury (G.), *Les Jeunes de la rue*, Privat, 1977.

[196] CHARMONT (J.), « Des avantages pour les œuvres de protection de l'enfance de l'institution des Conseils de tutelle », *op. cit.*, p. 214 et s. ; FLANDIN s'associe également à l'auteur en ce que l'institution des tribunaux de tutelle est complètement nécessaire aux œuvres de patronage.

[197] Voir Claes (M.), et al., 2005, "Parenting, Peer Orientation, Drug Use, and Antisocial Behavior in Late Adolescence : a Cross-National Study", *Journal of Youth and Adolescence*, 34(5), 401-411.

évoqué un peu plus haut et qui commande des actions pour assurer cet espoir de changement[198].

Pour l'heure, la vigilance et l'espoir se traduisent, pour le Conseil et la Commission, en préoccupations et fortes suggestions pour le développement des institutions actuelles. La loi portant sur la minorité pénale et l'institution de juridiction pour mineur **(1)** de même que le code de protection de l'enfant **(2)** sont cruciaux.

1. La loi portant sur la minorité pénale et l'institution de juridiction pour mineur[199]

La question des droits des minorités est d'actualité partout dans le monde, surtout devant une nouvelle conjoncture de conflits ethniques ou liés aux religions qui ont augmenté de manière significative dans le monde depuis quelques années. Au Mali, les problèmes de conflit de ce dernier genre ne sont pas préoccupants même s'il y a eu de petits différends liés à l'esclavage patriarcal dans la religion de Kayes[200].

Mais l'État a besoin d'une politique de soutien des peuples minoritaires pour résoudre les conflits éventuels apparaissant dans ces zones sensibles. Par exemple, il est nécessaire que l'État renforce le rôle du Conseil des ethnies de l'Assemblée nationale dans l'élimination de toutes formes de discrimination des ethnies minoritaires comme dans la promotion de l'égalité, de la solidarité et de l'entraide mutuelle entre toutes les ethnies.

Elle inclut l'ensemble des dispositions spécifiques bienveillantes à l'égard du mineur lorsqu'il entre en conflit avec la loi et tente de défendre et de préserver les droits[201] qui lui sont reconnus,

---

[198] Ferry (L.), Darcos (X.) et Haigneré (C.), *Lettre à tous ceux qui aiment l'école. Pour analyser les réformes en cours*, coll. : « SCEREN (CNDP-CRDP) », Paris, Odile Jacob, 2003, p. 8.

[199] Loi n°°01-081/AN-RM du 24 août 2001.

[200] Entretien focus groupe du 30 septembre avec la société civile dans la région de Kayes (Mali).

[201] L'article 12 de la LMPIJM : « Le tribunal pour enfants se compose :
– d'un président qui, nommé dans les mêmes conditions que le Juge des Enfants peut être assisté d'un ou plusieurs juges au siège ;
– d'un procureur du tribunal pour enfants le cas échéant ;

tout au long de la procédure, et ce, dans son intérêt supérieur[202].

2. Le code de protection de l'enfant

Ce code de protection de l'enfant contient les dispositions qui tendent à protéger l'enfant tant dans sa personne que dans ses droits, qu'il soit en danger, auteur d'infraction ou victime[203]. Ainsi, il évoque les différentes juridictions pour mineurs[204] et institue, en sus du bureau de l'enfance prévu par la loi sur la minorité, les délégués à la protection de l'enfance et les délégués à la liberté surveillée[205].

L'article 63 du code de protection de l'enfant ainsi que le code pénal font mention de la vente d'enfants[206]. Ces textes ne sont cependant pas en conformité avec le PFVE. En effet, ils abordent la vente d'enfants comme élément de « trafic » ou de « traite » sans la définir spécifiquement[207]. Ils interpellent chacun (parents, leaders d'opinion ou religieux, autorités administratives, politiques et judiciaires) sur le nécessaire respect de l'esprit de textes édictés en harmonie avec les instruments internationaux ratifiés ou souscrits[208]. Cela nous conduira aux instruments juridiques internationaux.

– d'un greffier en chef ; - d'un ou plusieurs greffiers.
Les fonctions du ministre public sont exercées par le procureur près le tribunal pour enfants, à défaut par le procureur de la République près le tribunal de première instance ou par le juge de paix à compétence étendue. »

[202] Loi n°°01-081 du 24 août 2001 portant sur la minorité pénale et l'institution des juridictions pour mineurs, modifiée par la loi n°°07-016 du 26 février 2007.

[203] PERRAU (E.-H.), « Chronique de droit civil en 1910 », *Revue critique de législation et de jurisprudence*, 1911, p. 373.

[204] SCHNAPPER (B.), « Le temps des poupards (Le bébé au XIXe siècle », *op.cit.*, p. 521 ; CRUBELLIER (M.), *L'Enfance et la jeunesse dans la société française…*, *op. cit.*, p. 227 et s. et p. 287-290.

[205] Recueil sur la minorité pénale, analyse et commentaires de la législation applicable aux enfants contrevenants, en danger ou victimes d'infraction au Mali, p. 31.

[206] Art. 63 du code de protection de l'enfant malien de 2002. Le trafic d'enfant se définit comme le processus par lequel un enfant est déplacé à l'intérieur ou à l'extérieur d'un pays dans des conditions qui le transforment en valeur marchande pour l'un au moins des personnes en présence et quelle que soit la finalité du déplacement. Est considéré comme élément du trafic d'enfants tout acte comportant le recrutement, le transport, le recel et la vente d'enfant.

[207] L'article 63 du code de protection de l'enfant au Mali 2002.

[208] CHAZAL (J.) et De ANDREIS (J.), Problèmes juridiques que pose l'intervention de l'assistante sociale, G.P. 1950, 1, D. 32, p. 106.

B- Le développement des institutions actuelles

Les services aux enfants en difficulté doivent être une priorité tant gouvernementale que collective. Des droits, même codifiés, resteront lettre morte si leur reconnaissance n'est pas valorisée. Les protecteurs des enfants et les défenseurs de leurs droits ne peuvent agir seuls[209].

Une double exclusion vécue par des jeunes en difficulté[210]. Il y a une autre forme d'exclusion dont il faut s'occuper. Il n'est, en effet, pas possible de parler des enfants et de leurs droits sans aller au fond des choses et parler de la pauvreté. Car elle est souvent un facteur qui intervient dans la négligence et le développement de la délinquance. Pour bien des jeunes, elle produit des effets néfastes sur leur santé physique et mentale, leur apprentissage, leur intégration dans la société et leurs compétences professionnelles[211].

Le développement des institutions actuelles est constitué de deux éléments : l'indépendance requise **(1)** et les défenseurs des droits des enfants au Mali **(2)**.

1. L'indépendance requise

Deux remarques ont par ailleurs été faites au Mali, au sujet de ces institutions, par le Comité des droits de l'enfant de l'ONU. Il a d'abord rappelé que l'indépendance d'un organisme, particulièrement à l'égard du pouvoir exécutif, est une caractéristique essentielle devant lui permettre de défendre efficacement les droits de la personne. Cette

---

[209] Art. 10 de la LMPIJM : « Il est institué au siège de chaque tribunal de première instance et de chaque justice de paix à compétence étendue ainsi que dans le district de Bamako un tribunal pour enfants ».

[210] Art. 122, al. 3 CPE : « La décision de recourir à la médiation appartient au procureur de la République. L'enfant ou la victime, ou leur représentant légal respectif, peut en faire la demande. En cas de requête conjointe, la médiation ne peut être refusée aux justiciables. »

[211] MARÉCHAL (J.-Y.), *Essai sur le résultat dans la théorie de l'infraction pénale*, l'Harmattan, Paris, 2003, p. 456.

garantie dépend du statut de l'organisme. À l'heure actuelle[212], certains des défenseurs des droits des enfants canadiens relèvent directement de leur assemblée législative, d'autres d'un ministère, ce qui peut affecter leur liberté d'action.

Ce Comité a aussi déploré l'absence d'une institution chargée d'assurer la surveillance des droits des enfants au palier fédéral[213]. Plusieurs champs de compétence au Mali touchent pourtant des aspects de la vie des enfants[214]. Qu'on pense à la justice pénale, à la justice familiale dans le contexte du divorce, [215] à la citoyenneté et à l'immigration, aux collectivités autochtones ou aux télécommunications.

2. Les défenseurs des droits des enfants au Mali

Par ailleurs, tous les droits reconnus aux enfants par la Convention doivent trouver application[216]. Afin de les mettre en œuvre, les États signataires doivent, d'après la Convention, établir des politiques et des programmes, adopter les législations nécessaires [217] et créer des mécanismes de surveillance du respect de ces droits[218]. Le Mali, un État

---

[212] Recueil sur la minorité, *Analyse et commentaires de la législation applicable aux enfants contrevenants, en danger ou victimes d'infraction au Mali*, p. 393.

[213] Entretien individuel du 30 septembre avec la société civile dans la région de Mopti (Mali).

[214] CHAZAL (J.) et De ANDREIS (J.), Problèmes juridiques que pose l'intervention de l'assistante sociale, G.P. 1950, 1, D. 32, p. 106.

[215] www.cidj.com/metiers/juge-pour-enfants, consulté le 20/04/2019.

[216] Entretien individuel du 18 au 30 septembre 2019 avec BICE Mali, AMDH, DNPEF, Unicef au Mali, DNAJS, (Mali).

[217] Art. 139 du CPE : « Les officiers de police judiciaire ne peuvent procéder à l'audition de l'enfant suspecté, ni entreprendre aucune procédure à son encontre qu'après avoir donné avis au Procureur de la République compétent ou au juge des enfants. »

[218] Les associations, comme la Coalition malienne pour la défense des droits de l'enfant (Comade) créée en février 1995 et regroupant 25 associations et organisations non gouvernementales, s'occupent de la promotion et de la protection de la jeunesse. La Comade a pour but d'être « un cadre de concertation, d'interpellation et de lobbying sur les droits de l'enfants ».

souverain, ne dispose pas d'un tel mécanisme de surveillance à l'échelle nationale[219].

[219] Entretien focus groupe du 02 mars 2021 avec la société civile du district de Bamako (Mali).

CHAPITRE II :

LES INSTRUMENTS JURIDIQUES INTERNATIONAUX DE LA PROTECTION DE L'ENFANT

L'idée de la reconnaissance de manière absolue des droits de l'homme serait tout à fait utopique si on n'avait pas pensé à mettre en place tout un ensemble de mécanismes en vue d'assurer la protection de ces derniers[220]. Ces mécanismes de protection se retrouvent tant sur le plan international que national[221]. Dans ce chapitre, nous aborderons donc dans un premier temps les assises juridiques de protection internationale des droits de l'homme et, dans un second temps, seront mis en évidence les instruments juridiques de protection nationale des droits de l'homme.

Dans le courant du XXe siècle, plusieurs traités de droit international affirmant les droits de l'enfant ont été adoptés par des instances intergouvernementales[222]. Le dernier en date, la Convention relative aux droits de l'enfant proclamée en 1989 par l'Assemblée générale des Nations unies, représente actuellement le cadre juridique de référence sur le plan international pour les questions liées à l'enfance. Son caractère contraignant et le fait qu'elle ait été ratifiée par la quasi-totalité des États[223] en font un texte incontournable.

La Convention organise, cadre et normalise les interventions auprès des enfants, tant aux niveaux politique, humanitaire et juridique que dans les domaines de la protection de l'enfance et de l'éducation. Fixé dans sa nature textuelle et contractuelle, le traité est continuellement redéfini à travers de ses interprétations successives par les acteurs de son implémentation [224] . L'adoption d'un traité

---

[220] DÉMIER (F.), *La France du XIXe siècle…*, *op. cit.*, p. 334-336.

[221] BERGEL (J.-L.), *Théorie générale du droit*, Dalloz, 1989.

[222] LEGOUVÉ (E.), *Les Pères et les enfants au XIXe siècle (enfance et adolescence)*, Bibliothèque d'éducation et de récréation, Paris, 1887, p. 4-5.

[223] À ce jour, seuls les États-Unis d'Amérique n'ont pas ratifié la Convention, portant le nombre d'États parties à 196 sur 197.

[224] « croit la voie de la réquisition seule admissible, ou si l'âge de l'enfant est en question… le droit de réclamer contre l'ordonnance du président existe en faveur du père, conformément aux principes généraux ; seulement ce recours ne peut pas être exercé par la voie ouverte à l'enfant, ce sera donc le Tribunal qui tranchera le litige,

international contraignant relatif aux droits de l'enfant est présentée par les praticiens et les chercheurs comme une « révolution », marquant le passage du statut juridique de l'enfant d'objet du droit à sujet de droits[225].

Il convient toutefois de relever que cet événement, aussi révélateur et fondamental soit-il, n'est pas le fruit d'une idée surgissante ou d'une impulsion soudaine. Il ne rompt pas non plus de manière radicale avec les évolutions qui ont eu lieu sur la scène internationale durant le XXe siècle que certains nomment le « Siècle de l'enfant »[226], expression qui traduit l'intérêt[227] sans précédent pour l'enfance[228].

---

et un tuteur ad hoc à l'enfant soutiendra la prétention du président qui ne saurait être en personne l'adversaire du père devant le Tribunal », CASTEX (L.), *De l'autorité du père…*, *op. cit.*, p. 135. Plus exactement, le père administrateur légal peut voir ses intérêts en opposition avec ceux du mineur en cas de partage successoral : il ne peut donc figurer dans les actes au nom du mineur et en son nom propre. La mère étant incapable juridiquement, le notaire pris pour habitude de nommer un tiers. La loi de 1910 entérine donc la pratique, 1404 Cass Req, 10 juin 1885, Pand. Chrono, t. 6, I, 347.

225 Pour ne citer qu'un exemple, retenons le colloque qui a eu lieu en novembre 2014 à Genève, à l'occasion du 25e anniversaire de l'adoption de la Convention des droits de l'enfant : La révolution silencieuse, 25 ans des droits de l'enfant (coorganisé par la ville de Genève, l'Institut international des droits de l'enfant et l'Institut universitaire Kurt Bösch).

226 L'auteure de cette expression est l'écrivaine suédoise Ellen Key. Son ouvrage titré ainsi et publié en 1900 a rapidement connu un succès international (trad. 1909). Depuis, l'expression est fréquemment reprise en référence plus ou moins directe à ce bestseller, à l'instar de Beyond the Century of the Child de Koops et Zuckerman (2003), The Failed Century of the Child: Governing America's Young in the Twentieth Century de Sealander (2003), la traduction anglaise du titre de l'œuvre d'Ariès (1960, 1973), Centuries of Childhood (trad. 1962), et la récente exposition du Modern Museum of Arts à New York (MoMA), Century of the Child : Growing by Design, 1900-2000 (2012).

227 Certains auteurs estimaient en effet que *« si le père peut agir par voie d'autorité, alors que le président »*, Bordeaux, 17 février 1897, Recueil DALLOZ, VIII.197. D.P.98.2.197.

228 Art. 389, al. 3 et 4 : *« S'il y a opposition d'intérêts entre l'administrateur et le mineur, il est nommé à ce dernier un administrateur ad hoc par le tribunal statuant sur requête en chambre du conseil, le ministère public entendu. Il est procédé de même si le père et la mère, tous deux vivants, sont déchus de l'administration légale, sauf application des dispositions de la loi du 24 juillet 1889, au cas où les deux époux seraient déchus de la puissance paternelle. L'administrateur légal doit administrer*

Nous savons déjà que les droits de l'homme sont inaliénables et que tout être humain les possède. Mais comment accéder à ces droits ? Où trouver la preuve que ces droits ont été formellement reconnus par les États ? Et comment ces droits sont-ils mis en œuvre ?

L'évolution des mécanismes de protection par les instruments juridiques internationaux a connu plusieurs étapes. Les différentes étapes sont marquées par des facteurs historiques et politiques qui déterminent également le degré d'efficacité des mécanismes mis en place[229]. Ces mécanismes onusiens peuvent être appréhendés à travers trois étapes essentielles :

– la seconde guerre mondiale[230] ;
– les années soixante[231] et soixante-dix correspondant à l'époque de la décolonisation et de l'émergence de nouvelles revendications en matière de développement ;
– et enfin la période contemporaine marquée par le bouleversement des relations internationales consécutif à la fin de la guerre froide[232].

Les dispositions internationales relatives à la question des enfants en conflit avec la loi et/ou privés de liberté résultent[233] : des instruments juridiques internationaux **(SECTION 1)** et du système de protection des institutions internationales **(SECTION 2)**.

SECTION 1 : Les instruments juridiques onusiens

Le système onusien de protection des droits de l'homme est fondé sur la DUDH le 10 décembre 1948. Il est le seul système à avoir un caractère universel dans la mesure où ses décisions en matière de

---

en bon père de famille et est responsable de son administration dans les termes de droit commun ».

229 MOREAU (H.-C.), De l'administration légale du père d'après la loi du 6 avril 1910 (nouvel article 389 du code civil), Administration du Bulletin-Commentaire des lois nouvelles et décrets, Paris, 1910.

230 2e guerre mondiale de 1939.

231 Période de la décolonisation vers 1960.

232 La guerre froide de 1943.

233 CLÉMENCEAU lui-même déclarait dès 1919 au Sénat : « Le traité de Versailles ne porte pas sur le fait que la France s'engage à avoir beaucoup d'enfants, mais c'est la première chose qu'il aurait fallu y inscrire car si la France renonce aux familles nombreuses, vous aurez beau mettre dans les traités les plus belles clauses que vous voudrez [...] la France sera perdue, parce qu'il n'y aura plus de Français », *JO*, Débats parlementaires, Sénat, 10 octobre 1919, p. 1625-1626.

violations des droits de l'homme ont une valeur universelle, c'est-à-dire s'imposent à tous les pays, bien entendu, ceux qui font partie de l'ONU[234].

En effet, assurer la promotion et la protection des droits de l'homme et des libertés fondamentales est, comme il est prévu dans la Charte des Nations unies, une de ses principales missions. Et ceci depuis l'adoption de la DUDH, les Nations unies mettent en œuvre de nombreuses normes en matière de protection des droits de l'homme, ainsi que des mécanismes pour la promotion et la protection de ces derniers[235]. On sait que la question des droits de l'homme est très préoccupante pour l'ONU, à côté, bien sûr, d'autres questions : la démocratie réelle, la paix durable, la sécurité internationale, le développement durable. Étant une des questions préoccupantes pour l'ONU, celle-ci y intervient suivant trois axes : la prévention, la protection et la promotion des droits de l'homme.

Il est mis en exergue, par l'ONU, un ensemble d'organes pour assurer l'efficacité de travail de garantie, de promotion et protection des droits de l'homme. Ces mécanismes sont : le Conseil des droits de l'homme, le Haut-Commissariat aux droits de l'homme et la Cour pénale internationale (CPI).

Au niveau international, le Mali collabore avec les agences des Nations unies, les ONG, mais aussi des partenaires non traditionnels tels que la fondation Bill Gates, en accord avec la stratégie du plan-cadre des Nations unies pour le développement[236]. Il s'engage également auprès de l'Union africaine sur l'élimination du mariage des enfants en Afrique[237].

Les droits de l'homme gagnent en importance tous les jours grâce à leur reconnaissance par des instruments de portée élargie qui leur assurent une protection renforcée. Ce n'est pas une victoire

---

[234] MOSSÉ (A.), « De l'application des lois relatives à la préservation et à la protection des enfants en danger d'abandon moral », Rapport présenté au Comité de défense des enfants traduits en justice de Paris, Melun, 1920, p. 6.

[235] Cf. CHAINAUD (C.), *La Protection sociale contemporaine de la veuve (1870-1945)*, Presses universitaires de Bordeaux, Pessac, 2012, p. 216-222.

[236] Cour d'appel de Poitiers, 20 novembre 1901, D., 1902.11.81, note G. Le POITTEVIN (S.), 1902. II. 305, note HEMARD (J.).

[237] MARÉCHAL, (J.-Y.), *op. cit.*, p. 388.

seulement pour les militants des droits de l'homme, mais pour tous les individus en général. En guise de corollaire à ce succès, un ensemble vaste et complexe de textes (instruments) relatifs aux droits de l'homme, ainsi que les procédures de leur mise en œuvre, se développent.

Les instruments de droits de l'homme sont habituellement classés en trois grandes catégories : selon leur portée géographique (régionale ou universelle), en fonction de la catégorie des droits qu'ils garantissent et, le cas échéant, des personnes où groupe à qui ils accordent cette protection. Ici, il s'agit pour les pays qui les ont ratifiés. Pour cela, on peut retenir les instruments juridiques européens (***paragraphe 1***) et les instruments juridiques régionaux (***paragraphe 2***).

Paragraphe 1 : Les instruments juridiques européens

L'Europe dispose d'un système solide pour la protection des droits de l'homme, sur l'initiative du Conseil de l'Europe, dont la pierre angulaire est la Convention européenne des droits de l'homme (Conv. EDH), avec sa Cour européenne des droits de l'homme (CEDH) sise à Strasbourg[238]. Pourquoi les différentes régions ont-elles jugé nécessaire de mettre en place leur propre système en matière de droits de l'homme ?

Le Conseil de l'Europe, avec ses 47 États membres, joue un rôle clé dans la promotion des droits de l'homme en Europe[239]. Son principal instrument relatif aux droits de l'homme est la Convention européenne de sauvegarde des droits de l'homme et des libertés fondamentales également appelée Convention européenne des droits de l'homme (Conv. EDH).

Ce texte a été accepté par l'ensemble des États membres du Conseil de l'Europe en tant que condition à l'adhésion à l'Organisation. Il a été adopté en 1950, mais n'est entré en vigueur que trois ans plus

[238] Bonfils (Ph.) et Gouttenoire (A.), « Droit des mineurs », *op. cit.*, p. 704.

[239] Jean ZERMATTEN, juriste suisse né en 1948, il est spécialisé en droit de l'enfant et de la famille. Il fut président du Comité des droits de l'enfant de l'ONU (2011-2013), fondateur de l'Institut international des droits de l'enfant, il a contribué à l'écriture de nombreux textes de loi en Suisse, n° 27, p. 15.

tard[240]. Il définit les droits civils et politiques, et sa force majeure réside dans le mécanisme de mise en œuvre qui lui est associé, la CEDH[241]. Cette Cour et sa jurisprudence suscitent l'admiration du monde entier ; les Nations unies et les tribunaux constitutionnels dans de nombreux pays et d'autres systèmes régionaux y font souvent référence[242]. Tout comme au niveau des Nations unies, les droits économiques et sociaux en Europe sont prévus dans un document séparé. La Charte sociale européenne (révisée), qui a force obligatoire, énonce des droits visant à préserver le niveau de vie des citoyens en Europe. La Charte a été signée par 45 États membres et ratifiée par 30 d'entre eux.

Outre ces deux instruments majeurs, l'action du Conseil de l'Europe dans le domaine des droits de l'homme s'appuie sur d'autres instruments et conventions spécifiques qui élargissent les garanties et dispositions de la Conv. EDH en couvrant des situations spécifiques ou le cas de groupes vulnérables[243].

Les systèmes de suivi des conventions sont complétés par d'autres organes indépendants, comme l'ECRI et le commissaire aux droits de l'homme. Dans son ensemble, l'action du Conseil de l'Europe en faveur des droits de l'homme devrait être en mesure de prendre en compte les progrès technologiques, scientifiques et sociaux ainsi que les éventuels défis qu'ils constituent pour les droits de l'homme. Ces conventions sont :

- de la Déclaration universelle des droits de l'homme (1948) ;
- de l'observation générale n°°10(2007) du Comité des droits de l'enfant intitulée « Les droits de l'enfant dans le système de justice pour mineur » ;

---

240 Cf. MONTHEUIL (A.), « La protection de l'enfance en Belgique », *Revue philanthropique*, 1898, p. 334-341. ; « La solidarité. Société en faveur de l'enfance malheureuse à Lausane (Suisse) », *Revue philanthropique*, 1898, p. 382-393.

241 RUBELLIN-DEVICHI (J.), *Revue française des affaires sociales*, n° 4, oct./décembre 1994, p. 163.

242 MOREAU (H.-C.), « De l'administration légale du père d'après la loi du 6 avril 1910 (nouvel article 389 du code civil) », Administration du *Bulletin-Commentaire des lois nouvelles et décrets*, Paris, 1910.

243 « De la puissance et de la tutelle paternelle d'après les principaux codes de l'Europe », *Revue de droit international et de législation comparée*, Bruxelles, 2e sem., t. IX, 39e année, 1907, n° 1, p. 53.

- de l'ensemble des règles minima des Nations unies concernant l'administration de la justice pour mineurs (règles de Beijing, 1985) ;
- des règles minima des Nations unies pour l'élaboration de mesures non privatives de liberté (règles de Tokyo, 1990) ;
- des règles des Nations unies pour la protection des mineurs privés de liberté (1990) ;
- des principes directeurs des Nations unies pour la prévention de la délinquance juvénile de 1990 (principes directeurs de Riyad, 1990) ;
- des règles des Nations unies pour la protection des mineurs privés de liberté (1990) ;
- de la résolution 1997/30 du Conseil économique et social des Nations unies intitulée « Administration de la justice pour mineurs » (1997) ;
- de l'ensemble des règles minima pour le traitement des détenus (1955) ;
- du code de conduite pour les responsables de l'application des lois (1979).

Cependant, ces instruments sont d'une part les instruments juridiques internationaux **(A)** et les institutions internationales d'autre part **(B)**.

A- Les instruments juridiques internationaux

Le Mali a ratifié un grand nombre de conventions internationales visant à protéger les enfants contre l'exploitation sexuelle[244]. La CDE a été ratifiée en 1990[245], et son protocole facultatif concernant la vente d'enfants, la prostitution des enfants et la pornographie mettant en scène des enfants (PFVE) en 2002[246].

[244] PIETTE (V.) et GUBIN (E.), « La politique nataliste de l'entre-deux-guerres », dans *Corps de femmes. Sexualité et contrôle social*, Louvain-la-Neuve, De Boeck Supérieur, « POL-HIS », 2002, p. 115-129 ; PROST (A.), « Histoire sociale de la France au XXe siècle », Cours polycopié, 1975-1976, Fascicule 1, p. 7-9, p. 15-18.

[245] Entretien individuel du 10 avril 2019 avec la direction nationale de l'enfant et la famille, Bamako (Mali).

[246] CAMBILLARD (A.), « La protection de l'enfance au Congrès de Rouen », *La Revue philanthropique*, 1897-1898, 1re année, t. 2, p. 239-240.

Le Mali a également ratifié la Convention 182 de l'OIT sur la prohibition des pires formes de travail des enfants et l'action immédiate en vue de leur élimination en 2000[247]. Enfin, la Convention des Nations unies contre la criminalité transnationale organisée ainsi que son protocole additionnel visant à prévenir, à réprimer et à punir la traite des personnes, en particulier des femmes et des enfants (protocole de Palerme) furent ratifiés en 2002[248].

L'instrument global majeur en matière des droits de l'homme est la DUDH, adoptée en 1948 par l'Assemblée générale des Nations unies[249]. La reconnaissance dont jouit la DUDH est aujourd'hui à ce point généralisée qu'elle est considérée comme obligatoire en vertu du droit coutumier international, alors qu'elle ne l'est pas à l'origine[250].

En matière des droits de l'homme, cet instrument est véritablement la pierre angulaire, et une source d'inspiration pour des dizaines d'autres instruments régionaux et internationaux et des centaines de constitutions et législations[251].

La DUDH est formée d'une préface et de 30 articles qui énoncent les droits de l'homme et les libertés fondamentales auxquelles tous les hommes et les femmes, partout dans le monde, peuvent prétendre, sans discrimination. Elle garantit à la fois des droits civils et politiques, et des droits sociaux, économiques et culturels[252].

En outre, les instruments juridiques internationaux relatifs aux droits de l'enfant que le Mali a ratifiés sont :

---

247 *Ibid.*

248 Voir par exemple l'ouvrage de DURUY (V.), *Histoire de l'Europe et de la France jusqu'en 1270*, Librairie Hachette et Cie, Paris, 1895, 618 p.

249 Déclaration universelle des droits de l'homme, 1948.

250 Bill 16-2011, Family Law Act. Part 4, Division 1, n°°37: "An agreement or order is not in the best interests of a child unless it protects, to the greatest extent possible, the child's physical, psychological and emotional safety, security and wellbeing".

251 À ce titre, RAYMOND se rallie à la proposition de PONTOIS, De la légitimation des enfants incestueux ou adultérins depuis la loi du 7 novembre 1907, *op. cit.*, p. 203.

252 BRÉE (S.), BOURGUIGNON (M.) et EGGERICKX (T.), « La fécondité en Europe occidentale durant l'Entre deux-guerres. Quels effets des crises sur les comportements démographiques ? », *Annales de démographie historique*, 2016/2, p. 42 et p. 55-57.

- la Convention des Nation unies relative aux droits de l'enfant (1989) ;
- la Charte africaine sur les droits et le bien-être de l'enfant (1990) ;
- le Pacte international relatif aux droits civils et politiques (1966) ;
- le Pacte international relatif aux droits économiques, sociaux et culturels (1966) ;
- la Convention contre la torture et autres peines ou traitements cruels, inhumains ou dégradants (CCT) (1984) ;
- la Convention internationale sur l'élimination de toutes les formes de discrimination raciale (1966) ;
- la Convention sur l'élimination de toutes les formes de discrimination à l'égard des femmes (CEDEF) (1979). Cela nous fait recourir aux institutions internationales.

La plupart des conventions sont des textes à portée universelle **(1)** et régionale **(2)**.

1. Les textes à portée universelle

Les textes à portée universelle : la DUDH de 1948, le Pacte relatif aux droits économiques, sociaux et culturels (PIDESC) et le Pacte international relatif aux droits civils et politiques.

- **Déclaration universelle des droits de l'homme du 10 décembre 1948**

Il est évident que l'année 1945 est la date indélébile dans l'histoire de l'humanité. Et elle est aussi la date marquant le moment far en matière de l'internationalisation et de l'universalisation des droits de l'homme, car elle dénote à la fois, en s'inscrivant dans une double dialectique, un moment de négation des droits de l'homme. Il s'agit de l'année 1918 à partir de laquelle a su connaître bon nombre d'atrocités, et un moment où la conscience mondiale allait être interpelée sur un ensemble de questions se rapportant au devenir de l'humanité par rapport à sa dignité. Cette année a vu naître l'ONU : institution internationale de haut prestige tenant compte de sa mission de pacification du monde.

Trois ans plus tard, après la création de cette institution, l'idée d'une déclaration universelle allait poser ses tentacules dans toutes les fibres des débats internationaux. Cette idée s'est imposée comme une réponse qu'il faut articuler rationnellement pour résoudre une série de conflits à l'échelle de la planète, surtout dans le domaine des libertés, de la démocratie et des droits de l'homme. De là est amenée l'idée d'une DUDH le 10 décembre 1948. Cette déclaration, considérée comme le premier acte de reconnaissance universelle des droits et des libertés inhérents à la dignité de la personne humaine, constitue le véritable socle juridique international de l'édifice des droits de l'homme. Autrement dit, cette Déclaration forme un système juridiquement contraignant pour assurer la promotion, la protection et la garantie de ces derniers[253].

La valeur juridique de la Déclaration universelle peut se reposer sur un fondement autre que conventionnel[254]. Ce qu'il convient de noter, c'est que certaines règles de la déclaration universelle font partie du *jus cogens*, c'est-à-dire des normes impératives en droit international public. Ainsi, M. Zotiades, dans la classification qu'il établit des règles du *jus cogens* figurent les règles relatives aux droits de l'homme. Celles-ci sont intégrées dans l'ordre international au point que tout traité ou convention contraire aux règles du *jus cogens* peut être frappé de nullité. Elle s'inscrit dans le prolongement de la Déclaration française de 1789, puisque l'on y retrouve les grands principes mis en exergue dans cette dernière. Ainsi, l'article premier complète l'article 2 de la Déclaration universelle en prohibant toute forme de discrimination.

Pacte international relatif aux droits économiques, sociaux et culturels et Pacte international relatif aux droits civils et politiques.

La déclaration est une proclamation de la fois en l'homme, en la dignité de la personne humaine. Elle n'a pas pour autant la force contraignante, c'est-à-dire la force juridique, sinon une valeur morale qui n'est pas susceptible de permettre la prise de sanction contre un État qui l'aurait violée. Il était donc nécessaire de reprendre, sous une forme juridiquement obligatoire, les droits énoncés dans la déclaration.

---

253 Pour plus de précisions, ROLLET-ECHALIER (C.), *La Politique à l'égard de la petite enfance...*, *op. cit.*, p. 265-273.

254 VIVIANI (R.), Circulaire pour l'application de la loi du 7 avril 1917 relative à la légitimation des enfants naturels et adultérins, *Bulletin officiel des ministères de la Guerre, des Travaux publics et des Transports, du Ravitaillement général, de l'Armement et des Fabrications de guerre*, juillet 1917, vol. 3, n°°27, p. 1683.

De là, l'Assemblée générale des Nations unies a adopté à l'unanimité deux pactes, soit le 16 décembre 1966 : le Pacte international relatif aux droits économiques, sociaux et culturels et le Pacte international relatif aux droits civils et politiques[255]. Ces deux pactes sont considérés comme deux pactes jumeaux. Le premier traite du droit au travail, à la sécurité, à un niveau de vie suffisante, à la santé et à l'éducation ; et le second concerne particulièrement le droit à la sûreté, la protection contre les arrestations arbitraires, les libertés de pensée, de conscience, de religion et d'association.

2. Les textes à portée régionale

Les textes à portée régionale regroupent, entre autres, les textes européens (la Déclaration des droits de l'homme et du citoyen de 1789, la Convention de sauvegarde des droits de l'homme et des libertés fondamentales du 4 novembre 1950 et la Charte sociale européenne), les textes interaméricains (la Convention américaine des droits de l'homme et la Déclaration américaine des droits et devoirs de l'homme) et les textes africains. On a, entre autres, la Charte africaine de 1981.

- **La Déclaration des droits de l'homme et du citoyen du 26 août 1789**

La Déclaration des droits de l'homme et du citoyen du 26 août 1789 dont la signification philosophico-politique résulte du XVIIIe siècle particulièrement en Europe n'est, en réalité, pas le premier texte que l'on pourrait considérer comme texte qui fonde juridiquement les droits de l'homme, puisque cette idée de juridisation de ces derniers se retrouvait dans bon nombre de déclarations dont la déclaration en Angleterre en 1215[256].

Toutefois, les textes de déclarations anciennes sont perçus comme des procédures juridiques susceptibles de préserver les droits et les libertés. En ce sens, la déclaration de 1789, une déclaration dont la majesté éveille même les esprits les plus somnolents, est interprétée de

---

[255] Déclaration universelle des Nations unies 1948 : le Pacte international relatif aux droits économiques, sociaux et culturels et le Pacte international relatif aux droits civils et politiques, le 16 décembre 1966.

[256] TÉTARD (F.), « Fin d'un modèle philanthropique ? Crise des patronages consacrés au sauvetage de l'enfance dans l'entre-deux-guerres », *op. cit.*, p. 199-211.

diverses façons. Ainsi, pour l'éminent juriste allemand Jellinek, cette déclaration serait essentiellement germanique. Car c'est la seule civilisation qui a su préserver et amorcer les principes relatifs à la liberté individuelle, ce qui allait être repris par la France[257].

La Déclaration française de 1789 n'est qu'une copie des textes précédents, et ne présente absolument aucune originalité ni sur le fond ni sous la forme. Pour Boutmy, juriste français, par contre, les principes émis par cette déclaration sont à l'origine de l'instauration d'un monde nouveau et d'une cité nouvelle où les dirigeants doivent cesser de hisser sur l'étendard de la logique irrationnelle des choses pour sacrifier l'humanité dans sa dignité[258].

La genèse de ces derniers se serait réalisée au sein d'un peuple prédestiné par l'histoire. D'ailleurs, la France, à cette époque du XVIIIe siècle, était non seulement un objet de fascination par sa grande culture, mais surtout la première puissance politique occidentale[259].

À part ces considérations, bien entendu importantes, un fait est certain, c'est que la déclaration de 1789, point d'ancrage idéologique de la Révolution française, constitue la germination d'une nouvelle vision des choses, c'est-à-dire la question de la dignité de la personne est devenue une priorité pour la philosophie du XVIIIe siècle en favorisant la relance d'un processus de juridisation des droits et des libertés fondamentales. Ce texte de dix-sept (17) articles est la consécration de l'idée d'universalité des droits de l'homme d'autant que les droits proclamés sont ceux de l'homme et du citoyen, et non ceux des seuls citoyens français de 1789. Ils valent pour tout être humain. C'est ce qui fait, par rapport aux autres, la particularité de cette déclaration : elle promet la liberté à tous les hommes. La déclaration de 1789, en effet, dans son article premier énonce que « les hommes naissent et

---

[257] PLANIOL (M.), *Traité élémentaire de droit civil*, Paris, 5e éd., 1908, t. 1, n°°1109, p. 368.

[258] GUILLIEN (R.) et VINCENT (J.), *op. cit.*, p. 407.

[259] PIETTE (V.) et GUBIN (E.), « La politique nataliste de l'entre-deux-guerres », *op. cit.* ; GUIEU (J.-M.), *Gagner la paix : 1914-1929*, Éd. du Seuil, Paris, 2015, p. 358-363.

demeurent libres et égaux en droits. Les distinctions sociales ne peuvent être fondées que sur l'utilité commune[260] ».

Dans cet article, deux droits fondamentaux sont pris en considération : liberté et égalité. Cet article, cependant, précise les limites et les garanties de cette liberté dans la mesure où aux termes de l'article 4, il est dit : « La liberté consiste à pouvoir faire tout ce qui ne nuit pas à autrui : ainsi, l'exercice des droits naturels de chaque homme n'a de bornes que celles qui assurent aux autres membres de la société la jouissance de ces mêmes droits. Ces bornes ne peuvent être déterminées que par la loi[261] ». Cela équivaut à dire que la liberté ne traduit l'absence de contraintes établies par la loi. Car la liberté est le droit de faire tout ce que les lois permettent, disait Montesquieu[262].

- La Convention de sauvegarde des droits de l'homme et des libertés fondamentales du 4 novembre 1950. L'année 1949 marque la naissance du Conseil de l'Europe. Celui-ci est à l'origine du mouvement de la protection des droits de l'homme dans la sphère européenne. Selon les statuts de ce conseil (3 août 1949), plus particulièrement dans l'article 3 : « Tout État membre du Conseil de l'Europe reconnaît le principe de la prédominance du droit et le principe en vertu duquel toute personne doit jouir des droits de l'homme et des libertés fondamentales ».

Le Conseil a pour but, dans le cadre de la promotion des droits de l'homme, de réaliser une union plus étroite entre ses membres. Il est aussi précisé dans l'article 1 du statut du Conseil que « la sauvegarde et le développement des droits de l'homme et des libertés fondamentales » constituent l'un des puissants moyens pour pouvoir réaliser cette idée[263].

À ce titre, l'assemblée consultative du Conseil s'est engagée dans cette voie, en haut lieu du débat européen relatif aux droits de l'homme. D'où est venue l'idée géniale de créer la Convention de sauvegarde des droits de l'homme et des libertés fondamentales (CESDH), qui est son

---

[260] Oberdorff (H.) et Robert (J.), *op. cit.*, p. 7.
[261] *Ibid.*
[262] HALPÉRIN (J.-L.), *Histoire du droit privé français depuis 1804*, PUF, Paris, 2012, n°°151 et s.
[263] Michel Chauvière, *Enfance inadaptée, l'héritage de Vichy*, Paris, Éditions ouvrières, 1982.

texte fondamental. Le Conseil de l'Europe joue un rôle de gendarme en ce qui concerne le respect des droits de l'homme. Outre de préserver ces derniers, il a une mission sacro-sainte consistant à promouvoir l'éducation, l'autorité de la loi et la démocratie[264].

En effet, cette Convention, signée le 4 novembre 1950 et entrée en vigueur le 3 septembre 1953 et source juridique européenne en matière de droits de l'homme, est la suite logique de la DUDH de 1948. D'ailleurs, elle ne fait que la reprendre, sinon la renforcer. Le préambule de la Convention est une preuve éloquente de l'importance accordée aux droits et libertés fondamentales[265].

De plus, il est clairement énoncé dans l'article 1 de la Convention : « obligation de respecter les droits de l'homme. Les hautes parties contractantes reconnaissent à toute personne relevant de leur juridiction les droits et libertés définis au titre I de la présente convention[266] ». Toutefois, la Conv. EDH présente une certaine particularité par rapport à ses novations[267].

B- Les institutions internationales

Il n'était pas pensable avant la seconde guerre mondiale que la communauté internationale s'intéresse à la protection des droits de l'homme.

Le DUDH est le premier instrument adopté par l'AG des Nations unies dans la résolution 217 du 10 décembre 1948 comme idéal commun à atteindre par tous les peuples et toutes les nations.

Le préambule expose tous les moyens qui peuvent être mis en œuvre tant par les individus que par les États afin de garantir la promotion et la protection des droits de l'homme. Cette démarche va aboutir à l'adoption des deux pactes jumeaux ; à savoir le PIDCP et le

---

[264] DUGUIT (L.), « La loi du 27 juin 1904 et la prime à l'abandon de l'enfant », *Revue politique et parlementaire*, 1922, p. 82-85.

[265] MERLE (R.) et VITU (A.), *Traité de droit criminel, procédure pénale*, Éditions Cujas, 1979, p. 598.

[266] Oberdorff (H.) et Robert (J.), *op. cit.*, p. 27.

[267] THEBAUD (F.), « La grande guerre », in *Histoire des femmes en Occident*, *op. cit.*, t. 5, p. 117.

PIESC. Cela nécessite d'aborder le conseil des droits de l'homme **(1)** et le Haut-Commissariat aux droits de l'homme **(2)**.

1. Le conseil des droits de l'homme

L'Organisation des Nations unies (ONU) comprend six (6) organes : le Conseil de sécurité, le Conseil économique et social, la CPI, le Conseil de tutelle, le Secrétariat et l'Assemblée générale. Cette dernière est l'organe principal qui intervient dans la question des droits de l'homme par l'entremise du Conseil économique et social. Ce dernier adresse des recommandations à l'Assemblée générale au sujet des questions relatives aux droits de l'homme[268].

Dans le cadre de ses travaux, le Conseil économique et social a créé la Commission des droits de l'homme qui allait être remplacée en 2006 par le Conseil des droits de l'homme. Celui-ci est le principal organe des Nations unies qui est responsable de la question des droits de l'homme[269]. Le Conseil a une principale mission consistant à analyser l'évolution de la situation des droits de l'homme dans les États membres de l'ONU. Il assure ce rôle en mettant en place un mécanisme assez intéressant : Examen périodique universel (EPU). Il s'agit d'un nouveau mécanisme créé par la Résolution 60/251 de l'Assemblée générale. La résolution dispose que le Conseil aura pour vocation de : « procéder à un examen périodique universel, sur la foi d'informations objectives et fiables, du respect par chaque État de ses obligations[270] et engagements en matière de droits de l'homme de façon à garantir l'universalité de son action et l'égalité de traitement de tous les États ; se voulant une entreprise de coopération fondée sur un dialogue auquel le pays concerné est pleinement associé et qui tient compte des besoins[271] de ce dernier en termes de renforcement de ses capacités, cet examen viendra compléter l'œuvre des organes conventionnels sans faire double emploi ».

En d'autres termes, par la mise en place de l'Examen périodique universel, chaque pays membre des Nations unies doit préparer un

---

[268] CORNU (G.), *Vocabulaire juridique*, PUF, 1992, 3e éd., p. 780.

[269] GUILLIEN (R.) et VINCENT (J.), *op. cit.*, p. 259.

[270] SORDINO (M.-Ch.) cité par MATHIAS (É), *La Responsabilité pénale*, *op. cit.*, p. 255.

[271] PRADEL (J.), *Principes de droit criminel*, *op. cit.*, p. 126-127.

rapport sur la situation des droits de l'homme. La préparation de ce rapport est présentée par le gouvernement du pays. Mais le gouvernement du pays en question peut refuser de collaborer en vue de la réalisation d'un examen périodique relatif aux droits de l'homme. C'est pourquoi on tient compte d'autres rapports comme ceux de la société civile et des organisations nationales de défense de ces droits. Il y a, de surcroît, la procédure de 1503 qui permet à tout individu victime de violations des droits de l'homme de présenter des plaintes et des pétitions devant le conseil des droits de l'homme après avoir, bien entendu, épuisé toutes les voies de recours internes.

2. Le Haut-Commissariat des droits de l'homme

Le Haut-Commissariat des Nations unies aux droits de l'homme (HCDH), créé en 1993, est une structure mise en place par l'ONU dont le but est d'examiner, de promouvoir et de renseigner sur le respect du droit international des droits de l'homme et du DIH dans le monde, selon l'adoption de la Déclaration et du programme d'action de Vienne. Cette structure est l'élément moteur de toutes les activités[272] des Nations unies dans le domaine des droits de l'homme.

En effet, le Haut-Commissariat des Nations unies aux droits de l'homme, pour pouvoir exécuter ses tâches, produit des rapports et mène des enquêtes à la demande de l'Assemblée générale de l'ONU. Il établit également une coopération avec les gouvernements et les organisations internationales, régionales et non gouvernementales pour assurer une meilleure protection des droits de l'homme. Pour l'organisation des réunions par les organismes des Nations unies s'occupant des questions relatives à ces derniers, il se sert du secrétariat[273].

Le Haut-Commissariat aux droits de l'homme est une structure technique, composée non d'État, mais de techniciens de nationalités différentes qui sont de hauts fonctionnaires internationaux spécialisés dans la question des droits de l'homme. Il a à sa tête une personnalité

---

[272] ROUX (J.-A.), *Cours de droit criminel*, *op. cit.*, p. 141.
[273] BOURGUIGNON (O.), RALLU (J.- L.) et THERY (I.), *Du divorce et des enfants.*

qui planifie surtout les réunions dont le litre est « haut-commissaire aux droits de l'homme »[274].

Paragraphe 2 : Les instruments juridiques régionaux

Les instruments régionaux de protection des droits de l'homme reposent sur des conventions conclues entre États d'une région géographique donnée. D'une manière générale, ces conventions ont dû être précédées par des traités de coopération économique ou politique suivant en cela le processus consacré dans le cadre de l'ONU[275].

La Charte africaine des droits de l'homme est le troisième instrument régional de protection après les conventions européenne et américaine relatives aux droits de l'homme[276]. Il importe d'étudier à ce niveau le mécanisme africain de protection en mettant l'accent sur le processus d'élaboration de la Charte africaine, ses spécificités par rapport aux autres mécanismes régionaux et les organes qu'elle consacre pour assurer la protection et la promotion des droits de l'homme et des peuples[277].

Le Mali a signé quatre accords bilatéraux avec ses pays frontaliers (Burkina Faso, Côte d'Ivoire, Sénégal et Guinée Conakry) sur la protection des enfants contre la traite et les pratiques assimilées[278]. Il est également parti à deux accords multilatéraux entre

---

[274] « Les raisons essentielles de cette recherche mutuelle de coopération sont, pour l'UE, le désir d'obtenir la légitimation de ses actions par l'ONU et, pour cette dernière, l'intérêt de pouvoir compter sur un soutien financier et matériel de l'UE pour s'acquitter de ses tâches en constante augmentation », *ibid.*, § 7.

[275] Conseil des droits de l'homme, Haut-Commissariat des Nations unies aux droits de l'homme, Comité des droits de l'enfant, rapporteurs spéciaux du Conseil des droits de l'homme, Sous-commission de la promotion et de la protection des droits de l'homme.

[276] Il s'agit de l'adoption conjointe avec le Département de l'appui aux missions, le 1er juin 2009, d'une directive sur la protection des enfants, concernant la prise en compte de la protection, des droits et du bien-être des enfants touchés par les conflits armés au sein des opérations de maintien de la paix de l'ONU.

[277] *Ibid.*, § 92

[278] Accord de coopération entre la République du Mali et le Burkina Faso en matière de lutte contre le trafic transfrontalier des enfants (Ouagadougou, 25 juin 2004) ; Accord de coopération entre la République du Mali et la République de Côte d'Ivoire en matière de lutte contre le trafic transfrontalier des enfants (Yamoussoukro, 1er septembre 2000) ; Accord de coopération entre la République du Mali et la

pays membres de la CEDEAO en matière de lutte contre la traite transfrontalière des enfants[279]. Ces accords prévoient des mécanismes de coordination et de suivi et visent à fédérer les initiatives et expériences parlementaires pour une lutte efficace contre la traite et le travail des enfants[280].

Comme nous l'avons vu précédemment, les instruments de droits de l'homme, qu'ils soient régionaux ou internationaux, défendent les mêmes normes minimales ; en revanche, ils se distinguent par leur orientation ou la priorité qu'ils donnent à des thèmes de préoccupation régionaux ou internationaux[281].

Par exemple, la question des personnes déplacées à l'intérieur de leur pays a d'abord été une source d'inquiétude dans la région africaine avant d'être considérée comme un problème par les Nations unies ; de la même façon, le dispositif permettant de visiter des lieux de détention aux fins de prévenir la torture a été mis en place dans un premier temps au niveau européen avant qu'un protocole facultatif établisse le même mécanisme en vertu de la Convention des Nations unies contre la torture[282].

---

république du Sénégal en matière de lutte contre le trafic transfrontalier des enfants (Dakar, 16 juin 2005) ; Accord de coopération entre la République du Mali et la République de Guinée en matière de lutte contre le trafic transfrontalier des enfants (Conakry, 16 juin 2005).

[279] CEDEAO, « Accord Multilatéral de Coopération en matière de lutte contre la traite des enfants en Afrique de l'Ouest » (Abidjan, 25 juillet 2005) ; CEDEAO & CEEAC, « Accord multilatéral de coopération en matière de lutte contre la traite des personnes, en particulier des femmes et des enfants » (Abuja, 26 juillet 2006).

[280] Ces recommandations s'adressent surtout au Conseil de sécurité, aux gouvernements, aux parties en conflit, aux gouvernements donateurs et aux principaux acteurs.

[281] La Charte des droits fondamentaux de l'Union européenne dispose à ce propos qu'elle « ne crée aucune compétence ni aucune tâche nouvelle pour la Communauté et pour l'Union et ne modifie pas les compétences et taches définies par les traités », Charte des droits fondamentaux de l'Union européenne, art. 51-2.

[282] A/62/609-S/2007/757, § 139. Pour des cas classiques de violations, voir : Philippe LAGRANGE, Forces des Nations unies et respect du droit international humanitaire : De l'importance de la notion de participation aux hostilités, *op. cit.*, p. 292, note 3.

Ces exemples montrent en quoi les normes et mécanismes régionaux et internationaux peuvent être des moteurs de la promotion et de la protection des droits de l'homme.

D'un point de vue pratique, les normes et systèmes régionaux pour la protection des droits de l'homme présentent l'avantage d'avoir été élaborés à la lumière de données géographiques, historiques, politiques, culturelles et sociales de proximité. De ce fait, ces normes et systèmes sont plus proches de la réalité sur le terrain et donc plus susceptibles de bénéficier d'un soutien conséquent. Ils sont aussi plus accessibles aux décideurs, aux responsables politiques et aux victimes. On peut donc y voir la deuxième « ligne » de défense des droits de l'homme, la première étant nationale et la troisième internationale[283].

Quatre des cinq régions du monde ont développé des systèmes pour la protection des droits de l'homme. L'objectif des instruments régionaux est de donner expression aux normes et mécanismes de droits de l'homme au niveau régional, sans porter atteinte à l'universalité des droits de l'homme [284]. Tandis que des systèmes régionaux se développaient, du fait d'une impulsion économique ou pour des raisons d'ordre davantage historique ou politique, s'est fait ressentir le besoin d'articuler un engagement régional envers les droits de l'homme, souvent en renforçant les mécanismes et garanties du système onusien[285].

De fait, nombreux sont les exemples où les normes régionales dépassent les normes acceptées au niveau international, comme en témoigne le système africain, avec sa reconnaissance sans précédent du besoin de protection des réfugiés mais également des personnes déplacées à l'intérieur de leur pays[286].

En matière de droits de l'homme, il n'est pas rare que les normes régionales dépassent celles des Nations unies, voire les renforcer. Ces

---

[283] *Ibid.*, art. 1er. Il faut préciser que le personnel des Nations unies qui ne participent pas aux hostilités est soumis au régime de la Convention sur la sécurité du personnel des Nations unies et du personnel associé, adoptée à New York le 09 décembre 1994.
[284] Nations unies, Circulaire du secrétaire général, ST/SGB/1999/13, 06 août 1999.
[285] *Ibid.*, Art. 4.
[286] A/62/609-S/2007/757, 21 décembre 2007, § 146. Pour l'application de la justice dans ce domaine, voir *infra*, titre II, p. 273 et s.

instruments qui ont été adoptés par des organes des Nation unies et africains. Ils devraient être pris en compte dans la mise en œuvre des conventions internationales[287]. Il s'agit d'une part des conventions internationales **(A)** et d'autre part de l'émergence des conventions spécifiques **(B)**.

A- Les conventions internationales

Le DUDH est le premier instrument adopté par l'AG des Nations unies dans la résolution 217 du 10 décembre 1948 comme idéal commun à atteindre par tous les peuples et toutes les nations. Le préambule expose tous les moyens qui peuvent être mis en œuvre tant par les individus que par les États afin de garantir la promotion et la protection des droits de l'homme. Cette démarche va aboutir à l'adoption des deux pactes jumeaux : à savoir le PIDCP et Le PIESC.

Au seul niveau des Nations unies, plus d'une centaine de documents sont consacrés aux droits de l'homme et, si l'on y ajoute tous les instruments qui existent aux différents niveaux régionaux, ce chiffre s'accroît encore. Il serait impossible de les examiner tous ici. Par conséquent, cette section n'abordera que les documents[288] les plus pertinents pour l'éducation aux droits de l'homme dans les repères : les documents qui ont été largement acceptés et ont posé les bases du

---

[287] Il n'est pas nécessaire de venir ici sur les positions doctrinales consernant l'applicabilité du droit international humanitaire aux forces des Nations unies, cette applicabilité étant aujourd'hui unanimement reconnue. Sur l'évolution de la question, voir : Philippe LAGRANGE, Forces des Nations unies et respect du droit international humanitaire : De l'importance de la notion de participation aux hostilités, *in Le droit international humanitaire face aux défis du XXIe siècle,* Actes du colloque de Rouen – 29 avril 2010, sous la direction de Abdelwahab BIAD et Paul TAVERNER, Bruxelles, Bruylant, 2012, p. 291-311.

[288] S/PRST/2009/5 ; « sans perdre de vue la création de la BINUCA, je vous invite à désigner dans les meilleurs délais un conseiller à la protection de l'enfance et àétudier la possibilité de renforcer les moyens du BINUCA », S/2009/436. Dans le cas du Burundi, un mécanisme conjoint de vérification et de surveillance a été mis enplace, avec la participation du Bureau du facilitateur du processus de paix au Burundi, du gouvernement burundais, du FNL, de l'Union africaine, du Service de protectionde l'enfance du BUNUB et de l'Unicef ; voir : S/AC.52/2009/6, 21 décembre 2009.

développement d'autres instruments relatifs aux droits de l'homme, en particulier la Charte internationale des droits de l'homme[289].

Ces instruments juridiques s'emploient à stimuler et à coordonner la mise en œuvre des droits de l'enfant à l'échelle du système des Nations unies. Le respect de ces instruments est obligatoire pour chaque pays ayant ratifié la convention, qu'elle soit européenne des droits de l'homme **(1)** et africaine de protection des droits de l'homme **(2)**.

1. La Convention européenne de protection des droits de l'homme

On se souvient que l'Europe, après la seconde guerre mondiale en 1945, a été dévastée totalement. Il fallait faire feu de tout bois, c'est-à-dire tout mettre en place pour renouveler la paix et la coopération internationale[290]. À l'orée des grands conflits qu'on a enregistrés pendant cette période tumultueuse, les dirigeants de toutes les régions ont pu créer trois organisations[291] : le Conseil de l'Europe, l'UE (anciennement Communauté européenne du charbon et de l'acier), et ensuite l'Organisation pour la sécurité et la coopération en Europe (anciennement Conférence sur la sécurité et la coopération en Europe). Ces organisations ont survécu à la guerre froide et à la fin du communisme et continuent jusqu'à ce jour à servir d'assemblées pour le dialogue et l'échange sur le continent européen[292].

Il est vrai que ces organisations ont été créées dans une perspective de paix et de stabilité de l'Europe, mais elles ont été établies chacune en

---

[289] La Convention sur les réfugiés, la Convention sur le génocide et les instruments relatifs au droit humanitaire international, sections thématiques du Chapitre 5.

[290] Malgré la mie en œuvre de plans d'action dans ce pays et la démobilisation de milers d'enfants, leur présence au sein du Parti communiste de Népal (maoïste) (UCP-M) a été signalée (A/65/820-S/2011/2250, *op. cit.*, §§ 18-19).

[291] Le Conseil de sécurité s'est, à ce propos, félicité de la poursuite de la mise en œuvre du mécanisme de surveillance et de communication de l'information sur les enfants et les conflits armés, en particulier des efforts qui ont rendu possible la mise en œuvre du mécanisme dans toutes les situations de conflits armés énumérées dans les annexes au dernier rapport du secrétaire général (S/2007/757) ; voir : S/PRST/2008/28, 17 juillet 2008.

[292] Yves PETIT, *Droit international du maintien de la paix*, Paris, LGDJ, 2000, p. 42.

fonction des objectifs différents. Ainsi, le Conseil de l'Europe promeut l'autorité de la loi, les droits de l'homme et la démocratie. L'UE, quant à elle, a été conçue comme institution de promotion du commerce et de la stabilité économique pour ses membres. Enfin, on a l'Organisation pour la sécurité et la coopération en Europe (OSCE) qui a été fondée pour maintenir la paix et la sécurité militaire en Europe.

En effet, la sensibilité manifestée à l'égard du respect des droits de l'homme qui se cristallise dans les créations de ces organisations est à la base de la légitimation du système européen de protection des droits de l'homme. Ce système de protection est régional. Mais le Conseil de l'Europe (CE) est le plus impliqué dans la question de la promotion des droits de l'homme, vu que les bases sur lesquelles il repose sont la démocratie pluraliste, les droits de l'homme et l'autorité de la loi. Ce Conseil, créé en mai 1949 par le Traité de Londres, est composé de 47 États membres.

La Conv. EDH et des libertés fondamentales est considérée comme le texte fondamental du système européen de protection des droits de l'homme. Elle a été adoptée en 1950 et est entrée en vigueur en 1953 après la ratification de plusieurs États. La principale structure chargée d'examiner les questions relatives aux droits de l'homme, c'est la Cour européenne des droits de l'homme dont le siège est à Strasbourg en France[293]. Elle reçoit les plaintes relatives aux violations des droits de l'homme et est aussi compétente pour connaître des plaintes depuis la fusion de la Commission et de la Cour européenne en une seule structure. Mais la compétence de cette dernière n'est valable que pour les États européens l'ayant ratifiée.

Par ailleurs, il convient de signaler, au passage, que les pays de l'Asie n'ont vraiment pas un système de droits de l'homme codifié, c'est-à-dire qu'ils n'ont pas un système de protection des droits de l'homme à proprement parler, compte tenu de leur grande diversité culturelle, mais ils s'inspirent du système européen de protection des droits de l'homme. Car la promotion pour la diversité culturelle est une des priorités du Conseil de l'Europe[294]. Certains pays d'Asie centrale font partie de

---

[293] *Ibid.*, § 117, 16 §.

[294] S/RES/1279 (1999), 30 novembre 1999, § 4. Il faut préciser que ces missions et certaines d'autres que nous allons citer ne sont plus en cours. Il y en a qui ont été

l'Organisation pour la sécurité et la coopération en Europe (OSCE). Cette Organisation s'occupe des domaines de l'alerte précoce, de la prévention des conflits, de la prévention des crises, etc.[295] En fait, ses tâches sont axées principalement sur la diplomatie préventive, la démocratisation et la promotion des droits de l'homme.

2. Les conventions africaines de protection des droits de l'homme

L'Afrique, à l'instar de ses devancières (Europe et Amérique), s'est dotée d'un système de protection des droits de l'homme, dont la caractéristique essentielle est qu'il allie tradition et modernité. Cette alliance apparaît notamment dans les variétés des droits garantis, à côté des droits individuels. De ce point de vue, la Charte africaine, qui a été adoptée le 27 juin 1981 à Nairobi (Kenya) lors de la 18e conférence de l'Organisation de l'Unité africaine (OUA), constitue un élément essentiel qui fonde le système africain de protection des droits de l'homme. Elle est entrée en vigueur le 21 octobre 1986, après sa ratification par 25 États, et ratifiée par la suite par 53 États membres de l'ex-OUA[296]. Tout en tenant compte des vertus des traditions historiques africaines et des valeurs de civilisation africaine qui doivent inspirer et caractériser leurs réflexions sur la conception des droits de l'homme et des peuples, la Charte africaine s'appuie sur la Charte des Nations unies ainsi que sur la DUDH. Elle a consacré les droits collectifs autrefois appelés droits des peuples, et des mécanismes très particuliers de règlements des conflits résultant de leurs éventuelles violations par les autorités étatiques. Plus concrètement, sans tomber dans une analyse détaillée de la Charte, c'est sa deuxième partie qui a prévu la création des mesures de sauvegarde, c'est-à-dire les mécanismes de règlements de conflits.

Parmi les mécanismes se trouve la Commission africaine des droits de l'homme et des peuples dont la mission principale est de

---

remplacées (cas de la MONUC, remplacée par la MONUSCO, [S/RES/1925 (2010), 28 mai 2010]) alors que d'autres ont tout simplement pris fin. Pour une liste actualisée des opérations en cours, voir : http://www.un.org/fr/peackeeping/operations/current.shtml. Consulté le 16/12/2019.

[295] *Ibid.*, § 5-e.

[296] Ce rôle a, par exemple, été confié à la Mission des Nations unies en Éthiopie et en Érythrée (MINUEE), A/56/342-S2001/852, § 30.

promouvoir les droits de l'homme et des peuples et d'assurer leur protection en Afrique : article 30 de la Charte. Est entrée aussi dans le cadre de sa mission l'interprétation de la Charte africaine des droits de l'homme et des peuples. Il convient de souligner, au passage, que cet organe n'est pas doté d'un pouvoir juridictionnel, mais elle peut recevoir des communications émanant des États partie à la Charte, ainsi que des personnes individuelles ou de groupes de personnes.

Malgré l'adoption de la Charte africaine en 1981 et la création de la Commission africaine des droits de l'homme et des peuples, la question de protection des droits de l'homme en Afrique accusait encore certaines lacunes résultant des difficultés d'ordre et de matériel qui compromettent le bon fonctionnement de la Commission[297]. En effet, il fallait attendre le 25 janvier 2004, date marquant une étape déterminante dans l'histoire des droits de l'homme en Afrique, pour assister à l'entrée en vigueur du protocole relatif à la Charte des droits de l'homme et des peuples portant la création d'une Cour africaine des droits de l'homme. Cette juridiction continentale est non seulement considérée comme une étape historique cruciale dans la lutte contre l'impunité en Afrique, mais également comme un véritable renforcement du système africain de protection des droits de l'homme et des peuples.

D'ailleurs, l'Association pour la prévention de la torture (APT) estime que l'adoption du protocole relatif à la Charte africaine des droits de l'homme et des peuples portant création de la Cour africaine des droits de l'homme et des peuples (CADHP) constitue une avancée importante vers la consolidation de la démocratie et de l'État de droit. La Cour doit se montrer indépendante pour assurer sa mission. La création et la mise en place effective de la CADHP constituent un pas décisif vers une meilleure protection des libertés et des droits fondamentaux de la personne humaine, et s'inscrivent, en outre, dans la droite logique d'institutionnalisation des droits de l'homme[298].

Il convient, dans l'ensemble, de préciser que notre pays est un État partie aux instruments juridiques adoptés dans le cadre du système onusien et du système américain de protection des droits de l'homme,

---

297 A/62/609-S/2007/757, *op. cit.*, 147.
298 A/65/820-S/2011/250, *op. cit.*, § 25.

ainsi a-t-il envisagé une émergence des conventions spécifiques **(1)** et appartenu à la Commission interaméricaine des droits de l'homme **(2)**.

B- L'émergence des conventions spécifiques

Les instruments de droits de l'homme témoignent de notre compréhension la plus moderne de ce qu'exige la dignité humaine[299]. Mais ces instruments auront toujours un temps de retard, dans la mesure où les problématiques qu'ils couvrent sont celles qui ont été reconnues plutôt que celles que, du fait de leur caractère systématique et de leur profond enracinement dans la société, nous ne parvenons pas à reconnaître en tant que droits ou violations de droits.

Le travail normatif du Conseil de l'Europe consiste à proposer au Comité des ministres de nouvelles règles de droit en réponse aux mesures sociales engagées pour résoudre des problèmes auxquels les États membres doivent faire face dans leur domaine de compétence[300]. Cela peut notamment consister à proposer de nouvelles normes juridiques ou à adapter les normes en vigueur. C'est ainsi qu'évoluent les procédures de la CEDH pour lui conserver son efficacité. Et c'est de cette façon qu'ont été adoptées des dispositions visant l'abolition de la peine de mort, et que de nouveaux instruments basés sur la Convention, comme la Convention du Conseil de l'Europe sur la lutte contre la traite des êtres humains, adoptée en 2005, ont vu le jour.

De cette façon, les instruments de droits de l'homme seront révisés et promus pendant encore longtemps. Notre compréhension, la jurisprudence et, surtout, notre combat continueront de promouvoir, de faire progresser et d'élargir sans cesse les droits de l'homme[301]. Le fait que les dispositions des conventions et traités déçoivent nos attentes faute d'être suffisamment ambitieuses ne devrait pas être une raison pour remettre en question l'espoir qu'incarnent les droits de l'homme pour l'humanité. Le droit international des droits de l'homme restera souvent en retrait de ce que les défenseurs des droits de l'homme

---

[299] A/58/546/2003/1053, 30 novembre 2003, § 47 ; cette référence ne concerne pas le cas du Darfour. Il faut aussi souligner que la prise en compte des droits de l'enfant dans les accords de paix ne pose pas trop de problèmes en ce qui concerne les accords conclus de l'ONU.
[300] A/62/609-S/2007/757, décembre 2007, § 145.
[301] A/58/546-S/2003/1053, 30 novembre 2003, § 51.

espèrent, mais il reste aussi leur soutien le plus fiable[302]. Les principaux instruments de droits de l'homme du Conseil de l'Europe et leurs mécanismes de mise en œuvre : les organes créés en vertu d'instruments internationaux relatifs aux droits de l'homme (appelés organes conventionnels) et les organes créés en vertu de la Charte des Nations unies.

Après l'adoption de la DUDH, il fallait chercher des normes pour la protection des droits de l'homme au niveau du système des Nations unies :
– la convention pour l'élimination de toutes les formes de discrimination raciale ;
– la décolonisation et l'exigence d'un nouvel ordre économique internationale vont conduire les NU à affiner les mécanismes[303] de protection effective des droits de l'homme dans la charte des NU, cela va inévitablement avoir pour conséquence la mise en vigueur des deux pactes et d'autres conventions comme la CEDEF en 1979, la convention contre la torture et autres peines cruelles et dégradantes, et la CDE. Toutes ces conventions prévoient des mécanismes de protection qu'elles consacrent.

1. La Commission interaméricaine des droits de l'homme

La Commission interaméricaine des droits de l'homme n'est pas composée d'États, mais de personnalités, qui sont au nombre de sept (7). Ces personnalités sont désignées suivant deux critères spécifiques, aux termes de l'article 34 de la Convention américaine relative aux droits de l'homme où il est énoncé : « La Commission interaméricaine des droits de l'homme comprend sept membres, lesquels doivent être des personnes jouissant d'une haute moralité et possédant une compétence reconnue en matière de droits de l'homme. » Ce qui signifie que n'importe qui ne peut pas être membre de cette Commission.

Les membres de cette Commission ne représentent pas, selon l'article 36.1 de la convention relative aux droits de l'homme, leur pays

[302] *Ibid.*, § 92.
[303] Conseil des droits de l'homme, Haut-Commissariat des Nations unies aux droits de l'homme, Comité des droits de l'enfant, rapporteurs spéciaux du Conseil des droits de l'homme, sous-commission de la promotion et de la protection des droits de l'homme.

d'origine, mais en font partie à titre personnel[304]. La mission de cette Commission se retrouve dans l'article 41 de la Convention. Cette Commission a une double tâche à accomplir. D'abord, observer la situation des droits de l'homme dans le continent américain, ensuite assurer la défense des droits de l'homme à travers ce dernier. Pour pouvoir remplir ces rôles, la Commission interaméricaine des droits de l'homme effectue des visites de terrain. Ces dernières peuvent se faire de deux manières : le gouvernement du pays peut l'inviter à venir évaluer la situation des droits de l'homme, ou la Commission peut elle-même décider de venir sans l'invitation du gouvernement[305]. Toutefois, dans le second cas, celui-ci doit être au courant de la visite de la Commission[306]. Il y a également une grande possibilité qu'offre cette dernière, en recevant des pétitions ou requêtes, à tous ceux qui sont victimes des violations des droits de l'homme (art. 44) de la Convention.

Pour le dire autrement, tout individu victime de violations des droits de l'homme peut porter plainte par devant cette Commission dont le siège est à Washington. Il y a des conditions dont il faut tenir compte pour présenter une pétition. Ces conditions sont listées dans l'article 46.1 de la Convention :
« La Commission ne retient une pétition ou communication présentées conformément aux articles 44 ou 45 que les conditions suivantes, à savoir :
a) que toutes les voies de recours internes aient été dûment utilisées et épuisées conformément aux principes du droit international généralement reconnus ;

b) que la pétition ou communication soit introduite dans les six mois à compter de la date à laquelle l'individu présumé lésé dans ses droits a pris connaissance de la décision définitive ;

c) que l'objet de la pétition ou communication ne soit pas en cours d'examen devant une autre instance internationale, et

d) que dans le cas prévu à l'article 44, la pétition indique le nom, la nationalité, la profession, le domicile, et porte la signature de la

304 A/63/785-S/2009/158, 26 mars 2009, § 145.
305 S/2007/428, 3 juillet 2007, § 50.
306 *Ibid.*, § 74.

personne ou des personnes, ou du représentant légal de l'entité dont émane la pétition... ».

Cela est évident que la Commission interaméricaine de la protection des droits de l'homme ne dispose pas de moyens de coercition susceptibles de réprimer un État qui serait coupable de violations graves des droits de l'homme[307]. La sanction, d'habitude, que l'on administre à cet État, elle est d'ordre moral, ce qui ne l'empêche pas de continuer à violer les droits de l'homme. C'est ce qui constitue, en quelque sorte, un blocage à l'efficacité de ce système.

2. La Cour interaméricaine des droits l'homme

La Cour interaméricaine des droits de l'homme est une institution judiciaire autonome basée à San José, Costa Rica. Cette Cour, une des grandes structures du système de protection des droits de l'homme de l'Organisation des États américains (OEA), en collaboration avec la commission des droits de l'homme, défend, promeut[308] et assure la protection des droits fondamentaux ainsi que des libertés individuelles dans le continent américain[309].

La Cour a été établie en 1979 dans le but de faire appliquer et interpréter les dispositions de la Convention américaine relative aux droits de l'homme. Elle a deux fonctions principales : d'arbitrage et de conseil. Dans le premier cas, elle entend et règle des cas spécifiques de violations des droits humains qui lui sont soumis[310]. Dans le second cas, elle émet des avis sur des questions d'interprétation juridique qui ont été portées à son attention par d'autres organes de l'OEA ou les États membres.

La Cour, saisie d'une affaire relative à un cas de violation des droits de l'homme par un État, et après avoir entendu les plaignants, si elle arrive à établir sa culpabilité, peut rendre son jugement de condamnation de cet État pour réparer les dommages faits aux

---

[307] A/61/529-S/2006/826, § 4.

[308] *Ibid.*, § 139.

[309] A/62/609-S/2007/757, 21 décembre 2007, § 146. Pour l'application de la justice dans ce domaine, voir *infra*, titre II, p. 273 s.

[310] A/55/163-S/2000/712, Recommandation 36.

victimes[311]. La réparation fixée par la Cour peut être à la fois en espèce et en nature. La forme la plus directe de réparation est obtenue par des paiements en espèces accordés aux victimes ou à leurs proches.

Toutefois, l'État peut également être contraint à accorder des prestations en nature, afin d'offrir une reconnaissance publique de sa responsabilité vis-à-vis de ce cas de violation de ces droits, à prendre des mesures pour empêcher que des violations analogues se reproduisent à l'avenir, et d'autres formes de compensation non monétaires[312]. C'est le cas, par exemple, du Pérou qui a été accusé en novembre 2001 dans l'affaire du massacre de Barrios Altos. Il s'agit d'une affaire concernant un massacre de 15 personnes par l'escadron de la mort à l'État parrainé par le groupe Colina en novembre 1991 à Lima (Pérou)[313].

La Cour, dans son jugement, a ordonné le paiement de 175 000 $ pour les quatre survivants et pour les proches des victimes assassinées et un paiement de 250 000 $ pour la famille de l'une des victimes. Par la suite, l'État du Pérou a été aussi contraint :

a. à accorder aux familles des victimes des soins de santé gratuits et diverses formes de soutien éducatif, y compris des bourses et des fournitures d'uniformes scolaires, du matériel et des livres ;

b. à abroger deux lois d'amnistie controversées ;

c. à reconnaître le crime d'exécution extrajudiciaire dans son droit interne ;

d. à ratifier la Convention internationale sur la non-applicabilité de la prescription pour les crimes de guerre et crimes contre l'Humanité ;

e. à publier le jugement de la Cour dans les médias nationaux ;

f. à faire des excuses publiques pour l'incident et à s'engager pour que des événements similaires ne se reproduisent pas à l'avenir ;

---

311 A/62/609-S/2007/757, § 139. Pour des cas classiques de violations, voir Philippe LAGRANGE, Forces des Nations unies et respect du droit international humanitaire : De l'importance de la notion de participation aux hostilités, *op. cit.*, p. 292, note 3.
312 *Ibid.*, § 140.
313 *Ibid.*, § 138.

g. à ériger un monument à la mémoire des victimes du massacre.

SECTION 2 : Les systèmes de protection des institutions internationales

Les institutions en matière de droits de l'homme exigent des États qu'ils soumettent des rapports. Ces rapports sont compilés par les États selon les directives données par l'instance de supervision. L'objectif de ces rapports, et de l'examen dont ils font ensuite l'objet, est un échange ouvert sur les problèmes rencontrés dans la tentative de réalisation des droits concernés. Les rapports font l'objet d'un examen public dans le cadre de ce qu'il est convenu d'appeler un « dialogue avec l'État » ; ils sont également « confrontés » aux contre-rapports établis par des ONG à la lumière de leurs propres sources et analyses[314].

Après un échange entre les représentants de l'État et les experts indépendants membres de l'instance de supervision, cette dernière formule ses observations quant à la conformité de l'État avec les normes défendues dans l'instrument contraignant concerné. Ces observations couvrent les points tant positifs que négatifs du bilan de l'État. Le PIRDCP, le PIRDESC et la CEDEF sont des exemples d'instruments qui requièrent la soumission de rapports périodiques[315].

En plus de la procédure de dialogue avec les États, les instances de supervision peuvent être habilitées à effectuer des visites sur place, ou sur le terrain, pour observer directement la situation en matière de droits de l'homme. La plupart des visites requiert l'autorisation explicite des États, au cas par cas. Toutefois, des efforts sont déployés pour que les États puissent lancer publiquement des invitations de visites ouvertes et permanentes aux titulaires de mandat au titre des procédures spéciales de l'ONU[316].

Ces systèmes de protection des institutions internationales sont entre autres : le système des organes politiques de protection des droits de l'homme (***Paragraphe 1)*** et le système des organes spécialisés de protection des droits de l'homme (***Paragraphe 2)***.

---

[314] L'Union européenne et les missions de maintien de la paix des Nations unies – Réponse au rapport annuel du Conseil, Document A/2049, 02 décembre 2009, § 4.
[315] A/63/785/2009/158, § 153.
[316] Nations unies, Circulaire du secrétaire général, ST/SGB/1999/13, 06 août 1999.

Paragraphe 1 : Le système des organes politiques de protection des droits de l'enfant

L'évolution des mécanismes de protection par le système des Nations unies et le système européen a connu plusieurs étapes. Les différentes étapes sont marquées par des facteurs historiques et politiques qui déterminent également le degré d'efficacité des mécanismes mis en place. Ces mécanismes onusiens et européens peuvent être appréhendés à travers trois étapes essentielles : la seconde guerre mondiale, les années soixante et soixante-dix correspondant à l'époque de la décolonisation et de l'émergence de nouvelles revendications en matière de développement et enfin la période contemporaine marquée par le bouleversement des relations internationales consécutif à la fin de la guerre froide[317].

Ce sont les organes qui découlent de la charte des Nations unies[318]. Nous avons l'Assemblée générale, le Conseil de sécurité et de tutelle **(A)** et le Conseil économique et social et la Cour internationale de justice (CIJ) **(B)**.

A- L'assemblée générale, le Conseil de sécurité et de tutelle :

- d'abord l'Assemblée générale, les recommandations et résolutions pour faciliter la mise en œuvre des droits de l'homme ;
- ensuite le Conseil de sécurité, il assure le maintien de la paix et de la sécurité internationale ;
- et enfin le Conseil de tutelle, il s'occupe de l'administration des territoires qui pourront faire l'objet de tutelle en vertu d'accords particuliers. La troisième commission de l'assemblée générale **(1)** et les autres organes susceptibles d'être saisis de questions relatives aux droits de l'homme **(2)** jouent un rôle important des NU dans la protection des droits de l'homme.

---

[317] C'est le cas de la Mission des Nations unies en Bosnie-Herzégovine – MINUBH, et de l'Administration transitoire des Nations unies au Timor oriental – ATNUTO, A/56/342-S2001/852, § 30.

[318] Mécanismes régionaux de contrôle des droits relatifs à la protection de l'enfant, 1948.

1. La troisième commission de l'Assemblée générale : (sociale, humanitaire et culturelle)

Elle traite de nombreuses questions, dont les droits de l'homme. Elle débat aussi des questions relatives à la promotion de la femme, à la protection des enfants, des populations autochtones, au traitement des réfugiés, à la protection des libertés fondamentales par l'élimination de la discrimination raciale et au droit à l'autodétermination. La Commission s'occupe d'importantes questions relatives au développement social.

2. Les autres organes susceptibles d'être saisis de questions relatives aux droits de l'homme

Plusieurs organes intergouvernementaux et mécanismes interdépartementaux basés au siège de l'ONU à New York, de même que le secrétaire général de l'ONU, traitent d'un vaste éventail de questions liées aux droits de l'homme. L'Assemblée générale, le Conseil de sécurité ainsi que le Conseil économique et social et leurs organes subsidiaires prennent des décisions et émettent des recommandations à l'endroit des États membres, du système des Nations unies et autres[319].

Le bureau du haut-commissaire aux droits de l'homme leur offre conseil et appui[320]. Il travaille aussi à intégrer les droits de l'homme dans tous les domaines d'action de l'Organisation, notamment le développement, la paix et la sécurité, le maintien de la paix et les affaires humanitaires. La question des droits de l'homme intervient aussi dans les situations post-conflit, à travers les activités du Bureau d'appui à la consolidation de la paix[321].

---

[319] A/55/163-S/2000/712, Recommandation 35.

[320] S/RES/1612 (2005), § 8.

[321] *Ibid.*, art. 1er. Il faut préciser que le personnel des Nations unies qui ne participent pas aux hostilités est soumis au régime de la Convention sur la sécurité du personnel des Nations unies et du personnel associé, adoptée à New York le 09 décembre 1994.

B- Le Conseil économique et social et la Cour internationale de justice

Pour le Conseil économique et social, ils ont des compétences en matière économique, sociale et culturelle mais aussi en matière de droits de l'homme ;

La CIJ **(1)** et la CEDH **(2)** sont des juridictions internationales pour des répressions.

1. La Cour internationale de justice (CIJ)

La CIJ[322] est le principal organe judiciaire des Nations unies. Son rôle est double : régler les différends qui lui sont soumis par les États conformément au droit international et formuler des avis sur des questions juridiques. Seuls les États sont habilités à présenter une requête contre un autre État, et, généralement, ces requêtes concernent les traités régissant les relations de base entre États (commerciales ou territoriales, par exemple) ou les droits de l'homme[323].

La CIJ n'autorise pas les particuliers à lui soumettre des requêtes concernant les droits de l'homme ou d'autres questions. Elle a toutefois contribué à la promotion des droits de l'homme en interprétant et en développant des règles et principes de droits de l'homme dans des affaires portées devant elle par des États ou des entités internationales. Elle a traité de droits comme l'autodétermination, la non-discrimination, la liberté de circulation et l'interdiction de la torture.

Il règne une grande confusion au sujet des différences entre la CEDH, la Cour de justice des Communautés européennes (CJCE) et la CIJ. À la lecture du nom de ces différentes instances, la distinction n'est pas évidente. Pourtant, elles sont très différentes du point de vue de leur juridiction géographique et des types d'affaires qu'elles examinent[324]. La CIJ est l'organe judiciaire principal de l'Organisation des Nations unies ; son rôle a été examiné précédemment.

---

[322] http://www.echr.coe.int/ECHR/ homepage_fr, consulté jeudi 24 octobre 2019.
[323] C'est notamment le cas au Sud-Soudan où certains commandants de la SPLA ont refusé de coopérer (A/65/820-S/2011/250), *op.cit.*, § 17.
[324] S/2008/532, 7 août 2008, § 41.

2. La Cour européenne des droits de l'homme

La Cour a rendu 1 625 arrêts en 2009, soit plus de 4 par jour (y compris les week-ends et les jours fériés). La CEDH siégeant à Strasbourg est célèbre pour de multiples raisons, mais surtout parce qu'elle a donné vie et sens à la Conv. EDH[325]. L'un de ses principaux atouts est son système de juridiction obligatoire qui signifie que dès qu'un État ratifie ou accède à la Conv. EDH, il se place automatiquement sous la juridiction de la Cour. De cette façon, en cas de violation d'un droit de l'homme, une requête contre un État partie peut être introduite devant la Cour dès ratification[326].

Une autre raison du succès de la CEDH réside dans la force des jugements prononcés : les États ont l'obligation de se conformer au jugement final. La supervision est assurée par le comité des ministres du Conseil de l'Europe.

Pour toute requête introduite devant la Cour, la procédure prévoit également la possibilité d'un règlement à l'amiable à l'issu d'une médiation entre les parties.

La Cour s'est en outre développée avec le temps. Au moment de sa création, en 1959, elle ne fonctionnait qu'à temps partiel en coopération avec la Commission européenne des droits de l'homme. Compte tenu de l'augmentation des requêtes, une cour à temps plein s'est avérée nécessaire et a été constituée en novembre 1998[327]. Cette augmentation du nombre de requêtes est la preuve indubitable du succès de la CEDH, mais la charge de travail que cela implique met en péril la qualité et l'efficacité du système.

Les citoyens connaissent son existence et savent qu'ils peuvent y avoir recours en cas de violation de leurs droits fondamentaux ; pour

---

[325] http://www.echr.coe.int/ECHR/ homepage_fr, consulté jeudi 24 octobre 2019.

[326] S/PRST/2009/5 ; « sans perdre de vue la création de la BINUCA, je vous invite à désigner dans les meilleurs délais un conseiller à la protection de l'enfance et àétudier la possibilité de renforcer les moyens du BINUCA », S/2009/436. Dans le cas du Burundi, un mécanisme conjoint de vérification et de surveillance a été mis enplace, avec la participation du Bureau du facilitateur du processus de paix au Burundi, du Gouvernement burundais, du FNL, de l'Union africaine, du Service de protection de l'enfance du BUNUB et de l'UniceF ; voir : S/AC.52/2009/6, 21 décembre 2009.

[327] *Ibid.*, art. 4.

autant, il convient de garantir l'autorité et l'efficacité de la Cour au niveau national, conformément au « principe de subsidiarité » qui prévoit que la responsabilité première de prévenir les violations de droits de l'homme et d'y remédier, le cas échéant, incombe aux États.

Paragraphe 2 : Le système des organes spécialisés de protection des droits de l'enfant

Il s'agit, d'une part, de la commission des droits de l'homme créée en 1946 et composée de 43 membres représentants des États membres et, d'autre part, de la commission de la condition de la femme qui présente des rapports et recommandations sur le développement des droits des femmes dans les domaines des droits civils et politiques.

Il faut noter qu'il y a aussi les organes relevant de conventions internationales spécifiques, c'est-à-dire le comité pour l'élimination de la discrimination raciale, le comité pour l'élimination de toutes les formes de discrimination à l'égard des femmes et le comité pour les droits de l'enfant. Les autres systèmes internationaux de protection des droits de l'homme ; il s'agit essentiellement de deux systèmes de protection, l'un par la CPI **(A)** et l'autre par les ONG **(B)**.

A- Le système de protection par la CPI

La création de la CPI [328] vise à répondre aux problèmes de l'impunité posés dans les crimes les plus graves qui touchent l'ensemble de la communauté internationale. En créant la CPI, les Nations unies veulent mettre un terme à l'impunité des auteurs de ces crimes et concourir à la prévention des nouveaux crimes internationaux[329].

Les compétences de la Cour s'étendent aux crimes de génocide, aux crimes contre l'humanité et aux crimes de guerre. Il faut noter la possibilité des tribunaux *ad hoc* créés pour des questions bien déterminées.

La répression pénale au niveau international est pendante à la CPI **(1)** et au système interaméricain de protection des droits de l'homme **(2).**

---

[328] Statut de Rome le 17 juillet 1998.
[329] S/RES/1260 (1999), 20 août 1999, § 6.

1. La Cour pénale internationale (CPI)

La CPI est un tribunal international qui a été créé à Rome le 17 juillet 1998 et qui est devenu effectif en 2002. Ce tribunal est l'une des structures importantes du système des Nations unies de protection des droits de l'homme qui intervient aussi dans les questions relatives aux droits de l'homme[330]. Cela se remarque d'ailleurs dans le préambule même de cette Cour : « Conscients que tous les peuples sont unis par des liens étroits et que leurs cultures forment un patrimoine commun, et soucieux du fait que cette mosaïque délicate puisse être brisée à tout moment. Ayant à l'esprit qu'au cours de ce siècle des millions d'enfants de femmes et d'hommes ont été victimes d'atrocités qui défient l'imagination et heurte profondément la conscience humaine. Reconnaissant que des crimes d'une telle gravité menacent la paix, la sécurité et le bien-être du monde… Résolus à garantir durablement le respect de la mise en œuvre de la justice internationale[331] ».

Ce préambule est une illustration des efforts déployés par le système des Nations unies de protection des droits de l'homme. Ces efforts d'assurer la protection des droits de l'homme se trouvent aussi dans l'article premier du statut de la Cour : « Il est créé une Cour pénale internationale en tant qu'institution permanente, qui peut exercer sa compétence à l'égard des personnes pour les crimes les plus graves ayant une portée internationale, au sens du présent Statut. Elle est complémentaire des juridictions criminelles nationales...[332] ».

Comme il est mentionné dans cet article, cette juridiction internationale juge les individus commettant des crimes qui réprouvent la conscience internationale, d'où sa compétence. Celle-ci est clairement énoncée dans l'article 5.1 du présent statut : « La compétence de la cour est limitée aux crimes les plus graves qui touchent l'ensemble de la communauté internationale : le crime de génocide, les crimes contre l'humanité, les crimes de guerre, les crimes d'agression[333] ».

---

[330] A/62/609-S/2007/757, *op. cit.*, § 145.
[331] Oberdorff (H.) et Robert (J.), *op. cit.*, p. 343-344.
[332] *Ibid.*
[333] *Ibid.*

La notion de crime contre l'humanité, très récurrente d'ailleurs dans les discours en faveur des droits de l'homme, est définie comme un crime qui défie l'imagination humaine. Pour le dire autrement, il s'agit d'un crime qui révolte la conscience humaine. L'article 7 du statut de la Cour précise que : « Le crime contre l'humanité est le crime commis dans le cadre d'une attaque généralisée ou systématique lancée contre une population civile et en reconnaissant de cette attaque : Meurtre, Extermination, Réduction en esclavage, Déportation ou transfert forcé de population, Emprisonnement ou autre forme de privation grave de liberté physique en violation des dispositions fondamentales du droit international, Torture, Viol, Esclavage sexuel, Prostitution forcée...[334] ».

Cette disposition est une contribution internationale susceptible d'amener les États à prendre conscience de l'importance dont est revêtue la question des droits de l'homme.

2. Le système interaméricain de protection des droits de l'homme

Les pays des continents américains en 1948 ont éprouvé la grande nécessité de créer une institution régionale répondant au nom de l'Organisation des États américains (OEA). Cette dernière contient des structures destinées à protéger et à promouvoir la question des droits de l'homme[335]. Elle est régie par la Convention américaine relative aux droits de l'homme.

Ce document a été adopté à San José, Costa Rica, le 22 novembre 1969, à la Conférence spécialisée interaméricaine sur les droits de l'homme. Cet instrument international régional se situe dans le prolongement des principes défendus par la DUDH de 1948. Il est fait obligation de respecter ces droits. À telle enseigne que dans l'article premier de ladite Convention il est énoncé ce qui suit :

« Les États parties s'engagent à respecter les droits et libertés reconnus dans la présente convention et à en garantir le libre et plein exercice à toute personne relevant de leur compétence, sans aucune distinction fondée sur la race, la couleur, le sexe, la langue, la religion, les opinions

[334] *Op. cit.*, p. 345.
[335] A/59/695-S/2005/72, 9 février 2005, § 8.

politiques ou autres, l'origine nationale ou sociale, la situation économique, la naissance ou toute autre condition sociale. »

En effet, cette convention est un signe de respect de la dignité humaine, et aussi un instrument qui participe à l'épanouissement, pour ainsi dire, à l'émancipation des droits et des libertés fondamentaux[336]. La charte de cette organisation régionale porte sur plusieurs domaines : démocratie, droits économiques, droit à l'éducation et à l'égalité, etc. La charte établit également deux structures principales désignées particulièrement pour la protection et la promotion des droits de l'homme : la Commission interaméricaine des droits de l'homme (CIDH), la structure la plus importante du système interaméricain de protection des droits de l'homme, et la Cour interaméricaine des droits de l'homme[337]. L'organisation protège les droits par la création de normes substantives et maintient ces normes par un processus de pétition.

B- Le système de protection par les organisations non gouvernementales (ONG)

De nombreuses ONG ont fait pression pour la création du poste de haut-commissaire aux droits de l'homme des Nations unies. La décision de sa création a été prise lors de la Conférence mondiale des Nations unies sur les droits de l'homme à Vienne en 1993, qui a recommandé que l'Assemblée générale envisage en priorité la création d'un haut-commissaire pour la promotion et la protection de l'ensemble des droits de l'homme, ce qui fut fait cette même année.

Le haut-commissaire aux droits de l'homme des Nations unies est nommé par le secrétaire général de l'ONU. L'assemblée générale accepte la nomination d'une personne qui, outre un grand prestige moral, est dotée de compétences en matière de droits de l'homme et à qui incombera la responsabilité majeure des activités en matière de droits de l'homme au sein de l'ONU ; son rôle concerne la promotion, la protection et la jouissance effective de l'ensemble des droits ; l'engagement et le dialogue avec les gouvernements en vue de garantir les droits de l'homme ; et le renforcement de la coopération

---

[336] Voir : S/2006/724.

[337] Burundi, République démocratique du Congo, Côte d'Ivoire, Somalie, Soundan, Népal et Sri Lanka ; A/61/529-S/2006/829, 26 octobre 2006, § 117.

internationale et la coordination des activités déployées par les organisations des Nations unies en faveur de la promotion et de la protection des droits de l'homme[338]. En tant que responsable principal des droits de l'homme de l'ONU, le haut-commissaire a aussi pour mission la direction du HCDH et de ses bureaux régionaux et nationaux. Le HCDH soutient les activités de l'ONU en faveur des droits de l'homme et œuvre à la promotion et à la protection des droits de l'homme, au respect des normes universelles en matière de droits de l'homme, y compris le Programme mondial d'éducation dans le domaine des droits de l'homme.

Il s'agit des associations créées par des initiatives privées, regroupant des personnes physiques et morales pouvant être de nationalités différentes et qui poursuivent un but non lucratif. L'unique but des ONG est, en effet, de compléter, et au besoin de corriger l'action des principaux acteurs des relations internationales (États et organisations intergouvernementales)[339]. L'évolution des droits de l'homme **(1)** et le respect des droits de l'homme sont déterminants **(2)**.

1. L'évolution des droits de l'homme

Les instruments de droits de l'homme témoignent de notre compréhension la plus moderne de ce qu'exige la dignité humaine. Mais ces instruments auront toujours un temps de retard, dans la mesure où les problématiques qu'ils couvrent sont celles qui ont été reconnues plutôt que celles que, du fait de leur caractère systématique et de leur profond enracinement dans la société, nous ne parvenons pas à reconnaître en tant que droits ou violations de droits.

---

338 Mission des Nations unies au Soudan (MINUS), Opération hydride Union africaine/ONU au Darfour (MINUAD), Mission de l'Organisation des Nations unies pour la stabilitation en République démocratique du Congo (MONUSCO), Mission des Nations unies pour la stabilisation en Haïti (MINUSTAH), Mission d'assistance des Nations unies en Côte d'Ivoire (ONUCI). *« Depuis 2001, le Département des opérations de maintien de la paix (DOMP) a déployé des conseillers en Sierra Leone, au Burundi, au Tchad, en République démocratique du Congo, en Afganistan, en Côte d'Ivoire, au Libéria, en Haïti, au Soudan et au Mali (MINUSMA »* ; voir : http://www.un.org, consulté 10/11/2019.

339 Il s'agit de l'adoption conjointe avec le Département de l'appui aux missions, le 1er juin 2009, d'une directive sur la protection des enfants, concernant la prise en compte de la protection, des droits et du bien-être des enfants touchés par les conflits armés au sein des opérations de maintien de la paix de l'ONU.

Le travail normatif du Conseil de l'Europe consiste à proposer au Comité des ministres de nouvelles règles de droit en réponse aux mesures sociales engagées pour résoudre des problèmes auxquels les États membres doivent faire face dans leur domaine de compétence. Cela peut notamment consister à proposer de nouvelles normes juridiques ou à adapter les normes en vigueur. C'est ainsi qu'évoluent les procédures de la CEDH pour lui conserver son efficacité. Et c'est de cette façon qu'ont été adoptées des dispositions visant l'abolition de la peine de mort, et que de nouveaux instruments basés sur la Convention, comme la Convention du Conseil de l'Europe sur la lutte contre la traite des êtres humains, adoptée en 2005 ont vu le jour[340].

De cette façon, les instruments de droits de l'homme seront révisés et promus pendant encore longtemps. Notre compréhension, la jurisprudence et, surtout, notre combat continueront de promouvoir, de faire progresser et d'élargir sans cesse les droits de l'homme. Le fait que les dispositions des conventions et traités déçoivent nos attentes faute d'être suffisamment ambitieuses ne devrait pas être une raison pour remettre en question l'espoir qu'incarnent les droits de l'homme pour l'humanité. Le droit international des droits de l'homme restera souvent en retrait de ce que les défenseurs des droits de l'homme espèrent, mais il reste aussi leur soutien le plus fiable[341].

Les principaux instruments de droits de l'homme du Conseil de l'Europe et leurs mécanismes de mise en œuvre

- **Lutter contre le racisme et l'intolérance :** tous les instruments de droits de l'homme des Nations unies, du Conseil de l'Europe, de l'UE ou encore de l'OSCE contiennent des garanties en matière de non-discrimination et d'égalité. Au niveau des Nations unies, la Convention internationale sur l'élimination de toutes les formes de discrimination raciale est entrée en vigueur en 1969 ; son suivi est assuré par le Comité pour l'élimination de la discrimination raciale, qui reçoit et examine les rapports des États sur les mesures prises pour se mettre en conformité avec la Convention[342].

[340] S/AC.51/2008/11, 21 octobre 2008, § 5-h-i).
[341] A/58/546-S/2003/1053, *op. cit.*, § 48.
[342] A/62/609-S/2007/757, 21 décembre 2007, § 146.

Le Comité peut par ailleurs activer une procédure d'alerte rapide en cas de situations d'intolérance, pour empêcher qu'elles ne se transforment en conflit et en graves violations de la Convention. Il est enfin doté d'un mécanisme pour l'examen de communications émanant de particuliers, lorsque l'État a reconnu la compétence du Comité en la matière. La directive contre le racisme de l'UE s'applique dans les domaines de l'emploi et de la fourniture de biens et de services par l'État et le secteur privé[343].

L'ECRI est un mécanisme du Conseil de l'Europe. Créée en 1993, l'ECRI a pour mission de combattre le racisme, la xénophobie, l'antisémitisme et l'intolérance au niveau de l'Europe dans son ensemble et dans la perspective de la protection des droits de l'homme[344]. L'action de l'ECRI englobe toutes les mesures nécessaires pour lutter contre la violence, la discrimination et les préjugés rencontrés par des personnes ou des groupes, notamment pour des motifs de « race », de couleur, de langue, de religion, de nationalité et d'origine ethnique ou nationale.

Les membres de l'ECRI sont désignés par leur gouvernement sur la base de leurs connaissances approfondies dans le domaine de la lutte contre l'intolérance. Ils sont nommés en leur capacité personnelle et siègent à titre indépendant[345].

- **Le programme d'activités de l'ECRI est composé de trois volets :** Approche pays par pays : l'ECRI examine de près la situation dans chacun des États membres du Conseil de l'Europe et formule, suite à ses analyses, des suggestions et propositions pour le traitement des problèmes identifiés.

---

[343] La Charte des droits fondamentaux de l'Union européenne dispose à ce propos qu'elle « ne crée aucune compétence ni aucune tâche nouvelle pour la Communauté et pour l'Union et ne modifie pas les compétences et taches définies par les traités », Charte des droits fondamentaux de l'Union européenne, art. 51-2.

[344] MARÉCHAL (J.-Y.), *op. cit.*, p. 388.

[345] Le Conseil de sécurité s'est, à ce propos, félicité de la poursuite de la mise en œuvre du mécanisme de surveillance et de communication de l'information sur les enfants et les conflits armés, en particulier des efforts qui ont rendu possible la mise en œuvre du mécanisme dans toutes les situations de conflits armés énumérées dans les annexes au dernier rapport du secrétaire général (S/2007/757) ; voir : S/PRST/2008/28, 17 juillet 2008.

Travaux sur des thèmes généraux : collecte et diffusion de « bonnes pratiques » sur des sujets spécifiques afin d'illustrer les recommandations de l'ECRI, et adoption de recommandations de politique générale.

- **Les relations avec la société civile :** organisation de sessions d'information et de sensibilisation dans les États membres, coordination des ONG nationales et locales, communication au grand public du message antiraciste de l'ECRI et production de supports pédagogiques.
- **Protocole 12 de la Convention européenne des droits de l'homme :** la Conv. EDH a fait l'objet d'un nouveau protocole adopté en 2000 et entré en vigueur en 2005 ; il s'agit du Protocole 12. Début 2011, il était déjà signé par 19 États et ratifié par 18. Il est principalement axé sur l'interdiction de la discrimination.

La Conv. EDH garantissait déjà le droit à ne pas subir de discrimination (article 14), mais cette protection semblait insuffisante comparée aux dispositions contenues par d'autres instruments internationaux, comme la DUDH et le PIDCP. La raison en est que l'article 14, à la différence de ces autres dispositions, ne contient pas d'interdiction « indépendante » de la discrimination ; autrement dit, il n'interdit la discrimination qu'eu égard à la jouissance des droits et des libertés énoncées par la Conv. EDH. Avec l'entrée en vigueur de ce protocole, l'interdiction de la discrimination est devenue une disposition indépendante des autres dispositions de la Conv. EDH.

2. L'application des droits de l'homme

Comment garantir que ces mécanismes de protection fonctionnent ? Qui – ou quoi – garantit que les États respectent leurs obligations ?

Au plan national, ce sont les tribunaux qui s'en chargent, lorsque des instruments de droits de l'homme ont été ratifiés ou intégrés dans le droit interne. Mais, selon le pays, il peut aussi s'agir, entre autres, des bureaux des médiateurs, des comités ou conseils de droits de l'homme, ou encore des commissions parlementaires[346].

Les principales instances de supervision sont les commissions ou comités et les tribunaux, tous étant composés d'experts indépendants, experts ou juges, et aucun d'entre eux ne représentant un unique État. Les principaux mécanismes employés par ces instances sont les suivants :

- les plaintes (introduites par des individus, des groupes ou des États) ;
- les procédures judiciaires ;
- les procédures de rapport.

« Dans la mesure où tous les systèmes ou instruments régionaux n'utilisent pas les mêmes procédures pour faire appliquer les droits de l'homme, les exemples ci-après fournissent quelques précieux éclairages. »

Les plaintes à l'encontre d'un État sont introduites devant une commission ou un comité ; il s'agit d'une procédure quasi judiciaire. L'instance de surveillance va alors prendre une décision à laquelle les États vont devoir se plier, malgré l'absence de procédure judiciaire de mise en application. Souvent, l'État doit fournir une déclaration ou la ratification supplémentaire d'un protocole facultatif de manière à signifier son acceptation du système de plainte.

Le Comité des droits de l'homme et le Comité pour l'élimination de la discrimination raciale (au sein du système des Nations unies), ainsi que la Commission interaméricaine des droits de l'homme (dans le cadre de l'Organisation des États américains) sont des exemples d'instances chargées d'administrer ces plaintes.

Quelles sanctions pourraient être prévues si nous établissions une Cour internationale des droits de l'homme ?

- Les procédures judiciaires ;

---

346 CHAZAL (J.) et De ANDREIS (J.), Problèmes juridiques que pose l'intervention de l'assistante sociale, G.P. 1950, 1, D. 32, p. 106.

- Les cours régionales des droits de l'homme ;
- La Cour interaméricaine des droits de l'homme ;
- La Cour africaine des droits de l'homme et des peuples.

À ce jour, il existe trois cours permanentes agissant en tant qu'instances de surveillance spécifiques relativement à la mise en œuvre des droits de l'homme : la CEDH, la Cour interaméricaine des droits de l'homme et la CADHP[347]. La Cour interaméricaine des droits de l'homme a été établie par l'Organisation des États américains en 1979 pour interpréter et appliquer la Convention américaine relative aux droits de l'homme[348].

La Cour africaine est la cour régionale la plus récente, créée en 2004. Elle a rendu son premier jugement en 2009, déclarant qu'elle n'était pas compétente pour se prononcer sur l'affaire Yogogombaye c/ Sénégal.

---

[347] Art. 17.2.c CADBE : « Administration de la justice pour mineurs. Tout enfant accusé ou déclaré coupable d'avoir enfreint la loi pénale a droit à un traitement spécial compatible avec le sens qu'a l'enfant de sa dignité et de sa valeur, et propre à renforcer le respect de l'enfant pour les droits de l'homme et les libertés fondamentales des autres. »

[348] À ce titre, RAYMOND se rallie à la proposition de PONTOIS, *De la légitimation des enfants incestueux ou adultérins depuis la loi du 7 novembre 1907*, *op. cit.*, p. 203.

CONCLUSION DE TITRE I

Le Mali a ratifié un grand nombre de conventions internationales visant à protéger les enfants contre l'exploitation sexuelle. La CDE a été ratifiée en 1990, et son protocole facultatif concernant la vente d'enfants, la prostitution des enfants et la pornographie mettant en scène des enfants (PFVE) en 2002. Le Mali a également ratifié la Convention 182 de l'OIT sur la prohibition des pires formes de travail des enfants et l'action immédiate en vue de leur élimination en 2000. Enfin, la Convention des Nations unies contre la criminalité transnationale organisée ainsi que son protocole additionnel visant à prévenir, à réprimer et à punir la traite des personnes, en particulier des femmes et des enfants (protocole de Palerme) furent ratifiés en 2002.

Au niveau régional, le Mali est partie à de nombreux mécanismes par son adhésion à la Charte africaine des droits de l'homme et des peuples en 1981 et la Charte africaine des droits et du bien-être de l'enfant ratifiée en 1998. Il a également ratifié l'accord multilatéral de coopération en matière de lutte contre la traite des personnes, en particulier des femmes et des enfants entre les États membres de la CEDEAO et de la CEEAC en 2006, et l'accord de coopération en matière de lutte contre la traite des enfants en Afrique de l'Ouest en 2007.

La Constitution malienne reconnaît que les traités ou accords internationaux ratifiés ou approuvés ont une autorité supérieure aux lois nationales. La CDE est par ailleurs directement applicable devant les tribunaux[349]. Cependant, aucune affaire ne semble invoquer la CDE depuis 2006. Les professionnels de la justice ont tendance à se référer au code de protection de l'enfant, qui transpose dans le droit national les mesures prévues par la CDE[350].

La notion d'exploitation sexuelle des enfants dans la prostitution est reprise dans le code de protection de l'enfant, actuellement en cours de révision devant l'Assemblée nationale et qui définit de manière peu précise l'exploitation sexuelle[351].

---

[349] L'article 40.1 de la CIDE, l'enfant délinquant ou en conflit avec la loi est « tout enfant suspecté, accusé ou convaincu d'infraction à la loi pénale ».

TITRE II :

LES INSTITUTIONS CHARGÉES DE LA PROTECTION DES DROITS DE L'ENFANT

Organisation internationale constituée en 1945, l'Organisation des Nations unies est un centre de règlement des problèmes auxquels l'humanité tout entière doit faire face. Plus de 30 organisations apparentées, appelées globalement le système des Nations unies, collaborent à cette tâche. Sans relâche, l'ONU et sa famille d'organisations œuvrent à la promotion du respect des droits de l'homme, à la protection de l'environnement, à la lutte contre la maladie, à l'appui au développement et à la lutte contre la pauvreté[352].

Ce sont les organismes des Nations unies qui définissent les normes de sécurité et d'efficacité des transports aériens et maritimes, contribuent à améliorer les télécommunications et la protection du consommateur, cherchent à faire respecter les droits de la propriété intellectuelle et coordonnent l'attribution des fréquences radio. L'ONU mène aussi les campagnes internationales de lutte contre le trafic des drogues et le terrorisme. Dans le monde entier, le système des Nations unies vient en aide aux réfugiés et met sur pied des programmes de déminage, aide à améliorer la qualité de l'eau potable et à développer la production alimentaire, etc.[353] Des organisations apparentées telles que l'Unicef, l'Unesco, l'OIT et l'OMS s'occupent des enfants dans le monde entier.

Toutes fois pour la bonne mise en œuvre de la politique de la protection des droits de l'enfant, il faut l'intervention des institutions nationales à côté des institutions internationales.

Convient-il de rappeler que les institutions chargées des droits de la protection de l'enfant sont tant au niveau national qu'au niveau international. Nous verrons les implications des Nations unies (**CHAPITRE I**) et les institutions spéciales de protection des droits de l'enfant (**CHAPITRE II**).

---

[352] http://www.hnicef.org, consulté en date du 10 juillet 2019.
[353] A/63/785-S/2009/158, *op. cit.*, § 158.

CHAPITRE I :

L'IMPLICATION DES NATIONS UNIES

L'implication des Nations unies dans la protection des droits de l'enfant trouve son origine dans les buts de l'Organisation et le rôle qu'elle est amenée à jouer en matière de paix, de sécurité et de la promotion des droits de l'homme[354]. De même, la Convention relative aux droits de l'enfant adoptée et ouverte à la signature, à la ratification et à l'adhésion par l'Assemblée générale des Nations unies dans sa résolution 44/25 du 20 novembre 1989[355] est un fondement de la protection des droits de l'enfant. Il s'agit donc d'une action qui, de par sa nature, fait une large part aux interventions du Conseil de sécurité en raison de la responsabilité principale que lui confie la Charte des Nations unies sur toute question touchant à la paix et à la sécurité internationales[356].

L'intervention de l'ONU dans la protection des droits de l'enfant repose sur une approche qui privilégie une conception holistique des droits de l'enfant ou, si l'on veut, de leur protection. Cette approche globalisante nécessite donc à la fois une action du Conseil de sécurité et s'appuie largement sur le cadre normatif existant que ses résolutions se contentent souvent de rappeler. Dans ce contexte, le

---

[354] Charte des Nations unies, art. 1er : « Les buts des Nations unies sont les suivants : 1. Maintenir la paix et la sécurité internationale et à cette fin : prendre des mesures collectives efficaces en vue de prévenir et d'écarter les menace à la paix et de réprimer tout acte d'agression ou autre rupture de la paix, et réaliser, par des moyens pacifiques, conformément aux principes de la justice et du droit international, l'ajustement ou le règlement de différents ou de situations, de caractère international, susceptibles de mener à une rupture de la paix ; 2. Développer entre les nations des relations amicales fondées sur le respect du principe de l'égalité de droits des peuples et de leur droit à disposer d'eux-mêmes, et prendre toutes autres mesures propres à consolider la paix du monde ; 3. Réaliser la coopération internationale en résolvant les problèmes internationaux d'ordre économique, libertés fondamentales pour tous, sans distinctions de race, de sexe, de langue ou de religion ; Être un centre où s'harmonisent les efforts des nations vers ces fins communes ».

[355] Art. 49, al. 1 et 2 de la Convention relative aux droits de l'enfant entrée en vigueur le 2 septembre 1990.

[356] *Ibid.*, art. 24 : « Afin d'assurer l'action rapide et efficace de l'organisation, ses Membres confèrent au Conseil de sécurité la responsabilité du maintien de la paix et de la sécurité internationale et reconnaissent qu'en acquittant des devoirs que lui impose cette responsabilité le Conseil de sécurité agit en leur nom ».

Conseil de sécurité a été amené à développer une véritable activité de surveillance et de contrôle (**SECTION 1**) et une mission de sanction des violations (**SECTION 2**).

SECTION 1 : Une activité de surveillance et de contrôle

L'activité de surveillance et de contrôle est un travail basé sur le terrain. Elle est aussi basée sur le rapport par les agents des Nations unies. La nécessité de ce travail est la coopération avec des organismes extérieurs des Nations unies, d'autant plus que les moyens logistiques et financiers dont disposent ces derniers peuvent s'avérer indispensables au suivi de l'application des normes. Sous cet angle, nous verrons les différents mécanismes de suivi (***Paragraphe 1***) et la coopération ONU, UE et UA (***Paragraphe 2***).

Paragraphe 1 : Les différents mécanismes de suivi

Dans ses rapports sur les enfants et les conflits armés, le secrétaire général des Nations unies a, à plusieurs reprises, mené campagne en faveur de l'ouverture de la « phase de mise en œuvre » des règles internationales applicables à l'enfant.

Cette mise en œuvre devrait reposer sur quatre volets que sont : la promotion et la diffusion des normes de protection des enfants touchés par les conflits armés ; la création des réseaux sociaux locaux de la société civile aux fins de la protection, de la surveillance et de la réadaptation, et le renforcement des réseaux existants ; l'intégration des problèmes des enfants touchés par les conflits armés dans les programmes et mécanismes des principaux organismes au sein des Nations unies et à l'extérieur ; la mise en place d'un mécanisme de surveillance et de communication de l'information permettant d'assurer le respect des normes[357].

Ces appels du secrétaire général ont trouvé écho auprès du Conseil de sécurité qui, dans sa résolution 1539 de 2004, a prié ce dernier *« de mettre au point d'urgence un plan d'action en vue de la mise en place d'un mécanisme systématique et global de surveillance et de communication d'information »*[358].

---

[357] A/59/695-S/2005/72, 9 février 2005, § 64.
[358] S/RES/1539 (2004), 22 avril 2004, § 2.

Ce plan d'action, présenté par le secrétaire général dans son rapport du 9 février 2005 sur les enfants et les conflits armés[359], décrit les contours et les spécificités du mécanisme de surveillance et de communication de l'information officiellement mis en place par la résolution 1612 (2005) **(A)**. Devant permettre des interventions plus ponctuelles, sa mise en œuvre repose sur la collaboration de divers acteurs dont les missions de paix des Nations unies **(B)**.

A- Le mécanisme de surveillance et de communication de l'information

Il s'agit d'un instrument de travail important dont l'objet est d'une part l'application de la Convention des Nations unies relative aux droits de l'enfant, et permet *a priori* de mesurer l'étendue de son intérêt d'autre part.

L'objet et le fonctionnement du mécanisme, l'objet principal du mécanisme est donc de surveiller les six violations graves des droits de l'enfant, commises aussi bien par les forces armées et les groupes armés que par le personnel humanitaire et qui concernent :
- l'assassinat ou la mutilation d'enfants ;
- le recrutement ou l'emploi d'enfants soldats ;
- le viol d'enfants ou les autres actes graves de violence sexuelle à leur égard ;
- l'enlèvement d'enfants ;
- les attaques dirigées contre des écoles ou les hôpitaux ;
- le refus d'autoriser l'accès des organismes humanitaires aux enfants.

Cette surveillance, qui porte à la fois sur le respect des obligations internationales et des plans d'action, s'appuie sur le plus grand nombre de textes, prenant en compte aussi bien les instruments internationaux et les législations nationales que les engagements pris par les parties en conflit, qu'ils soient ou non contenus dans les accords de paix. Sa mise en œuvre repose aussi sur une très large coordination à la fois au niveau du siège pour une plus grande consistance de l'information, il est essentiel d'obtenir une intégration totale de tous les réseaux de

---

[359] A/59/695-S/2005/72, 9 février 2005, § 2.

protection, formels, surtout au niveau local et, au besoin, avec un renforcement des capacités de ces derniers.

Cependant, les équipes des Nations unies sur le terrain ont également un rôle primordial à jouer, et le Conseil de sécurité leur attribue de larges responsabilités dans ce domaine.

Par ailleurs, l'examen de l'information répond en outre à des critères de sécurité prenant en compte la protection des sources et la question essentielle de la vérification de l'information et de son exactitude. Celle-ci appuie non seulement l'élaboration des rapports, mais aussi les sanctions qui peuvent éventuellement en découler, il est crucial que ceux qui interviennent dans la collecte et l'intégration de l'information s'assurent de sa réalité.

La composition de l'instance d'examen de l'information contribue d'ailleurs à s'assurer cette sécurité au moment de l'établissement du rapport annuel. Le processus fait intervenir le représentant spécial du secrétaire général pour les enfants et les conflits armés créé en mai 2000 et qui comprend le bureau du représentant spécial lui-même, l'Unicef, le Département des opérations de maintien de la paix (DOMP), le Département des affaires politiques (DAP), le bureau des affaires juridiques, le HCDH, le bureau de coordination des affaires humanitaires (OCHA), le Fonds de développement des Nations unies pour la femme (Unifem), le Département des affaires de désarmement (DDA), le bureau spécial pour l'Afrique, le bureau de la conseillère spéciale pour la parité des sexes et la promotion de la femme, le HCR, le Programme des Nations unies pour le développement (PNUD) et l'OIT[360].

Ce rapport est transmis à tous les organes qui interviennent en matière de protection, à savoir les gouvernements nationaux, le Conseil de sécurité, l'Assemblée générale, le Conseil économique et social, la CPI, les organes des droits de l'homme des Nations unies ou régime des droits de l'homme[361], les organisations régionales, les ONG et les

[360] *Ibid.*, § 92.

[361] Conseil des droits de l'homme, Haut-Commissariat des Nations unies aux droits de l'homme, Comité des droits de l'enfant, rapporteurs spéciaux du Conseil des droits de l'homme, Sous-Commission de la promotion et de la protection des droits de l'homme.

organisations de la société civile qui, au cas échéant, pourront prendre les mesures nécessaires, chacun dans sa sphère de compétence, afin d'assurer le respect des normes applicables. Il s'agit d'un instrument de travail important dont l'objet et le fonctionnement **(1)** permettent *a priori* de mesurer l'étendue de son intérêt **(2)**.

1. L'objet de fonctionnement du mécanisme

Faisant appel à divers organes et acteurs du système des Nations unies, des gouvernements, des organismes régionaux, des organisations non gouvernementales internationales et locales, ce mécanisme devait *« permettre la collecte systématique d'informations objectives, précises et fiables sur les violations graves dont sont victimes les enfants en situation de conflit armé en temps de conflit armé »*[362]. L'objet principal du mécanisme est donc de surveiller les six violations graves des droits de l'enfant, commises aussi bien par les forces armées et les groupes armés que par le personnel humanitaire et qui concernent :

a. l'assassinat ou la mutilation d'enfants ;
b. le recrutement ou l'emploi d'enfants soldats ;
c. le viol d'enfants ou les autres actes graves de violence sexuelle à leur égard ;
d. l'enlèvement d'enfants ;
e. les attaques dirigées contre des écoles ou des hôpitaux ;
f. le refus d'autoriser l'accès des organismes humanitaires aux enfants.

Cette surveillance, qui porte à la fois sur le respect des obligations internationales et des plans d'action, s'appuie sur le plus grand nombre de textes, prenant en compte aussi bien les instruments internationaux et les législations nationales que les engagements pris par les parties en conflits, qu'ils soient ou non contenus dans les accords de paix. Sa mise en œuvre repose aussi sur une très large coordination à la fois au niveau du pays où se font la collecte et la vérification de l'information et au niveau du siège pour les besoins de l'examen et de l'intégration de celle-ci afin d'établir un rapport.

En effet, pour une plus grande consistance de l'information, il est essentiel d'obtenir une intégration totale de tous les réseaux de

[362] *Ibid.* § 65.

protection, formels et informels, surtout au niveau local et, au besoin, avec un renforcement des capacités de ces derniers. Sur ce point, les équipes des Nations unies sur le terrain ont également un rôle principal à jouer, et le Conseil de sécurité leur attribue de larges responsabilités dans ce domaine.

L'examen de l'information répond également à des critères de sécurité prenant en compte la protection des sources et la question essentielle de la vérification de l'information et de son exactitude. Celle-ci devant appuyer non seulement l'élaboration des rapports, mais aussi les sanctions qui peuvent éventuellement en découler, il est crucial que ceux qui interviennent dans la collecte et l'intégration de l'information s'assurent de sa réalité.

La composition de l'instance d'examen de l'information contribue d'ailleurs à assurer cette sécurité au moment de l'établissement du rapport annuel. Le processus fait intervenir le représentant spécial du secrétaire général pour les enfants et les conflits armés en collaboration avec l'équipe spéciale pour les enfants et les conflits armés créé en mai 2000, qui comprend le bureau du représentant spécial lui-même, l'Unicef[363], le DOMP, le DAP, le Bureau des affaires juridiques, le HCDH, le OCHA, l'Unifem, le DDA, le bureau de conseiller spécial pour l'Afrique, le bureau de la conseillère spéciale pour la parité des sexes et la promotion de la femme, le HCR, le PNUD et l'OIT[364].

Cependant, ce rapport est transmis à tous les organes qui interviennent en matière de protection, à savoir les gouvernements nationaux, le Conseil de sécurité, l'Assemblée générale, le Conseil économique et social et la CPI, les organes des droits de l'homme des Nations unies ou régime des droits de l'homme[365], les organisations

---

363 Le Fonds des Nations unies pour l'enfance (Unicef), United Nations of International Children's Emergency Fund en anglais, est une agence de l'ONU qui se consacre fondamentalement à l'amélioration de la situation des enfants. La désignation qui lui était désignée avant était United Nations International Children's Emergency Fund. L'Unicef a participé à la rédaction et à la promotion de la Convention relative aux droits de l'enfant (CIDE), adoptée lors du sommet de New York en 1989.

364 *Ibid.*, § 92.

365 Conseil des droits de l'homme, Haut-Commissariat des Nations unies aux droits de l'homme, Comité des droits de l'enfant, rapporteurs spéciaux du Conseil des droits

régionales, les ONG et les organisations de la société civile qui, au cas échéant, pourront prendre les mesures nécessaires, chacun dans sa sphère de compétence, afin d'assurer le respect des normes applicables.

2. L'intérêt du mécanisme

Dans la pratique, l'établissement du mécanisme de surveillance et de communication de l'information a eu un impact considérable dans la concrétisation des avancées juridiques. Il a non seulement *« permis de recueillir des informations systématiques, fiables, objectives et fournies en temps utile, s'agissant des six graves violations commises sur les enfants dans les conflits armés et notamment l'identité des auteurs présumés »* [366] , mais il constitue également un mécanisme de dissuasion[367], un outil de prise de mesure et un moyen de sensibilisation de l'opinion internationale[368]. En 2009, sa mise en œuvre était déjà effective dans treize situations dont huit à l'ordre de jour du Conseil de sécurité[369], et il a contribué à renforcer la mise en place des plans d'action demandés par le Conseil dans sa résolution 1539 (2004)[370].

Certes, des plans d'action existaient déjà dans certains pays avant la mise en place effective du mécanisme. Ainsi, les accords de paix de Lomé de 1999 sur la Sierra Leone, l'accord d'Arusha de 2000 et l'accord de cessez-le-feu de décembre 2002 sur le Burundi, l'accord de paix d'Accra du 18 août 2003 sur le Libéria ou encore l'accord de paix au Darfour contenaient des dispositions interdisant l'utilisation d'enfants soldats et prévoyaient de leur accorder une protection spéciale en vue de leur réinsertion dans la société[371].

Cependant, bien qu'il s'agisse là de mesures encourageantes, elles n'ont pas mis fin au recrutement d'enfants-soldats dans les pays concernés, et, dans plusieurs cas, le contexte de reprise des violences a

de l'homme, Sous-Commission de la promotion et de la protection des droits de l'homme.

[366] A/62/609-S/2007/757, 21 décembre 2007, § 145.

[367] En raison des listes annexées aux rapports du secrétaire général.

[368] A/62/609-S/2007/757, *op. cit.*, § 145.

[369] A/63/785-S/2009/158, 26 mars 2009, § 145.

[370] S/RES/1539 (2004), § 5.a).

[371] A/58/546-S/2003/1053, 30 novembre 2003, § 47 ; cette référence ne concerne pas le cas du Darfour. Il faut aussi souligner que la prise en compte des droits de l'enfant dans les accords de paix ne pose pas trop de problèmes en ce qui concerne les accords conclus sous les auspices de l'ONU.

contribué à accroître le phénomène. Dans ce contexte, la demande adressée par le Conseil de sécurité aux parties en conflit dans les situations inscrites à son ordre du jour, *« de préparer, dans les trois mois, des plans d'action concrets et à délais pour arrêter le recrutement et l'utilisation d'enfants en violation des obligations internationales qui leur sont applicables »* [372], trouve une réelle concrétisation dans l'institution du mécanisme de surveillance et de communication de l'information qui a contribué à étendre et à renforcer ces plans d'action.

De plus, les plans d'action demandés par le Conseil comportaient une réelle limite en ce sens qu'ils étaient centrés uniquement sur le recrutement et l'utilisation d'enfants soldats, ce qui s'apparente à une négligence vis-à-vis des autres catégories de violations. Outre, dans le rapport du 26 mars 2009, le secrétaire général avait-il recommandé au Conseil de sécurité *« [d'adopter] une approche graduelle en intégrant tout d'abord le viol et autres actes graves de violence sexuelle comme critères supplémentaires justifiant l'inscription sur les listes jointes en annexe, en plus du recrutement et de l'utilisation d'enfants »*[373].

Par delà le recrutement, ce sont donc toutes les atteintes qui requièrent une attention particulière et un traitement similaire. La prise en compte des six violations qualifiées de graves a donc le mérite d'étendre le champ de l'action potentielle du Conseil de sécurité et des autres capables de prendre des mesures en réponse à ces violations.

Par ailleurs, quoi qu'il en soit, il est essentiel de maintenir un minimum de surveillance quelle que soit la situation, et de le renforcer à travers tous les moyens disponibles sur le terrain. Dans ce contexte, les équipes des Nations unies sur le terrain jouent un rôle fondamental, notamment le personnel des opérations de maintien de paix dont le mandat intègre désormais les objectifs de protection de l'enfance.

B- L'intégration des objectifs de protection dans les missions de paix

L'interprétation, par le Conseil de sécurité, des violations des droits de l'enfant comme une question de paix et de sécurité a certainement eu un impact considérable dans la redéfinition du rôle et des missions

---

[372] S/RES/1539 (2004), § 5.a).

[373] A/63/785-S/2009/158, *op. cit.*, § 158.

des opérations de maintien de la paix (OMP) en matière de protection des droits de l'homme.

En effet, le passage des OMP classiques aux OMP multidimensionnelles, ou encore des OMP de la première génération aux OMP de la seconde génération[374], a considérablement accru le rôle du personnel de maintien de la paix qui est dorénavant impliqué dans tous les domaines du règlement des conflits, de la consolidation, de la paix et de la reconstruction.

Par ailleurs, leur mission en matière de protection des droits de l'homme a pris de l'ampleur, ce qui en fait aujourd'hui l'un des principaux acteurs de la surveillance du respect des droits de l'enfant. Dans ce contexte, la coopération du DOMP est indispensable pour la prise en compte de tous les aspects du problème des violations de ces droits[375].

Cependant, convient-il de souligner que même les OMP rencontrent des difficultés dans la surveillance et la collecte de l'information en raison de l'insécurité permanente qui règne dans certaines zones de conflit, et de la nature transfrontière d'autres conflits qui empêchent souvent l'établissement d'un contact avec les protagonistes. Toutefois, s'il apparaît que cette contribution au respect des règles protectrices des droits de l'enfant est nécessaire **(1)**, il est également fondamental que celle-ci se fasse dans le respect de ces mêmes règles **(2)**.

1. Une contribution essentielle au respect des règles protectrices des droits de l'enfant

L'importance du rôle politique que les OMP sont appelées à jouer dans les États de déploiement, elles sont aussi considérées comme les principaux exécutants des résolutions du Conseil de sécurité[376]. Outre, la question de la prise en compte des droits de l'enfant dans les missions de paix s'était-elle déjà posée dans la

---

[374] Yves PETIT, *Droit international du maintien de la paix*, Paris, LGDJ, 2000, p. 42.
[375] Rapport des Nations unies – office contre la drogue et le crime – questions transversales « justice des mineurs, compilation d'outils d'évaluation de la justice pénale », Nations unies, New York, 2008, p. 1.
[376] A/63/785-S/158, *op. cit.*, § 153.

résolution 1181 (1998)[377] du Conseil de sécurité dans laquelle celui-ci se félicitait *« de la recommandation du représentant spécial du secrétaire général pour les enfants dans les conflits armés, tendant à ce que la Sierra Leone soit considérée comme l'un des projets pilotes pour une intervention plus concertée et efficace face aux besoins des enfants dans le contexte de la consolidation de la paix après le conflit »*[378].

Le renforcement de la composante protection des enfants de la Mission de l'Organisation des Nations unies au Mali par la MINUSMA[379] et en République démocratique du Congo (RDC) par la MONUC[380] d'un rôle de facilitation de l'acheminement de l'aide humanitaire aux enfants[381] sème les bases d'un nouveau type d'intervention qui fait des droits de l'enfant une de ses priorités.

En 2000 déjà, le secrétaire général recommandait que : *« le Conseil de sécurité s'assure que les mandats de toutes les opérations pertinentes de maintien de la paix des Nations unies comportent un élément de suivi de la protection des enfants et d'établissement de rapports sur la question »*[382].

Aujourd'hui, cette prise en compte est devenue plus spécifique et plus renforcée d'autant plus que, depuis 1998, la protection des droits de l'enfant est inscrite à l'ordre du jour de la paix et de la sécurité. Le mandat et pratiquement toutes les missions de maintien de la paix contiennent des dispositions sur la protection des droits de l'enfant.

Les tâches qui leur sont confiées impliquent une mission générale de surveillance et d'assistance sur toutes les questions importantes, que ce soit dans le domaine du respect des plans d'action, de la participation à la collecte de l'information, de la

---

[377] Cette résolution établit la mission d'observation des Nations unies en Sierra Leone, avec pour mission le suivi de l'évolution sur le plan militaire et sur le plan de la sécurité (S/RES/1181 (1998), 13 juillet 19998, § 6.a).
[378] S/RES/1181 (1998), 1er juillet 1998, § 14.
[379] S/RES/1612 (2005), le 26 juillet 2005.
[380] S/RES/1260 (1999), 20 août 1999, § 6.
[381] *Ibid.*, § 5-e).
[382] A/55/163-S/2000/712, Recommandation 35.

libération et de la réinsertion des enfants ou de veille et d'assistance aux enfants devant la justice.

Cependant, dans le même sens au Mali, le Conseil de sécurité a créé la Mission multidimensionnelle intégrée des Nations unies pour la stabilisation au Mali (MINUSMA) par sa résolution 2100, du 25 avril 2013 afin de combattre les terroristes. Les interventions de la MINUSMA ont été parmi les plus poussées. En effet, dans le cadre d'un mandat de protection des enfants qui lui a été confié par le Conseil de sécurité, elle avait pris l'initiative, en partenariat avec l'Unicef, d'œuvrer dans la sensibilisation des esprits afin de changer les comportements à l'égard des abus et des violations commis contre des enfants.

2. Une contribution dans le respect des règles protectrices des droits de l'enfant

Nonobstant que la nécessité découle de l'obligation qu'ont les forces des Nations unies de respecter les règles humanitaires, aussi bien les dispositions relatives à la conduite des hostilités que celles relatives à la protection des personnes civiles, lorsqu'elles participent aux hostilités[383].

C'est d'ailleurs la prise en compte de cette nécessité qui a justifié l'adoption de la circulaire du secrétaire général sur le « Respect du droit international humanitaire par les forces des Nations unies »[384]. Ce texte n'est cependant pas exhaustif puisqu'il ne porte que sur les principes et règles fondamentaux du DIH applicables aux forces des Nations unies qui participent activement aux combats[385].

---

[383] Il n'est pas nécessaire de revenir ici sur les positions doctrinales concernant l'applicabilité du droit international humanitaire aux forces des Nations unies. Cette applicabilité étant aujourd'hui unanimement reconnue. Sur l'évolution de la question, voir : Philippe LAGRANGE, Forces des Nations unies et respect du droit international humanitaire : De l'importance de la notion de participation aux hostilités, in Le Droit international humanitaire face aux défis du XXIe siècle, Actes du colloque de Rouen, 29 avril 2010, Abdelwwahab BIAD et Paul TAVERNIER (dir.), Bruxelles, Bruylant, 2012, p. 291-311 et s.

[384] Nations unies, circulaire du secrétaire général, ST/SGB/1999/13, 6 août 1999.

[385] *Ibid.*, art. 1er. Il faut préciser que le personnel des Nations unies qui ne participe pas aux hostilités est soumis au régime de la Convention sur la sécurité du personnel des Nations unies et du personnel associé adoptée à New York le 9 décembre 1994.

Dans ce contexte, il revient aux États contributeurs de troupes de s'assurer du plein respect des règles du droit des conflits armés, ce qui implique les poursuites devant les juridictions nationales en cas de manquement à ces règles[386]. Ceci est d'autant plus vrai que certains contingents restent sous le contrôle effectif de leur État d'origine. Assurer le respect desdites règles suppose donc un partage de responsabilités entre l'ONU et les États, chacun devant jouer à la fois un rôle de diffusion et de veille, y compris sur les questions touchant aux enfants.

De ce qui précède, il apparaît que l'intégration de la protection des droits de l'enfant dans les OMP contribue de façon cruciale et décisive à la transposition sur le terrain des règles consacrées au niveau international et au renforcement du contrôle.

Paragraphe 2 : La coopération ONU, UE et UA

Le chapitre VIII de la Charte des Nations unies sur les accords régionaux[387], les interventions de l'UE puisent leur légitimité dans l'autorisation de l'ONU et portent *a priori* sur les questions touchant à la paix et à la sécurité internationales. Convient-il de rappeler que l'UE ne dispose pas ici une compétence générale dans le domaine des droits fondamentaux, ce qui implique les droits de l'enfant[388].

Cependant, le Traité sur l'Union européenne prévoit l'adhésion de l'Union à la Convention européenne de sauvegarde des droits de l'homme et des libertés fondamentales, cette adhésion ne modifie pas les compétences de l'Union tel qu'elles sont définies dans les traités[389]. Toutefois, l'UE reste tenue de respecter ces droits dans quelques actions qu'elle entreprenne selon ses compétences, ce qui implique l'adoption de mesures positives et effectives, notamment en matière de lutte contre

---

386 *Ibid.*, art. 4.

387 L'UE et les missions de maintien de la paix des Nations unies – Réponse au rapport annuel du Conseil, Document A/2049, 2 décembre 2009, § 4.

388 La Charte des droits fondamentaux de l'Union européenne dispose à ce propos qu'elle « ne crée aucune compétence ni aucune tâche nouvelle pour la Communauté et pour l'Union européenne », art. 51-2.

389 Traité sur l'Union européenne, Maastricht, 7 février 1992, art. 6-2 ; disponible sur http://eur-lex.europa.eu/LexUriServ/LexUriServ.do?uri=OJ:C2010:083:0047:020:fr:PDF, page consulté le 12 juillet 2019.

l'enrôlement et l'impunité, et ce, dans le but de promouvoir le respect de tous les droits reconnus à l'enfant par les instruments internationaux[390].

Dans son contenu, l'action extérieure de l'UE en faveur des enfants peut être appréciée à deux niveaux : une action générale touchant directement à la question de la paix et de la sécurité internationale **(A)** et une action plus spécifique s'intéressant aux droits de l'enfant tels que reconnus par les instruments internationaux **(B)**.

A- Une action générale touchant à la paix et à la sécurité internationale

On peut mentionner à ce niveau que la contribution de l'UE au respect des engagements internationaux en matière de réglementation des armements, et ce, par la réaffirmation de la responsabilité des pays exportateurs[391]. Cette action vise non seulement à endiguer le trafic des armes, mais aussi à encadrer strictement leur commerce légal.

À cette fin, le Conseil de l'UE avait établi le « Programme de l'UE pour la prévention du trafic illicite d'armes conventionnelles et la lutte contre ce trafic » visant à appuyer l'action de l'Assemblée générale de l'ONU[392]. C'est dans ce cadre que fut adopté le code de conduite de l'UE en matière d'exportation d'armements qui affirme la résolution de

---

390 Mise à jour des orientations de l'UE sur les enfants face aux conflits armés, 17 juin 2008, § 7, disponible sur http://consilium.europa.eu/uedocs/cmsUpload/10019.fr08.pdf, page consultée le 12 juillet 2019.

391 Code de conduite de l'Union européenne en matière d'exportation d'armements, Bruxelles, 5 juin 1998, Préambule, disponible sur http://www.consilium.europa.eu/ueddocs/cmsUpload/200912071019.pdf, page consultée le 26 juillet 2019. Voir également : Action commune 2008/230/PESC du Conseil du 17 mars 2008 concernant le soutien d'activités de l'UE visant à promouvoir auprès des pays tiers le contrôle des exportations d'armements et les principes et critères de code de conduite de l'UE en matière d'exportation d'armements, *Journal officiel de l'Union européenne* L 75, 18/03/2008, p. 81-85, disponible sur http://eur-lex.europa.eu/LexUriServ/LexUriServ.do?uri=OJ:L:2008:075!0081:0085:FR:PDF, page consulté le 26 juillet 2019.

392 Conseil de l'UE, *Programme de l'UE pour la prévention du trafic illicite d'armes conventionnelles et la lutte contre ce trafic*, 26 juin 1997, disponible sur http://data.grip.org/documents/200912071019.pdf, page consultée le 26 juillet 2019.

l'UE *« à empêcher les exportations d'équipements qui pourraient être utilisés à des fins de répression interne ou d'agression internationale, ou contribuer à l'instabilité régionale »*[393].

Cependant, il y a eu la prise en compte de la définition de huit critères en matière d'armements, dont la situation des droits de l'homme dans le pays[394] contribue à accroître la portée pratique de l'engagement. L'action générale de l'UE sur les questions de paix et de sécurité dépasse le simple cadre réglementaire et inclut des interventions plus ponctuelles, en l'occurrence la participation de l'UE aux missions de maintien de la paix des Nations unies.

Dans ce cadre, le Conseil de sécurité des Nations unies avait adopté la résolution 1778 (2007) par laquelle il *« [autorisait] l'Union européenne à développer, pour une durée d'un an [...] une opération [...] dans l'est du Tchad et le nord-est de la République centrafricaine »*[395]. C'est sur cette base que sera prise par la suite la déclaration 2008/101/PESC du Conseil du 28 janvier 2008 relative au lancement de l'opération militaire de l'UE en république du Tchad et en République centrafricaine (EUFOE Tchad/RCA)[396].

Nonobstant son importance, cette action générale reste une action pour la paix **(1)** et une action pour la stabilité **(2)** qui se rapporte aux droits de l'homme.

1. Une action pour la paix

Toutefois, on peut constater que l'efficacité du rôle de l'action de l'ONU est énorme en matière de la paix. Mais celle-ci peut pourtant rencontrer un certain nombre de difficultés dues notamment à l'incapacité de l'Organisation à piloter des projets à long terme, son action étant plus axée sur des interventions ponctuelles et tournant plus

---

393 *Ibid.*,p. 3.

394 *Ibid.*, p. 3-4.

395 S/RES/1778 (2007), 25 septembre 2007, § 6-a.

396 Décision 2008/101/PESC du Conseil du 28 janvier 2008 relative au lancement de l'opération militaire de l'Union européenne en République du Tchad et en République centrafricaine (EUFOR Tchad/RCA), art. 3, *Journal officiel de l'Union européenne* L 34 ? 08/02/2008, p. 34, disponible sur http://eur-lex.europa.eu/LexUriServ/LexUriServ.do?uri=OJ:L:2008:034:0039:0039:FR:PDF, page consultée le 26 juillet 2019.

autour des questions liées à la paix. Elle a examiné des milliers de rapports qui ont permis au Conseil d'intervenir pour faire évoluer les choses sur le terrain.

De même, dans plusieurs de ses conclusions sur la protection des droits des enfants dans tel ou tel autre pays, elle a tenu à rappeler aux parties en conflit que la *« mise en œuvre intégrale d'un plan d'action conforme aux résolutions 1539 (2004) et 1612 (2005) du Conseil de sécurité, confirmée par l'équipe spéciale de surveillance et d'information des Nations unies, est la clef qui permet de retirer toute partie à un conflit des annexes du rapport au secrétaire général sur les enfants et les conflits armés »*[397].

L'efficacité de son action prendra cependant une grande partie de la portée qu'il lui donnera. Étant par principe l'organe du Conseil de sécurité chargé des droits de l'enfant, il lui appartiendra d'orienter l'action de celui-ci, notamment aux fins d'adoption de mesures et sanctions plus concrètes et plus efficaces.

Cependant, si l'on ne peut contester l'efficacité du rôle de l'ONU dans les mécanismes de suivi, elle rencontre un certain nombre de difficultés dues notamment à l'incapacité de l'Organisation à piloter des projets à long terme, son action étant plus axé sur des interventions ponctuelles et tournant dans la durée et la nécessite d'une intervention pluridimensionnelle qui laisse une large place aux besoins humanitaires qui perdurent après les conflits.

2. Action pour la stabilité

La coopération entre l'ONU et certaines ONG dans ce domaine de la stabilité s'explique par des raisons pratiques, celle entre l'Organisation mondiale et les organisations régionales trouve d'abord son fondement dans le chapitre VIII de la Charte des Nations unies qui prévoit la possibilité d'un tel arrangement.

C'est, en effet, l'article 52 qui dispose, en son paragraphe premier, qu'« [a]ucune disposition de la […] Charte ne s'oppose à l'existence d'accords ou d'organismes *régionaux destinés à régler les affaires qui, touchant au maintien de la paix et de la sécurité internationales, se*

[397] S/AC.51/2008/11, 21 octobre 2008, § 5-h-i).

prêtent à une action de caractère régional, pourvu que ces accords ou ces organismes et leur activité soient compatibles avec les buts et les principes des Nations unies ».

Il s'agit donc d'une mise en œuvre de la complémentarité entre l'ONU et les organisations régionales en ce qui concerne le rétablissement et le maintien de la paix, complémentarité justifiée par une nécessaire répartition des rôles. Dans ce contexte s'est développée une coopération exemplaire entre les Nations unies et l'UE, qui a fini par faire de la protection des enfants une part intégrante de l'action extérieure de cette dernière.

B- Une action spécifique se rapportant aux droits de l'enfant

La place accordée aux enfants dans l'action extérieure de l'UE s'inscrit dans le cadre de sa politique en matière de droits de l'homme[398] dont le respect *« figure parmi les objectifs fondamentaux de la politique étrangère et de sécurité commune (PESC) de l'UE, qui comprend la politique européenne de sécurité européenne de défense (PESD) »*[399]. Convient-il de rappeler que le Traité sur l'Union européenne mentionne parmi les buts de l'Union la lutte contre l'exclusion sociale et les discriminations, la promotion de la justice et la protection sociale, l'égalité entre les femmes et les hommes, la solidarité entre les générations et la protection des droits de l'enfant[400].

Cependant, les fondements juridiques de cette action se justifient aussi par l'insuffisance de l'attention accordée aux enfants, surtout dans les pays en développement. Ce défaut de mise en œuvre

---

[398] Résolution du Parlement européen du 19 février 2009 sur une place à part pour les enfants dans l'action extérieure de l'UE (2008/2203 (INI), disponible sur http://www.europar.eu/sides/getDoc.do?pubRef=-//EP/TEXT+TA+P6-TA-2009-0060+0+DOC+V0/FR, page consulté le 28 juillet 2019 ; Orientation de l'UE pour la promotion et la protection des droits de l'enfant, 10 décembre 2007, introduction, § 4, disponible sur http://www.consilium.europa.eu/uedocs/cmsUpload/16031.fr07.pdf, page consultée le 28 juillet 2019.

[399] Mise à jour des orientations de l'UE sur les enfants face aux conflits armés, *op. cit.*, § 8.

[400] Traité sur l'Union européenne (TUE), Maastricht, 7 février 1992, art. 3, disponible sur http://eur-lex.europa.eu/LexUriServ/LexUriServ.do?uri=OJ:C:2010:083:0047:020:fr:PDF, page consulté le 29 juillet 2019.

des instruments internationaux et surtout de la CDE [401], et la problématique de la réalisation des objectifs du millénaire pour le développement (OMD) concernant les enfants qu'il pose[402] appelaient donc une solution dont la recherche se fut en misant sur la promotion et la protection[403].

Outre, tout comme l'ONU, l'UE a inscrit les droits de l'enfant dans le cadre de ses priorités. Cette stratégie européenne en matière de droits de l'enfant est une stratégie holistique[404], c'est-à-dire qu'elle prend en compte toutes les violations dont sont victimes les enfants et s'appuie sur le cadre normatif existant afin d'y remédier[405], mais également une activité de soutien et de coopération cohérente avec les différents acteurs impliqués.

Toutefois, la politique, qui nécessite l'intervention de plusieurs organes de l'UE, fonctionne grâce à un système d'établissement de rapports en coordination avec le système d'établissement de rapports et de suivi des Nations unies établi par les résolutions 1539 (2004) et 1612 (2005), et dont le contenu est axé sur les six violations graves des droits de l'enfant[406].

Par ailleurs, pour ce qui est de ses instruments d'action, l'UE privilégie les initiatives existantes comme dialogue politique[407] ou les

---

[401] Résolution du Parlement européen du 19 février 2009 sur une place à part pour les enfants dans l'action extérieure de l'UE (2008/2203 (INI), *op. cit.*, Préambule, § C.

[402] *Ibid.*, Préambule, § E.

[403] Commission des Communautés européennes, *Vers une stratégie européenne sur les droits de l'enfant*, COM (2006) 367 final, *op. cit.*, p. 2.

[404] *Ibid.*

[405] Dans ce cadre, l'Union européenne apporte son appui à la mise en œuvre des normes existantes du droit international humanitaire et du droit international des droits de l'homme ; voir Mise à jour des orientations de l'UE sur les enfants face aux conflits armés, 17 juin 2008, § 9, disponible sur http://consilium.europa.eu/uedocs/cmsUpload/10019.fr08.pdf, page consulté le 29 juillet 2019.

[406] Mise à jour des orientations de l'UE sur les enfants face aux conflits armés, *op. cit.*, § 11.

[407] Mise à jour des orientations de l'UE sur les enfants face aux conflits armés, *op. cit.*, § 14 ; Orientation de l'UE pour la promotion et la protection des droits de l'enfant, *op. cit.*, p. 8-9.

déclarations publiques et appels en faveur du respect des droits de l'enfant, la réaffirmation de l'importance des normes internationales et régionales et l'obligation qu'elles imposent [408], ou encore la sensibilisation[409]. Cette action s'appuie également sur la coopération multilatérale visant à renforcer les efforts à travers le financement des programmes de désarmement, démobilisation, réhabilitation et réintégration (DDRR) et de l'action humanitaire, le soutien à l'éducation[410] ou à la formation sur la protection de l'enfant[411].

L'intervention de l'UE peut cependant aller jusqu'à la prise de mesures ciblées contre les États, ce qui l'amènerait à examiner la situation de pays tiers en matière de droits de l'enfant dans le renouvellement de ses accords avec celui-ci[412]. On retrouve de pareilles mesures dans l'accord de partenariat entre les membres du groupe des États d'Afrique, des Caraïbes et du Pacifique (ACP), d'une part, et la Communauté européenne (CE) et ses États membres, d'autre part, mais dans le domaine des droits de l'homme, la Convention internationale relative aux droits de l'enfant (CIDE)[413] est inscrite dans le cadre de la promotion du développement et du bien-être de l'enfant.

Dans le domaine des droits de l'homme, une telle mesure prend en compte le travail des enfants et va jusqu'au boycott de produits provenant des pays en développement dont la fabrication aurait, dans

---

[408] *Ibid.*, p. 7.
[409] *Ibid.*, p. 8.
[410] Dans ce cadre, l'UE demande aux États membres de veiller également à ce que les priorités définies dans les orientations soient reflétées dans leurs projets de coopération bilatérale. Voir : Mise à jour des orientations de l'UE sur les enfants face aux conflits armés, *op. cit.,* p. 9-10.
[411] Mise à jour des orientations de l'UE sur les enfants face aux conflits armés, *op. cit.,* § 19.
[412] *Ibid.*, § 20.
[413]Accord le Partenariat entre les membres du groupe des États d'Afrique, des Caraïbes et du Pacifique, d'une part, et la Communauté européenne et ses États membres d'autre part, signé à Cotonou le 23 juin 2000, Préambule, *Journal officiel des Communauté européennes* L 317, 15/12/2000, pp. 3-64, disponible sur http://www.droit-afrique.com/images/textes/Afrique_Accords_de _Cotonou_ACP_UE.pdf, page consulté le 1er août 2019.

une large mesure, incombé à des mineurs[414]. Ces sanctions peuvent s'étendre à des particuliers. Dans ce cadre, l'Assemblée parlementaire paritaire ACP-UE a mis en place « *un mécanisme d'évaluation de la situation des enfants impliqués dans des conflits armés, avec la participation des Nations unies, et en particulier du représentant spécial des Nations unies pour les enfants et les conflits armés afin que l'Assemblée parlementaire paritaire ACP-UE puisse proposer des pressions concertées et des mesures ciblées à l'encontre des contrevenants* »[415]. Cependant, les actions opérationnelle **(1)** et extérieure **(2)** de l'UE demeurent essentielles dans la protection des droits de l'homme en général et celle de l'enfant en particulier.

1. Action opérationnelle

Cette action opérationnelle mentionne l'essentiel des instruments internationaux relatifs aux droits de l'homme, dont la Convention des droits de l'enfant[416], et inscrit la promotion du développement dans le respect de ces droits[417]. En ce sens, le manquement par l'une des parties

---

[414] Voir en ce sens la Résolution du Parlement européenne du 19 février 2009 sur une place à part pour les enfants dans l'action extérieure de l'UE (2008/2203 INI), *op. cit.*, § H.

[415] Résolution adoptée par l'Assemblée parlementaire paritaire ACP-UE le 15 octobre 2003 à Rome (Italie) sur les droits des enfants et en particulier les enfants soldats (ACP-UE 3587/03/déf.), § 43, *Journal officiel de l'Union européenne* C 26, 29/01/2004, p. 17-26, disponible sur http://eur-lex.europa.eu/LexUriSer/LexUriServ.do?uri=OJ:C:2004:026:0017:0038:FR:PDF, page consultée le 02 juillet 2019.

[416] Accord de partenariat entre les membres du groupe des États d'Afrique, des Caraïbes et du Pacifique, d'une part, et la Communauté européenne et ses États membres, d'autre part, signé à Cotonou le 23 juin 2000, Préambule, *Journal officiel des Communautés européennes* L 317, 15/12/2000, p. 3-64, disponible sur http://www.droit.afrique.com/image/textes/Afrique/Afrique_Accords_de_Cotonou_ACCP_UE.pdf, page consulté le 02/11/2019.

[417] *Ibid.*, art. 9. « 1. La coopération vise un développement durable centré sur la personne humaine, qui en est l'acteur et le bénéficiaire principal, et postule le respect et la promotion de l'ensemble des droits de l'homme. Le respect de tous les droits de l'homme et des libertés fondamentales, y compris le respect des droits sociaux fondamentaux, la démocratie basée sur l'État de droit, et une gestion transparente et responsable des affaires publiques font partie intégrante du développement durable. 2. Les parties se réfèrent à leurs obligations et à leurs engagements internationaux en matière de respect des droits de l'homme. Elles réitèrent leur profond attachement à la dignité et aux droits de l'homme qui constituent des aspirations légitimes des individus et des peuples. Les droits de l'homme sont universels, indivisibles et

à une obligation découlant du respect des droits de l'homme, des principes démocratiques et de l'État de droit peut conduire à l'adoption de mesures appropriées afin de remédier à cette situation[418]. Ces mesures peuvent aller jusqu'à la suspension, bien qu'elle ne soit possible qu'en dernier recours[419].

Dans le domaine des droits de l'enfant, de telles mesures de sanction doivent prendre en compte le travail des enfants et peuvent aller jusqu'au boycott de produits provenant des pays en développement dont la fabrication aurait, dans une large mesure, incombé à des mineurs[420].

2. Action extérieure de l'UE

On le voit donc l'action extérieure de l'UE en faveur des enfants est plus que fondamentale pour la protection effective de leurs droits. Dépassant le cadre des conflits armés pour intégrer toutes les formes de violence à l'égard des enfants, mais aussi la question de leur travail, elle couvre un large domaine et répond ainsi à la nécessité d'une approche intégrée des droits de l'enfant telle que préconisée par le rapport Machel. Le dispositif juridique mis en place paraît en effet indispensable au renforcement du cadre normatif international.

À cela s'ajoute l'appui sans réserve que l'UE apporte à la CPI[421], notamment à travers une coopération technique et financière. Un accord

---

interdépendants. Les parties s'engagent à promouvoir et protéger toutes les libertés fondamentales et tous les droits de l'homme, qu'il s'agisse des droits civils et politiques, ou économiques, sociaux et culturels. L'égalité entre les hommes et les femmes est réaffirmées dans ce contexte […] ».

[418] *Ibid.*, art. 96. 2.a).

[419] *Ibid.*, art. 96.2.c).

[420] Voir en ce sens la Résolution du Parlement européen du 19 février 2009 sur une place à part pour les enfants dans l'action extérieure de l'UE (2008/2203 (INI), *op. cit.*, préambule, § H.

[421] Position commune 2003/444/PESC du Conseil du 16 juin 2003 concernant la Cour pénale internationale, art. 1.2, *Journal officiel de l'Union européenne* L 150, 18/06/2003, p. 67-69, disponible sur http://consilium.europa.eu/uedocs/cmsUpload/1_15020030618fr00670069.pdf, page consulté le 02/11/2019 ; décision 2011/168/PESC du Conseil du 21 mars 2011 concernant la Cour pénale internationale et abrogeant la position commune 2003/444/PESC, art. 1.2, *Journal officiel de l'Union européenne* L 76, 22/03/2011, p. 56-58, disponible sur http://eur-

de coopération et d'assistance entre la CPI et l'UE existe d'ailleurs à cette fin[422].

SECTION 2 : Une mission de sanction des violations

La sanction des violations des Nations unies est prévue aux articles 41 et 42 de la Charte qui autorisent le Conseil de sécurité à *« décider quelles mesures n'impliquant pas l'emploi de la force armée doivent être prises pour donner effet à ses décisions »*[423], ou à prendre une action coercitive au cas où les premières mesures se seraient révélées inefficaces[424].

« La sanction onusienne peut être définie comme une décision juridique imposant un certain comportement aux États membres des Nation unies, destinée principalement à faire pression [...] sur un État qui menace la paix et la sécurité internationale, afin qu'il modifie son comportement et que soit donc mis fin à cette menace à la paix »[425]. En d'autres termes pour que la sanction soit efficace dans le cadre du système des Nations unies, elle doit être légitime par rapport aux principes fondateurs du système[426].

Le mécanisme de réaction à l'illicite[427], la sanction pose la question de son efficacité[428], notamment pour la résolution de problèmes particuliers. Il est en effet admis que la sanction ne saurait être efficace qu'à la condition d'être légitime, c'est-à-dire de répondre

---

lexUriServ.do?uri=OJ:L:2011:076:0056:0058:FR:PDF, page consultée le 02/11/2019.

422 Accord de coopération et d'assistance entre la Cour pénale internationale et l'Union européenne, 10 avril 2006, ICC-PRES/01-01-06, disponible sur http://www.icc-cc-pi.int/NR/rdonlyres/6EB80CC1-D717-4284-9B5C-03CA028E155B/140158/ICCPRES0A0A06_French.pdf. page consultée le 02/11/2019.

423 Charte des Nations unies, art. 41.

424 *Ibid.*, art. 42

425 Brigitte STERN, Conclusions générales, in *Les Nations unies et les sanctions : quelle efficacité ?* Collogue d'Aix-en-Provence des 10 et 11 décembre 1999, Rostane MEHDI (dir.), Paris, A. Pedone, 2000, p. 235.

426 Brigitte STERN, *op. cit.*, p. 238.

427 Rostane MEHDI, rapport introductif : « Les Nations unies et les sanctions, le temps des incerticides », in *Les Nations unies et les sanctions : quelle efficacité ?*, *op. cit.*, p. 24.

428 *Ibid.*, p. 22.

effectivement à une menace à la paix internationale et de disparaître une fois que la menace aura cessé.

Paragraphe 1 : L'efficacité des sanctions générales

« Si les soixante dernières années se sont concentrées sur l'élaboration d'un corps de règles destinées à protéger les droits de l'homme qui a produit un cadre normatif remarquable de lois, de normes et de mécanismes, à commencer par la Déclaration universelle des droits de l'homme, il est temps d'entrer dans une nouvelle ère, orientée vers la mise en œuvre. »[429] Kofi Annan, alors secrétaire général des Nations unies, soulignait en 2008, à l'occasion de la célébration des soixante ans de la DUDH, l'enjeu majeur de l'effectivité des droits de l'homme.

Le progrès normatif a effectivement été spéculatif, car si les déclarations solennelles des droits de l'homme jettent *« un pont entre l'idéal et le droit, grâce à la force morale qui leur est attachée »* (Danièle LOCHAK), les pactes, conventions ou protocoles contraignants visent à leur donner une traduction juridique pour imposer leur respect.

Les sanctions englobent une large panoplie de mesures pouvant impliquer l'embargo sur les armes, le blocus commercial, la suspension ou la conditionnalité de l'aide internationale, ou encore un processus de certification empêchant toute commercialisation des ressources naturelles illicitement exploitées. Toutefois, si ces mesures peuvent avoir un impact positif sur la situation des droits de l'homme dans la mesure où elles contribuent à instaurer un cadre moins propice à la poursuite des hostilités, force est de reconnaître leur inadaptation à certains égards.

En effet, de par son caractère global, ce moyen de pression appliqué sans discrimination comporte en réalité plus d'effets pervers et paraît dès lors en contradiction avec les droits fondamentaux de l'homme. Les sanctions imposées à l'Irak par les résolutions 661 (1990) et 687 (1991) en effet ayant initialement pour objectif la libération du

---

[429] Magali LAFOURCADE dans les droits de l'homme (2008), Chapitre IV de l'efficacité, p. 70 à 89, http://www. Cain.info consulté le 13 juillet 2019.

Koweït occupé par l'Irak [430], leur prolongation [431] pour motifs essentiellement politiques [432] a eu pour effet la détérioration de l'économie du pays. De même, la résolution 1612 (2013) du mandat de la MINUSMA constitue un exemple précis[433]. Il s'en est alors suivie une dégradation de la situation humanitaire au point que certains ont pu qualifier cette « nouvelle forme de guerre » de crime au regard du droit de Genève [434]. Ainsi dans sa résolution 864 (1993), le Conseil de sécurité avait limité l'interdiction de la vente ou de la fourniture d'armements et de matériel connexe à l'UNITA (Uniâo Nacional para a Independência Total de Angolo), laissant ainsi au Gouvernement angolais la possibilité de s'équiper dans sa lutte contre celle-ci[435].

Par ailleurs, dans le cas de la Sierra Leone, après le coup d'État militaire du 25 mai 1997, le Conseil de sécurité avait décidé *« que tous les États [empêchent] la vente ou la fourniture à la Sierra Leone par leurs nationaux ou depuis leur territoire, ou au moyen de navire battant leur pavillon ou d'aéronefs immatriculés par eux, [...] d'armements et matériel connexe de tous types, y compris d'armes et de munitions, de véhicules et d'équipements militaires, d'équipements paramilitaires et*

---

430 S/RES/661 (1990).

431 S/RES/687 (1991).

432 Mme Albright, Secrétaire américain au Développement d'État, déclarait à ce propos que : *« Les sanctions ne seront levées qu'une fois Saddam HUSSEIN aura quitté le pouvoir »*, cité par Rafâa BEN ACHOUR, « Les sanctions contre l'Irak : quelle efficacité ? » in *Les Nations unies et les sanctions : quelle efficacité ? op. cit.*, p. 102.

433 Résolution 1612 (2013) du Mandat de la MINUSMA.

434 Elias DAVIDSSON, The Economie Sanctions Against the Iraqi People Consequences and the Legalfinding, in L. Ezzarqui, *Résolution 1986, « Pétrole contre nourriture »*, Montchrestien, Paris, 1998, p. 254, cité par Rafâa BEN ACHOUR, *op. cit.*, p. 108.

435 S/RES/864 (1993), 15 septembre 1993, § 19 : « Décide, en vue d'interdire la vente ou la fourniture à l'UNITA d'armements et de matériels connexe, ou d'une assistance militaire, ainsi que de pétrole et de produits pétroliers, que tous les États empêcheront la vente ou la fourniture, par leurs nationaux ou depuis leur territoire, ou par l'intermédiaire de navires ou d'aéronefs battant leur pavillon, d'armements et de matériels connexe de tous types, y compris d'armes et munitions, de véhicules et d'équipements militaires et de pièces détachées y afférentes, ainsi que de pétrole et de produits pétroliers, que ceux-ci proviennent ou non de leur territoire, à destination du territoire de l'Angola autrement que par des points d'entrée désignés dont le Gouvernement angolais communiquera la liste au secrétaire général qui en avisera promptement les États membres de l'Organisation des Nations unies. »

de pièces détachées y afférentes, que ceux-ci proviennent ou non de leur territoire »[436].

La garantie de cette interdiction a été confiée à la CEDEAO qui, en coopération avec les État, devrait « *veiller à la stricte application des dispositions de la [...] résolution touchant la fourniture [...] d'armements et de matériel connexe de tous types, notamment, le cas échéant, et conformément en direction de la Sierra Leone pour inspecter et vérifier les cargaisons et les destinations* »[437], mais aussi au comité du Conseil de sécurité qui était chargé, entre autres, « *[d'examiner] les informations portées à son attention par des États au sujet de violations des mesures imposées* »[438]. À cet égard, il convient de connaître, d'une part, l'embargo sur les armes **(A)** et, d'autre part, les restitutions sur le commerce illicite des ressources naturelles (**B**).

A- L'embargo sur les armes

Depuis 1977 a été voté l'embargo sur les ventes d'armes à l'Afrique du Sud et plus d'une dizaine de mesures de ce genre ont été adoptées par le Conseil de sécurité des Nations unies[439]. Ces embargos peuvent viser non seulement l'État, mais aussi et surtout les groupes rebelles en lutte contre les troupes gouvernementales.

L'embargo sur les armes constitue sans doute l'une des mesures les plus communes et dont l'efficacité a, en principe, été prouvée à tel point que certains États ou organisations régionales y recourent souvent individuellement à l'encontre d'autres États. Ainsi, dans sa résolution 864 (1993), le Conseil de sécurité avait limité l'interdiction de la vente ou de la fourniture d'armements et de matériel connexe à l'UNITA,

---

436 S/RES/1132 (1997), 8 octobre 1997, § 6. Voir S/RES/1572 (2004), § 7concernant la Côte d'Ivoire.

437 S/RES/1132 (1991), 8 octobre 1997, § 8.

438 *Ibid.*, § 10.b.

439 L'Union européenne en a adopté davantage contre des pays en guerre et des pays qui, sans être en guerre, connaissent des violations massives des droits de l'homme. Récemment le 13 décembre 2011, la ligue arabe a adopté un embargo contre la Surie où le Régime mène une répression sanglante contre ses opposants depuis le début de la révolution.

laissant ainsi au Gouvernement angolais la possibilité de s'équiper dans sa lutte contre celle-ci[440].

Dans le même sens, la résolution 1493 (2003) limite l'interdiction de la vente, de la fourniture ou du transfert d'armes aux seuls groupes armés et milices étrangers et congolais opérant dans le territoire global et inclusif en RDC [441].

Par ailleurs, dans le cas de la Sierra Leone, après le coup d'État militaire du 25 mai 1997, le Conseil de sécurité avait décidé *« que tous les États [empêchement]la vente ou la fourniture à la Sierra Leone par leurs nationaux ou depuis leur territoire, ou au moyen de navire battant leur pavillon ou d'aéronefs immatriculés par eux, [...] d'armements et de matériel connexe de tous types, y compris d'armes et de munitions, véhicules et d'équipements militaires, d'équipements paramilitaires et de pièces détachées y afférentes, que ceux-ci proviennent ou non de leur territoire »*[442].

---

[440] S/RES/864 (1993), 15 septembre 1993, § 19 : « Décide, en vue d'interdire la vente ou la fourniture à l'UNITA d'armements et matériel connexe, ou d'une assistance militaire, ainsi que de pétrole et de produits pétroliers, que tous les États empêcheront la vente ou la fourniture, par leurs nationaux ou depuis leur territoire, ou par l'intermédiaire de navires ou d'aéronefs battant leur pavillon, d'armements et de matériel connexe de tous types, y compris d'armes et munitions, de véhicules et d'équipements militaires et de pièces détachées y afférentes, ainsi que de pétrole et de produits pétrolier, que ceux-ci proviennent ou non de leur territoire, à destination du territoire de l'Angola autrement que par des points d'entrée désignés dont le Gouvernement angolais communiquera la liste au secrétaire général qui en avisera promptement les États membres de l'Organisation des Nations unies ».

[441] S/RES/1493 (2003), 28 juillet 2003, § 20. Voir également : S/RES/1533 (2004), 12 mars 2004, § 1 qui réaffirme les exigences de l'article 20 de la résolution 1493 (2003), et § 8.b) qui établit un comité du Conseil de sécurité chargé d'examiner les violations présumées des mesures imposées par l'article 20 précité ; S/RES/1596 (2005), 21 décembre 2005 qui proroge les mesures de l'article 20 de la résolution 1493 (§ 1) et fait obligation aux États frontaliers, à la MONUC et à l'ONUB d'assurer le respect de l'embargo (§§ 7-10) ; S/RES/1649 (2005) qui reconduit la résolution 1596 [art. 13-16] (§ 2) ; S/RES/1698, 31 juillet 2006, § 1 et 13 ; S/RES/1807 (2008), 31 mars 2008, § 1 ; S/RES/1857 (2008), 22 décembre 2008, §§ 1-3 ; S/RES/1896 (2009)*, 7 décembre 2009, §§ 1-3 ; S/RES/1171 (1998), 5 juin 1998, § 2 (sur la Sierra Leone) ; S/RES/1807 (2008), 31 mars 2008, § 1.

[442] S/RES/1132 (1997), 8 octobre 1997, § 6. Voir S/RES/1572 (2004), 15 novembre 2004, § concernant la Côte d'Ivoire.

Cependant, la garantie du respect de cette interdiction a été confiée à la CEDEAO qui, en coopération avec les États, devait *« veiller à la stricte application des dispositions de la [...] résolution touchant la fourniture [...] d'armements et de matériel connexe de tous types, notamment, le cas échéant, et conformément aux normes internationales applicables, à interrompre la navigation martine en direction de la Sierra Leone pour inspecter et vérifier les cargaisons et les destinations »*[443], mais aussi au comité du Conseil de sécurité qui était chargé, entre autres, *« [d'examiner] les informations portées à son attention par des États au sujet de violations des mesures imposées »*[444].

Selon Rostane Mehdi, *« l'insertion d'une organisation régionale dans ce processus apparaîtrait souvent comme un gage supplémentaire d'efficacité, car elle permet d'éviter une dilution des sanctions à la défaveur d'une exécution désordonnée »*[445]. D'autres pays comme le Soudan, la Côte d'Ivoire, la Somalie, le Mali sont également sous embargo sur les armements.

Dans son principe, cette mesure contribue à réduire la force des belligérants et à empêcher le prolongement du conflit. Toutefois, si l'embargo sur les armes paraît théoriquement contraignant, son efficacité dépend souvent de facteurs externes et surtout de son respect par les autres États. Des constats similaires peuvent agir de manière responsable d'une conduite des affaires fondées sur des principes **(1)** et portées sur les restrictions des activités des entreprises, qui ont une incidence sur les enfants et les jeunes **(2)**.

1. Agir de manière responsable une conduite des affaires fondées sur des principes

Les gouvernements, les Nations unies, la société civile et les organisations intergouvernementales se tournent de plus en plus vers le secteur privé pour compléter les efforts qu'ils fournissent en vue de répondre aux crises humanitaires. Pourtant, de bonnes pratiques ou l'innovation dans un domaine d'intervention humanitaire, par exemple, ne peuvent compenser les pratiques commerciales préjudiciables ou contraires à l'éthique qui sont appliquées ailleurs. La première

---

[443] S/RES/1132 (1997), 8 octobre 1997, § 8.
[444] *Ibid.*, § 10.b.
[445] Rostane MEHDI, *op. cit.*, p. 28.

responsabilité de l'entreprise est de « ne pas nuire », en veillant à aligner ses pratiques commerciales sur les normes internationales en matière de droits de l'homme. Quelques exemples de documents d'orientation destinés aux entreprises sont donnés ci-dessous.

L'esprit des dix principes du Pacte mondial des Nations unies : Le Pacte mondial des Nations unies demande à ses membres de promouvoir et de respecter les droits de l'homme (droit à l'éducation, à la liberté d'expression, à un environnement sain, etc.) dans leur sphère d'influence. Respecter les droits de l'homme signifie faire preuve de vigilance pour identifier les impacts négatifs potentiels directs ou indirects de l'organisation afin de les corriger. L'être humain doit jouir de ses droits sans distinction de race, de couleur, de sexe, de langue, de religion, de convictions politiques ou autres, d'origine nationale ou sociale, de propriété, de naissance ou tout autre statut. Les dix principes du Pacte mondial des Nations unies[446] sont inspirés des conventions et déclarations internationales et présents dans les Principes régissant les entreprises dans le domaine des droits de l'enfant.

Les Principes régissant les entreprises dans le domaine des droits de l'enfant envisagent le rôle des entreprises dans le développement durable sous l'angle des droits de l'enfant, fournissant des conseils aux entreprises sur l'éventail des mesures qu'elles peuvent prendre sur le lieu du travail, sur les marchés et dans les communautés en vue de respecter[447] et de soutenir[448] les droits de l'enfant. Ces Principes appellent l'ensemble de la communauté des affaires à travers le monde

---

[446] www.unglobalcompact.org, consulté le 03/11/2019.

[447] La responsabilité des entreprises en matière de respect des droits de l'homme – éviter toute infraction en matière de droits de l'homme envers autrui, y compris les enfants, et remédier à toute répercussion négative sur les droits de l'homme dans laquelle l'entreprise est impliquée. La responsabilité de l'entreprise de respecter s'applique à ses activités propres et à ses relations commerciales, liées à son activité, ses produits et ses services.

[448] L'engagement des entreprises à défendre les droits de l'homme – outre le respect des droits de l'homme, les mesures volontaires ayant pour objectif de faire progresser les droits de l'homme, y compris les droits de l'enfant, au travers de ses activités commerciales principales, de ses investissements sociaux stratégiques et de ses actions philanthropiques, de ses actions de plaidoyer et de son implication dans les politiques publiques, de ses actions menées en partenariat et de toute autre action collective.

à ne pas nuire, à évaluer son impact sur les droits de l'enfant[449] et à prendre des mesures en vue de faire une différence pour les enfants.

2. Les activités des entreprises ont une incidence sur les enfants et les jeunes

Les enfants entrent en contact avec les entreprises tous les jours, directement et indirectement. Ils sont employés dans leurs usines ou dans leurs champs et font partie de la famille de leurs salariés et de la communauté dans lesquelles elles sont implantées[450].

Les entreprises peuvent être un formidable levier d'amélioration de la vie des enfants par la manière dont elles opèrent leurs activités, développent et commercialisent leurs produits, fournissent des services et influencent le développement économique et social, particulièrement dans le contexte de crises humanitaires.

À l'inverse, les actions ou l'inaction des entreprises peuvent avoir une incidence négative sur les enfants et menacer leurs intérêts. En tenant compte des impacts qu'elles pourraient avoir, les entreprises peuvent faire en sorte que leurs actions et activités, avant toute chose, ne causent pas de nuisance et contribuent à atténuer et à réduire les risques en matière de droits de l'homme.

B- Les restitutions au commerce illicite des ressources naturelles

Le Conseil de sécurité a fait recours à des mesures restrictives contre le commerce illicite des ressources naturelles. Il s'est avéré que beaucoup de conflits qui ont éclaté ces dernières années, surtout dans certains pays d'Afrique, avaient un lien direct avec l'exploitation illégale des ressources naturelles. Si elle n'est pas la cause directe du

---

[449] « Les droits de l'enfant dans les évaluations d'impact », Unicef et The Danish Institute for Human Rights, 2013; Children's Rights and Business Atlas, Unicef et Global Child Forum, http://www. unicef.org/csr/css/Children_s_Rights_in_Impact_Assessments_Web_161213.pdf. Consulté le 03/11/2019.

[450] "Children are Everyone Business, Workbook 2.0, A guide for integrating children's rights into policies, impact assessments and sustainability reporting", Unicef, décembre 2013, <http://www. unicef.org/csr/css/Workbook_2.0_231213_Web.pdf>. Consulté le 03/11/2019.

conflit, qui devient alors une lutte pour le contrôle des ressources, elle en est un facteur intensifiant, les profits tirés de ce commerce illégal servant à financer la lutte armée.

L'exploitation des minerais ou du bois dans la province du Kivu en RDC, par exemple, ou encore les « diamants du sang » de la Sierra Leone ont attisé des conflits de plusieurs années ayant fait des milliers de morts. En plus des effets directs de ces luttes qui n'épargnent pas la population civile, des enfants sont régulièrement utilisés dans l'exploitation des mines.

Le Conseil de sécurité a depuis longtemps établi ce lien entre conflit armé et commerce illégal de ressources naturelles, en Sierra Leone par exemple, en *« [se] déclarant préoccupé par le rôle que joue le commerce illégal des diamants en alimentant le conflit en Sierra Leone, et par des informations indiquant que ces diamants transitent par des pays voisins, notamment par le territoire du Libéria »*[451].

L'adoption de plusieurs résolutions à titre de sanctions afin de lutter contre ce phénomène, notamment dans sa résolution 1306 (2000), le Conseil de sécurité avait, par exemple, décidé *« que tous les États prendront les mesures nécessaires pour interdire l'importation directe ou indirecte sur leur territoire de tous les diamants bruts en provenance de la Sierra Leone »*[452].

L'effectivité de ces sanctions dépend très largement du comportement des États et des industries de diamants qui profitent de ce commerce illicite et qui sont les seuls à pouvoir y mettre fin. Aussi, les États qui possèdent un marché des diamants doivent-ils adopter un régime efficace de certificat d'origine[453]. Il est donc possible d'avancer que, en ce qui concerne les mesures restrictives générales pouvant être mises en place par le Conseil de sécurité, l'embargo sur les armes et sur les ressources naturelles figurent parmi les plus efficaces.

Cependant, les moyens matériels des belligérants peuvent avoir comme conséquence la réduction de l'intensité du conflit ou même sa cessation. Aussi, en matière de protection des droits de l'enfant, le

---

[451] S/RES/1306 (2000), 5 juillet 2000, A.
[452] S/RES/1306 (2000), 5 juillet 2000, § 1.
[453] S/RES/1295 (2000)*, 18 avril 2000, § 16.

Conseil de sécurité et le plus souvent a des sanctions ciblées, adoptées souvent en parallèle avec les mesures générales. L'intérêt économique **(1)** et l'investissement social et philanthropie méritent d'être analysés **(2)**.

1. L'intérêt économique

Protéger les enfants et investir dans leur bien-être avant, pendant et après une crise humanitaire pose les fondements du développement social et peut aussi générer des opportunités d'affaires. En inscrivant le respect et le soutien des droits de l'enfant dans leurs principales stratégies et activités commerciales, les entreprises peuvent renforcer leurs initiatives de développement durable actuelles tout en s'assurant des bénéfices. En effet, de tels efforts peuvent consolider leur réputation, améliorer leur gestion des risques et leur obtenir un « permis social d'exploitation ».

Un engagement en faveur des enfants peut également leur permettre de recruter et de conserver une main-d'œuvre motivée. Les entreprises peuvent prendre tout un éventail de mesures concrètes, comme aider les salariés à remplir leur rôle de parents et gardiens, promouvoir l'emploi des jeunes pour les enfants en âge de travailler et favoriser l'éclosion des talents, pour ne citer que quelques exemples. Une réflexion sur la manière dont les produits et les services peuvent mieux répondre aux besoins des enfants peut aussi être une source d'innovation et créer de nouveaux marchés. Enfin, œuvrer en faveur des enfants permet de forger des communautés fortes, dotées d'un niveau d'éducation élevé, qui sont essentielles à l'instauration d'un environnement économique stable, inclusif et durable[454].

La mise en œuvre de politiques et de pratiques relatives aux droits de l'enfant dans les situations humanitaires contribuera à réduire les risques opérationnels. Le risque que l'entreprise ait une incidence négative sur les droits de l'enfant est plus élevé dans des environnements difficiles comme ceux qui sont causés ou aggravés par une crise humanitaire. Prêter une attention accrue aux droits de l'enfant dans de telles circonstances aidera l'entreprise à respecter les droits de l'homme, y compris les droits de l'enfant.

---

[454] Voir les Principes régissant les entreprises dans le domaine des droits de l'enfant.

Cela lui permettra également de réduire les risques et les coûts, notamment en préservant son permis social d'exploitation, en protégeant sa réputation, en réduisant le risque de voir ses produits boycottés par les consommateurs, en limitant son exposition au risque d'attaques en justice et de mesures gouvernementales défavorables, en réduisant le risque que ses investisseurs et ses partenaires commerciaux prennent des décisions défavorables et en évitant la perte de productivité et la baisse du moral des salariés[455].

Soulager les souffrances, une étude sur le rôle des entreprises dans la préparation et la réponse aux crises humanitaires *(Humanitarian crises, emergency preparedness and response: the role of business and the private sector*[456]*)* a constaté que l'implication des entreprises dans les crises humanitaires est avant tout motivée par leur souci pour le bien-être des personnes affectées.

2. Investissement social et philanthropie

Les entreprises peuvent faire des contributions financières ou en nature, par exemple en fournissant des articles de secours, en mobilisant des bénévoles et en faisant des investissements sociaux stratégiques, pour appuyer les gouvernements, les organisations de développement, les organisations humanitaires et les Nations unies ou, dans certains cas, en apportant un soutien direct aux communautés touchées.

Les investissements sociaux stratégiques et les actions philanthropiques visant les communautés les plus touchées peuvent générer des bénéfices directs pour les entreprises qui travaillent dans ou avec des chaînes d'approvisionnement et des clients situés sur des

---

[455] Extrait de la page internet du Pacte mondial des Nations unies sur le Principe 1 : <https://www. unglobalcompact.org/what-is-gc/mission/principles/principle-1>. Consulté le 03/11/2019.

[456] Humanitarian crises, emergency preparedness and response: the roles of business and the private sector, par Steven A. Zyck et Randolph Kent, entrepris par le Humanitarian Policy Group de l'institut Overseas Development Institute, le programme Humanitarian Futures Programme de King's College London, le Bureau de la coordination des affaires humanitaires des Nations unies et Vantage Partners, avec le soutien financier du Département pour le développement international du gouvernement britannique, juillet 2014.

marchés sujets aux conflits ou aux catastrophes, car ils contribueront à renforcer leur capacité à se relever plus rapidement.

Il est préférable que les entreprises fassent des dons et apportent leur soutien à des programmes élaborés et mis en œuvre par des organisations spécialisées et réputées présentes dans la communauté, en coordination avec le gouvernement et d'autres acteurs, au lieu de créer des initiatives et des programmes ponctuels.

Les entreprises peuvent décider de faire un don à une organisation avec laquelle elles ont déjà travaillé ou à une autre organisation reconnue, qui a déjà fait ses preuves. Quelle que soit l'organisation choisie, il est essentiel d'appliquer un processus de diligence raisonnable avant de faire une contribution à une organisation de développement ou à une organisation humanitaire.

Les entreprises peuvent aussi mettre leur créativité et leur capacité d'innovation à contribution pour résoudre les défis du développement durable[457], notamment par le biais de mécanismes de financement innovants. Elles peuvent ainsi contribuer à l'élaboration et à la mise en œuvre de mécanismes tels que les obligations à impact sur le développement.

Il s'agit d'instruments de financement novateurs, qui s'appuient sur les capitaux et l'expertise du secteur privé et sont axés sur l'obtention de résultats dans le domaine du développement. Grâce à ce type de mécanismes, les défis du développement deviennent de bonnes opportunités d'investissement aussi bien pour les gouvernements que pour les investisseurs, car les investisseurs privés sont des partenaires clés du financement basé sur des résultats durables, contribuant ainsi à la réalisation des ODD[458].

---

[457] « Programme d'action d'Addis-Abeba issu de la troisième Conférence internationale sur le financement du développement (Programme d'action d'Addis-Abeba) », juillet 2015, http://www. un.org/esa/ffd/wp-content/uploads/2015/08/AAAA_Outcome.pdf. Consulté le 03/11/2019.

[458] <http://www.worldbank.org/en/news/feature/2015/12/21/results-focused-impact-bonds-canimprove-development-outcomes-by-involving-the-private-sector>. Consulté le 03/11/2019.

Paragraphe 2 : Le recours aux sanctions ciblées

Le recours aux sanctions ciblées est une mesure d'application, car il est adopté contre un État mais aussi contre des individus et des groupes nommément désignés, et la mise en œuvre de ces sanctions dépend aussi en grande partie de l'État directement concerné. C'est le cas lorsque le Conseil de sécurité adresse une requête à un État, lui demandant d'ouvrir une enquête ou d'engager des poursuites contre ceux qui sont soupçonnés de violation des droits de l'enfant[459].

Le Conseil peut décider l'imposition de restrictions aux déplacements des dirigeants de ces pays et leur exclusion de toutes les structures de gouvernance et dispositions d'amnistie[460], ou encore décider le gel des avoirs des auteurs de violations. Il arrive également que le Conseil prenne directement des mesures à l'encontre de ceux qui violent les droits de l'enfant.

Dans son rapport du 9 février 2005 sur les enfants et les conflits armés, le secrétaire général avait d'ailleurs recommandé au Conseil de sécurité de prendre des mesures concrètes et ciblées lorsque les progrès réalisés par les parties nommées dans les listes jointes en annexe à ses rapports (en application de ses résolutions 1379 [2001], 1460 [2003] et 1539 [2004]) ont été insuffisants ou inexistants[461]. Ainsi dans sa résolution 1807 (2008), le Conseil de sécurité avait décidé que tous les États prendraient les mesures nécessaires pour empêcher l'entrée ou le passage en transit sur leur territoire[462] des *« responsables politiques et militaires opérant en République démocratique du Congo et recrutant ou employant des enfants dans les conflits armés en violation du droit*

---

[459] S/RES/1882 (2009), 4 août 2009, § 16 : « Prie les États membres concernés de prendre des mesures décisives et immédiates contre les auteurs persistants de violations et de sévices commis sur la personne d'enfants en situation de conflit armé, et les prie en outre de traduire en justice les responsables de telles violations qui sont interdites en vertu du droit international applicable, y compris en ce qui concerne le recrutement et l'emploi d'enfants, les meurtres et mutilations et viol et autres formes de violence sexuelle, par le biais de leur système judiciaire national et, le cas échéant, des mécanismes judiciaires internationaux et des cours et tribunaux pénaux mixtes, en vue de mettre fin à l'impunité de ceux qui commettent des crimes à l'encontre des enfants ».

[460] A/59/695-S/2005/72, 9 février 2005, § 57.

[461] A/59/695-S/72, 9 février 2005, § 57.

[462] S/RES/1807 (2008), 31 mars 2008, § 9.

international applicable »[463]. De même, la résolution 1612 (2005) des Nations unies a recensé et condamné six (6) violations graves des droits des enfants en temps de guerre.

Cependant, le comportement des États tiers est déterminant dans l'effectivité de la sanction, d'autant plus qu'ils sont tenus, en vertu de la Charte des Nations unies, d'appliquer les décisions du Conseil de sécurité. Convient-il de rappeler que la portée contre des sanctions, même ciblées, peut dépendre aussi de la personne visée.

Par ailleurs, comme l'a rappelé le Conseil de sécurité dans sa résolution 1882 (2009), *« la protection des enfants dans les conflits armés devrait constituer un volet important de toute stratégie d'ensemble de règlement des conflits »*[464]. Les règlements de conflits sont les secteurs d'interventions du Conseil de sécurité qui devraient réserver cette prépondérance à la question des droits de l'enfant, ce qui inclut toutes les missions de paix, mais aussi la prévention et la sanction du commerce illicite des armes légères ou des ressources naturelles, la lutte contre le terrorisme et les crimes organisés, ou encore le VIH/Sida dans les zones de conflits. On peut retenir que les sanctions ciblées ont un grand impact sur la cessation des violations, leur nature dissuasive ayant largement contribué, ces dernières années, à la réalisation de nombreux progrès sur le terrain. Ceci nous renvoie aux institutions internes de protection des droits de l'enfant : Les portées aux recours à des sanctions ciblées **(A)** et les limites aux recours à des sanctions ciblées **(B)**.

A- La portée des sanctions ciblées

En effet, l'on sait que les sanctions ciblées proviennent de l'application des sanctions prévues au chapitre VII de la Charte. Le mot « sanction » n'est toutefois mentionné nulle part dans la Charte, encore moins dans son chapitre VII qui réglemente les actions de l'ONU en cas d'atteinte à la paix et à la sécurité internationale. Ce chapitre ne parle que de « mesures » ou de « mesures préventives et coercitives ». Sur la base de ce constat, et d'autres arguments que nous aurons l'occasion de mentionner plus tard, certains auteurs avancent que ces actions ne

---

463 *Ibid.*, 13.d.

464 S/RES/1882 (2009), 4 août 2009, préambule.

constituent pas des sanctions au sens juridique du terme. Il s'agit seulement pour ceux-ci de mesures politiques ou de mesures de police.

Cependant, d'autres auteurs avancent au contraire que celles-ci peuvent bien être des sanctions juridiques. Étant donné que les développements qui vont suivre prennent comme postulat le caractère de sanction des mesures du chapitre VII de la Charte, comme le montre l'utilisation des termes « sanctions des Nations unies » dans les différents titres de notre étude, la clarification de la nature juridique de ces mesures nous paraît être un préalable indispensable. Une fois cette clarification faite, il s'agira alors, pour bien comprendre comment les effets secondaires se produisent, d'examiner d'une part le processus de déclenchement des sanctions.

D'autre part, les modalités d'exécution des sanctions ainsi décidées, notamment les obligations des États à cet égard, quelles que soient leurs positions quant aux effets secondaires constatés. Il y a la nature juridique des mesures du chapitre VII : mesures politiques ou sanctions **(1)** et l'absence dans la Charte de la définition des trois situations de l'article 39 **(2)**.

1. La nature juridique des mesures du chapitre VII : mesures politiques ou sanctions

La réponse à cette question controversée passe par la clarification de la notion de sanction. En effet, qu'est-ce qu'une sanction si l'on se place d'un point de vue strictement juridique, et quel type de mesures mérite cette qualification ? Les mêmes critères de qualification opèrent-ils pour tout ordre juridique, aussi bien interne qu'international, ou existe-t-il une définition spécifique de la sanction en droit international ? La question peut effectivement se poser quand on regarde les différences de structure entre la société étatique et la société internationale, et la différence entre les réactions à l'illicite observées dans les relations internationales et celles que l'on voit en droit interne.

C'est sur la base des critères dégagés dans les réponses à ces questions que des mesures prévues au chapitre VII de la Charte des Nations unies constituent ou non des sanctions.

2. L'absence dans la Charte de la définition des trois situations de l'article 39[465]

Ni la Charte ni les travaux préparatoires ne définissent ces situations. On se trouve ainsi dans un système de sanction où non seulement les obligations à la base de la réaction des Nations unies ne sont pas explicitement posées comme telles mais encore l'organe collectif qui va constater la violation de ces obligations ne doit obéir à un critère juridique *prédéfini* pour opérer sa qualification[466].

Tout au plus a-t-on une définition de l'agression faite par l'Assemblée générale dans l'annexe de sa résolution 3314 (XXIX) du 14 décembre 1974[467]. D'après l'article premier de cette annexe, « l'agression est l'emploi de la force armée par un État contre la souveraineté, l'intégrité territoriale ou l'indépendance politique d'un autre État, ou de toute autre manière incompatible avec la Charte des Nations unies... »[468]. L'article 3 énumère alors quelques actes des forces armées d'un État sur le territoire d'un autre qui constituent une agression, tels que l'invasion ou l'attaque d'un territoire d'un autre État, l'occupation militaire d'une partie de ce territoire, le bombardement de ce territoire, le blocus des ports ou des côtes d'un État, etc. Ces actes constitutifs d'agression ont comme caractère commun l'utilisation de la force armée, sous des formes diverses, contre un État.

La résolution 3314 précise toutefois, dans l'article 2 de son annexe, que cette définition ne lie pas le Conseil de sécurité en ce sens que celui-ci, compte tenu des circonstances du cas concret auquel il fait face, peut décider de ne pas intervenir même face à des comportements considérés comme agression par la résolution. Et aux termes de

---

[465] G. Cohen-Jonathan, « Commentaire de l'art. 39 », in J.-P. Cot & A. Pellet (dir.), *La Charte des Nations unies. Commentaire article par article*, Economa, 1991, 2e éd. ; p. 265 ; M. Zambelli, *La Constatation de l'article 39 de la Charte des Nations unies par le Conseil de sécurité. Le champ d'application des pouvoirs prévus au chapitre VII de la Charte*, Helbing & Lichtenhan, 2002, p. 102.

[466] Texte dans P.-M. Dupuy, *Grands textes de droit international public*, Dalloz, 1996, p. 261-264.

[467] S/RES/3314 (1974), 14 décembre 1974, par. 1.

[468] L'article 2 précise que « l'emploi de la force armée en violation de la Charte par un État agissant le premier constitue la preuve suffisante à première vue d'un acte d'agression ».

l'article 4, le Conseil peut considérer comme une agression des actes que la résolution 3314 ne considère pas comme telle puisque l'énumération des actes à l'article 3 n'est pas limitative. Il s'agit, comme le préambule de la résolution l'indique, de principes généraux qui serviront de guide pour déterminer l'agression[469].

Malgré ces réserves, il faut admettre que l'agression est la moins ambiguë des trois situations de l'article 39. Il s'agit d'une situation de conflit armé ou des cas d'utilisation de la force armée. Dans ces cas, il est facile de connaître l'agresseur (l'État qui emploie la force armée le premier) et la victime (l'État objet de l'attaque, de l'invasion, du bombardement, etc.).

Dans la pratique, le Conseil n'a jamais constaté un acte d'agression, y compris dans les cas les plus flagrants. Ceci confirme son large pouvoir d'appréciation de l'opportunité de constater l'existence d'une agression et d'agir en conséquence, même si nous doutons que ce pouvoir aille jusqu'à constater comme agression un acte non envisagé dans la résolution et n'ayant aucun rapport avec l'utilisation de la force[470].

En ce qui concerne la rupture de la paix, elle désigne une situation de conflit déjà éclaté mais dans laquelle on n'a pas identifié le responsable ou déterminé l'agresseur. Entre l'agression et la rupture de la paix, il n'y a donc pas de différence de nature mais une question d'opportunité politique, c'est-à-dire un choix entre désigner ou non l'une des parties comme étant l'agresseur. En ce sens, l'agression n'est qu'une forme spéciale d'une rupture de la paix. La préférence au recours à la qualification de rupture de la paix résiderait alors dans le fait que celle-ci est « neutre et n'indique nullement à laquelle des deux parties sont imputables les actes qui y ont conduit »[471].

Pour ce qui est de la menace contre la paix, elle est une anticipation de la conséquence d'un comportement ou d'une situation

---

469 S/RES/1267 (1999), 15 oct. 1999, par. 2.

470 Voir N. D. White, *The United Nations and the Maintenance of International Peace and Security*, Manchester University Press, 1990, p. 47.

471 J. Combacau, *Le Pouvoir de sanction de l'ONU*, Paris, 1974, p. 96.

sur l'état de paix internationale. « Il s'agit… d'une hypothèse vague et élastique qui, contrairement à l'agression et à la rupture de la paix, n'est pas nécessairement caractérisée par des opérations militaires ou en tout cas impliquant l'utilisation de la force, et qui par conséquent peut correspondre aux comportements les plus variés des États »[472]. En se référant à la pratique de sanctions des Nations unies, Nigel White écrit[473] :

> *It appearsthat "a threat to the peace" is the term the Council has shaped to use in situation of non-traditional international violence in which the main danger to international peaceis not a conflictbetweentwo or more States, but instead arises primarilyfrom the internalevents in one State.*

Il faut tout de même relever que le Conseil de sécurité n'a pas façonné le terme « menace contre la paix », contrairement à ce qu'écrit Nigel White ("*... athreat of peaceis the term the Council has shaped...*")[474]. La menace contre la paix n'a jamais été définie dans un instrument juridique international, et le Conseil de sécurité n'a pas non plus esquissé le moindre pas dans cette direction. En outre, on ne peut pas s'appuyer sur la pratique du Conseil en matière de constatation sous l'article 39 pour dire que telle situation jugée comme une menace contre la paix serait toujours considérée comme telle à l'avenir.

D'ailleurs, le Conseil de sécurité ne s'est jamais considéré lié par ses constatations précédentes, et il faut convenir qu'il n'y a pas d'arguments juridiques décisifs pour l'amener à changer de position à cet égard.

- **L'exécution des mesures décidées :** si le déclenchement et le choix des sanctions demeurent l'apanage du Conseil de sécurité, l'application effective des mesures décidées est assurée individuellement par les États, en vertu d'obligations expressément

---

[472] B. Conforti, « Le pouvoir discrétionnaire du Conseil de sécurité en matière de constatation d'une menace contre la paix, d'une rupture de la paix ou d'un acte d'agréssion », in R.-J. Dupuy (éd.), *Le Développement du rôle du Conseil de sécurité. Peace-keeping and Peace-building*, collogue de l'Académie de droit international de la Haye, MartinusNijhoff, 1993, p. 53.

[473] N. D. White, *The UN and the Maintenance of International Peace*, p. 43.

[474] *Ibid.*, p. 733-737.

prévues dans la Charte[475]. Cette application individuelle ne veut toutefois pas dire que l'œuvre d'exécution des sanctions échappe à tout contrôle de l'Organisation.

- **Des mesures à exécuter principalement par les États**, les mesures décidées par le Conseil de sécurité sont à exécuter par les États. Une fois la résolution contenant les sanctions adoptée, le secrétaire général de l'ONU la transmet dans une note à tous les États membres, et aux États non membres que les Nations unies veulent associer à l'application des sanctions.

D'une manière générale, le secrétaire général appelle dans cette note l'attention des États sur le caractère obligatoire de la décision prise par le Conseil de sécurité et leur demande de lui envoyer un rapport concernant toutes les mesures internes prises en application de cette décision. Ces rapports nationaux seront ensuite transmis par le secrétaire général au Conseil de sécurité, qui les donnera à son tour au comité qu'il a créé pour surveiller l'application des sanctions[476].

Dans le cadre des sanctions contre la Rhodésie du Sud par exemple, le secrétaire général avait attiré tout particulièrement l'attention des États sur le fait que le Conseil de sécurité agissait en vertu des articles 39 et 41 de la Charte et avait rappelé que le fait de ne pas appliquer ou de refuser d'appliquer la résolution en question constituerait une violation de l'article 25 de la Charte. Il demandait ensuite que des renseignements sur les mesures prises par les gouvernements en application des dispositions de la résolution 232 lui soient communiqués aussitôt que possible, et ce, en application des paragraphes 7, 8 et 9 de ladite résolution[477]. Dans le cas des sanctions ultérieures, cette pratique est restée généralement la même. Une fois le contenu des sanctions porté à la connaissance des États, l'exécution desdites sanctions a deux volets principaux : la mise en œuvre de la résolution les contenant par les États et le contrôle interne de cette mise en œuvre.

[475] J. Combacau, *Le Pouvoir de sanction de l'ONU*, p. 110.
[476] M. Virally, *L'Organisation mondiale*, Armand Colin, 1972, p. 462.
[477] S/RES/232 du 17 décembre 1966, par. 7, 8 et 9.

L'application de la décision de sanctions par les États obéit à des obligations précises prévues dans la Charte, à savoir une obligation d'accepter et d'appliquer les décisions du Conseil de sécurité, une obligation de faire appliquer les sanctions par les organisations internationales auxquelles les États font partie, et plusieurs principes relatifs à la manière d'exécuter lesdites obligations[478].

- **L'obligation des États d'accepter et d'appliquer les décisions du Conseil de sécurité**, cette obligation est prévue aux articles 25 et 48, partie 1, de la Charte. Aux termes de l'article 25, « les membres de l'Organisation conviennent d'accepter et d'appliquer les décisions du Conseil de sécurité ». C'est un engagement des États, souscrit en adhérant à la Charte des Nations unies, d'exécuter les décisions à prendre par le Conseil dans l'accomplissement de ses fonctions. Encore faut-il se mettre d'accord sur ce qu'on entend par « décision ».

Des réponses, parfois divergentes, ont été données à cette question, mais pour ce qui nous concerne, les auteurs s'accordent à reconnaître un tel caractère obligatoire aux actes pris par le Conseil de sécurité en vertu du chapitre VII, et c'est ce qui nous importe[479]. En effet, « [s]i le Conseil statue en se référant expressément au chapitre VII de la Charte, il existe une présomption en faveur du caractère obligatoire de la résolution »[480]. D'ailleurs, dans bon nombre de résolutions ordonnant l'imposition des sanctions, le Conseil ne manque pas de rappeler cette obligation en ces termes :

---

[478] L. F. Damrosch, "The Civilian Impact of Economic Sanctions", *in* L. F Damrosch (ed.), *Enforcing Restrain. Collective intervention in international Conflicts*, Council on Foreign Relations Press, 1993, p. 300.

[479] Les débats sur l'identification des décisions obligatoires du Conseil dans la Charte, bien qu'intéressants en eux-mêmes, ne seront pas abordés ici. Sur ces points, voir les commentaires de l'article 25 de E. Suy et de J. Delbrück, respectivement dans J.-P. Cot & A. Pellet (dirs.), *La Charte*, p. 471-472 ; et B. Simma (ed.), *The Charter of the United Nations. A Commentary, Oxford UniversityPress*, 2nded., 2002, p. 455-458.

[480] E. Suy, « Commentaire de l'art. 25 », p. 478. Soulignons que la Cour internationale de justice estime que des décisions obligatoires peuvent être trouvées en dehors du chapitre VII (Avis consultatif du 21 juin 1971 sur la Namibie (Sud-Ouest africain). Recueil 1971, p. 52, par. 113).

Le Conseil de sécurité... rappelle aux États membres que le fait pour l'un quelconque d'entre eux de ne pas appliquer ou de refuser d'appliquer la présente résolution constituera une violation de l'article 25 de la Charte[481]. Cette obligation générale de l'article 25 est réaffirmée à l'article 48, partie 1 de la Charte qui concerne plus spécifiquement les mesures prises sous le chapitre VII.

Cet article, qui se trouve à l'intérieur dudit chapitre, stipule que « les mesures nécessaires à l'exécution des décisions du Conseil de sécurité pour le maintien de la paix et de la sécurité internationale sont prises par tous les membres des Nations unies ou certains d'entre eux, selon l'appréciation du Conseil ». En plus de la réaffirmation de l'obligation d'exécution pesant sur les États membres, cet article permet aussi au Conseil de sécurité de décider une application sélective de ses décisions. Il lui permet notamment de demander à certains États ou groupes d'États d'accomplir certains actes particuliers, tout comme il lui permet d'exempter certaines catégories d'États (petits, faibles ou neutres) d'appliquer les mesures collectives qu'il a décidées[482]. Toutefois, l'appréciation de l'opportunité de faire cette demande spéciale ou d'accorder cette exemption demeure à l'entière discrétion du Conseil.

À cette obligation d'exécution directe des décisions du Conseil s'ajoute pour les États membres une obligation d'exécution indirecte, dans le cadre des organismes internationaux ou régionaux auxquels ils font partie.

- **L'obligation des États de faire appliquer les sanctions par les organisations internationales**, cette obligation se présente sous deux aspects. D'une part, les États doivent user de toute leur influence pour que les décisions du Conseil de sécurité soient appliquées par les organismes internationaux auxquels ils font partie. C'est ce qui ressort de l'article 48, partie 2, de la Charte qui

[481] S/RES/232 (1968), par. 3. Cette formule, incluse dans la première résolution imposant des sanctions en vertu du chapitre VII (Rhodésie du Sud), a été reprise plus ou moins dans les mêmes termes, dans les résolutions sanctionnatrices ultérieures.
[482] Bryde&Reinisch, "Commentary of Art. 48", in B. Simma (ed.), *The Charter*, p. 777.

précise que « les décisions du Conseil de sécurité sont exécutées par les membres des Nations unies... grâce à leur action dans les organismes internationaux appropriés dont ils font partie ».

Il a été précisé que les termes « organismes internationaux appropriés » visent aussi bien les institutions spécialisées du système des Nations unies que les autres organismes internationaux n'ayant pas de personnalité internationale tels que les entreprises multinationales et les unions administratives lorsque des États signataires de la Charte en constituent les seuls membres[483].

De même, cette précision de l'article 48, partie 2 vise à empêcher les États de s'abriter derrière l'indépendance desdits organismes, qui ne sont pas placés dans une situation de dépendance par rapport à l'ONU, en leur demandant d'« assurer par leur vote au sein de ces derniers le respect des décisions du Conseil »[484].

Et si dans la pratique il arrive au Conseil de sécurité de s'adresser directement aux institutions spécialisées dans une résolution imposant des sanctions, il s'agit plus d'une invitation que d'une obligation d'appliquer les sanctions ainsi décidées. Même les accords respectifs conclus par l'ONU avec ces institutions ne leur imposent pas une telle obligation. Des différences dans les termes de ces accords peuvent toutefois amener une étendue distincte de l'obligation des institutions spécialisées vis-à-vis des sanctions décidées par l'ONU. Cela nous renvoie aux limites des sanctions ciblées.

B- Les limites des sanctions ciblées

Toutefois, au vu des problèmes rencontrés lors de la mise en œuvre du mécanisme de sanctions des Nations unies, force est d'admettre que ce mécanisme n'est pas parfait. Il ne s'agit pourtant pas ici de remettre en cause le recours aux sanctions comme instruments de maintien et de rétablissement de la paix internationale, en s'interrogeant sur son utilité et, de là, proposer d'autres moyens plus efficaces.

---

[483] *Ibid.*, p. 778.

[484] P. M. Eiscmann, « Commentaire de l'art. 48 », in J.-P. Cot & A. Pellet (dirs.), *La Charte*, p. 750.

Dans une société internationale qui a banni la menace ou l'usage de la force dans les relations entre ses membres, les sanctions non militaires demeurent à notre avis l'instrument à privilégier. Seulement, cet instrument collectif, après tout nouveau et en voie de développement, a besoin d'être affiné pour être pleinement efficace et satisfaisant. Cet affinement peut intervenir à deux niveaux, d'une part l'affinement au niveau du déclenchement des sanctions **(1)** et d'autre part la mise en avant de l'effort de règlement des différends **(2)**.

1. L'affinement au niveau du déclenchement des sanctions

Certaines imperfections des sanctions imposées actuellement, sources d'effets secondaires de toutes sortes, peuvent être évitées en tenant compte de l'essence même des sanctions des Nations unies. L'on sait que celles-ci ont pour but d'arrêter un comportement qui menace la paix et la sécurité internationale, laquelle vient en général de l'occurrence d'un différend ou d'une situation inter- ou intraétatique ayant des répercussions internationales.

Face à une telle situation ou un tel différend, il est de plus en plus admis que les Nations unies devraient d'abord essayer de les résoudre pacifiquement et n'imposer les sanctions qu'en dernier recours. Cette mise en avant du règlement pacifique des différends nous ramène à la conférence de San Francisco lors des débats sur la relation entre le chapitre VI et le chapitre VII de la Charte.

2. La mise en avant de l'effort de règlement des différends

Les récentes discussions sur la nécessité de recourir, avant toute sanction, au règlement du différend ou de la situation portant atteinte à la paix internationale reprennent en fait de vieux débats sur l'aménagement du rapport entre règlement des différends et action coercitive, lors de la rédaction de la Charte des Nations unies.

- **Rapport entre règlement des différends et action coercitive dans la Charte**, le nœud de ce rapport se trouve à l'article 39 de la Charte dont la bonne compréhension commence par l'analyse des travaux préparatoires de la Charte, notamment des sections et du chapitre VIII de la proposition de Dumbarton Oaks.

- **La sanction comme un moyen de dernier recours (une opinion montante)**, la proposition évoquée précédemment vient de la constatation de la gravité et de la globalité des effets des sanctions, qui appelle alors un recours modéré à celles-ci. Ces sanctions interfèrent sur les droits, intérêts et obligations de l'ensemble des États et de leurs composantes humaines, alors que d'autres solutions, qui touchent seulement ceux qui sont impliqués dans la situation troublant la paix, existent et, par conséquent, doivent être recherchées en premier lieu. Cette approche a été discutée au sein du comité spécial de la Charte et du raffermissement du rôle de l'Organisation, à partir d'un document de travail soumis par la fédération de la Russie en 1996 et révisé l'année suivante[485].

- **Le respect de l'objectif des sanctions :** comme dans le paragraphe précédent, notre propos ici n'est pas de faire ressortir une nouvelle obligation du Conseil de sécurité. Les sanctions ont un objectif précis déjà inclus dans la Charte et reprécisé dans des actes ultérieurs des organes des Nations unies, à la lumière d'une pratique déviante du Conseil de sécurité. Le strict respect de cet objectif permet d'écarter les imperfections des sanctions imposées jusqu'ici, augmentant encore la proportion de leurs effets secondaires.

- **L'objectif intrinsèque des sanctions des Nations unies**, le but de l'action coercitive du Conseil de sécurité après la constatation de l'existence d'une menace ou d'une rupture de la paix transparaît déjà dans les dispositions de la Charte même si cette question n'avait pas eu l'attention qu'elle mérite lors de la conférence de San Francisco.
- **La Charte et les travaux préparatoires**, dans la Charte, deux dispositions nous éclairent sur la question : l'article 1, partie 1, selon lequel la prise de mesures collectives a pour but de « prévenir et d'écarter les menaces à la paix et de réprimer tout acte d'agression ou autre rupture de la paix » ; et l'article 41 aux termes duquel les mesures coercitives sont prises par le Conseil de sécurité « pour donner effet à ses décisions ». Ces décisions sont celles adressées aux États ou entités responsables de l'occurrence de l'une des trois

---

[485] A/AC. 192/L. 94/ on se réfère ici au texte révisé de 1997, reproduit dans A/52/33, p. 7-11.

situations de l'article 39. Les mesures coercitives[486], prises contre cette situation, tendent à obliger ces États à arrêter leur comportement qui menace ou rompt la paix et la sécurité internationales.

Par ailleurs, on disait alors que le Conseil de sécurité, face à une menace contre la paix ou à une rupture de la paix, aurait le rôle d'un gendarme qui a le droit et le devoir d'empêcher ceux qui veulent se battre ou d'arrêter ceux qui sont en train de se battre[487]. Néanmoins, s'ils agissent ainsi, l'Organisation doit, dans un second stade de son activité, mettre promptement un terme à toutes menaces contre la paix[488]. À cet égard, les institutions spéciales de protection des droits de l'homme méritent d'être abordées.

---

[486] Cité par Rosencyveig (J.-P.), « La protection judiciaire du mineur en danger, aspects de droit interne et de droits européens » sous la direction de Roselyne Nérac Croisier, Éd. L'Harmattan-Sciences criminelles, 2000, p. 174 ; voir également : Rosencyveig (J.-P.), « Le dispositif français de la protection de l'enfance », Éd. Jeunesse et Droit 1998, 2e édition.

[487] UNCIO, vol. VI, p. 52 et 58.

[488] *Ibid.*, p. 47.

CHAPITRE II :

LES INSTITUTIONS SPÉCIALES DE PROTECTION DES DROITS DE L'ENFANT

La mise en place des systèmes nationaux de protection et de promotion des droits de l'homme doit être indispensable dans les États pour aider ces derniers à l'application effective des normes établies en matière de droits de l'homme. Les États ont ainsi la pleine responsabilité de créer les infrastructures et la législation adéquates pour les institutions nationales des droits de l'homme. Celles-ci ont un rôle consultatif, promotionnel et de surveillance qui leur donne la crédibilité nécessaire auprès de toutes les parties prenantes.

Les institutions internes de protection des droits de l'homme sont variées. Elles peuvent être prévues par la Constitution, mais aussi seulement par la loi. Elles peuvent être une commission de l'Assemblée générale ou un comité de l'exécutif. Mais quels que soient leur organisation et leurs statuts, ces organes sont créés dans le but de mieux protéger les droits de l'homme. Il n'existe actuellement pas de recherches exhaustives sur ces institutions au Mali. Elles prennent souvent la forme d'une institution nationale des droits de l'enfant **(SECTION 1)** et les autres institutions de protection des droits de l'enfant **(SECTION 2)**.

SECTION 1 : Les institutions nationales des droits de l'enfant

Au Mali, l'Autorité centrale habilitée est la Direction nationale de la promotion et de la protection de l'enfant et de la famille. D'où la nécessité d'évoquer son rôle et son implication dans la mise en œuvre de l'adoption internationale entre le Mali et tout autre État contractant à la Convention de La Haye.

La Direction nationale de la promotion et de la protection de l'enfant est chargée de la promotion de l'enfance, assure la collecte et la mise à disposition des informations sur la législation en matière d'adoption et prend toutes les mesures appropriées pour la bonne exécution des dispositions légales prescrites sur l'adoption. Ce service devra en outre veiller au respect des conventions internationales et œuvre à la levée de tous les obstacles à leur exécution. Cependant, pour la réussite de la protection des droits de l'enfant, l'Autorité centrale en matière de CIDE, notamment la Direction nationale de la promotion de l'enfant directement ou avec le concours des autorités publiques et ONG dûment agréées, devra prendre toutes les mesures qui s'imposent, notamment en rassemblant, en conservant et en échangeant des informations relatives à la situation de l'enfant, pour la réalisation d'une protection appropriée.

Par ailleurs, pour améliorer l'efficacité de la promotion et de la protection des droits de l'homme, ces derniers temps le Mali comme de nombreux pays du monde a mis en place une structure indépendante dénommée la Commission nationale des droits de l'homme (CNDH). La CNDH est une structure d'État indépendante ayant une autonomie financière qui a pour mission de protéger et de promouvoir les droits de l'homme. Cela nous amène au rôle des institutions nationales des droits de l'enfant (***Paragraphe 1***) et la création d'une institution nationale des droits de l'enfant (***Paragraphe 2***).

Paragraphe 1 : Le rôle des institutions nationales des droits de l'enfant

Le rôle des institutions nationales des droits de l'enfant est exprimé par le terme « promotion et protection des droits de l'homme ». Mais remplir une mission de promotion tout en protégeant effectivement les droits de l'homme n'est pas facile.

Le renforcement du rôle des institutions nationales des droits de l'homme a été souligné par la Constitution[489].

Les institutions de la protection des droits de l'enfant sont nombreuses

- Le Gouvernement, il joue un rôle essentiel dans la promotion et la protection des droits de l'enfant à travers ses différents ministères, notamment les ministères chargés des affaires étrangères et de la coopération internationale, de la justice, de la promotion de la femme, de l'enfant et de la famille, de l'administration territoriale et des collectivités locales, de la santé, de l'éducation, de l'agriculture, du développement social et de la solidarité.

[489] Préambule de la Constitution du 22 février 1992, art. 1er, art. 2 et art. 3.

- L'Assemblée nationale, par son activité législative et ses fonctions de contrôle de l'action gouvernementale, contribue à la promotion et à la protection des droits de l'homme[490]. Il lui incombe de traduire en réalité les droits proclamés par la Constitution et de donner une suite législative aux engrangements internationaux et régionaux par le Mali. À travers les questions au Gouvernement et les commissions d'enquête, elle peut interpeller le Gouvernement sur toute situation de violation des droits humains et demander à celui-ci, l'adoption de mesures approuvées pour y mettre fin.
- La Haute Cour de la justice.
- Le Conseil de sécurité social et économique.

Par ailleurs, remplir une mission de promotion tout en protégeant effectivement les droits de l'homme n'est pas facile. Un regard sur la genèse des institutions nationales des droits de l'homme **(A)** et les compétences et les attributions des INDH **(B)**.

A- La genèse des institutions nationales des droits de l'homme

L'histoire des INDH est liée aux activités en matière des droits de l'homme des Nations unies et peut être divisée temporairement en quatre (4) étapes : les premières activités du Conseil économique et social des Nations unies, la période des années 1960 à 1980, la conférence de Paris de 1991et la conférence régionale sur l'impunité, la justice et les droits de l'homme.

Il est important d'en savoir les premières activités du Conseil économique et social des Nations unies **(1)** et la période des années 1960 à 1980 **(2)**.

1. Les premières activités du Conseil économique et social des Nations unies

Dès l'année 1946, lors de la deuxième session de travail, le Conseil économique et social des Nations unies (ECOSOC) a proposé aux pays membres de considérer la possibilité d'instituer une institution

[490]Rapport périodique du Mali à la commission africaine des droits de l'homme et des peuples relatif à la mise en œuvre de la Charte africaine des droits de l'homme et des peules, 2001-211, Titre II, paragraphe 2, pages 18.

nationale selon le modèle de « groupes d'information ou commissions nationales des droits de l'homme en vue de la coordination des activités en la matière avec la Commission des droits de l'homme des Nations unies »[491].

Il existait à cette période une seule INDH dans le monde qui était la Commission nationale consultative des droits de l'homme de la France, instituée en 1947.

2. La période des années 1960 à 1980

Le renforcement du rôle des institutions nationales des droits de l'homme a été à nouveau souligné pendant cette période afin de les encourager à participer activement aux activités et au contrôle des droits de l'homme. Le rôle des INDH était pris en considération à ce moment, mais leur nombre restait limité.

Le rôle des INDH en relation avec le PIDPC et le PIDESC a été éclairci pour la première fois lorsque ces deux conventions ont vu le jour en 1966. L'Assemblée générale des Nations unies, au moment de l'approbation de ces deux conventions, a considéré la création des INDH en tant que mécanisme approprié permettant de proposer des recommandations contribuant à leur mise en œuvre[492].

En septembre 1978, un débat intitulé « INDH et la promotion et protection des droits de l'homme » a été organisé à Genève. Le débat a approuvé un « Manuel destiné aux institutions nationales des droits de l'homme » aux termes duquel les activités des INDH doivent viser deux objectifs : Premièrement, garantir la promotion générale des droits de l'homme par des activités d'information et de sensibilisation aux droits de l'homme ; deuxièmement, agir directement, donner des avis et participer à la publication de rapports, de recommandations relatives aux politiques nationales en matière de droits de l'homme.

---

[491] Résolution 2/9 du Conseil économique et social (ECOSOC) du 21 juin 1946.

[492] Résolution 2200C (XXI) de l'Assemblée générale des Nations unies du 16 décembre 1966.

Ce manuel recommande également la structure d'une INDH qui devrait être composée d'individus représentant les différents secteurs de la société pour renforcer la participation active de la population aux activités dans ce domaine. De plus, cette institution devrait être organisée de façon à être d'accès facile pour la population, d'avoir des activités régulières et de jouer le rôle d'un organisme de conseil auprès de l'État.

Cette question a encore été une fois soulevée par l'Assemblée générale des Nations unies en 1979 qui a recommandé aux pays membres de prendre les mesures nécessaires pour offrir et améliorer les conditions permettant la création des INDH. Elle a également souligné l'importance de l'indépendance de cette institution[493]. Le rôle actif des organisations non gouvernementales (ONG) à ce moment a aussi commencé à attirer l'attention des pays.

Cependant, pendant cette période, un certain nombre d'INDH ont été créées, en Nouvelle-Zélande (1978), au Canada (1978), en Australie (1987) et au Danemark (1987).

- **La conférence de Paris de 1991**, l'avancée la plus décisive et importante des activités concernant l'INDH est la première conférence sur l'institution nationale de la promotion et de la protection des droits de l'homme organisée à Paris du 1er au 9 octobre 1991. Cette conférence avait pour objet la mise en œuvre des résolutions de la Commission des droits de l'homme et la nécessité de déployer des programmes de droits de l'homme aux Nations unies.

La Conférence a eu pour résultats des recommandations et principes intitulés « principe de Paris », approuvés par une résolution de la Commission des droits de l'homme[494]. Les Principes de Paris ont également été approuvés par l'Assemblée générale des Nations unies par la résolution 48/134 du 20 décembre 1993.

---

[493] Résolution 34/49 de l'Assemblée générale des Nations unies du 23 novembre 1979.

[494] Résolution 1992/54 de la Commission des droits de l'homme des Nations unies du 3 mars 1992.

- **La conférence régionale sur l'impunité, la justice et les droits de l'homme**, l'organisation de ladite Conférence par les Nations unies en collaboration avec le Gouvernement de la république du Mali, la CEDEAO et l'Organisation internationale de la francophonie dans le cadre de l'anniversaire du Protocole de la CEDEAO sur la Déclaration de la bonne gouvernance. Des efforts continus de la CEDEAO en matière de lutte contre l'impunité et de la promotion d'une justice accessible, indépendante et effective, ainsi que de ceux relatifs à la protection des droits de l'homme, notamment à travers le protocole de la CEDEAO sur la démocratie et la bonne gouvernance et la Cour de justice de la CEDEAO[495].

Sur les mesures de renforcement des mécanismes de promotion, de défense et de protection des droits de l'homme, l'adoption, la ratification et l'intégration dans le système juridique national des instruments de lutte contre la discrimination et les violences faites à l'égard des femmes, des enfants et des personnes handicapées[496]. S'assurer que les textes légaux et constitutionnels créant les institutions nationales de droits de l'homme soient conformes aux Principes de Paris[497]. Cela nous fera recourir sur la Compétence et attribution des INDH.

B- La compétence et les attributions des INDH

Une institution nationale est investie de compétences de protection et de promotion des droits de l'homme. Ces compétences doivent être énoncées clairement dans un texte constitutionnel ou législatif. Une institution nationale a notamment les attributions suivantes :

a. fournir à titre consultatif au gouvernement et à tout autre organe compétent, des avis, recommandations, propositions et rapports concernant toutes questions relatives à la protection et à la promotion des droits de l'homme ;

---

[495] Déclaration de Bamako du 2 au 5 décembre 2011, Conférence régionale sur l'impunité, la justice et les droits de l'homme.

[496] Déclaration de Bamako du 2 au 5 décembre 2011, Conférence régionale sur l'impunité, la justice et les droits de l'homme, chapitre V, § 1.

[497] Déclaration de Bamako du 2 au 5 décembre 2011, chapitre V, §§ 7 et 8.

b. promouvoir et veiller à l'harmonisation de la législation, des règlements et des pratiques nationaux avec les instruments internationaux relatifs aux droits de l'homme auxquels l'État est partie ainsi qu'à leur mise en œuvre effective ;
c. encourager la ratification de ces instruments ou l'adhésion à ces textes, et s'assurer de leur mise en œuvre ;
d. contribuer aux rapports que les États doivent présenter aux organes et comités des Nations unies, ainsi qu'aux institutions régionales, en application de leurs obligations conventionnelles et, le cas échéant, émettre un avis à ce sujet dans le respect de leur indépendance ;
e. coopérer avec l'Organisation des Nations unies et toutes les autres institutions de la famille des Nations unies, les institutions régionales et les institutions nationales d'autres pays compétentes en matière de protection et de promotion des droits de l'homme.
f. être associée à l'élaboration de programmes concernant l'enseignement et la recherche sur les droits de l'homme et participer à leur mise en œuvre dans les milieux scolaires, universitaires et professionnels ;
g. faire connaître les droits de l'homme et la lutte contre toutes les formes de discrimination, notamment la discrimination raciale, en sensibilisation l'opinion publique, notamment par l'information et l'enseignement, et en faisant appel à tous organes de presse. Les autres structures d'une INDH seront abordées, la composition, les garanties d'indépendance et de pluralisme **(1)**, de même les modalités de fonctionnement **(2)**.

1. La composition, les garanties d'indépendance et de pluralisme

La composition de l'institution nationale et la désignation de ses membres doivent être établies selon une procédure présentant toutes les garanties nécessaires pour assurer la représentation pluraliste de la société civile concernée par la protection et la promotion des droits de l'homme. Il leur faut avoir des représentants d'organisations non gouvernementales compétentes dans le domaine des droits de l'homme, d'organisations socioprofessionnelles intéressées, notamment composées de juristes, médecins, journalistes et personnalités scientifiques, des courants de pensées philosophiques et religieuses, d'universitaires et d'experts qualifiés, du parlement, ainsi que des administrations, les représentants de ces dernières, s'ils sont inclus, ne participant aux délibérations qu'à titre consultatif.

L'institution nationale doit se doter d'un personnel et de locaux propres afin d'être autonome vis-à-vis de l'État et de n'être soumise qu'à un contrôle financier respectant son indépendance. Pour assurer l'indépendance des membres de l'institution nationale, ceux-ci doivent être nommés par un acte officiel précis, pour une période déterminée, et peuvent être renouvelés dans leurs fonctions sous réserve que demeure garanti le pluralisme de sa composition.

2. Les modalités de fonctionnement

Malgré les Principes de Paris sur les INDH, il n'y a pas de fait, de modèle commun à tous les États. Il appartient à chaque État de choisir le modèle le mieux adapté à ses besoins particuliers au niveau national. Les différentes structures institutionnelles évoluent rapidement et il existe de nombreux types d'INDH. Les résultats d'une enquête de 2009 du HCDH montrent que si les INDH présentent une diversité considérable, certains types dominent : les commissions des droits de l'homme (2) représentent plus de la moitié des INDH (58 %), les institutions de type médiateur ou Ombudsman (1) viennent ensuite pour environ un tiers du total (30 %) ; les organismes hybrides, consultatifs et de recherche (3) étant en petit nombre parmi les INDH (5 %), les autres (4) suivant des modèles différents (7 %).

L'institution de type médiateur ou Ombudsman est fréquente en Europe orientale et centrale ainsi qu'en Amérique du Sud. Le mot « Ombudsman » est originaire de Suède où il a été créé en 1809. Ce terme signifie « porte-parole des griefs » ou « homme des doléances ». Il s'agit d'une fonction nouvelle, apparue à la fin du XIXe siècle et qui s'est répandue à la fin du XXe siècle. Il est aussi créé en Finlande en 1919, au Danemark en 1955, en Norvège en 1962, en Nouvelle-Zélande en 1962, au Royaume-Uni en 1967, en Tanzanie en 1968, en Israël en 1971, au Portugal en 1975, à Porto Rico en 1977, en Australie en 1977, en Autriche en 1977, en Espagne et aux Pays-Bas en 1981.

Paragraphe 2 : Les structures d'une institution nationale indépendante des droits de l'enfant

Les structures de promotion et de protection des droits de l'enfant sont la Commission nationale des droits de l'homme (CNDH), le médiateur de la République, le Conseil supérieur de la communication, le Comité national de l'égal accès aux médias d'État et l'organisme et association.

- La Commission nationale des droits de l'homme (CNDH)[498], elle est l'autorité administrative indépendante, dont la mission est de contribuer à la promotion et au respect des droits de l'homme et des libertés fondamentales. La CNDH coopère dans les limites de sa compétence avec les organisations internationales chargées des droits de l'homme et rend publics les avis et les rapports qu'elle adopte.
- Le Parlement des enfants est une tribune de libre expression de tous les enfants du Mali placé sous la tutelle du ministre de la Promotion de la femme, de l'enfant et de la famille. Il est chargé « de mener toutes actions d'information, de sensibilisation des enfants, des parents, des pouvoirs publics, de la société civile et de tous ceux qui peuvent contribuer à l'expression d'une véritable solidarité nationale et internationale pour l'amélioration du bien-être physique, mental, social et économique du Mali et du monde »[499]. Les membres du Parlement des enfants sont des enfants âgés de 10 à 18 ans. Ils sont désignés au niveau régional sur proposition des ONG, de la municipalité ou des écoles, en tenant compte de différentes catégories (élèves, enfants qui travaillent, handicapés, enfants des zones rurales, etc.).
- Le médiateur de la République, il a été institué par une loi de 1997[500], en tant qu'autorité indépendante intervenant dans le règlement des litiges entre l'administration et les administrés dans l'exécution de ses missions de service public. Nommé pour un mandat de sept ans non renouvelable pendant son mandat, il jouit

---

[498] Commission nationale des droits de l'homme (CNDH), créée par la loi n°°09-042 du 19 novembre 2009.
[499] Décret n°°96-172/PM-RM du 13 juin 1996.
[500] Loi n°°97-022 du 14 mars 1997.

l'autonomie financière. Il est chargé de recevoir les réclamations de toute personne physique ou morale concernant le fonctionnement des administrations d'État, des collectivités territoriales, des établissements publics et de tout organisme investi d'une mission de service public, dans leurs relations avec les administrés.

- Le Conseil supérieur de la communication, il est créé une loi du 24 décembre 1992 [501]. Il donne son avis sur les conditions de production, de programmation, de diffusion en matière de communication écrite et audiovisuelle et les questions relatives aux garanties de la liberté de la communication. Il statue sur l'attribution et le retrait des fréquences aux stations de radio et télévisions privées et veille au respect des cahiers de charges.
- Le Comité de l'égal accès aux médias d'État, il est créé en 1993[502], en application de l'article 7 de la constitution[503]. Aujourd'hui, c'est le seul organe de régulation qui joue les rôles du Conseil supérieur de la communication et du Comité national de l'égal accès aux médias d'État.
- Le vérificateur général, il est créé en 2003[504], il est un service de régulation et contrôle aux financements et dépenses des institutions et des services de l'État.
- L'Espace d'interpellation démocratique (EID), il est institué par un décret de 1996 et modifié en 2009[505]. C'est un forum annuel dont l'objectif est d'informer les opinions publiques nationale et internationale sur l'état des droits de l'homme en république du Mali de contribuer à la réalisation d'une culture démocratique nationale et d'impulser de façon significative la politique de promotion et de protection des droits et libertés des citoyens. Les modalités d'organisation et de fonctionnement sont fixées par un arrêté[506].

---

[501] Loi n°°92-038/AN-RM du 24 décembre 1992.
[502] Loi n°°93-001/AN-RM du 06 janvier 1993.
[503] Art. 7 de la Constitution malienne qui dispose « L'égal accès pour tous aux médias d'État est assuré par un organe indépendant dont le statut est fixé par une loi ».
[504] Loi n°°03-030 du 25 août 2003.
[505] Décret n°°96-159/P-RM du 31 mai 1996, modifié par le décret n°°323/P-RM du 26 juin 2009.
[506] Arrêté n°°09-3825/MJ-SG du 17 décembre 2009.

« Toute personne qui l'estime nécessaire peut interpeller à travers l'Espace d'interpellation démocratique du gouvernement »[507]. Les autres institutions de protection des droits de l'enfant méritent d'être abordées.

Cependant, il convient d'analyser la nécessité des institutions nationales des droits de l'homme **(A)** et leur rôle **(B)**.

A- Les avantages des institutions nationales des droits de l'homme

Les institutions nationales des droits de l'homme permettent aux États d'exercer effectivement leur responsabilité internationale « de prendre toutes les mesures appropriées » pour faire en sorte que leurs engagements internationaux soient honorés au niveau national.

Les institutions nationales des droits de l'homme reçoivent leur autorité de l'État : cette compétence officielle leur donne la légitimité et le pouvoir qui sont attachés aux institutions statutaires, bien que ce capital de légitimité puisse être réduit à néant par l'inefficacité à satisfaire aux normes internationales[508]. Les INDH ont normalement accès au gouvernement et aux décideurs, et leurs recommandations sont habituellement entendues, même si elles ne sont pas toujours suivies d'effet.

Manifestement, ce sont les gouvernements qui assument la responsabilité principale en matière de droits de l'homme, mais ils ne sont pas toujours en mesure de trouver le terrain neutre où interagir et échanger des idées avec les autres acteurs, en particulier avec la société civile. En fait, et c'est regrettable, les deux parties sont souvent perçues comme s'opposant l'une à l'autre dans le débat sur les droits de l'homme. En tant qu'entité indépendante, bien qu'établie par le gouvernement, l'INDH occupe un terrain privilégié, celui qui permet de faire le pont entre la société civile et le gouvernement.

---

[507]Art. 5 de l'Arrêté n°09-3825/MJ-SG du 17 décembre 2009.

[508]Série sur la formation professionnelle, n°4 (Rev. 1), Nations unies New York et Genève, 2010, Les Institutions nationales des droits de l'homme, historique, principes, fonctions et attributions, para 6, pages 23.

Cependant, assurer l'existence d'un champ neutre de rencontre et d'un lieu de convergence pour les droits de l'homme favorise le dialogue et facilite la coopération. Parce que l'INDH ne dépend d'aucun suffrage et n'a d'autre intérêt que le bien commun. Elle est idéalement placée pour faire entendre un propos équilibré sur les droits dont les gens doivent jouir de plaider en faveur de l'application des normes internationales et régionales d'interdiction à la torture **(1)** et la coopération avec les organismes internationaux et régionaux des droits de l'homme **(2).**

1. Plaider en faveur de l'application des normes internationales et régionales d'interdiction à la torture

En coordination avec les médias et la société civile, les INDH devraient jouer un rôle proactif en promouvant l'adoption et la ratification des instruments internationaux et régionaux pertinents en matière de droits de l'homme. Cela peut se faire par un plaidoyer soutenu de groupes de pression et de défense auprès des organes compétents, notamment au sein des secteurs judiciaire et législatif du gouvernement.

Les INDH sont idéalement placées pour promouvoir la ratification, ainsi que l'application des normes internationales et régionales concernant la protection générale des droits de l'homme, des instruments plus spécifiques de lutte contre la torture et les mauvais traitements et des instruments concernant la protection de groupes spécifiques comme, par exemple, les femmes, les mineurs, les migrants et les personnes détenues.

a. Les INDH peuvent faire en sorte que les normes internationales et régionales qui ont été ratifiées soient entièrement intégrées dans la législation nationale[509]. Selon les Principes de Paris[510], les INDH devraient être habilitées à soumettre au gouvernement, au Parlement et à tout autre organe compétent des avis, recommandations et propositions qu'ils peuvent décider de publier. Ces compétences peuvent être mises à profit par les INDH pour recommander fermement que le droit national soit mis en conformité avec les normes internationales des droits de l'homme. Les INDH peuvent examiner la législation en vigueur ainsi que les projets de loi et les

[509] Y compris la législation locale dans les systèmes fédéraux.
[510] 4 Principe 3, voir sous Compétences et attributions.

propositions en discussion et recommander, le cas échéant, des amendements. Elles peuvent aussi promouvoir l'adoption de nouvelles mesures législatives. La criminalisation de la torture est un aspect de la législation nationale tout aussi important. Les INDH doivent s'assurer que la torture et les mauvais traitements soient clairement identifiés, en droit interne, en tant que délits pénaux distincts. Si ce n'est pas le cas, les INDH prendront toutes les mesures appropriées pour faire en sorte que la torture et les mauvais traitements soient immédiatement criminalisés par la loi en vigueur.

b. Application effective de la législation existante : les INDH doivent aussi passer en revue la législation en vigueur et en surveiller l'application. Afin d'assurer que les instances judiciaires aient une connaissance adéquate des normes internationales et régionales relatives aux droits de l'homme et les appliquent, les INDH suivront attentivement les procédures judiciaires et observeront les procès portant sur des cas de violations des droits de l'homme, en particulier ceux où il est question de torture et mauvais traitements. Si des problèmes sont constatés, les INDH proposeront des mesures appropriées, par exemple une réforme judiciaire, afin de remédier à ceux-ci

2. La coopération avec les organismes internationaux et régionaux des droits de l'homme

Les INDH contribueront au processus général de soumission de rapports, de cas et d'information aux organes internationaux et régionaux.

a. Les organes de surveillance des traités et les procédures spéciales avec lesquels les INDH peuvent être amenées à coopérer en vue de la prévention de la torture et des mauvais traitements sont notamment les suivants :

- le rapporteur spécial des Nations unies sur la torture ;
- des Nations unies contre la torture ;
- le Comité des droits de l'homme des Nations unies ;
- le groupe de travail des Nations unies sur la détention arbitraire ;

- pour les Amériques, la Commission interaméricaine des droits de l'homme ;
- pour l'Europe, le Comité européen pour la prévention de la torture ;
- pour l'Afrique, la Commission africaine des droits de l'homme et des peuples.

Il importe de garder en mémoire que d'autres organes de surveillance des traités et procédures spéciales, thématiques ou régionales, peuvent aussi être saisis de questions relatives à des cas de torture et de mauvais traitements. Au sein du système des Nations unies, ce sont entre autres, le Comité pour l'élimination de la discrimination raciale, le Comité des droits de l'enfant, le Comité sur les travailleurs migrants, le représentant spécial du secrétaire général sur la situation des défenseurs des droits de l'homme, le groupe de travail sur la détention arbitraire, le groupe de travail sur les disparitions forcées ou involontaires, et le rapporteur spécial sur les exécutions extrajudiciaires, sommaires ou arbitraires[511].

b. Chaque INDH devrait être particulièrement attentive aux rapports que son gouvernement doit soumettre périodiquement à ces organes internationaux et régionaux, et devrait y participer en fournissant à l'organe international ou régional concerné des informations et des observations pertinentes. Elles peuvent le faire soit en participant à des consultations organisées par l'État en vue de la rédaction de son rapport officiel d'État partie, soit par le biais de rapports parallèles indépendants préparés habituellement par des ONG.

c. Les INDH peuvent aussi assister les mécanismes internationaux et régionaux des droits de l'homme qui visitent les pays pour examiner sur le terrain la situation des droits de l'homme qui y prévaut en leur fournissant des informations mises à jour, en facilitant les contacts et soumettre des propositions sur l'ordre du jour prévu.

d. Lorsque les organes internationaux et régionaux produisent des rapports, en particulier ceux qui concernent spécifiquement les pays en

---

[511] Pour de plus amples informations et des détails sur le secrétariat des Procédures spéciales à l'ONU, on consultera: http://www.ohchr.org/french/bodies/chr/special/themes.htm. Consulté le 10/08/2019.

question, l'INDH peut assumer le rôle irremplaçable de diffuseur des constats, conclusions et propositions par le biais des médias. Ces données devraient présenter un intérêt pour le grand public, de même que pour les acteurs de la société civile et des organes gouvernementaux concernés tels que les parlementaires, les institutions sociales et les bureaux spécifiques des secteurs exécutifs ou judiciaires. En outre, une INDH peut jouer un rôle décisif en ce qui concerne le suivi des recommandations particulières émanant de ces organes internationaux et en faisant en sorte qu'elles soient mises en œuvre par ceux qui en ont la responsabilité.

B- Le Rôle des Institutions nationales des droits de l'homme

Au cours de la décennie écoulée, de nombreux États ont créé ou envisagé de créer des institutions nationales des droits de l'homme (INDH) pour la promotion et la protection des droits de l'homme.

Cependant, les fonctions ou activités de l'INDH sont décrites dans les Principes de Paris en tant que « responsabilité », ce qui suggère que ce sont autant de choses que l'institution est tenue de faire [512]. Les Principes de Paris appellent l'INDH à exercer un rôle aussi large que possible, avec en particulier deux principales responsabilités :

- La promotion des droits de l'homme, à savoir créer une culture nationale des droits de l'homme dans laquelle prospèrent les valeurs de tolérance, d'égalité et de respect mutuel. Les rôles juridiques de l'INDH découlent toujours du texte législatif qui les habite ou de leur mandat constitutionnel, ou des deux.

- La Protection des droits de l'homme, à savoir contribuer à accéder et à instruire les violations des droits de l'homme, pour traduire les auteurs de violations des droits de l'homme en justice, et apporter aux victimes recours et réparation. Les institutions nationales des droits de l'homme devraient avoir un mandat juridiquement défini pour exercer ces fonctions et formuler des avis, des recommandations ou même former des recours devant les tribunaux. Dans tous les cas, il convient de se référer à la loi portant habilitation. On fera recourir à des éléments tels que les critères

[512] Conseil international sur la politique des droits de l'homme et Haut-Commissariat aux droits de l'homme, évaluer l'efficacité.

d'adoption d'une INDH au Mali **(1)** et le modèle d'une INDH au Mali **(2)**.

1. Les critères d'adoption d'une INDH au Mali

Cette institution doit se conformer aux conditions, aux particularités politiques, à la législation, au mécanisme social et culturel du Vietnam afin de pouvoir bien fonctionner et contribuer efficacement à la promotion et la protection des droits de l'homme. Elle doit avoir un rôle indépendant, être objective, cultiver un esprit de dialogue, de coopération et de conseil, apporter, en ayant un esprit constructif avec l'État et les organismes politiques sociaux, sa contribution au domaine des droits de l'homme.

Outre, elle doit respecter strictement les exigences et le contenu des Principes de Paris sur les INDH. Au vu des conditions et des particularités actuelles du Vietnam, une future INDH pour le Vietnam devra avoir pour activité (1) l'étude et le conseil juridique et politique des organes législatif, exécutif, judiciaire ; (2) l'assistance dans l'élaboration des programmes et projets de garantie et de promotion des droits de l'homme ; (3) la communication, l'éducation, la propagande, la sensibilisation et l'amélioration des capacités de mise en œuvre des droits de l'homme au Mali ; (4) l'élaboration de programmes d'éducation aux droits de l'homme à tous niveaux et pour tous publics ; (5) l'établissement de rapports sur les droits de l'homme, et l'information du gouvernement sur les violations des droits de l'homme ; (6) la coopération régionale et internationale en matière de droits de l'homme.

La fonction quasi judiciaire des INDH est vraiment nécessaire, mais son introduction dans la situation actuelle au Vietnam est déconseillée ; seules des fonctions limitées méritent d'être introduites en cette période. La raison en est que la fonction quasijudiciaire des INDH est toujours considérée actuellement comme une question « sensible » et complexe. Si cette fonction était introduite dès le début dans le projet de loi sur l'INDH, elle constituerait une barrière à l'approbation de la loi sur INDH et l'établissement de cette institution serait retardé, voire impossible. Le travail à accomplir dans l'immédiat est de donner naissance à une INDH, ses fonctions manquantes pourront être adjointes durant son fonctionnement.

2. Le modèle d'une INDH au Mali

Actuellement un certain nombre de solutions pour l'établissement d'une INDH au Vietnam ont été proposées lors de conférences internationales et nationales organisées par le Vietnam. Ces solutions sont les suivantes :

a. Mettre à niveau l'Institut des droits de l'homme de l'Académie politique nationale Hô Chi Minh pour devenir une INDH, ou bien faire de l'INDH nouvellement créée un établissement de cette académie ;
b. Créer un institut pour les droits de l'homme ou un Centre des droits de l'homme dépendant de l'Académie des sciences sociales du Vietnam ;
c. Fonder un Institut pour les droits de l'homme ou un centre des droits de l'homme dépendant de l'Académie des relations internationales du ministère des Affaires étrangères ;
d. Créer un institut pour les droits de l'homme ou un centre des droits de l'homme dépendant du ministère de la Sécurité publique.

Cependant, ces quatre solutions citées ci-dessus ne sont pas appropriées pour les raisons suivantes :

- l'institution nationale des droits de l'homme doit être indépendante. Si elle est créée par le gouvernement, elle devra toujours rester relativement indépendante et ne pas dépendre pleinement du gouvernement, alors que parmi les quatre solutions susmentionnées, la première rattache l'INDH à un organisme du Parti communiste du Vietnam, et les trois autres, à un organisme relevant du gouvernement, ce qui ne convient pas ;

- rattacher l'institution nationale des droits de l'homme à l'un des quatre organismes précités ne permettra de répondre qu'aux critères d'étude et de recommandations pour l'État, et d'éducation et de communication sur les droits de l'homme. Les critères d'indépendance et d'objectivité ne le seront pas. Ajouter ultérieurement la fonction « quasi judiciaire » s'avèrera difficile.

Selon les Principes de Paris sur les INDH, celles-ci sont encouragées à diversifier le plus possible leurs composantes de représentants venant de milieux, de métiers et de domaines différents de la société. Si l'INDH est rattachée à ces organismes, la diversification de ses représentants sera limitée.

En particulier, s'agissant de la quatrième solution, il est totalement illogique de rattacher l'INDH à un ministère chargé de la sécurité et de la répression des délinquants et criminels. Cette idée puise son origine dans l'esprit de « lutte pour les droits de l'homme » du Vietnam ces derniers temps. Car les droits de l'homme signifient la lutte contre les forces hostiles, ils doivent donc être placés sous la gestion du ministère de la Sécurité publique. Il s'agit d'une pensée erronée qui doit être abandonnée. Une INDH dépendante du ministère de la Sécurité publique n'est pas une solution appropriée.

Le choix d'un modèle d'INDH pour le Vietnam nécessite davantage de recherches. Il existe cependant trois modèles qui méritent d'être examinés, dans un ordre de priorité : (i) une INDH sous forme d'Ombudsman de l'Assemblée nationale ; (ii) une INDH sous forme de commission des droits de l'homme ; (iii) restaurer et/ou réformer certains comités de l'Assemblée nationale et organes gouvernementaux existants pour en faire des organes spéciaux des droits de l'homme. À propos de la deuxième solution (commission des droits de l'homme), l'INDH peut être placée sous la gestion de l'Assemblée nationale ou du gouvernement. Toutefois, en raison des caractéristiques et de la nature des INDH analysées ci-dessus, et sur la base de la réalité vietnamienne, une institution sous la gestion de l'Assemblée nationale est la solution plus appropriée.

SECTION 2 : Les autres institutions de protection des droits de l'enfant

Le mécanisme de protection des droits de l'enfant est un ensemble d'institutions qui présentent des modes de fonctionnement différents. La motivation réelle pour la création de ces institutions est de protéger les droits de l'homme en général et ceux de l'enfant en particulier.

Aux côtés de gouvernement, il y a d'autres organismes de plaidoyer de la protection des droits de l'enfant. Il s'agit des organisations de la société civile (***paragraphe 1***) et de l'Unicef (***paragraphe 2***).

Paragraphe 1 : Les organisations de la société civile pour la défense des droits de l'enfant

L'engagement du Mali dans un processus de démocratie pluraliste et de construction d'un État de droit a engendré un dynamisme de la société civile qui s'est traduit par un foisonnement d'associations et d'organisations opérant aussi bien dans le domaine de la sensibilisation que le développement et des droits de l'homme.

Cependant, ces organisations sont indépendantes du pouvoir politique et sont pour la plupart relativement actives. Elles s'occupent de la question des droits des femmes ou des enfants, notamment en s'attachant au suivi de la mise en œuvre des conventions internationales relatives à ces droits.

Ces organisations contribuent à leur façon à la promotion et à la protection des droits de l'homme par[513] :

- la diffusion auprès du grand public et des populations cibles (femme, enfants, handicapés, etc.), des droits et libertés ;
- la prévention (actions de sensibilisation, participation au processus décisionnel, médiation, observations de procès) ;
- les recommandations au Gouvernement susceptibles de mieux assurer la protection et la promotion de ces droits et libertés ;
- la dénonciation (pétitions, communiqués, manifestations publiques) de violations des droits de l'homme par les autorités et l'assistance aux victimes de ces violations.

Les coopérations avec les systèmes international **(A)** et national **(B)** nous interpellent.

A- La coopération avec le système international

Les Principes de Paris veulent que l'INDH coopère avec l'Organisation des Nations unies et avec tout autre organisme du système des Nations unies, en particulier le Conseil des droits de

[513] Rapport périodique du Mali à la Commission africaine des droits et des peuples relatif à la mise en œuvre de la Charte africaine des droits de l'homme et des peuples, 2001-2011, p. 23.

l'homme et ses mécanismes (titulaires de mandat au titre des procédures spéciales), et l'examen périodique universel[514]. Cela signifie de manière générale que l'INDH participe à ces mécanismes et examens, et suit l'application des recommandations au niveau national. En outre, l'INDH doit activement participer aux travaux du Comité international de coordination.

Outre, les Principes de Paris demandent aux institutions nationales de protection des droits de l'homme de coopérer avec les institutions nationales d'autres pays[515]. Les manifestations, conférences et réunions ayant trait aux INDH, et la création d'associations régionales d'INDH sont d'excellentes stratégies pour renforcer la coopération entre institutions sur des questions particulières.

Par ailleurs, on est en présence de systèmes régionaux européens américains et africains des droits de l'homme. Il a aussi été annoncé en juillet 2009 que l'Association des nations d'Asie du Sud-Est (ASEAN) se proposait de créer un organe régional des droits de l'homme qui prendrait le nom de Commission intergouvernementale des droits de l'homme[516].

En outre, les institutions régionales, tant économiques que développementales, telles la CEDEAO et la SADC, s'impliquent elles aussi de plus en plus dans les droits de l'homme. Les fondements des droits fondamentaux : droit international **(1)** et droit national **(2)** sont déterminants.

1. Le fondement en droit international

Le droit de vote et celui d'être élu, en tant que droits politiques fondamentaux, sont reconnus dans le droit international des droits de l'homme. Le paragraphe 3 de l'article 21 de la DUDH déclare : *« La volonté du peuple est le fondement de l'autorité des pouvoirs publics ; cette volonté doit s'exprimer par des élections honnêtes qui doivent avoir lieu périodiquement, au suffrage universel égal et au vote secret*

[514]Voir les directives générales données dans la décision 6/102 du Conseil des droits de l'homme sur le suivi de sa résolution 5/1, qui évoquent spécialement par trois fois les INDH.

[515]Principe de Paris, Compétences et attribution, par. 3 e).

[516]Série sur la formation professionnelle, n°4 (Rev. 1), Nations unies New York et Genève, 2010, pages 29.

ou suivant une procédure équivalente assurant la liberté du vote ». Cette déclaration est aussi réaffirmée dans l'article 25 du PIDCP : « *Tout citoyen a le droit et la possibilité [...] de voter et d'être élu, au cours d'élections périodiques, honnêtes, au suffrage universel et égal et au scrutin secret, assurant l'expression libre de la volonté des électeurs* ».

Ce droit figure également dans les textes régionaux des droits de l'homme comme la Conv. EDH de 1950, la Convention américaine relative aux droits de l'homme de 1969, la Charte africaine des droits de l'homme et des peuples de 1981, et la Déclaration des droits de l'homme de l'ASEAN de 2012.

Bien que s'exprimant différemment, les textes de droit régional et international ont clairement pour principe commun l'organisation d'élections de manière publique, en toute transparence et garantissant aux électeurs le droit d'exprimer leur volonté librement sans aucune pression, contrainte ou intimidation.

L'importance d'élections libres et transparentes a aussi été affirmée dans de nombreux d'autres textes comme la résolution 55/96 du 28 février 2001 de l'Assemblée générale des Nations unies et les règlements 975/99 et 976/99 du 29 avril 1999 de l'UE.

2. Le fondement en droit national

L'existence d'interactions entre systèmes juridiques différents, mais superposés, a toujours suscité l'intérêt de la doctrine qu'il s'agisse des rapports entre droit international et droit interne ou entre droit fédéral et droit des États fédérés. Ainsi, en droit international, les débats entre monistes et dualistes ont contribué à structurer l'esprit des étudiants en droit depuis des générations, même si la plupart des internationalistes savent bien que les oppositions sont avant tout théoriques et que la nécessité de faire vivre le système conduit à des aménagements pratiques [517]. De même, en droit interne, les discussions sur la suprématie du droit fédéral par rapport aux Constitutions des États fédérés ont été très vives, notamment dans les premières décennies

[517] Voir à cet égard l'étude devenue classique de Michel Virally, Sur un pont-aux-ânes, les rapports entre droit international et droit interne, Mélanges Rolin, p. 488.

d'existence de la fédération américaine[518]. Mais la problématique de l'époque des Anzilotti, Triepel ou Kelsen pour le droit international ou de Calhoun pour le droit fédéral était simple par rapport à la complexité actuelle[519].

En effet, la période qui a suivi la seconde guerre mondiale a été marquée par la multiplication de systèmes, voire d'ordres juridiques nouveaux et juxtaposés. Dans le cadre européen, le système de protection des droits de l'homme mis en place par la Conv. EDH et celui qui s'est développé au sein de l'UE constituent sans doute les systèmes potentiellement les plus conflictuels.

B- La coopération de la protection interne des institutions de droits de l'enfant

Les institutions nationales des droits de l'enfant doivent entretenir une concertation avec les autres organes, juridictionnels ou non, chargés de la promotion et de la protection des droits de l'homme[520]. Ceux-ci peuvent inclure les bureaux « classiques » du médiateur chargé de la mauvaise administration, les médiateurs spéciaux, ou les entités gouvernementales responsables de droits spécifiques, comme les droits des femmes ou de l'enfant. La prolifération d'autres institutions : médiateurs des enfants, commission sur le genre, organes anticorruption, etc. peut-être impressionnante et avoir pour effet un chevauchement des compétences avec celles de l'INDH.

Les Institutions nationales des droits de l'homme en général s'acquittent également d'un rôle important dans les processus relatifs

---

[518] Marqués par la théorie dite de la nullification, ces débats, même s'ils font aujourd'hui figure d'incidents historiques, pourraient éclairer nos débats sur les rapports entre droit communautaire et constitutions nationales, voir Jean-Philippe Feldman, La bataille américaine du fédéralisme, John C. Calhoun et la nullification, Léviathan, PUF, 2004. Sur l'intérêt de l'expérience américaine, voir Jean-Paul Jacqué, Back to Philadelphia, Revue du Marché commun, 2002, p. 661.

[519] Les difficultés portaient pour l'essentiel sur des rapports entre deux systèmes juridiques (ordre international et ordre interne) ou peut-être trois dans les cas des États-Unis d'Amérique si l'on prend également en compte la question des rapports entre les droits des États fédérés et le droit international.

[520] Principes de Paris, Modalités de fonctionnement, al. f.

aux organes constitutionnels en s'assurant que les observations et les recommandations formulées par ces organes sont prises en compte et suivie d'effet. De par leur expertise pratique, elles sont des partenaires précieuses dans le cadre des efforts internationaux visant à définir de nouvelles normes des droits de l'homme.

Malgré la préférence, dans la perspective des droits de l'homme en général, ceux de l'enfant en particulier, pour une institution unique et unifiée, la présence d'autres institutions offre la possibilité de traiter de manière exhaustive de problèmes complexes. Les INDH peuvent encourager d'autres institutions à adopter une approche axée sur les droits de l'homme pour l'exercice de leur mandat, tout en tirant bénéfice de leur expertise thématique.

Toutefois, elles doivent coopérer étroitement avec les autorités nationales et les parties prenantes à l'administration de la justice, en particulier pour ce qui est de l'accès à la justice, de l'ordre judiciaire, de l'application de la loi et des établissements de détention. Ces activités sont contrôlées par les organismes relevant du Gouvernement ou des institutions judiciaires **(1)** et les organismes spécialisés sous tutelle de l'Assemblée nationale **(2)**.

1. Les organismes relevant du Gouvernement ou des institutions judiciaires

Il s'agit du modèle le plus répandu dans le monde, plus de cent pays aujourd'hui. Ces pays ont créé des départements ou commissions de lutte contre la corruption relevant directement du gouvernement, ou placés sous la tutelle d'institutions publiques comme le ministère de la Justice ou l'agence de surveillance de l'administration.

Dans ce modèle, les organismes de lutte contre la corruption relèvent généralement du gouvernement, mais sont relativement indépendants et dotés d'importants pouvoirs d'enquête et de poursuite avec possibilités de concertation avec plusieurs autres organes impliqués dans les activités de lutte contre la corruption, ce afin d'atteindre la meilleure efficacité possible. Comme dans le premier modèle, ici les organismes de lutte contre la corruption ont des compétences aussi bien préventives que répressives.

2. Les organismes spécialisés sous tutelle de l'Assemblée nationale

Il s'agit du modèle d'organisme de lutte contre la corruption indépendante de l'Assemblée nationale ou du président de l'État qui est doté d'un très grand pouvoir, d'une organisation centralisée et d'une coordination du niveau central à celui local. Le directeur de cet organisme est, en général, nommé par l'Assemblée nationale, le président de l'État ou le roi. Il est interdit au Premier ministre et aux ministres de s'ingérer dans son activité.

Cependant, ses attributions lui permettent de réceptionner et d'enquêter sur les dénonciations de corruption ; d'enquêter et de poursuivre en justice des personnes commettant des actes de corruption active ou passive ou d'infractions aux principes de déontologie professionnelle ; d'empêcher et de prévenir la corruption en faisant des contrôles des procédures et modes de fonctionnement des autorités publiques dans le but de détecter les lacunes, insuffisances et fautes de gestion pouvant favoriser la corruption.

Pendant les procédures d'investigation, l'organisme de lutte contre corruption a le pouvoir d'enquêter plus particulièrement sur les biens de la personne visée par la procédure comme les comptes en banque, les comptes d'actionnaire, les biens immobiliers, etc. Ces recherches peuvent s'élargir aux proches de cette personne comme les parents, le conjoint, les frères et sœurs, les enfants. L'enquête peut porter aussi bien sur les actifs domestiques que ceux situés à l'étranger. Ces biens sont susceptibles de confiscation en cas d'infraction avérée.

Les pays optant pour ce modèle ont en commun l'importance primordiale réservée à l'indépendance de l'organisme, en particulier par rapport au gouvernement. Par ailleurs, son personnel doit avoir bénéficié d'une solide formation, avoir le sens de la rigueur dans la déontologie professionnelle et être bien rémunéré. Ce sont des éléments importants pour l'efficacité de l'organisme.

Ce modèle est considéré comme le modèle de lutte contre la corruption le plus efficace et le plus radical à ce jour. Il est utilisé dans environ dix pays, dont la Malaisie, l'Indonésie, le Hongkong, le Singapour et la Thaïlande.

Paragraphe 2 : L'Unicef

Tout au long de son histoire, l'Unicef a donné la priorité à la réalisation des droits intrinsèques de l'enfant à une qualité de vie de base, des droits que les dirigeants de la communauté internationale ont précisés dans la Convention relative des droits de l'enfant. L'Unicef fonde ses activités sur son expérience considérable et de solides recherches, constamment mises à jour, et il intervient pour aider les enfants à bénéficier d'un bon départ dans la vie, à suivre et à s'épanouir en particulier lors des situations d'urgence et à aller à l'école[521].

Cependant, pour soutenir la protection des droits de l'enfant, la Déclaration du Sommet du Millénaire[522], l'Unicef favorise la mise en place d'environnements protecteurs qui contribueront à prévenir la violence, l'exploitation, les mauvais traitements et la discrimination, et à y répondre. Ils permettront également de venir en aide aux enfants fragilisés par les situations d'urgence.

Les domaines d'action privilégiés comprennent une plus grande sensibilisation des gouvernements aux droits des enfants à la protection et aux questions d'analyse de situation. Ils comprennent également la promotion d'une législation qui punisse ceux qui exploitent les enfants. Par ses activités de plaidoyer et l'intermédiaire de bureaux locaux du monde entier, l'Unicef aide à renforcer les ressources dont les écoles, communautés et familles ont besoin pour s'occuper des enfants délaissés par leurs communautés, y compris les enfants dont les parents sont morts du VIH/Sida. L'organisation de l'Unicef **(A)** et leurs programmes **(B)**.

A- L'organisation

Au lendemain de la première guerre mondiale, en 1924, la SDN proposait le premier texte international sur les droits de l'enfant, la Déclaration de Genève. Ce texte non contraignant pour les États affirme la responsabilité des adultes à l'égard des enfants et reconnaît leur spécificité. En 1948, la Déclaration universelle des droits de l'homme

[521] http://www.unicef.org, consulté le 24 juillet 2019.

[522] Convention d'accompagnement des personnes vulnérables et malades, 5 mai 2008, S6.

inscrivait timidement dans le droit international le respect dû aux enfants et la reconnaissance de leurs droits spécifiques.

Enfin, la Déclaration des droits de l'enfant, texte également non contraignant, proclamée par l'Assemblée générale des Nations unies en 1959 évoque pour la première fois la notion d'intérêt de l'enfant. La première « Année internationale de l'enfant » amorce en 1979 le long chemin de plus de dix ans de débats et de travaux qui aboutira à la Convention internationale des droits de l'enfant (CIDE), adoptée par les Nations unies le 20 novembre 1989. Ce traité international, contraignant pour les États signataires, consacre le statut de l'enfant dans le droit international. Les États deviennent directement responsables du respect des éléments essentiels à la vie d'un enfant et se substituent aux parents en cas de défaillance. Il constitue des éléments vitaux de l'organisation, de la composition **(1)** et de la mission **(2)**.

1. La composition

En effet, l'Unicef est la seule agence des Nations unies spécifiquement consacrée à l'enfance. L'Unicef est juridiquement tenu de promouvoir et de veiller au respect des droits de l'enfant[523]. Autrement dit, la Convention internationale des droits de l'enfant (CIDE) est la colonne vertébrale de l'Unicef.

L'Unicef est présent dans 150 pays en leur apportant son soutien dans la mise en œuvre des services essentiels dans les domaines de la santé, de l'éducation, de la protection des enfants, pour lutter contre la discrimination et l'injustice et en encourageant les gouvernements à affecter 20% de leur budget aux services de base[524].

Cependant, toutes les actions de l'Unicef ont comme but ultime la reconnaissance et le respect des droits de l'enfant. Elle a pour rôle :

- de coopérer avec d'autres organisations internationales et locales, notamment celles de l'ONU, mais également avec des institutions financières internationales pour mettre en place ses programmes ;

---

[523]CIDE, Art. 45

[524]Unicef France, 2009, Dossier préparé par l'Unicef pour le Parlement des enfants, para. 8, pages 9.

- d'assister le Comité des droits de l'enfant en apportant son expertise grâce à la publication de rapports précis et chiffrés sur la situation des enfants ;
- de mener des activités de plaidoyer pour sensibiliser les États et le grand public à la situation des enfants.

2. La mission

L'Unicef intervient dans les situations de catastrophe ou de conflit, les entreprises qui poursuivent leurs activités peuvent aussi avoir un impact humanitaire positif pour la communauté locale et surtout, pour les enfants, de plusieurs façons :

- la fourniture de services essentiels par exemple, les services éducatifs, les soins médicaux et l'enregistrement des naissances et de produits de premières nécessités aux orphelins et aux autres enfants vulnérables, et la poursuite du fonctionnement des services de santé, des écoles et des réseaux de distribution d'eau, des services d'utilité publique et des transports ;
- la continuité des moyens de subsistance des salariés, améliorant la situation des familles grâce aux activités de l'entreprise, à des salaires équitables et à des conditions de travail décentes ;
- l'accomplissement de la responsabilité sociétale des entreprises en soutenant les enfants des communautés dans lesquelles elles sont implantées qui sont touchées par la crise, grâce à des actions philanthropiques et à d'autres efforts ;
- l'utilisation de leur leadership et de leur influence pour appeler leurs pairs à agir.

B- Les programmes

En effet, concrètement l'Unicef met en place des programmes élaborés en étroite relation avec les droits énoncés dans la CIDE[525]. Ce programme est exécutif à travers les dates correspondant aux années de

---

[525] www.unicef.org/mali/th%C3%A8mes/mali?items_per_page=50, consulté le 07 novembre 2019.

participation au Conseil d'administration et pas nécessairement à la durée des mandats[526].

Nonobstant, comme programmes de l'Unicef[527], on peut retenir les droits fondamentaux **(1)** et autres droits de l'enfant **(2)**.

1. Les droits fondamentaux de l'enfant

- **Le droit à l'identité**, mobilisation communautaire autour des droits civils des enfants, enregistrement des naissances…

- **Le droit à la santé**, vaccination, prévention et lutte contre le VIH/Sida, soins préventifs auprès des mères et des communautés, distribution de suppléments nutritionnels, de moustiquaires imprégnées, de médicaments…

- **Le droit à l'éducation**, formation des enseignants et éducateurs, distribution de matériel scolaire, mobilisation communautaire, construction d'écoles et d'infrastructures d'eau et d'assainissement dans les écoles…

- **Le droit à la protection**, identification et réinsertion familiale des enfants victimes de la traite, prise en charge médicopsychosociale des enfants victimes d'exploitation sexuelle, démobilisation et réinsertion d'enfants soldats, prise en charge et protection des enfants[528] orphelins et vulnérables…

---

[526] De 1946 à 1963, le mandat du Conseil d'administration correspondait à l'année civile, c'est-à-dire du 1er janvier au 31 décembre. De 1963 à 1966, cette période est passée du 1er février au 31 janvier; puis du 1er août au 31 juillet de 1967 à 1993. Depuis 1994, le mandat du Conseil d'administration correspond de nouveau à l'année civile.

[527] Voir journée d'étude de l'UNIOPSS en date du jeudi 23 octobre 2008 élaborant un positionnement concernant la réforme de l'Ordonnance de 1945, en plus d'une enquête menée par des associations du secteur notamment la défenseuse des enfants, de l'Unicef-France, magistrats, associations, parlementaires et familles, experts français et internationaux.

[528] Au Mali, l´âge de la responsabilité pénale est fixé à 18 ans, selon les dispositions de l'article 140 du code pénal malien et l'article 458 du code de procédure pénale. L'article 459 du code de procédure pénale fixe l'âge de l'auteur le jour de la commission de l´infraction, de même et au cas où le mineur ne disposait pas d´attestation d´état civil, le même article dispose que dans ce cas, le tribunal

- **Le droit à la participation**, promotion des parlements des enfants, mise en place de programmes participatifs ou impliquant des pairs éducateurs…

2. Les autres droits de l'enfant

Un rapport du Conseil consultatif d'ONG internationales sur la Violence contre les enfants, intitulé "Violating children's rights: harmful practices based on tradition, culture, religion or superstition" est sorti le 7 mars 2013, lors d'un événement parallèle s'inscrivant dans le cadre d'une contribution à la journée annuelle de débat du Conseil des droits de l'homme sur les droits de l'enfant à :

- droit de vivre avec sa famille ou les personnes qui s'occupent mieux de lui ;
- droit à des soins spécifiques en cas de handicap ;
- droit d'être protégé contre la maltraitance ;
- droit aux loisirs, au jeu et au repos
- droit à la non-discrimination

Le rapport confirme que les châtiments corporels sont une pratique néfaste répandue, dans certains cas soutenus par des croyances religieuses, ils sont imposés aux enfants dans tous les cadres de leur vie. Le rapport souligne également l'importance accordée aux châtiments corporels par l'étude de l'ONU sur la violence contre les enfants et l'obligation des États à les interdire et les éliminer. Une discussion en panel a eu lieu lors du lancement de ce rapport. Celle-ci fut organisée par la représentante spéciale sur la violence contre les enfants et le Plan international, notamment[529].

---

compétent établit une estimation de l´âge du délinquant d'après un examen médical qui prend en considération d´autres mesures.

[529] http://www.Instruments%20de%20protection%20%20DH/élimination%20des%20châtiments%20corporels.pdf, consulté le 18 mars 2019.

CONCLUSION DE TITRE II

Les enfants, les femmes, les personnes âgées, les personnes handicapées, les minorités ethniques sont des sujets vulnérables qui font l'objet d'une partie importante du droit international des droits de l'homme. Si on comprend que les personnes et groupes vulnérables sont ceux qui ont une position politique, sociale ou économique fragile ; pour cette raison, ils sont vulnérables en termes de droits de l'homme et doivent être plus protégés que les autres.

Aujourd'hui, les groupes vulnérables ont été étendus à d'autres sujets comme les enfants. Au fur et à mesure que le développement social progressera, ces dernières personnes devront être protégées par la législation contre toutes formes de discrimination.

Avec ses efforts pour protéger les droits de l'enfant, le Mali s'efforce d'appliquer la convention relative aux droits de l'enfant (CIDE), et il a déjà connu un certain succès dans ce domaine. Sa volonté et ses efforts sont reconnus par la communauté internationale. Évidemment, il doit toujours faire plus d'efforts pour garantir la protection des droits de l'enfant. Face au manque de moyens financiers, il semble que l'État doit renforcer l'efficacité des politiques concernant ce sujet vulnérable, pratiquer une bonne gouvernance et mettre en place une politique forte dans ce secteur.

Au regard de ce qui précède, il sera difficile d'affirmer que la protection des droits de l'enfant est satisfaisante au Mali. Mais il serait aussi exagéré d'affirmer sans réserve qu'elle est négative. Cependant, s'il nous est permis de dégager quelques tendances et de tirer des conclusions partielles, nous pouvons dire, sur la base des analyses et réflexions effectuées ci-dessus, que le système juridictionnel malien doit redoubler d'efforts.

Certes, la protection des droits de l'enfant est aujourd'hui une réalité au mali. Cependant, les résultats obtenus auprès des structures techniques sont pour l'instant modestes, compte tenu de beaucoup de difficultés qui ont été signalées. La situation est difficile, mais il y a quelques expériences à capitaliser, afin de servir de référence pour l'avenir et, en même temps, prévenir les échecs éventuels. Dans tout le cas, la DNAPEF semble être à la recherche des moyens nécessaires pour assurer efficacement sa mission de protection des droits de l'enfant.

CONCLUSION DE LA 1re PARTIE

La promotion de l'État-providence a incontestablement été propice à l'émergence de concepts légaux favorisant la protection des droits de l'enfant. Si le XIXe siècle représente le siècle de l'enfance, c'est surtout en raison de la conscience que les droits de l'enfant non respecté peuvent devenir une réelle menace pour la société. Toutefois, les différentes mobilisations jurisprudentielles, doctrinales et médicales d'abord, législatives et sociales ensuite, ont permis de faire émerger la cause de l'enfant en osant prononcer, avec tout son sens, la notion de droit de l'enfant. Ainsi, à la veille de la première guerre mondiale, l'enfant devient à la fois un enjeu de société et un enjeu de justice. L'idée de l'existence de droits de l'enfant n'est pas propre à la France, au contraire. Partout dans le monde s'opère une reconsidération de la place de l'enfant dans la société et une remise en cause de la famille traditionnelle, imprégnée d'une puissance paternelle absolue. La IIIe République, dès son installation, est pleine d'espoir, d'objectifs sociaux, de prises de conscience, populaire ou élitiste : *« c'est elle qui érige définitivement l'assistance en tant que droit*[530]*»*. Pour reprendre l'analyse de Jacques DONZELOT, *« ainsi rapporté à sa détermination politique, le social apparaît comme une invention nécessaire pour rendre gouvernable une société ayant opté pour un régime démocratique*[531] *»*.

Nonobstant qu'au début du siècle la confiance envers les communautés et parents faisait d'eux des ministres familiaux de l'État, la méfiance dont ils font l'objet dès le début de la IIIe République tend à inverser cette tendance. Le temps du droit comparé a permis d'analyser les structures respectives des États pour tenter d'adapter des institutions à la fois à son époque et à ses mœurs. La République aura pour mission d'assurer le bien-être de ses citoyens. L'enfant étant un citoyen en devenir, c'est lui qu'il faut éduquer, protéger, formater même, pour assurer l'avenir de la Nation. Le législateur a alors tendance à s'ingérer davantage dans les rapports familiaux et communautaires, mais il le fera avec précaution et toujours dans un but nataliste. Cependant, la réglementation des droits de l'enfant et le recours aux sanctions impliquent toute une consolidation des droits de l'enfant.

---

530 GUESLIN (A.), *Gens pauvres, pauvres gens…*, *op. cit.*, p. 277.
531 DONZELOT (J.), *L'Invention du social*, *op. cit.*, p. 13.

DEUXIÈME PARTIE :

LA CONSOLIDATION DU CADRE NORMATIF DE LA PROTECTION DE L'ENFANT

La consolidation du cadre normatif trouve son explication dans le contraste qui caractérise le système international de protection des droits de l'enfant en tant de paix et en tant de conflits armés. À défaut de la mise en œuvre des règles ou à l'absence de progrès sur le terrain, surtout dans les pays en voie de développement. En effet, tout comme Garça Machel, dans son étude sur l'impact des conflits armés sur les enfants de 1996, avait conclu à l'exhaustivité du droit international applicable à l'enfant, la représentante spéciale du secrétaire général pour les enfants et les conflits armés (« la représentante spéciale ») avait soutenu que *« [s]i l'impressionnant arsenal de normes de droit humanitaire et d'instruments relatifs aux droits de l'homme dont nous disposons était universellement et scrupuleusement respecté, la protection des enfants en situation de conflit armé serait largement assurée »*[532]. Le problème se situe donc, en l'occurrence dans la persistance d'un manque de volonté ou la répugnance de certains à se conformer aux normes établies du droit international afin de libérer les enfants de la guerre. L'appel du secrétaire général en faveur de l'ouverture de la phase de mise en œuvre[533] traduit bien ce contraste entre les normes et la pratique, et témoigne de l'échec collectif[534] de la communauté internationale à assurer un meilleur respect à l'enfant.

Les textes internationaux tels que la Convention relative aux droits de l'enfant et la Charte africaine des droits et du bien-être de l'enfant s'inscrivent dans la logique d'un régime spécifiquement protecteur de l'enfant. Le droit international fixe impérativement l'âge de l'enfant, est donc favorable à un traitement spécial. Ces instruments s'imposent à tous les États ayant ratifié lesdits instruments juridiques internationaux. Mais l'application du Mali n'est pas effective au niveau du mariage de la jeune fille[535].

De toute façon les Nations unies sont en train de se battre pour que la jeune fille soit mariée à l'âge de 18 ans. De même la pratique de l'excision qui est fréquente dans la société malienne aujourd'hui malgré les différentes sensibilisations par les ONG.

---

[532] A/55/163-S/2000/712, 19 juillet 2000, § 6.
[533] S/2002/1299, 26 novembre 2002, p. 1.
[534] A/51/306, « Impact des conflits armés sur les enfants », 26 août 1996 (Rapport Machel), § 270.
[535] Source : code de la Famille.

Par ailleurs, il faut reconnaître que les règles consacrées au niveau international renferment de nombreuses lacunes relatives soit à leur souplesse, soit à la faiblesse ou à l'inefficacité du contrôle exercé, soit tout simplement à l'absence de sanctions. Dans ces conditions, il est légitime de s'interroger sur les voies à emprunter et les moyens à mettre en œuvre pour renforcer le cadre juridique existant afin qu'il tende plus vers l'effectivité recherchée dans la protection.

Cependant, sur ce point, l'action normative de la communauté internationale s'est beaucoup développée durant ces dernières années, avec notamment le rôle prépondérant joué par l'Organisation des Nations unies (ONU) qui a fini par faire de la protection des enfants victime des conflits armés l'une de ses principales préoccupations. L'intervention de l'ONU paraît d'ailleurs indispensable dans cette recherche de perfectionnement du cadre normatif. En effet, grâce à ses larges pouvoirs d'action qu'elle tire de la Charte et à sa capacité d'adaptation à la nature changeante des conflits, l'organisation mondiale peut intervenir assez rapidement, y compris par voie contraignante, que ce soit sur la base du droit existant ou à travers l'exploration de voies nouvelles.

Par conséquent, ce surplus de réglementation reste, à lui seul, insuffisant dans la mesure où une protection efficace nécessite un système de répression effective des violations du droit considéré comme l'unique moyen de prévention et de rétablissement de la légalité. Cette nécessité prend même une plus grande propension lorsqu'il s'agit de crimes de droit international qui, comme on le dit, touchent l'ensemble de la communauté internationale. À ce propos, l'Assemblée générale affirmait que *« le châtiment effectif des individus coupables de crimes de guerre et de crimes contre l'humanité constitu[ait] un élément important de la prévention de tels crimes, aussi bien pour le présent que pour l'avenir, de la protection des droits de l'homme et des libertés fondamentales, du renforcement de la confiance et de la promotion de la coopération entre les peuples ainsi que la promotion de la paix et de la sécurité internationale »*[536]. Ce caractère fondamental de la répression, non seulement pour le respect du droit, mais aussi dans l'intérêt de la justice, explique d'ailleurs l'obligation

---

[536] A/RES/2840 (XXVI), Question du châtiment des criminels de guerre et des individus coupables de crimes contre l'humanité, 18 décembre 1971, préambule.

qu'ont les États de coopérer dans sa mise en œuvre, *« le refus de la part d'un État de coopérer en vue de l'arrestation, de l'extradition, du jugement et du châtiment d'individus coupables de crimes de guerre et de crimes contre l'humanité [étant jugé] contraire aux buts et principes de la Charte des Nations unies et aux normes reconnues du droit international »*[537].

Dans ce domaine, la mouvance internationale de ces dernières années en faveur de la lutte contre l'impunité a eu un très large impact dans la garantie de l'effectivité des droits de l'enfant, notamment en criminalisant la violation de certains de ses droits. L'adoption du statut de Rome instituant la CPI en 1998 a été, à ce propos, une étape importante non seulement sur le plan symbolique, mais également dans la voie de la répression effective des violations. En effet, ce texte a été le premier instrument international à considérer explicitement certaines violations des droits de l'enfant, en l'occurrence le recrutement et l'utilisation d'enfants de moins de dix-huit ans dans un conflit armé, comme crimes de guerre, matérialisant ainsi la volonté de la communauté internationale de rompre avec le cycle de l'impunité et de répondre avec fermeté face à un comportement universellement réprouvé. L'adoption du statut du Tribunal spécial pour la Sierra Leone (TSSL) en 2002, qui reprend la même incrimination, confirme la consécration d'une justice internationale en plein essor.

Faut-il retenir, en ce qui concerne la consolidation du cadre normatif, l'émergence d'une action à orientation bipolaire de la communauté internationale avec, d'un côté, la mise en œuvre des instruments juridiques de la protection dans la recherche d'une consécration des avancés juridiques **(TITRE I)** et, de l'autre, le renforcement de la lutte contre l'impunité à travers la criminalisation et la répression effective des violations des droits de l'enfant **(ITRE II)**.

---

[537] Ibid.,§4.

TITRE I :

LA MISE EN ŒUVRE DES INSTRUMENTS JURIDIQUES DE LA PROTECTION

Les conventions internationales en matière de droits de l'enfant signées et ratifiées par les États prévoient en général des systèmes plus ou moins perfectionnés de contrôle. Ces conventions internationales exigent très souvent qu'un cadre soit créé pour que les obligations qui en découlent, et auxquelles les États parties ont librement consenti, soient pleinement respectées[538].

Des mécanismes de contrôle[539] sont ainsi mis en place par les instruments qui les prévoient expressément. C'est ainsi que la convention sur la torture et autres peines ou traitements cruels, inhumains ou dégradants institue un comité d'experts dont le rôle est de statuer sur les rapports que les États parties sont tenus de présenter pour faire état des mesures prises pour l'application effective des dispositions conventionnelles. Celui-ci est dénommé Comité contre la torture et se réunit deux fois par an à l'Office des Nations unies à Genève. Il en est de même de la Convention sur la discrimination raciale et son Comité sur la discrimination raciale qui remplit le même rôle que le Comité contre la torture, mais dans la lutte contre toutes les formes de discrimination fondée notamment sur l'origine raciale ou ethnique.

Convient-il de rappeler qu'un comité sur les droits de l'enfant qui reçoit les différents rapports initiaux ou périodiques des États parties est tenu de présenter sur les mesures envisagées pour une application effective des instruments aux Nations unies.

Sous cet angle, il sera nécessaire d'analyser d'une part la difficile application des instruments juridiques (**CHAPITRE I**) et d'autre part, les voies d'applications effectives (**CHAPITRE II**).

---

[538] CIDE

[539] Commissions et Comités régionaux des droits de l'homme : CRDH en Europe, en Amérique et en Afrique ; les tribunaux régionaux des droits de l'homme : la Cour européenne des droits de l'homme, la cour interaméricaine des droits de l'homme, la Cour africaine des droits de l'homme entrée en vigueur en février 2004.

CHAPITRE I :

LA DIFFICILE EFFECTIVE D'APPLICATIONS DES INSTRUMENTS JURIDIQUES

Au Mali, les enfants sont confrontés à de nombreuses difficultés qui constituent un obstacle à leur développement et leur plein épanouissement. Notamment certaines catégories d'enfants, c'est-à-dire les plus diminus qui sont ceux de la rue, les mendiants, les enfants au travail, les enfants handicapés..., ont conduit à une prise de conscience collective et particulièrement celle des autorités publiques.

Malgré la mise en place de toute une panoplie de mécanismes de protection des droits de l'enfant tant sur le plan international que national, les droits de l'enfant ne se portent pas trop bien au Mali. Nombreuses sont les difficultés qui font obstacle à l'application de ces droits. Et ces difficultés ont une incidence sur l'efficacité des instruments appelés à les préserver de manière effective.

Cependant, cette partie s'attachera aux exploitations des enfants **(SECTION 1)** et les enfants fragilisés par certains maux **(SECTION 2).**

SECTION 1 : Les exploitations des enfants

Pour protéger les enfants et les femmes contre la violence, l'abus et l'exploitation, il faut un système complet de protection de l'enfance qui tienne compte de tous les risques auxquels ils sont exposés ainsi que des facteurs protecteurs. L'exploitation des enfants soit à des fins économiques soit à des fins sexuelles, qualifiée aujourd'hui de haute criminalité, n'est pas un phénomène nouveau.

On a toujours eu à recourir à cette main-d'œuvre très « rentable », mais on a constaté son accroissement à la fin du XXe et début du XXIe siècle. Cette exploitation est parfois liée à l'appauvrissement de certaines zones et parfois elle peut être la conséquence des conflits armés, comme c'est le cas des pays d'Afrique en conflit. Nous allons voir d'une part l'exploitation économique des enfants ***(paragraphe 1)*** et les autres formes de violences infligées à l'enfant ***(paragraphe 2)***.

Paragraphe 1 : Les exploitations économiques

Selon les rapports du bureau international du travail (BIT), dans le groupe d'enfant de 5 à 16 ans, un sur six soit deux cent quarante-six millions est astreint au travail[540]. L'exploitation économique sous ses pires formes est une réalité quotidienne pour les enfants dans toutes les régions du monde particulièrement dans les pays en voie de développement.

Malgré les nombreuses stratégies, mesures et mécanismes qui ont été mis en place pour la protection de l'enfant face aux pires formes de travail, la question ne semble pas être résolue. Le travail des enfants devient de plus en plus un phénomène mondial auquel aucun pays ni aucune région du monde n'échappe.

Les crises de toutes sortes, catastrophes naturelles, chocs économiques, pandémies du VIH /Sida et conflits armés ont notamment pour effet de pousser un nombre croissant de jeunes vers les formes de travail débitantes, parfois illégales et clandestines comme la prostitution, la pornographie et d'autres activités illicites.

Certains enfants sont assujettis à des travaux relevant des pires formes de travail, car il s'agit d'activité intrinsèquement condamnable comme l'esclavage que l'on retrouve de plus en plus en Mauritanie malgré les textes sur l'abolition de l'esclave, la traite, la servitude pour dettes et autres formes de travaux forcés comme le recrutement en vue de participer à des conflits armés.

Âgés de 5 à 17 ans, la plupart de ces enfants travaillent en plein temps et la majorité de ces enfants travaillent dans l'agriculture, l'artisanat ou encore par exemple en Inde où certains enfants travaillent dans la manipulation du four où coule le verre fondu ou plus loin encore au Népal où les enfants sont confrontés à la fabrication du tapis. Mais dans la plupart des pays on retrouve les enfants dans les champs, dans les mines, les ateliers ou dans les cuisines. Parmi les secteurs cités, l'agriculture reste la grande utilisatrice d'enfant.

---

[540] http : www.ilo.org/global/about-the-ilo/lang—fr/index.htm, consulté le 08 août 2020.

C'est ce qui expliquait l'accroissement du taux de natalité dans la plupart des pays d'Afrique, particulièrement dans les campagnes.

Nonobstant que le travail des moins de 14 ans soit interdit par la législation malienne [541], de même que les travaux difficiles ou dangereux pour les moins de 18 ans, environ un enfant sur trois (1/3) est obligé de travailler au Mali, souvent dans des conditions précaires.

La majorité de ces enfants travaillent comme aides ménagers, ou dans l'agriculture. Certains jeunes travaillent dans les mines d'or comme orpailleurs, s'exposant particulièrement aux dangers et aux maladies ou blessures liées au travail.

De nombreux enfants n'arrivent pas à mener leur scolarité en parallèle de leur travail et abandonnent par conséquent l'école.

A- Travail d'enfants

Le travail des enfants est un problème préoccupant à double titre : d'abord, en raison du nombre des enfants concernés qui demeure très élevé, ensuite et surtout en raison des conséquences négatives que le travail prématuré a sur le développement personnel de l'enfant et sur le développement économique et social du pays.

Le travail des enfants doit être aboli. Les normes internationales du travail reflètent toutes ces positions. Mais cette élimination ne peut intervenir du jour au lendemain parce que le travail des enfants constitue un des nombreux aspects de la pauvreté et du sous-développement. Il est donc indispensable de fixer des priorités, l'objectif devant être dans un premier temps pour les politiques nationales de réduire les cas les plus urgents, c'est-à-dire ceux qui font entrer en jeu des activités particulièrement dangereuses ou dégradantes.

Au Mali, le phénomène du travail des enfants n'est point marginal, beaucoup d'enfants commencent à travailler dans notre pays avant l'âge de 14 ans[542]. Fort de ce constat, le Gouvernement esquisse aujourd'hui ce qui sera les bases d'une politique cohérente de lutte contre le travail

---

[541]Loi n°92-020 AN/RM du 23 septembre 1992.

[542] Www.dnpef_sd_Travail%20des%20enfants.pdf, consulté le 16/06/2020.

des enfants. D'une part, les enfants de la rue **(1)** et d'autre part la pratique des aides ménagères **(2)**.

1. Enfants de la rue

Un phénomène qui est en train de devenir la routine chez les Maliens en ignorant ces enfants sans défense dans la rue. Si la mendicité est officiellement interdite au Mali, des études menées dans la capitale, Bamako, ont recensé plus de 6 000 enfants mendiants dans les rues[543].

Cependant, ordinairement, ces enfants sont exploités par des adultes, qui les obligent à aller mendier et à ramener certaines sommes, sous peine d'être punis violemment.

Plus de 90 % des enfants des rues sont des garçons d'après des statiques, qui vivent généralement en bande, dormant dans des édifices publics ou sous des ponts[544]. Beaucoup d'entre eux sont issus de familles nombreuses, venus tenter leur chance en ville en fin de trouver des travaux, comme des ventes des jus, pour faire pousse-pousse, transporter des affaires des gens dans les marchés.

Parmi ces enfants de la rue, certains sont des orphelins qui ont perdu leurs parents suite à des conflits armés. Moins de 10 % d'entre eux fréquentent l'école. Ils sont souvent victimes de violences et drogués.

Un autre phénomène qui est plus grave c'est que ces enfants n'ont pas de famille ou des familles qui ignorent leur existence. Au-delà des divers problèmes où sont confrontés des enfants en générale des garçons qui sont transformés en délinquants ou en voleurs.

Même si c'est à Bamako qu'on rencontre beaucoup d'enfants dans les rues, cela n'exclut pas les autres régions comme Ségou, Mopti, Sikasso, Koulikoro. Dans cette région, les enfants sont utilisés comme moyens de recherche de l'argent[545].

---

[543] http://atelier.rfi.fr/profiles/blogs/les-enfants-de-la-rue-au-mali, consulté Samedi, le 08 février 2020.

[544] http://atelier.rfi.fr/profiles/blogs/les-enfants-de-la-rue-au-mali, consulté Samedi, le 08 février 2020.

[545] http://atelier.rfi.fr/profiles/blogs/les-enfants-de-la-rue-au-mali, consulté Samedi, le 08 février 2020.

En général, les enfants sont confiés à des maîtres coraniques pour apprendre le coran, pour s'en servir après l'apprentissage. Mais c'est le contraire qui se passe, ils sortent le matin pour aller mendier dans les familles pour avoir à manger, ou avoir des sommes imposées par leurs maîtres. Même si l'État malien et ces conventions interdisent la mendicité ainsi que l'abandon des enfants, la situation reste idem.

Plus de 90 % des enfants des rues sont des garçons, qui vivent généralement en bande, dormant dans des édifices publics ou sous des ponts. Beaucoup d'entre eux sont issus de familles nombreuses, venus tenter leur chance en ville, ou orphelins. Moins de 10 % d'entre eux fréquentent l'école. Ils sont souvent victimes de violences et drogués. Cette pratique de mendicité est punie par le code pénal[546].

2. Pratique des aides ménagères

En effet, le Mali connaît, comme la plupart des pays voisins, un phénomène d'immigration des jeunes filles vers les grandes villes. Elles y travaillent comme aides ménagères et peuvent ainsi soutenir financièrement leur famille ou réunir la dot nécessaire à leur mariage. Malheureusement, car elles sont bien souvent très peu respectées, considérées et traitées comme des « bonnes à tout faire » et non comme des aides ménagères. Elles sont également sous-payées, avec un salaire mensuel moyen de 7 500 fr CFA (soit environ 11,50 €).

Selon l'article L. 185 du code du travail, il est interdit […] les enfants à des travaux excédants leurs forces, présentant des causes de danger ou qui, par leur nature et par les conditions dans lesquelles ils sont effectués, sont susceptibles de blesser leur moralité.

B- Déni de l'accès humanitaire et recrutement des enfants soldats

Malgré les accords internationaux et régionaux signés par le Mali, le trafic et la traite d'enfants reste une véritable problématique : des milliers d'enfants maliens sont enrôlés et exploités dans les Rébellions du Nord-Mali[547]. Un enfant associé aux forces et groupes armés (communément appelé « enfant soldat ») est toute personne âgée

[546] Source.
[547] MINUSMA 2016.

de moins de 18 ans qui est ou a été recrutée ou employée par une force ou un groupe armé, quelle que soit la fonction qu'elle y exerce. Il peut s'agir notamment mais pas exclusivement d'enfants, filles ou garçons, utilisés comme combattants, cuisiniers, porteurs, messagers, espions ou à des fins sexuelles[548].

En tout état de cause, cette question mérite d'être étudiée attentivement par les pouvoirs publics. Il faut d'ailleurs noter que les outils juridiques de protection ont été renforcés du fait de la loi sur la Traite promulguée en juillet 2003.

Elle punit en effet, en tant que crime de traite des personnes, l'enrôlement, le transfert, l'hébergement ou l'accueil d'un enfant aux fins d'exploitation. À cet égard, il y a deux (2) formes d'exploitations : le déni de l'accès humanitaire **(1)** et les enfants victimes des conflits armés **(2)**.

1. Le déni de l'accès humanitaire

Blocage du passage ou de la livraison rapide de l'aide humanitaire aux personnes dans le besoin (y compris les enfants)[549].

- Attaques contre les travailleurs humanitaires.
- Pillage de l'aide humanitaire.
- Refus d'accès à la prestation de services de base.

Par ailleurs, les enfants ont besoin de cette protection pour des raisons diverses :

- les enfants ont besoin de protection parce qu'ils sont physiquement, mentalement et émotionnellement immatures et incapables de se protéger convenablement par eux-mêmes ;
- il faut créer un environnement protecteur pour les enfants, car lorsque leurs droits sont violés ou insuffisamment protégés, un individu ou une institution n'a pas réussi à accomplir son devoir de protection ;

---

548 Les Principes de Paris, février 2017.
549 RES/1612 (2005).

- protéger les enfants est un aspect vital des programmes de développement, car les conséquences d'un manque de protection compromettent le développement économique et social des sociétés.

2. Les enfants victimes des conflits armés

Le nombre de violations graves commises contre les enfants au Mali a fortement augmenté en 2019, a averti aujourd'hui l'Unicef et ses partenaires de la protection de l'enfance, notamment en ce qui concerne le nombre d'enfants tués et blessés.

Les données préliminaires enregistrées par les Nations unies montrent que plus de 150 enfants ont été tués au cours du premier semestre de 2019 et que 75 ont été blessés lors d'attaques violentes.

Le recrutement et l'utilisation d'enfants dans les groupes armés ont doublé par rapport à la même période en 2018 et plus de 900 écoles restent fermées en raison de l'insécurité[550].

Au fur et à mesure que la violence se propage au Mali, « les enfants courent un risque croissant d'être tués, blessés et recrutés dans des groupes armés », a déclaré la directrice exécutive de l'Unicef, Henrietta Fore. « Nous ne devons pas accepter la souffrance des enfants comme la nouvelle normalité ».

Toutes les parties doivent mettre fin aux attaques contre les enfants et prendre toutes les mesures nécessaires pour les protéger de tout danger, conformément au DIH et au droit international des droits de l'homme. « Les enfants devraient aller à l'école et jouer avec leurs amis, sans devoir se soucier d'attaques ni être forcés de se battre »[551].

Le nombre de violations graves a entraîné une augmentation spectaculaire des besoins en protection dans le nord et le centre du Mali. Dans la région de Mopti, l'intensification de la violence intercommunautaire et la présence de groupes armés ont entraîné des attaques à répétition qui ont entraîné la mort et la mutilation

---

[550] http ://www.unicef.org/mali. Consulté mardi le 08 février 2020.
[551] http ://www.unicef.org/mali. Consulté mardi le 08 février 2020.

d'enfants, leur déplacement et leur séparation d'avec leur famille, ainsi que leur exposition à la violence sexuelle et à des traumatismes psychologiques.

Il est estimé que plus de 377 000 enfants ont actuellement besoin d'une assistance en matière de protection au Mali[552].

Un enfant associé aux forces et groupes armés communément appelé « enfant soldat » est toute personne âgée de moins de 18 ans qui est ou a été recrutée où employée par une force ou un groupe armé, quelle que soit la fonction qu'elle y exerce.

Il peut s'agir notamment mais pas exclusivement d'enfants, filles ou garçons, utilisés comme combattants, cuisiniers, porteurs, messagers, espions ou à des fins sexuelles[553].

- **Les meurtres**

Toute action qui entraîne la mort ou des blessures graves d'un ou plusieurs enfants :
- Bombardement ;
- échange de tirs ;
- mines antipersonnelles ;
- attentats suicide.

- **Enlèvement d'enfants**

Saisie illégale, capture, appréhension, prise ou disparition forcée d'un enfant temporairement ou définitivement dans le but de toute forme d'exploitation de l'enfant :
- pour recrutement ;
- pour recueillir des informations ;
- aux fins de travail forcé ;
- pour exploitation et abus sexuels.

---

[552] http ://www.unicef.org/mali.Consulté mardi le 10 février 2020.
[553] Les Principes de Paris, février 2007.

Paragraphe 2 : Les autres formes d'exploitations

La violence contre les enfants (personnes de moins de 18 ans), garçons et filles, englobe toutes les formes de violences physiques ou mentales, les blessures ou les abus, la négligence ou le traitement négligent, y compris, entre autres les abus sexuels, les pratiques traditionnelles préjudiciables, la traite, l'exploitation, les brimades à l'école et les châtiments corporels[554].

Il faut savoir que les châtiments corporels dans un but d'éducation de l'enfant sont admis au Mali : le code de la famille donne au père toute autorité pour surveiller, éduquer et corriger son enfant.

Seuls les châtiments particulièrement violents et répétitifs sont bannis par le code de protection de l'enfant ; malheureusement, les abus sont rarement dénoncés.

Aussi est-il fréquent que les enfants soient battus, que ce soit du fait de leurs parents, de leurs enseignants ou des maîtres des écoles coraniques. Ces corrections, intégrées au mode d'éducation, restent, sauf exception, dans des proportions telles qu'elles n'entraînent pas de séquelles physiques ou psychologiques pour les enfants.

Par ailleurs, un arrêté du ministère de l'Éducation nationale (MEN) interdit le châtiment corporel dans les établissements scolaires. On peut mettre dans ce cadre les violences sexuelles **(A)** et les châtiments corporels **(B)**.

A- Violences sexuelles

Les données rassemblées par la Direction nationale de la femme, de l'enfant et des familles (DNFEF) au Mali confirment l'existence de cas de violences sexuelles, dont sont victimes des jeunes filles et parfois des enfants.

---

[554] CIDE, art. 19.

En premier lieu, une enquête menée par cette structure auprès de structures sanitaires publiques spécialisées a permis de recenser le nombre de victimes de violence sexuelle.

Ainsi, selon la DNFEF, le nombre de cas identifiés à Bamako est passé de 285 en 2000 à 432 en 2001, soit une progression de 30 % d'une année sur l'autre. Le nombre de cas déclarés est plus faible, les victimes n'osant pas faire cette démarche, mais il progresse lui aussi : il est passé de 74 cas en 2000 à 90 cas en 2001[555].

Ces faits sont parfois évoqués par les ONG, comme en témoigne par la MINUSMA, décrivant les violences, et notamment les viols, commis par une bande de jeunes dans les banlieues de la capitale et aux zones conflictuelles[556]. Une autre source d'information découle des activités mêmes des associations auprès des victimes.

En particulier, la DNFEF intervient, en partenariat avec l'Unicef et les ONG pour la promotion des droits des femmes, dans la prise en charge des filles victimes d'abus et de violences sexuelles, et appuie la réinsertion socio-économique des filles incarcérées à la prison des femmes (Bollé).

Dans ce cadre, elle a ouvert en décembre 2003 un centre de prise en charge des filles et femmes victimes de violences sexuelles à Bamako avec l'appui de l'Unicef. Ce centre vise à assurer une prise en charge psychosanitaire de celles-ci au moyen d'actions de prise en charge psychologique, de prévention des grossesses non désirées, de dépistage du VIH/Sida, de conseil et de suivi à domicile, d'appui à l'éducation pour prévenir la prostitution, et d'appui à l'insertion des jeunes filles nécessiteuses dans la vie active.

En seize mois d'activités, il a accueilli 50 victimes, soit 36 pour l'année 2003, provenant exclusivement de Bamako et 12 de janvier à mars 2004 provenant des autres régions du pays.

---

[555] DNFEF, février 2017.
[556] MINUSMA, section protection des enfants au Mali, 2016.

En outre, 10 victimes ont été repérées, mais n'ont pu être prises en charge. Le viol a de graves conséquences sur l'équilibre physique et psychologique des victimes. Selon les ONG qui les suivent, beaucoup abandonnent l'école.

Par ailleurs, leur chance de se marier diminue, et elles se trouvent davantage exposées au risque de tomber dans l'agression sexuelle ou le viol **(1)** et la qualification de la responsabilité pénale de la commission du viol **(2)**.

1. L'agression sexuelle ou le viol

Ni le DIH ni le droit international des droits humains ne définissent expressément le viol. En effet, la reconnaissance des violences sexuelles et plus spécifiquement le viol en tant que crime international s'est faite tardivement dans l'histoire du droit international humanitaire et pénal. Il aura fallu attendre l'adoption des statuts des tribunaux pénaux internationaux du Rwanda et de l'ex-Yougoslavie pour que soient reconnues les violences sexuelles comme crimes de guerre, crimes contre l'humanité et crime de génocide.

Ainsi, à l'aube du XXe siècle, le viol est considéré comme une atteinte à l'honneur de la famille ou à l'honneur des femmes, évacuant totalement la dimension de violation de l'intégrité physique de la victime. Tel que mentionné par Mme Radhika Coomaraswamy, rapporteuse spéciale chargée de la violence contre les femmes, « en recourant au paradigme de l'honneur, lié comme il l'est aux notions de chasteté, de pureté et de virginité, on a constaté formellement dans le DIH des concepts stéréotypés sur la féminité »[557]. La première mention de l'interdiction du viol a été consignée dans le code Lieber[558], qui constitue la première tentative de codifier le droit de la guerre, dans le cadre de la Guerre civile américaine. L'article 44 interdit expressément « [...] tout viol [...] [des habitants du pays envahi] sous peine de mort

[557] Rapport de la Rapporteuse Spéciale chargée de la question de la violence contre les femmes, y compris ses causes et ses conséquences, Mme Radhika Coomaraswamy, Doc. off. Commission des droits de l'homme, 54e session, Doc. NU E/CN.4/1998/54 (1998), par. 11.

[558] Code Lieber, Instructions de 1863 pour les armées en campagne des États-Unis d'Amérique.

ou de toute autre peine grave proportionnée à la gravité de l'offense ». Malencontreusement, les instruments internationaux qui étaient en vigueur lors des deux guerres mondiales ne prévoyaient guère de protection pour les femmes et interdisaient encore moins les violences sexuelles à leur encontre. Le règlement de La Haye de 1907[559] contient une maigre protection pour les femmes au travers de son article 46 qui dicte que « l'honneur et les droits de la famille doivent être respectés ». L'article 27 de la quatrième Convention de Genève énonce que « les femmes seront spécialement protégées contre toute atteinte à leur honneur, et notamment contre le viol, la contrainte à la prostitution et tout attentat à leur pudeur ». Le PAI, à son article 76 relatif à la protection des femmes, énonce que « les femmes doivent faire l'objet d'un respect particulier et seront protégées, notamment contre le viol, la contrainte à la prostitution et toute autre forme d'attentat à la pudeur ».

2. La responsabilité pénale de la commission de viol en droit international pénal

La reconnaissance de la responsabilité pénale individuelle pour avoir participé à la commission d'un viol ou de violence sexuelle s'est véritablement produite par l'entremise des tribunaux internationaux *ad hoc* et mixtes.

Les TMI de Nuremberg et de Tokyo ont joué un rôle fondamental dans la reconnaissance des atrocités commises durant la seconde guerre mondiale. Bien que les viols aient été commis massivement et systématiquement durant cette guerre, ni le Statut du TMI de Nuremberg ni celui de Tokyo ne font mention du crime de viol ou d'aucun autre crime de nature sexuelle. Par exemple, aucun accusé n'a fait l'objet de poursuite pour la commission de crime de viol et de violence sexuelle sous l'égide du TMI de Nuremberg[560].

---

[559] Convention (IV) concernant les lois et coutumes sur terre et son annexe : Règlement concernant les lois et coutumes de la guerre, 18 octobre 1907, La Haye, Deuxième Conférence internationale de la paix, Actes et documents, vol. 1.

[560] Hagay-Frey, Alona, Sex and Gender-Crimes in the New International Law: Past, Present, Future, Tel-Aviv Martinus Nijhoff Publishers, 2009, p. 63 et 64.

Cependant, des accusations de viol ont été portées dans le cadre des poursuites du TMI de Tokyo et des commandants militaires japonais ont de même été reconnus coupables pour leur participation dans la commission de viols durant la seconde guerre mondiale[561].

C'est avec la création des tribunaux internationaux ad hoc et mixtes que des accusations de viol ont été portées en tant que crime international. Tel qu'il est mentionné dans la section 1.3.2, la décision *Le Procureur c/ Jean Paul Akayesu* rendue par le TPIR a joué un grand rôle dans la compréhension de la violence sexuelle lors des conflits armés. Il est intéressant de noter qu'avant le début des procédures judiciaires de ce cas « aucune des définitions connues du viol n'avait fait l'objet d'un consensus en droit international »[562].

Dans sa décision, la chambre définit le viol comme étant une « invasion physique de nature sexuelle commise sur la personne d'autrui sous l'emprise de la contrainte »[563] et considère que le viol « constitue une forme d'agression et qu'une description mécanique des objets et des parties du corps qui interviennent dans sa commission ne permet pas d'appréhender les éléments essentiels de ce crime »[564]. La Chambre a utilisé une définition du viol très large afin d'inclure un maximum d'acte pouvant s'apparenter au crime de viol.

Pour la chambre, l'élément permettant de prouver le crime de viol est l'absence de consentement. Elle énonce également que l'élément moral est constitué par « l'intention de procéder à cette pénétration sexuelle, et par le fait de savoir qu'elle se produit sans le consentement de la victime »[565].

B- Châtiments corporels

Les châtiments corporels sont considérés par la société malienne comme un moyen d'éducation des enfants. Aussi est-il fréquent que les

---

561 *Ibid.*, p. 65.
562 *Le Procureur c/ Jean-Paul Akayesu*, *supra*, note 125, par. 596.
563 *Ibid.*, par. 597.
564 *Ibid.*, *supra*, note 125, par. 597.
565 *Ibid.*, par. 460.

enfants soient battus, que ce soit du fait de leurs parents, de leurs enseignants ou des maîtres des écoles coraniques.

Ces corrections, intégrées au mode d'éducation, restent, sauf exception, dans des proportions telles qu'elles n'entraînent pas de séquelles physiques ou psychologiques pour les enfants.

Par ailleurs, un arrêté du MEN interdit le châtiment corporel dans les établissements scolaires[566]. Il arrive aussi que la contrainte soit utilisée à l'encontre de jeunes filles pour leur faire accepter un mari dont elles ne veulent pas : les Mariages d'enfants **(1)** et l'esclavage par ascendance **(2)**.

1. Les mariages d'enfants

Les filles maliennes sont généralement mariées très jeunes : 75 % des jeunes femmes confirment avoir été mariées avant l'âge de 18 ans. Le mariage prive une fille de son enfance et augmente les risques de grossesse précoce et d'abandon scolaire. Encore trop d'enfants au Mali, en particulier dans les zones touchées par un conflit, ne bénéficient pas de leur premier droit fondamental : le droit à une identité. Seize pour cent des enfants dans les zones rurales ne sont pas enregistrés à la naissance.

L'enregistrement officiel de la naissance d'un enfant établit l'existence légale de l'enfant et constitue le fondement de la protection de nombreux droits civils, politiques, économiques, sociaux et culturels de l'enfant. La loi autorise officiellement le mariage dès l'âge de 16 ans y compris le consentement du père ou le tuteur, mais des adolescents peuvent être mariés avant avec le consentement de leurs parents et d'un juge, ce qui est fréquent[567].

Ces mariages précoces ont des conséquences graves sur la santé des jeunes filles, notamment parce qu'elles ne sont pas prêtes à vivre une

---

566 « L'élimination des châtiments corporels des enfants », *Bulletin Afrique* n°°11, avril 2013.

567 M. Sambala TRAORÉ, Conseiller à la Cour suprême du Mali, article « Les droits de l'enfant au Mali », 2009, p. 43.

grossesse et un accouchement, qui se révèlent souvent compliqués et traumatisants.

2. L'esclavage par ascendance

La CNDH, a indiqué que 60 personnes victimes d'esclavages par ascendance ont pu regagner leurs villages d'origine dans la région de Kayes[568].

Toutefois, précise le document, ce chiffre reste « très insignifiant » par rapport au nombre de personnes encore victimes de cette pratique dans cette partie du pays. Et pour les responsables de l'Association Gambana de lutte contre l'esclavage dans la région de Kayes, ce « retour éphémère et mal négocié » de ces familles risque d'être de courte durée.

L'esclavage et les pratiques assimilées continuent au Mali, notamment dans la région de Kayes. Selon la CNDH, plus de 1153 personnes ont été contraintes de quitter leurs localités à cause du phénomène. La Commission exhorte le gouvernement à initier « un dialogue inclusif en vue de la résolution durable de ce problème ».

Pour les responsables de l'Association Gambana de lutte contre l'esclavage dans la région de Kayes, ce retour éphémère et mal négocié de ces familles, risque d'être de courte durée. Selon eux, les villageois et les notabilités des zones concernées exigent de ces personnes le respect de tous les préceptes de la culture y compris l'esclavage[569].

Parmi les familles déplacées, les victimes sont les femmes et les enfants, car pour ce dernier il s'agit de leur vulnérabilité et avenir.

SECTION 2 : Les enfants fragilisés par certains maux

La situation de l'enfant au Mali reste de plus en plus critique, étant donné que l'environnement dans lequel il se trouve est peu favorable à son développement, car plusieurs facteurs freinent l'évolution des droits de l'enfant.

Le jeune malien est très souvent livré à lui-même et il se retrouve dans les rues où il est susceptible d'affronter le pire. Les enfants

---

[568] Rapport de la CNDH, 2019.

[569] Une information recueillie auprès de la population à DIEMA, courant notre enquête.

sont de plus en plus vulnérables, ils sont tantôt victimes d'exploitation, tantôt victimes de certaines formes de maltraitances ou même objet du tourisme sexuel, cette pratique qui est devenue monnaie courante de nombreux pays va à l'encontre de plusieurs principes des droits de l'homme.

Sous ce vocable, on peut distinguer les enfants victimes de certaines pratiques traditionnelles néfastes (***paragraphe 1***) et qui restent tabou, mais aussi on peut constater la dégradation de leur situation scolaire (***paragraphe 2***).

Paragraphe 1 : Pratique traditionnelle néfaste

Selon la CDE[570], les États parties doivent prendre les mesures nécessaires à l'abolition des pratiques traditionnelles préjudiciables à la santé de l'enfant, est complété par l'article 19 de la CDE, qui stipule que les États sont tenus de protéger l'enfant contre les mauvais traitements perpétrés par ses parents ou toute autre personne sous leur couvert.

L'application de cet article s'avère très difficile au Mali, car il y a des pratiques comme les mutilations génitales féminines **(A)** et le mariage précoce des filles (**B**) qui y sont tabous.

A- Mutilations génitales féminines :

L'excision ou mutilation génitale féminine est le nom générique donné à différentes traditions qui entraînent l'ablation d'organes génitaux féminins bien que plusieurs justifications soient données pour le maintien de cette pratique, elle semble lier essentiellement au désir d'assujettir les femmes et de contrôler leur sexualité.

Les mutilations génitales féminines (MGF) désignent « l'ablation totale ou partielle des organes génitaux externes ou toute autre atteinte aux organes génitaux féminins pour des raisons culturelles ou pour d'autres raisons d'ordre non thérapeutique » Plus de 130 millions de filles et de femmes auraient subi des MGF à l'heure

---

[570] Article 24 de la CDE.

actuelle, en majorité en Afrique et, à moindre échelle, dans le Moyen-Orient[571].

Cette procédure comportait l'utilisation d'instruments artisanaux ou rudimentaires. La terminologie appliquée à cette pratique a connu plusieurs modifications importantes lorsque la pratique commence à être connue au-delà des sociétés dans lesquelles elles appartenaient à la tradition.

Elle était connue sous le nom de « circoncision féminin ». Une pratique qui a de graves conséquences physiques ou morales sur la femme. L'excision est une tradition rituelle profondément ancrée dans les mœurs.

La mutilation de l'appareil génital féminin est un rite millénaire. On ignore où et pourquoi il s'est développé.

L'excision est une pratique très répandue au Mali : plus des deux tiers (2/3) des femmes enquêtées (71 %) ont déclaré avoir été excisées. Cette prévalence varie sensiblement selon les caractéristiques sociodémographiques.

Les MGF constituent une violation fondamentale des droits des petites filles comme le prévoit la Convention[572]. Elles violent les droits à la santé et à l'intégrité physique, à la protection contre les pratiques traditionnelles nuisibles, et à la protection contre tout mauvais traitement physique et toute pratique abusive et dégradante.

En outre, les filles subissent souvent cette pratique sans leur consentement informé, ce qui les prive de l'opportunité de faire des choix indépendants concernant leur propre corps.

Il existe trois (3) formes de mutilations sexuelles : la plus courante est l'excision ou clitoridectomie ; elle consiste en l'ablation partielle ou intégrale du clitoris et de petites lèvres.

---

[571] Unicef-Mali 2016.
[572] CDE

La forme la plus grave est l'infibulation lors de cette opération, on procède à l'ablation du clitoris et des petites lèvres, la vulve est ensuite saturée à l'aide de catgut, de fils de soie ou d'épines.

Selon un orifice étroit français pour l'évacuation de l'urine et l'écoulement du flux menstruel, la forme la moins grave est la Sunna ou l'excision symbolique « qui est le fait de couper un peu du clitoris »[573].

Concernant la prévalence de l'excision selon l'âge, aucune tendance nette ne se dégage, ce qui indique que l'excision n'est pas une pratique qui appartient au passé et est en voie de disparition, mais qu'elle est toujours actuelle au Mali.

D'ailleurs, selon les résultats de l'enquête, 66 % des femmes enquêtées, ayant au moins une fille, avaient déjà fait exciser leur fille ou au moins l'une de leurs filles, 3 % avaient l'intention de la (ou les) faire exciser et seulement 1 % n'avaient pas l'intention de le faire. Au total, on peut donc considérer que 70 % des femmes ayant au moins une fille ont fait (99 %) ou feront (99 %) exciser leurs filles.

Cette proportion, proche de celle de femmes excisées (99 %), montre la persistance de la pratique de l'excision dans la société malienne.

L'excision a très généralement lieu dans la période de la petite enfance et est pratiquée par des praticiennes traditionnelles dans 71 % des cas : 37 % par une vieille femme, 28 % par une exciseuse et 9 % par une accoucheuse traditionnelle.

Le recours à des professionnels de santé est très rare (1 %) et cela quel que soit le type d'excision pratiqué[574].

Ainsi l'excision fait-elle partie des pratiques à risques concernant la transmission du VIH/Sida ?

---

573 MINUSMA, section des femmes, rapport 2016.

574 M. Sambala TRAORÉ, Conseiller à la Cour suprême du Mali, Article « les droits de l'enfant au Mali », 2009, p. 56.

L'enquête EDSM (étude démographique de la santé malienne) a permis de saisir les opinions et croyances vis-à-vis de l'excision. Ainsi, d'après les femmes interrogées, les principaux avantages pour une fille d'avoir été excisée tiennent d'abord à la reconnaissance sociale (35 %), puis à l'apaisement de son désir sexuel (31 %).

Toutefois, 29 % des femmes évoquent par ailleurs une nécessité religieuse, et 19 % estiment qu'elle permet une meilleure hygiène. Il faut noter que 1 % des femmes ne voient aucun avantage à l'excision. On estime que cent à cent quarante millions de femmes et de fillettes dans le monde ont subi une forme d'excision et deux millions de fillettes par an qui risquent de subir la procédure sous une forme ou une autre.

> Malgré les difficultés d'évaluer des données globales. Ces chiffres indiquent sans équivoque l'échelle massive de cette violation des droits humains. L'excision ou mutilation génitale féminine frappe bien plus les filles que l'on pensait.

L'excision à de graves conséquences sur la vie présente et dans l'avenir des petites filles, car la plupart des filles excisées sont marquées à vie dans leur chair et leur esprit. La question qui se pose aujourd'hui concerne la qualification de cette pratique : est-elle en effet une agression sexuelle ou une mutilation sexuelle ? Cette question demeure toujours sans réponse.

En ce qui nous concerne, on peut dire qu'il y'a une similitude entre ces deux notions, si la seconde n'est pas comprise dans la première. En effet ce que l'on pense, c'est que celui qui mutile un organe sexuel traumatise et porte atteinte. Cela nous conduira à la normalisation des indicateurs pour l'analyse des situations et le suivi des progrès **(1)** et le MGF et les droits de l'enfant **(2)**.

1. Normalisation des indicateurs pour l'analyse des situations et le suivi des progrès

Les informations contenues dans cette section ne représentent qu'une brève introduction aux données sur l'E/MGF fournies par les EDS et les MICS. Les questions posées dans ces enquêtes ouvrent la voie à toute une série de comparaisons à l'intérieur des pays et entre eux. Leur potentiel comparatif est ultérieurement renforcé dans la mesure où ces enquêtes tendent à établir un ensemble d'indicateurs normalisés pour analyser les situations et le suivi des progrès dans l'élimination de l'E/MGF. En novembre 2003, un accord international en ce sens sur les indicateurs appropriés a été atteint lors d'une Consultation mondiale de l'Unicef sur les indicateurs[575]. À cette occasion, cinq indicateurs standards ont été déterminés pour l'analyse des situations.

Au sein de toutes les sociétés où elle est en usage, l'E/MGF constitue une manifestation de l'inégalité des genres profondément ancrée dans les structures sociales, économiques et politiques. Dans la pratique, cependant, cette dimension n'est pas explicitement abordée et parfois même pas reconnue par les personnes qui approuvent et perpétuent l'E/MGF.

Les chercheurs qui tentent de comprendre le pourquoi et le comment de la persistance de l'E/MGF sont confrontés à ce qui apparaît comme un paradoxe : dans de nombreux cas, les parents ou autres membres de la famille perpétuent une tradition qu'ils savent être nuisible pour la santé physique et psychologique de leurs filles.

Cela s'explique par la dynamique sociale au sein des communautés qui pratiquent l'E/MGF. Les mères organisent le rite car elles considèrent que cela fait partie de leur devoir d'éduquer convenablement leur fille et de la préparer à l'âge adulte et au mariage. Lors des débats sur l'E/MGF, des femmes maninka de Guinée centrale ont expliqué que les parents ont un triple devoir envers leurs filles : les éduquer convenablement, les faire exciser et leur trouver un mari. L'obligation de faire exciser leur fille peut être perçue comme une convention sociale à laquelle les parents se conforment, même si la pratique est nuisible. Dans cette perspective, le non-respect de la convention serait plus néfaste encore, car il signifierait la honte et l'exclusion sociale.

---

[575] Unicef (2004), "Unicef Global Consultation on Indicators, November 11-13, 2004, NYHQ. Child Protection Indicators Framework. Female Genital Mutilation and Cutting", New York, USA, révision en date du 12 juillet 2004.

La convention sociale a un tel poids que les filles elles-mêmes désirent parfois être excisées, poussées par leurs pairs, et par la crainte – non sans fondement – d'être blâmées et rejetées par la communauté si elles ne suivent pas la tradition. L'E/MGF joue un rôle important dans l'identité culturelle et de genre des filles et des femmes et peut également transmettre un sentiment de fierté, d'entrée dans l'âge adulte et 'appartenance à la communauté. Les filles qui subissent le rite sont récompensées par la considération collective, ainsi que par des cérémonies et des cadeaux.

En outre, dans les communautés au sein desquelles l'E/MGF est quasiment la norme, ne pas se conformer à la pratique peut entraîner le blâme, l'exclusion sociale et l'impossibilité de trouver un mari. Il arrive aussi que les filles et les femmes vivant dans des communautés d'immigrés considèrent la pratique comme une façon de renforcer leur identité culturelle au sein d'un contexte étranger.

2. Le MGF et les droits de l'enfant

Les conséquences pour les filles et les femmes de l'E//MGF de tout type sont nombreuses, et la pratique porte atteinte à la réalisation des droits humains, notamment le droit à la vie, le droit à l'intégrité physique, le droit de jouir de la meilleure santé possible (y compris, à la maturité, la santé reproductive et sexuelle), ainsi que le droit d'être à l'abri de toute forme de violence, d'atteinte ou de brutalités physiques ou mentales. La pratique viole également le droit de l'enfant au développement, à la protection et à la participation.

La question de l'E/MGF a souvent été soulevée par le Comité des droits de l'enfant qui, dans le contexte de la CDE, a appelé les États parties à « prendre toutes les mesures appropriées » pour abolir une telle pratique[576]. L'intérêt supérieur de l'enfant et le droit de l'enfant au respect de ses opinions. Un des principes directeurs de la CDE est

---

[576] Au Mali, marier les filles à l'âge de 10, 11 ou 12 ans est une pratique courante en milieux peuhl et soninké en première région (Kayes). Les cultures ancestrales de ces ethnies l'encouragent quoique continuant à semer la mort. Le mariage précoce est cité parmi les causes de l'abandon scolaire des filles. Selon EDSM-IV réalisée en 2006, 66 % des femmes qui avaient entre 15 et 45 ans au moment de l'enquête étaient déjà mariées à l'âge de 15 ans.

l'« intérêt supérieur de l'enfant ». L'article 3 demande que l'intérêt supérieur de l'enfant constitue une considération primordiale « dans toutes les décisions qui concernent les enfants ». Ce principe est d'une importance capitale dans le contexte familial puisque « la responsabilité d'élever l'enfant et d'assurer son développement incombe au premier chef aux parents ou, le cas échéant, à ses représentants légaux. Ceux-ci doivent être guidés avant tout par l'intérêt supérieur de l'enfant 9 »[577].

Le droit à la vie et au meilleur état de santé possible L'E/MGF compromet de façon irréversible l'intégrité physique des filles et des femmes. Les dégâts causés par l'intervention peuvent mettre gravement en danger leur santé et leur bien-être[578]. Dans les cas extrêmes, l'E/MGF peut violer le droit à la vie. La mort est souvent provoquée par des hémorragies abondantes et incontrôlables, ou par des infections successives à l'intervention. En outre, l'E/MGF peut entraîner ou causer la mort maternelle. On ignore le taux de mortalité des filles et des femmes soumises à l'E/MGF car les documents à cet égard sont peu nombreux, et les décès par suite de l'E/MGF sont rarement déclarés comme tels[579].

En vertu de la ratification de la CDE et d'autres instruments de droits humains pertinents, les États parties sont tenus par la loi de prévenir la pratique de l'E/MGF parmi leurs citoyens et autres ressortissants placés sous leur juridiction[580].

Ces mesures sont appropriées et nécessaires au niveau national et sub-national, et requièrent la participation et la mobilisation de nombreux partenaires, notamment les dirigeants des communautés et les organisations locales. L'article 24 (3) de la CDE appelle les États parties à « prendre toutes les mesures efficaces appropriées en vue

[577] Article 18 de la CDE.

[578] Pour un examen plus complet des complications de santé résultant de l'E/MGF, voir : Organisation mondiale de la santé (2000), "Examen systématique des complications de santé provoquées par les mutilations génitales féminines, y compris lors de l'accouchement", OMS, Genève.

[579] OMS (1996), Mutilations génitales féminines : kit d'information, Organisation mondiale de la santé, Genève.

[580] Voir Wheeler, Patricia (2003), "Eliminating FGM: The role of the law", The International Journal of Children's Rights, 11, 2003, p. 257-71.

d'abolir les pratiques traditionnelles préjudiciables à la santé des enfants ».

Ces mesures comprennent des campagnes de sensibilisation et d'éducation, la mise en place de mécanismes pour protéger les enfants contre ces pratiques, l'introduction d'une législation qui empêche ces pratiques et garantisse l'accès aux soins et à l'information sanitaire[581].

B- Mariage précoce

Le mariage précoce, encore connu sous l'appellation de mariage d'enfant, se définit comme « tout mariage contracté avant l'âge de 18 ans, avant que la jeune fille ne soit physiquement, physiologiquement et psychologiquement prête à assumer les responsabilités du mariage et de la procréation »[582].

Le mariage d'enfant, par contre, suppose que l'un ou l'autre des époux est un mineur, et ce type d'union peut intervenir avec ou sans enregistrement officiel selon les droits civil, religieux ou coutumier.

Dans bien des sociétés des pays en développement, le mariage d'enfant est utilisé pour consolider ou renforcer des alliances entre familles. Quelquefois, cette union peut commencer par des fiançailles avec des enfants ou des nourrissons.

Le mariage d'enfants (10 à 12 ans) est généralement conclu pour la fille de moins de 10 ans, et la fiancée est mise sous la garde des beaux parents ou peut rester chez ses parents (ex. : Peuhl, Soninké, Touareg…) et pour les garçons entre 18 et 19 ans[583].

---

[581] Pour une liste complète des obligations des États en ce qui concerne les pratiques traditionnelles néfastes affectant la santé des femmes et des filles, voir la Résolution de l'Assemblée générale des Nations unies A/RES/54/133, 7 février 2000.

[582] MINUSMA, Section des Femme, 2016.

[583] D'une manière générale, le mariage précoce est plus répandu en Afrique centrale et occidentale (40% à 49% des filles mariées avant 19 ans) qu'en Afrique orientale (27%) du Nord ou du Sud (20%), relève l'étude. Un grand nombre d'entre elles deviennent deuxième ou troisième épouse des ménages polygames et courent le risque élevé de devenir des esclaves sexuelles.

Ces mariages sont imposés, car ce sont plutôt les parents qui déterminent le choix des nouveaux mariés. Certaines ethnies pour la plupart marient la jeune fille à partir de 15 ans ou au plus. Cela nous permet d'en savoir la manifestation **(1)** et les causes **(2)**.

1. La manifestation

Dans nos sociétés traditionnelles, la promesse du mariage est faite par les parents du garçon des fois avant même la naissance de l'enfant. Ceci consiste à attacher une corde autour du genou.

Ce type de mariage se traduit par une promesse des parents de donner l'enfant en mariage lorsqu'elle grandira. Le mariage d'enfants (10 à 12 ans) est généralement conclu pour la fille de moins de 10 ans, et la fiancée est mise sous la garde des beaux parents ou peut rester chez ses parents (ex. : Peuhl, Soninké, Touareg…) et pour les garçons entre 18 et 19 ans[584].

Ces mariages sont imposés, car ce sont plutôt les parents qui déterminent le choix des nouveaux mariés. Les ethnies bambaras pour la plupart marient la fille à partir de 15 ans ou au plus.

2. Les causes

Dans le monde entier, le mariage d'enfant est considéré comme une institution sociale et économique profondément ancrée, qui trouve sa justification dans la religion ou dans la tradition, et qui continue de s'épanouir pour des raisons nombreuses et multiples.

- **Les liens familiaux**

Dans certaines régions d'Afrique et d'Asie, l'on attache beaucoup de prix au mariage ou aux fiançailles de mineurs qui sont considérés comme un moyen de consolider les liens entre des familles, de conclure

---

[584] Dans nos sociétés traditionnelles, la promesse du mariage est faite par les parents du garçon des fois avant même la naissance de l'enfant. Ceci consiste à attacher une corde autour du genou. Ce type de mariage se traduit par une promesse des parents de donner l'enfant en mariage lorsqu'elle grandira Le mariage d'enfants (10 à 12ans) est généralement conclu pour la fille de moins de 10 ans et la fiancée est mise sous la garde des beaux parents ou peut rester chez ses parents (ex. : Peuhl, Soninké, Touareg…) et pour les garçons entre 18-19 ans. Ces mariages sont imposés, car ce sont plutôt les parents qui déterminent le choix des nouveaux mariés. Les ethnies bambaras pour la plupart marient la fille à partir de 15 ans ou au plus.

des marchés fonciers ou relatifs à d'autres types de biens, ou encore de régler des différends. Le mariage peut également être un moyen d'entretenir les liens entre ethnies ou communautés.

- **Le mariage précoce, stratégie de survie économique**

La pauvreté est l'une des causes principales du mariage précoce. Quand la misère est grande, une fille jeune peut représenter une charge, et son mariage avec un homme bien plus âgé (quelquefois un vieillard).

- **Inégalités entre les sexes**

Dans bien des sociétés de par le monde, les structures du pouvoir sont encore très largement patriarcales ou dominées par les hommes. Dans ces conditions, le mariage des jeunes filles est perçu comme un moyen nécessaire de renforcer les normes existantes.

- **Contrôle de la sexualité et protection de l'honneur familial**

Le mariage d'enfant est considéré par la tradition comme une nécessité pour contrôler la sexualité et la vie reproductive des jeunes filles. Les notions culturelles et religieuses de la virginité et de la chasteté d'une jeune fille sont, dans de nombreuses sociétés, directement liées à l'honneur et au statut de la famille ou du clan.

- **Tradition et culture**

Dans les communautés où le mariage d'enfant est pratiqué, les familles se retrouvent sous forte pression sociale de se conformer à cette norme sous peine, souvent, de paraître ridicules, d'être désapprouvées ou d'être l'opprobre de la société.

- **Insécurité**

Les situations d'insécurité et d'abjecte pauvreté, notamment pendant les catastrophes telles que la guerre, la famine et l'épidémie du VIH/Sida, peuvent amener des parents ou des tuteurs à recourir au mariage d'enfant comme mécanisme de protection ou stratégie de survie[585].

Les populations déplacées vivant dans les camps de réfugiés, lorsqu'elles s'estiment incapables de protéger leurs filles contre le viol,

[585] Les situations d'insécurité et d'abjecte pauvreté, notamment pendant les catastrophes telles que la guerre, la famine et l'épidémie du VIH/Sida, peuvent amener des parents ou des tuteurs à recourir au mariage d'enfant comme mécanisme de protection ou stratégie de survie.

peuvent les donner en mariage à un seigneur de guerre ou à tout autre représentant de l'autorité pour leur assurer une meilleure protection[586].

Paragraphe 2 : Éducation et santé des enfants

Le taux de mortalité infantile est particulièrement élevé au Mali, avec 191 décès pour 1 000 naissances. L'espérance de vie à la naissance est également parmi les plus faibles au monde.

Malgré les progrès accomplis ces dernières années en matière de vaccination (notamment contre la diphtérie, le tétanos, la coqueluche et la polio), beaucoup d'enfants n'ont toujours aucun moyen d'accès aux soins de santé de base.

De même, la scolarisation des enfants n'est pas aux attentes des partenaires internationaux. Ici, nous verrons l'éducation des enfants (**A**) et la santé des enfants (**B**).

A- L'éducation des enfants

La guerre en 2012 a entraîné une perturbation généralisée du système éducatif malien : des enfants et des étudiants ont été déplacés en masse du nord vers le sud, y compris des zones d'intervention de Plan international Mali à ce moment. Les classes sont devenues rapidement surchargées, l'enseignement a baissé en qualité, et les enfants ont rencontré des difficultés pour s'intégrer et s'adapter à cette situation nouvelle.

Le Plan international Mali a répondu à ces changements en élargissant l'accès à l'éducation pour les enfants dans les zones en état d'urgence dans le nord du Mali ; nous avons également formé les enseignants pour renforcer leurs compétences en matière de soins psychosociaux de l'enfant et de méthodes d'enseignement adaptées à un contexte de crise[587].

---

[586] Chez les populations perturbées par la guerre (comme c'est le cas au Burundi, en Somalie, au Nord-Mali, au Nord de l'Ouganda et en Afghanistan), le mariage d'une jeune fille à un seigneur de guerre ou à quelqu'un qui peut s'en occuper peut bien s'avérer une stratégie pour s'assurer la sécurité physique ou l'appui familial.

[587] Unicef du Mali, www.unicef.org.

L'insécurité a également privé de nombreux enfants au Mali de leur droit à l'éducation. Aujourd'hui, plus de 1 100 écoles au Mali sont fermées en raison de l'insécurité, touchant plus de 350 000 enfants, dont beaucoup se trouvent dans la région centrale de Mopti.

L'Unicef estime que plus de deux millions d'enfants du pays âgés de 5 à 17 ans ne vont pas à l'école pour des raisons liées à l'insécurité, à la pauvreté des ménages, au travail des enfants, au mariage des enfants et au manque d'écoles de qualité à proximité des foyers.

Seuls 44 % des enfants sont effectivement scolarisés au Mali. Les écoles sont souvent très éloignées des villages ruraux, les classes sont surchargées ; il manque cruellement d'enseignants qualifiés, ainsi que de moyens et d'infrastructures, pour que l'école malienne remplisse son rôle avec efficience[588].

Si la Constitution malienne garantit un accès gratuit à l'école, les parents se voient souvent obligés de payer le matériel nécessaire ainsi que les uniformes, ou même des taxes scolaires. Cela freine largement l'accès à l'éducation aux enfants pauvres. Les filles sont également discriminées : deux jeunes filles sur trois (2/3) ne savent ni lire ni écrire correctement.

Le taux d'abandon de l'école chez les filles s'explique principalement par le nombre important de mariages précoces et le travail des enfants.

L'enseignement préscolaire reste faiblement implanté au Mali. Le taux d'inscription des enfants âgés de 3 à 5 ans est estimé à 8,3 %.

Une politique nationale de développement de la Petite Enfance a été adoptée en 2005. Les principales recommandations s'articulent autour du renforcement du taux de rétention à travers l'amélioration de la qualité, l'élargissement de l'entrée en première année secondaire.

---

[588] Unicef du Mali, www.unicef.org.

L'analyse du secteur contribuera à reformuler les objectifs et stratégies pour l'Éducation et la Santé[589].

Malgré les progrès, 30 % des enfants de 6 à 11 ans ne sont pas scolarisés, et même après l'adoption de la politique rendant l'éducation de base, un village une école.

En effet, la qualité de l'éducation demeure de plus en plus alarmante, car on peut remarquer que le niveau des enfants baisse chaque fin d'année et le niveau des instituteurs reste faible malgré les nombreuses réformes en la matière. Les politiques de l'État s'avèrent peu efficaces.

Si l'on se réfère au PIDESC, principal instrument international en matière du droit à l'éducation, la réalisation de ce droit repose essentiellement sur six éléments : l'obligation (pour l'enseignement primaire) et la gratuité, la qualité, l'éducation aux droits humains, la liberté des parents ou tuteurs de choisir des établissements scolaires, la possibilité pour des personnes privées ou morales de créer et de diriger des établissements scolaires, le principe de non-discrimination et la coopération internationale. Il y a des éléments constitutifs du droit à l'éducation (**1**) et les normes pertinentes (**2**).

1. Éléments constitutifs du droit à l'éducation

Ils sont composés des enseignements obligatoires et gratuits.

D'abord, enseignement primaire et éducation de base, en vertu des traités en matière de droits humains, l'enseignement primaire doit être gratuit. Selon le PIDESC, pour « assurer le plein exercice » du droit à l'éducation, les États reconnaissent que « l'enseignement primaire doit être obligatoire et accessible gratuitement à tous » (art. 13.2.a). De plus, le PIDESC donne deux ans aux États qui n'ont pas encore assuré, dans les territoires sous leur juridiction (y compris des territoires dépendants ou occupés), « le caractère obligatoire et gratuit de l'enseignement primaire » pour qu'ils établissent et adoptent « un plan détaillé des mesures nécessaires pour réaliser progressivement, dans un nombre

[589] Idéo Alpha Oumar Konaré, 1992.

raisonnable d'années fixé par ce plan, la pleine application du principe de l'enseignement primaire obligatoire et gratuit pour tous » (art. 14).

La Convention relative aux droits de l'Enfant exige également des États que l'enseignement primaire soit « obligatoire et gratuit pour tous » (art. 28.1.a). Il faut préciser à ce propos que l'âge d'admission à l'école (généralement 6 à 7 ans) et la durée de la scolarité obligatoire (4, 6, 9 ou 12 ans) varient d'un pays à l'autre. Face à cette situation, le rapporteur spécial sur le droit à l'éducation milite pour que la fin de la scolarité obligatoire soit fixée à l'âge de 15 ans au minimum.

Ce qui correspond à l'âge minimum d'admission à un emploi, fixé par l'OIT. Cette dernière a même rehaussé cette limite, la fixant à 18 ans dans sa convention sur l'interdiction des pires formes de travail des enfants13. Par ailleurs, selon le PIDESC, « L'éducation de base doit être encouragée ou intensifiée, dans toute la mesure [du] possible, pour les personnes qui n'ont pas reçu d'instruction primaire ou qui ne l'ont pas reçue jusqu'à son terme » (art. 13.2 d).

Enseignement secondaire et supérieur, la gratuité ne concerne pas uniquement l'enseignement primaire, le PIDESC exige des États qu'ils l'assurent progressivement pour les enseignements secondaire et supérieur : « L'enseignement secondaire, sous ses différentes formes, y compris l'enseignement secondaire technique et professionnel, doit être généralisé et rendu accessible à tous par tous les moyens appropriés et notamment par l'instauration progressive de la gratuité » (art. 13.2.b). « L'enseignement supérieur doit être rendu accessible à tous en pleine égalité, en fonction des capacités de chacun, par tous les moyens appropriés et notamment par l'instauration progressive de la gratuité » (art. 13.2.c).

- **Les qualités de l'enseignement**

Il est bien connu qu'il ne suffit pas d'avoir des bâtiments adéquats ou des enseignants dûment formés pour dispenser un enseignement de qualité. Si le contenu de l'enseignement est essentiel, il ne faut pas pour autant négliger les conditions et le processus dudit enseignement.

Ces aspects se complètent et se renforcent mutuellement. Pour le rapporteur spécial, « le droit à une éducation de qualité implique la nécessité d'orienter les processus d'apprentissage ainsi que tout le contexte et l'infrastructure scolaires de manière à ce que les connaissances, aptitudes et savoir-faire se construisent au sein d'une citoyenneté propice au respect de la dignité et des valeurs supérieures d'humanité, de diversité, de paix, de solidarité et de coopération mutuelle.

La qualité se définit en termes non seulement d'efficience quantifiable, mais de profondeur de l'engagement de l'être humain vis-à-vis du présent et de l'avenir de toutes les personnes[590]. Dans ce but, le CODESC et le rapporteur spécial sur le droit à l'éducation ont établi quatre critères interdépendants pour mesurer la qualité de l'enseignement : dotation, accessibilité, acceptabilité et adaptabilité[591].

2. Les normes pertinentes

Elles s'étendent à deux niveaux : le niveau national et le niveau international.

- **Au niveau international**

Il serait fastidieux de mentionner toutes les normes internationales se référant à l'éducation. C'est pourquoi nous nous contenterons de mentionner, en plus de celles déjà citées, les normes les plus importantes qui couvrent différents aspects du droit à l'éducation et différentes catégories de personnes. La Convention relative au statut des réfugiés [592] stipule : « Les États contractants accorderont aux

---

[590] Rapport annuel du rapporteur spécial sur le droit à l'éducation, E/CN.4/2005/50, 17 décembre 2004, §§ 107 et 108.

[591] Si le rapporteur spécial a établi ces critères pour l'enseignement primaire sur lequel il s'était concentré au début de son mandat, pour le CODESC ils doivent être observés à tous les niveaux de l'enseignement et sous toutes ses formes (cf. § 6 de l'Observation générale n° 13 du CODESC, E/C.12/1999/10, et §§ 51 à 74 du rapport annuel du rapporteur spécial sur le droit à l'éducation, E/CN.4/1999/49).

[592] Adoptée le 28 juillet 1951, entrée en vigueur le 22 avril 1954 et ratifiée à ce jour par 144 États.

réfugiés le même traitement qu'aux nationaux en ce qui concerne l'enseignement primaire » (art. 22.1) ; « Les États contractants accorderont aux réfugiés un traitement aussi favorable que possible, et en tout cas non moins favorable que celui qui est accordé aux étrangers en général dans les mêmes circonstances quant aux catégories d'enseignement autres que l'enseignement primaire et notamment en ce qui concerne l'accès aux études, la reconnaissance de certificats d'études, de diplômes et de titres universitaires délivrés à l'étranger, la remise des droits et taxes et l'attribution de bourses d'études » (art. 22.2).

En plus de ses articles 28 et 29 déjà cités, plusieurs autres articles de la Convention relative aux droits de l'enfant portent sur le droit à l'éducation. L'article 14 concerne le respect par l'État du « droit de l'enfant à la liberté de pensée, de conscience et de religion ».

La Convention relative aux droits des personnes handicapées[593] prévoit entre autres : « Les États parties reconnaissent le droit des personnes handicapées à l'éducation. En vue d'assurer l'exercice de ce droit sans discrimination et sur la base de l'égalité des chances, les États parties font en sorte que le système éducatif pourvoit à l'insertion scolaire à tous les niveaux et offre, tout au long de la vie, des possibilités d'éducation […] » (art. 24).

Dans la Déclaration des droits des personnes appartenant à des minorités nationales ou ethniques, religieuses et linguistiques[594], les États reconnaissent le droit aux minorités (nationales et ethniques, religieuses et linguistiques) « de jouir de leur propre culture, de professer et de pratiquer leur propre religion et d'utiliser leur propre langue, en privé et en public, librement et sans ingérence ni discrimination quelconque » (art. 2.1).

---

593 Adoptée le 13 décembre 2006 et entrée en vigueur le 3 mai 2008.

594 Adoptée par l'Assemblée générale de l'ONU le 18 décembre 1992 (cf. Résolution 47/135).

La convention de l'Unesco sur l'enseignement technique et professionnel [595] reconnaît que « l'enseignement technique et professionnel répond à un souci global de développement, tant des individus que des sociétés ».

La Conférence mondiale sur les droits de l'homme[596] réaffirme que « les États sont tenus de veiller à ce que l'éducation vise au renforcement du respect des droits de l'homme et des libertés fondamentales. [...] il importe que la question des droits de l'homme ait sa place dans les programmes d'enseignement et invite les États à y veiller. [...] L'éducation en matière de droits de l'homme devrait porter sur la paix, la démocratie, le développement et la justice sociale, comme prévu dans les instruments internationaux et régionaux relatifs aux droits de l'homme, afin de susciter une compréhension et une prise de conscience qui renforcent l'engagement universel en leur faveur »[597].

- **Au niveau régional**

Sur le continent européen

Selon le premier protocole additionnel à la Convention de sauvegarde des droits de l'homme et des libertés fondamentales (1952)[598] « Nul ne peut se voir refuser le droit à l'instruction. L'État, dans l'exercice des fonctions qu'il assumera dans le domaine de l'éducation et de l'enseignement, respectera le droit des parents d'assurer cette éducation et cet enseignement conformément à leurs convictions religieuses et philosophiques » (art. 2). À travers la Charte sociale européenne (1961, révisée en 1996) [599] , les États parties

---

[595] Adoptée le 10 novembre 1989, entrée en vigueur le 29 août 1991 et ratifiée à ce jour par 17 États.

[596] Tenue à Vienne entre les 14 et 25 juin 1993.

[597] Déclaration et programme d'action de Vienne, § 33 de la 1re partie et § 80 de la 2e partie, www.unhchr.ch/huridocda/huridoca.nsf/(Symbol)/A.CONF.157.23.Fr?OpenDocument.

[598] www.echr.coe.int/NR/rdonlyres/086519A8-B57A-40F4-9E22-3E27564DBE86/0/FrenchFran% C3%A7ais.pdf

[599] Voir www.coe.int/t/dghl/monitoring/socialcharter/Presentation/ESCRBooklet/French.pdf.

s'engagent « à assurer aux enfants et aux adolescents un enseignement primaire et secondaire gratuit, ainsi qu'à favoriser la régularité de la fréquentation scolaire » (art. 17.2).

Sur le continent africain

La Charte européenne des langues régionales ou minoritaires (1992)[600] prévoit entre autres l'enseignement en ces langues à tous les niveaux de l'éducation (préscolaire, primaire, secondaire, universitaire, technique et professionnel) [art. 8].

L'article 17 de la Charte africaine des droits de l'homme et des peuples (1981)[601]est libellé comme suit : 1) « Toute personne a droit à l'éducation. 2) Toute personne peut prendre part librement à la vie culturelle de la communauté. 3) La promotion et la protection de la morale et des valeurs traditionnelles reconnues par la communauté constituent un devoir de l'État dans le cadre de la sauvegarde des droits de l'homme ». La Charte africaine des droits et du bien-être de l'enfant (1990)[602] reconnaît le droit de tout enfant à l'éducation (art. 11) et charge les États parties, compte tenu de leurs moyens et de leur situation nationale, à prendre « toutes les mesures appropriées pour : a) assister les parents ou autres personnes responsables de l'enfant, et en cas de besoin, prévoir des programmes d'assistance matérielle et de soutien, notamment en ce qui concerne la nutrition, la santé, l'éducation, l'habillement et le logement ; b) assister les parents ou autres personnes responsables de l'enfant pour les aider à s'acquitter de leurs tâches vis-à-vis de l'enfant, et assurer le développement d'institutions qui se chargent de donner des soins aux enfants ; c) veiller à ce que les enfants des familles où les deux parents travaillent et bénéficient d'installations et de services de garderie » (art. 20). Le protocole à la Charte africaine

---

[600] Voir conventions.coe.int/Treaty/fr/Treaties/Html/148.htm.

[601] Voir www.africa-union.org/Official_documents/Treaties_Conventions_fr/Charte%20Africaine%20des%20Droits%20de%20l%20homme%20et%20des%20Peuples.pdf, consulté le 12 juin 2020.

[602] Voir www.africa-union.org/Official_documents/Treaties_Conventions_fr/CHARTE%20AFRICAINE-DRO ITS%20ENFANT%20new.pdf, consulté le 12 juin 2020.

des droits de l'homme et des peuples relatif aux droits des femmes (2003)[603] charge les États parties à prendre « toutes les mesures appropriées pour éliminer toute forme de discrimination à l'égard des femmes et garantir l'égalité des chances et d'accès en matière d'éducation et de formation » (art. 12.1.a).

B- La santé

Actuellement, au Mali, un enfant sur dix meurt avant d'atteindre son cinquième anniversaire, tandis qu'un nouveau-né sur trente ne survit pas à son premier mois de vie. De plus, la moitié des enfants infectés par le VIH à la naissance ne survivront pas jusqu'à leur deuxième anniversaire.

Dans ce contexte, la réduction de la mortalité infantile et néonatale est une priorité pour le gouvernement du Mali et ses partenaires.

Beaucoup de maladies qui tuent les enfants au Mali sont tout à fait évitables. Malheureusement, seulement 45 % des enfants au Mali reçoivent tous les vaccins de base et 14 % ne reçoivent aucun vaccin, ce qui les prive de la protection contre les maladies infantiles courantes[604].

La santé a été depuis toujours une préoccupation essentielle des pouvoirs publics et un pilier central de tous les programmes de développement. Aussi il y'a lieu de reconnaître que des investissements importants ont été offerts à ce secteur, soit pour le renouvellement et la modernisation de ses équipements, soit pour l'élargissement géographique de sa couverture sanitaire, soit dans la politique de disponibilité des médicaments essentiels conjugués avec le recouvrement des coûts.

Le taux de mortalité infantile est particulièrement élevé au Mali, avec 191 décès pour 1 000 naissances. L'espérance de vie à la naissance est également parmi les plus faibles au monde. Malgré les progrès

---

[603] Voir www.africa-union.org/Official_documents/Treaties_Conventions_fr/Protocole%20sur%20le%20 droit% 20de%20la%20femme.pdf.
[604] Unicef du Mali, www.unicef.org.

accomplis ces dernières années en matière de vaccination (notamment contre la diphtérie, le tétanos, la coqueluche, la rougeole et la polio), beaucoup d'enfants n'ont toujours aucun moyen d'accès aux soins de santé de base.

La malnutrition est la première cause de mortalité infantile : la malnutrition est aiguë dans 15 % des cas au Mali, et 20 % des enfants naissent déjà avec une insuffisance pondérale. Par ailleurs, environ 30 % de la population n'ont pas accès à l'eau potable, ce qui engendre de nombreuses maladies[605].

Au Mali, les mutilations génitales féminines sont très répandues. Aujourd'hui encore, 99 % des filles sont excisées. La majorité d'entre elles subissent cette opération particulièrement douloureuse et traumatisante à l'âge de 3 ou 4 ans (mais il existe des variations selon les régions).

Les MGF ont des conséquences graves sur la santé, provoquant fréquemment des hémorragies et des infections. De plus, le risque de présenter une complication lors de l'accouchement est six fois plus élevé chez une femme excisée que chez les autres. Voyons les voies d'applications effectives.

Face à ces défis, l'Unicef au Mali aide le ministère de la Santé et des Affaires sociales à faire en sorte que davantage d'enfants de moins de 5 ans survivent et atteignent leur plein potentiel, en mettant un accent particulier sur les communautés les plus isolées.

Dans le nord du pays, l'Unicef au Mali travaille avec des partenaires pour rétablir des structures de santé fermées ou endommagées et pour faciliter l'accès aux services de santé, y compris aux médicaments et autres approvisionnements, tout en encourageant les gens à utiliser les installations dont ils disposent.

L'Unicef soutient également les services mobiles pour les populations en déplacement ou dans les zones les plus isolées ou les plus touchées par le conflit, notamment les cliniques mobiles qui fournissent des services de consultation prénatale, de traitement des

---

[605]Unicef du Mali, 2016.

maladies courantes chez les enfants, de dépistage de la malnutrition et de vaccination.

Au niveau de la prévention et du traitement du VIH, l'Unicef appuie le ministère de la Santé et des Affaires sociales pour promouvoir le dépistage précoce des enfants et le maintien des enfants affectés par le VIH sous traitement antirétroviral. L'Unicef continue d'encourager le secteur de la santé à étudier les possibilités offertes par la réforme du secteur annoncée en 2019 et à établir et renforcer des partenariats et des collaborations stratégiques.

L'Unicef vise également à renforcer le système de santé communautaire et aide à équiper les agents de santé communautaire et à leur permettre de fournir des services de santé à haut impact aux familles et aux communautés les plus isolées et rurales, ainsi qu'à celles affectées par les catastrophes naturelles et les conflits. L'application du droit à la santé à des groupes particuliers de la population : enfants et adolescents (**1**), et les obligations des États et responsabilités d'autres acteurs envers le droit à la santé (**2**) seront analysées.

1. Application du droit à la santé à des groupes particuliers de la population : enfants et adolescents

Les enfants doivent surmonter des problèmes de santé particuliers à chaque étape de leur développement physique et mental, ce qui les rend notamment vulnérables à la malnutrition et aux maladies infectieuses et, à la période de l'adolescence, des problèmes de santé sexuelle, procréative et mentale.

La plupart des décès chez l'enfant sont dus à une poignée de maladies, infections respiratoires aiguës, diarrhée, rougeole, paludisme et malnutrition, ou à une combinaison de celles-ci. À cet égard, tant le Pacte international relatif aux droits économiques, sociaux et culturels que la Convention relative aux droits de l'enfant font obligation aux États de réduire la mortalité infanto-juvénile et de lutter contre les maladies et la malnutrition. De surcroît, un bébé qui a perdu sa mère à la suite de complications lors de la grossesse et à la naissance a un risque plus élevé de mourir pendant la prime enfance. La santé infantile et la santé sexuelle et procréative des femmes sont si étroitement liées que la Convention relative aux droits de l'enfant engage les États à garantir l'accès aux services de santé essentiels pour l'enfant et sa famille, y compris aux soins de santé pré- et post-natale pour les mères.

Les enfants sont également de plus en plus exposés, car les infections à VIH sont essentiellement le fait d'une transmission mère–enfant (un enfant né d'une mère séropositive a 25 à 35 % de chances d'être infecté lors de la grossesse, de la naissance ou de l'allaitement).

En conséquence, les États devraient prendre des mesures pour prévenir une telle transmission par exemple par : des protocoles médicaux de dépistage du sida pendant la grossesse ; des campagnes d'information à l'intention des femmes sur ces formes de transmission ; la fourniture de médicaments abordables ; et la prestation de soins et la fourniture d'un traitement aux femmes infectées par le VIH, à leurs enfants et à leur famille, y compris un soutien psychologique et des choix en matière d'allaitement.

Les gouvernements et les professionnels de la santé devraient traiter tous les enfants et les adolescents de manière non discriminatoire. À cet effet, ils devraient s'attacher particulièrement aux besoins et aux droits de groupes spécifiques, tels que les enfants appartenant à des minorités ou à des communautés autochtones, les enfants intersexués[606] et, en général, les jeunes filles et les adolescentes, qui dans de nombreux contextes ne peuvent accéder à une grande diversité de services, y compris aux soins médicaux. Les filles devraient notamment avoir un accès égal à une alimentation appropriée, à un environnement sûr et à des services de soins de santé physique et mentale.

Des mesures adaptées devraient être prises pour abolir les pratiques traditionnelles dangereuses préjudiciables pour la santé de la plupart des filles telles que les mutilations génitales féminines, le mariage précoce et les préférences accordées aux garçons en matière d'alimentation et de soins.

Les enfants qui ont été victimes de négligence, d'exploitation, de sévices, de tortures ou de toute autre forme de traitement cruel, inhumain ou dégradant doivent également bénéficier d'une protection particulière des États. L'article 39 de la Convention relative aux droits de l'enfant met l'accent sur la responsabilité des États afin de

[606] Les enfants intersexués sont nés avec des organes sexuels internes et externes qui ne sont ni exclusivement masculins ni exclusivement féminins.

promouvoir la réadaptation physique et psychologique ainsi que la réinsertion sociale de tout enfant.

Même si dans l'ensemble les adolescents constituent une catégorie de population en bonne santé, ils sont sujets à des comportements à risque et sont exposés à la violence sexuelle et à l'exploitation sexuelle.

Les adolescentes sont également vulnérables aux grossesses précoces et/ou non désirées. Le droit des adolescents à la santé dépend donc de soins de santé qui respectent la confidentialité et la vie privée et comprend des services de santé mentale, sexuelle et procréative ainsi que l'information.

De plus, les adolescents sont particulièrement vulnérables aux maladies sexuellement transmissibles, y compris le VIH/Sida. Dans de nombreuses régions du monde, les nouvelles infections par le VIH sont largement concentrées chez les jeunes (15 à 24 ans)[607].

Des programmes de prévention efficaces devraient aborder la santé sexuelle et garantir un accès égal aux informations sur le VIH et à des mesures de prévention telles que soutien psychologique et dépistage volontaire ainsi qu'à des méthodes et services de contraception abordables.

2. Obligations des États et responsabilités d'autres acteurs envers le droit à la santé

Les États ont pour obligation principale de protéger et de promouvoir les droits de l'homme. Les obligations en rapport avec les droits de l'homme sont définies et garanties par le droit international coutumier[608] et les traités internationaux relatifs aux droits de l'homme, créant des obligations contraignantes pour les États qui les ont ratifiés pour donner effet à ces droits.

- **Réalisation progressive**

Lorsqu'ils ratifient les traités relatifs aux droits de l'homme, les États parties ont pour obligation de donner effet à ces droits dans leur ordre juridique interne. Plus précisément, le paragraphe 1 de l'article 2

[607] Programme commun des Nations unies sur le VIH/Sida et Organisation mondiale de la santé, *AIDS Epidemic Update*, December 2006, p. 9.

[608] On entend par droit coutumier toute pratique générale des États acceptée comme étant de droit et engendrée par un sentiment d'obligation juridique.

du Pacte international relatif aux droits économiques, sociaux et culturels souligne que les États s'engagent à assurer progressivement le plein exercice des droits reconnus dans le Pacte.

Il s'agit d'une reconnaissance implicite du fait que les États sont soumis à des contraintes en matière de ressources et qu'il faut du temps pour appliquer les dispositions du traité. Par conséquent, certains éléments des droits protégés au titre du Pacte, y compris le droit à la santé, sont réputés soumis à réalisation progressive.

Tous les aspects des droits visés par le Pacte ne peuvent être réalisés immédiatement, mais les États devraient au moins montrer qu'ils font tout leur possible, dans la mesure des ressources disponibles, pour mieux protéger et promouvoir les droits visés par le Pacte.

Par ressources disponibles, on entend celles de l'État ainsi que celles mises à disposition par la communauté internationale par le biais de la coopération et de l'assistance internationale, comme précisé au paragraphe 1 de l'article 2.

Le rôle de l'assistance et de la coopération internationales est également évoqué dans d'autres instruments tels que la Charte des Nations unies, la Déclaration universelle des droits de l'homme et la Convention relative aux droits de l'enfant. Elles ne remplacent pas les obligations nationales, mais elles interviennent notamment si un État est dans l'incapacité de donner effet à lui seul aux droits économiques, sociaux et culturels, et nécessite une assistance d'autres États pour ce faire.

La coopération internationale incombe particulièrement aux États qui sont en mesure d'aider les autres à cet égard. Les États devraient donc avoir un programme actif d'assistance et de coopération internationales et fournir une assistance économique et technique pour permettre à d'autres États de satisfaire à leurs obligations pour ce qui est du droit à la santé[609].

---

[609] Comité des droits économiques, sociaux et culturels, Observation générale n° 3 (1990) sur la nature des obligations des États parties et Observation générale n° 14, p. 38–42.

Alors que le concept de réalisation progressive s'applique à tous les droits reconnus par le Pacte, certaines obligations ont un effet immédiat, notamment l'engagement garantissant que tous les droits seront exercés sur la base de la non-discrimination et l'obligation d'agir en vue de la réalisation des droits, y compris du droit à la santé, par des mesures qui devraient être concrètes, délibérées et ciblées. À cet égard, des mesures régressives ne sont pas autorisées, sauf si un État peut démontrer qu'il a fait son possible pour utiliser toutes les ressources à sa disposition pour satisfaire à ses obligations.

- **Agir pour réaliser le droit à la santé**

La réalisation du droit à la santé nécessite de prendre diverses mesures. Étant donné que les mesures les plus pratiques pour appliquer le droit à la santé varieront d'un État à un autre, les traités internationaux ne proposent pas de solutions prédéterminées.

Le paragraphe 1 de l'article 2 du Pacte international relatif aux droits économiques, sociaux et culturels stipule simplement que le plein exercice des droits énoncés dans le traité doit être assuré par « tous les moyens appropriés, y compris en particulier l'adoption de mesures législatives ».

Le Comité des droits économiques, sociaux et culturels a souligné que les États devraient, au moins, adopter une stratégie nationale pour garantir à tous la jouissance du droit à la santé, fondée sur les principes relatifs aux droits de l'homme qui définissent les objectifs de cette stratégie. Il sera indispensable de définir des indicateurs et de fixer des critères pour la formulation et la mise en œuvre d'une telle stratégie. En effet, le droit à la santé étant sujet à réalisation progressive, ce que l'on attend d'un État évoluera au fil du temps.

Les États nécessitent donc un dispositif pour suivre et mesurer ces aspects évolutifs du droit à la santé. Les indicateurs, surtout lorsqu'ils sont ventilés, fournissent des informations utiles sur les moyens mis en œuvre pour réaliser le droit à la santé dans un pays donné. Le HCDH a élaboré un cadre conceptuel et méthodologique pour de tels indicateurs.

CHAPITRE II

LES VOIES D'APPLICATIONS EFFECTIVES

En ratifiant la convention, le Mali s'est engagé à soumettre au comité des droits de l'enfant un rapport détaillé appelé rapport initial, puis, par la suite et tous les cinq ans, un rapport périodique qui retrace toutes les actions qui ont été prises pour favoriser le plein épanouissement de l'enfant en exécution de l'ensemble des mesures contenues dans les dispositions.

Depuis, des efforts ont été entrepris pour traduire dans les faits les engagements pris : adoption d'un nouveau code du travail harmonisé avec la CDE ; adoption par le Parlement d'un code du statut personnel limitant entre autres l'âge minimum de mariage à 18 ans ; l'entrée en vigueur d'un code de procédure pénale adapté aux enfants ; et la coordination globale des activités relatives à l'enfance est confiée à un département ministériel.

Afin d'assurer plus efficacement la coordination, un parlement national des enfants a été créé. Dans son rapport initial élaboré en 1998, le Mali avait indiqué au comité qu'un vaste programme serait exécuté pour assurer le meilleur avenir à tous les enfants nationaux et étrangers vivant sur le territoire malien et accorder une haute priorité aux droits des enfants, à leur protection, à leur développement et à leur bien-être moral et matériel[610].

Pour la mise en œuvre de la convention, les pouvoirs publics ont pris plusieurs mesures qui sont entre autres d'ordre juridique, institutionnel et réglementaire. La commission des droits de l'homme dont le rôle est de la surveillance et de la mise en œuvre de la Convention. Certes, malgré les efforts du Mali, on remarque que l'État ne s'investit pas totalement.

En effet, la Commission est préoccupée par l'absence de mécanisme indépendant – médiateur ou commission de protection de l'enfance chargé de suivre le respect des droits de l'enfant et de recevoir et traiter les plaintes déposées personnellement par les enfants pour violation des droits que la Convention leur confère.

---

[610] Loi n° 2011_37_du 15 juillet 2011.

Cela nous amène à l'implication de la société civile ou choix orienté par le juge (**SECTION 1**) et la politique de développement de la petite enfance (**SECTION 2**).

SECTION 1 : Le choix orienté au juge

Le traitement du mineur délinquant au Mali est centré sur le primat de l'éducatif sur le répressif. C'est le législateur qui l'a voulu ainsi. Alors, le juge, dans l'application de la loi, est tenu de se conformer strictement à la lettre et à l'esprit de la loi édictée.

Le mineur délinquant bénéficie d'un traitement de faveur. Aussi, face à un mineur reconnu coupable des faits qui lui sont reprochés, le juge des enfants privilégie-t-il l'application des mesures de protection (***paragraphe 1***), lesquelles répondent à une finalité bien définie (***paragraphe 2***).

Paragraphe 1 : La primauté des mesures de protection sur les peines

Au mineur délinquant, il n'est appliqué que des mesures éducatives. Le code sur la minorité pénale oriente le choix du juge en cas de culpabilité du mineur. Celui-ci doit faire la part belle aux mesures éducatives (**A**) dont la nature juridique reste à déterminer (**B**).

A- Les mesures éducatives

La loi affirme que « Si le juge estime établis les faits de la prévention, il proclame la culpabilité de l'enfant et prend la mesure éducative appropriée suivant la personnalité de l'enfant et les circonstances de la cause ». On n'est plus dans le droit pénal commun caractérisé par le principe selon lequel à toute infraction déterminée correspond la sanction prévue.

La logique « sanctionnatrice » fait ici place à la logique éducative du délinquant mineur ; au lieu de sanctionner le coupable, on l'éduque. Conformément à sa logique et à sa politique pénale, le législateur malien a prévu les mesures suivantes : le placement, l'admonestation et l'amende.

Concernant le placement, le juge peut, d'un côté, remettre l'enfant à un établissement d'éducation, de formation professionnelle ou de soins. Il ne peut en être autrement quand on sait que de nombreux enfants délinquants sont, pour la plupart, des enfants dont l'éducation n'a pas été bien assumée par les parents ou la famille.

Par conséquent, l'infraction étant un indicateur ayant révélé cette carence en éducation, la mesure prononcée par le juge doit tendre à la corriger, sinon à refaire l'éducation de l'enfant. Si l'âge de l'enfant ne lui permet plus de poursuivre sa scolarité, il est confié à un établissement de formation professionnelle capable de lui assurer une formation susceptible de garantir sa réinsertion sociale. Avec une qualification professionnelle, on estime que l'enfant a plus de chance de s'écarter du chemin de la délinquance.

Mais, si l'examen médical auquel l'enfant a été soumis révèle un état qui nécessite des soins, le juge le remet à un établissement spécialisé en la matière. Il pourra, par la suite, être conduit dans un établissement d'éducation ou dans un centre de formation professionnelle. La finalité du placement réside dans la rééducation de l'enfant dans un cadre fermé, loin de son environnement social habituel.

De l'autre, le juge peut « remettre l'enfant à ses parents ou à une personne digne de confiance en le plaçant pour la durée qu'il détermine sous le régime de la liberté surveillée ». Dans ce cas, l'enfant est replacé en famille ou chez une personne que le juge estime avoir la capacité d'assurer son éducation et son encadrement.

La remise à parents sous le régime de liberté surveillée[611] signifie le maintien du mineur dans son milieu familial habituel sous la surveillance de délégués et sous l'autorité du juge des enfants. Dans la pratique, le juge des enfants exploite les deux options en privilégiant le placement en famille.

Dans les deux cas, l'enfant est sous un régime de liberté surveillée. Cela implique des visites des spécialistes désignés aux heures de placement de l'enfant. Ensuite, l'admonestation consiste en des réprimandes à l'encontre du mineur. Le juge indique à l'enfant un acte réparateur qu'il doit accomplir soit au profit de la victime directe, soit au profit de la communauté.

---

[611] Soyer Jean-Claude, Droit pénal et procédure pénale, *op. cit.*, p. 360.

C'est de l'action réparatrice décidée par le juge que l'admonestation tient sa valeur réelle[612]. Le juge peut demander à l'enfant d'aller à domicile présenter de bonne heure et de vive voix ses excuses à la victime.

La finalité de l'admonestation est d'apaiser la victime et d'assurer la réparation du préjudice qu'elle a subi.

Pour ce qui est de l'amende, celle-ci s'entend d'une peine pécuniaire obligeant le condamné à verser une certaine somme d'argent au Trésor public[613].

Mais les mesures éducatives sont-elles de pures mesures sans souffrance pour l'enfant, ou bien peut-on y voir une coloration ou quelques caractères propres aux peines ? Le problème de la nature juridique des mesures éducatives est posé. Par conséquent, une solution envisageable à travers les modèles de protection (**1**) et de justice (**2**).

1. Le modèle de protection

S'il fallait trouver une expression pour qualifier ce modèle, on dirait modèle « intérêt de l'enfant ». Il part de la considération que le comportement délinquant soit lié de manière évidente à une situation sociale, économique ou familiale défavorable.

Dès lors, toute intervention doit viser à réduire les causes de ce comportement bien plus qu'à punir l'auteur. En bref, l'enfant est considéré comme une victime de son milieu, et les soins à lui apporter sont déterminés non par son comportement mais par l'examen de sa situation personnelle. L'autorité d'intervention jouit, à ce titre, d'un très large pouvoir d'appréciation et le rôle du juge est déterminant (rôle symbolique). Le critère fondamental est le bien ou l'intérêt de l'enfant ; les principes classiques du droit pénal (proportionnalité, égalité de traitement, culpabilité–responsabilité) restent à l'arrière-plan. C'est un modèle que l'on qualifie aujourd'hui de paternaliste, comme par exemple au Portugal, en Pologne, au Brésil, en France et en Écosse, et l'ancien système belge de 1965 qui était le prototype même du système

---

612

613 Guillien Raymond et Vincent Jean, *op. cit.*, p. 46.

protectionniste (confusion totale entre mineurs délinquants et mineurs en danger).

Mention spéciale aux systèmes scandinaves (Suède notamment) et écossais, que l'on qualifie d'antipénaux ou à caractère administratif ; là règne le modèle de protection, mais d'une manière particulière, puisque ces pays ne connaissent pas d'instances judiciaires pour les mineurs, mais uniquement des instances appelées « comités locaux » (panels ou *hearings*). Hors d'Europe, de tels systèmes sont connus au Mexique et à Cuba notamment, où des « Conseils de protection » interviennent, mais hors du champ judiciaire.

Si l'on se penche un peu plus sur le système de la Suède (loi de 1982), ce sont donc des comités de protection de la jeunesse instaurés au niveau communal qui sont compétents en matière de protection, d'éducation et de délinquance et qui décident des mesures à prendre. Pour les jeunes délinquants, comme il n'existe pas de droit spécial applicable aux mineurs, les délits graves ressortent au droit pénal général qui a été partiellement adapté (responsabilité pénale fixée à 15 ans). Il est très intéressant de noter que les peines de prison pour mineurs, qui avaient été abolies en 1980, font l'objet d'une forte pression pour être réintroduites.

Le grand risque de ces systèmes est l'absence de toute garantie judiciaire et le fait qu'ils ne sont que peu adaptés pour répondre aux situations les plus graves ; cela entraîne alors un recours au droit pénal des adultes parfois un peu édulcoré.

2. Le modèle de justice

À l'opposé du modèle précédent, on pourrait qualifier ce modèle de modèle rigide et procédural. Il fait un sort à l'idée de l'enfant-victime systématique de son milieu et érige le mineur en être responsable, qui ne doit plus forcément être traité, mais qui peut être sanctionné, car la délinquance et la déviance ne sont pas un état pathologique, mais résultent d'un choix personnel. Le mineur délinquant est donc responsable de ses actes et doit en assumer le prix.

Dans le modèle de justice, l'intervention pour les mineurs délinquants fait appel aux grands principes du droit pénal et met en avant le concept de responsabilité « sanction ». Un modèle donc où la punition a une place évidente et où l'intensité de la réaction sociale n'est plus le besoin de la personne, déterminé par un examen de sa situation individuelle, mais réside dans le genre, le nombre et la gravité des faits qui lui sont reprochés.

Les exemples : d'abord les systèmes comme l'Allemagne (loi de 1953) avec juridictions spécialisées pour les mineurs, un système de sanctions propres, des règles procédurales dérogeant au droit commun et un droit pénitentiaire spécial. L'Autriche a un système un peu identique, quoique marqué, depuis la nouvelle loi de 1989, du sceau de la priorité de la diversion et des alternatives (place importante faite à la médiation). Hors d'Europe, il faut mentionner la Thaïlande et la Bolivie qui ont instauré des systèmes basés sur le modèle « justice ».

Les pays anglo-saxons, l'Angleterre (par son *Children Act* de 1989 et les révisions apportées par le *Crime and Disorder Act* de 1998 et le *Youth Justice System* de 1999) et l'Irlande du Nord (par le *New Justice Bill*, actuellement en travaux devant le parlement de Belfast comme probablement les différentes lois des États membres des instruments juridiques des Nations unies), s'appuient sur des systèmes très rigides, marqués par un grand formalisme, des possibilités de sanctions lourdes basées sur la privation de liberté (parfois même sur la peine capitale) et un éventail d'institutions fermées assez développé.

Le Canada, dans sa nouvelle loi sur le système de justice pénale pour les adolescents, semble se démarquer de l'ancienne loi sur les jeunes contrevenants et adopter un système « justice » (loi votée par le Parlement canadien et qui devrait entrer en vigueur en 2003).

B- La nature juridique des mesures éducatives

Les différentes mesures, dénommées « mesures éducatives[614] » par le législateur malien, sont-elles des mesures purement éducatives, des peines proprement dites ou plutôt des solutions hybrides ?

Le placement en institution, en famille ou auprès d'une personne digne de confiance, qui constitue une mesure éducative en droit

---

[614] Soyer Jean Claude, Droit pénal et procédure pénale, *op. cit.*, p. 359.

burkinabè[615], ressemble à première vue à une démarche purement éducative.

Mais de telles mesures sont toujours assorties d'un régime de liberté surveillée qui suppose à la fois surveillance et contrôle du mineur placé. Dans ces conditions, le placement peut s'analyser en une mesure de sûreté qui est « *une sanction à caractère préventif et dépourvue de but rétributif et de caractère afflictif et infamant, fondée sur la constatation d'un état dangereux* »[616].

À l'instar d'une peine proprement dite, la durée du placement est déterminée d'avance par le juge. Il n'est pas surabondant de préciser que la mesure de placement est une mesure restrictive de liberté pour le mineur.

Pour ce qui est de l'admonestation, au-delà de l'appel du juge au respect de la loi par le mineur, l'acte réparateur auquel elle conduit peut s'analyser en une condamnation à un travail, qu'il soit dans l'intérêt général ou dans celui de la victime. L'amende, quant à elle, ne souffre pas de discussion sérieuse pour ce qui concerne sa nature juridique.

Pour ce qui concerne la restitution d'objets prononcée en cas de vol, elle peut être assimilée aux peines complémentaires prononcées en cas de sanction pénale.

Somme toute, on ne peut pas retenir le caractère purement éducatif des mesures prévues par le législateur malien. Il ne s'agit pas non plus de sanctions pénales proprement dites. On peut donc conclure qu'il s'agit de solution hybride qui allie éducation et sanction ou qui donne une portée éducative à des sanctions[617].

En revanche, il n'y a aucune confusion à se faire entre les quatre mesures éducatives et les mesures de protection judiciaire des mineurs délinquants de 13 ans prévues à l'article 14 du Code sur la minorité

---

615 Article 57 du Code pénal du Burkina Faso, Précité.

616 Guillien Raymond et Vincent Jean, Lexique des termes juridiques, *op. cit.*, p. 466.

617 Pedron Pierre, Droit et pratiques éducatives de la protection judiciaire de la jeunesse, édition Gualino, EJA, Paris, 2005, p. 81.

pénale : mesures de protection, d'assistance, de surveillance et d'éducation.

La difficulté liée à la terminologie à utiliser pour les mesures prononcées contre un mineur reconnu coupable n'est pas propre au droit pénal malien. Par exemple, l'admonestation, considérée comme la peine la moins sévère en Suisse et aux Pays-Bas, est appréciée comme une mesure éducative en France et en Espagne[618].

D'ailleurs, on peut soutenir avec Didier Benoit qu'il n'est pas pédagogiquement incorrect de sanctionner[619]. Dans tous les cas, le législateur malien poursuit des objectifs clairs et précis qu'on ne peut comprendre qu'à travers l'étude de la finalité des mesures développées d'une justice réparatrice (**1**) et nul n'est parfait (**2**).

1. Une troisième voie : la justice réparatrice

Entre ces deux modèles, y a-t-il une voie intermédiaire, un système qui s'inspirerait des deux premiers et qui constituerait une sorte d'addition des avantages des systèmes protectionnel et légaliste, tout en gommant leurs inconvénients ?

À notre avis, les deux systèmes partent d'idées diamétralement opposées, de sorte qu'il n'est guère concevable de trouver un consensus entre les deux, sauf à choisir un très petit dénominateur commun, ce qui n'aurait bien sûr qu'un intérêt minime pour la justice juvénile.

On semble par contre se diriger vers une nouvelle voie, vers un troisième modèle, la justice réparatrice (*Resorative Justice*), que de nombreux auteurs citent et qui semble inspirer plusieurs législations, notamment l'Autriche et la Nouvelle-Zélande.

La justice réparatrice est devenue un modèle courant en droit pénal qui cherche à intégrer les trois pointes du triangle : auteur, victime, société. La justice des mineurs n'échappe pas à cette pensée. Ce modèle part de l'idée que le système de protection n'est pas assez axé sur l'infraction et qu'il n'accorde pas assez de place à la notion de

---

[618] Benoit Didier, Les sanctions éducatives de l'ambiguïté persistante de la prise en charge du mineur délinquant, sociétés et jeunesses en difficulté, 1, http://seied.revues.org/document 113.html.
[619] Benoit Didier, *ibid.*

responsabilisation du mineur. Il s'appuie aussi sur l'idée que le système dit de justice se réclame trop de l'acte commis et de la sanction et qu'il va finalement à une fin contraire, car la peine ne « soigne » pas, mais plutôt détourne le mineur de la société, voire le révolte contre elle.

Il s'agit donc de trouver un mode d'intervention qui se recentre, au moins en partie, sur l'acte, en même temps qui cherche à responsabiliser l'auteur de cet acte, et si possible qui puisse le réconcilier avec la société. Cette troisième voie a donc imaginé de quitter le « tout sur la personne de l'auteur » et le « tout sur la responsabilité » pour réintroduire la victime dans le procès pénal des mineurs. L'idée sous-jacente est que le fait d'avoir escamoté la victime d'infraction dans les deux modèles antagonistes a provoqué une sorte de désintérêt de l'intervention pénale, non seulement à l'égard de celui qui a subi un préjudice, mais surtout de la communauté à laquelle appartient cette personne.

En donnant une place nouvelle, mais au fond qui lui revient de droit, à la victime, on réoriente toute l'intervention vers une prise de conscience du mineur du tort que son acte a provoqué, de la nécessité de réparer le dommage et de l'impérative obligation de se situer clairement par rapport aux valeurs que la communauté entend faire respecter.

Cette réaffirmation de l'existence de la victime n'est pas seulement une déclaration d'intentions : elle doit se traduire dans les actes et dans la procédure judiciaire par la confrontation entre le mineur et sa victime, par la réparation (totale, partielle ou symbolique) du dommage matériel ou moral causé et par une démarche de « rachat » ou de réparation vis-à-vis de la communauté à laquelle appartient le mineur.

La concrétisation de ces bonnes intentions se fait par des institutions anciennes comme la conciliation ou nouvelles comme la médiation pénale. Elle s'organise dans un tribunal avec la mise en scène judiciaire de la confrontation auteur/victime, respectant alors les formes habituelles du procès ou elle peut se tenir hors du système officiel, en étant confiée à des tiers extérieurs, par exemple à des médiateurs agissant hors du palais de justice.

Elle se réalise aussi par la sanction réparatrice qu'est la prestation de type communautaire, qui n'a plus un caractère pédagogique, mais qui a un objectif de juste réparation des dommages causés. On réintroduit dans ce système les principes de proportionnalité et de responsabilité : la première comme mesure de sanction à exécuter pour racheter la faute, la seconde comme principe présumé (l'auteur doit assumer ses actes).

L'idée riche et prometteuse que de responsabiliser l'auteur d'une infraction tant vis-à-vis de la victime que vis-à-vis de la communauté, idée qui mène à l'un des objectifs de l'intervention envers les mineurs délinquants, objectif qui transcende les modèles, c'est-à-dire l'idée d'éducation : faire prendre conscience au mineur que son comportement est fautif et non respectueux des valeurs à la base du contrat social, donc l'amener à modifier sa manière d'agir.

Les expériences à ce sujet sont récentes (une dizaine d'années), mais semblent prometteuses. Les pays qui ont revu leur législation comme l'Espagne ou l'Angleterre ou qui sont en train de revoir leur législation (par exemple, la Belgique et la Suisse) s'intéressent vivement à ce genre de réponse, alors que l'Autriche pratique cette intervention depuis sa loi du 20 octobre 1988 (*Jugendgerichtgesetz*) et s'en félicite.

2. Nul n'est parfait

Si l'on prend le temps d'une brève critique, l'on s'aperçoit qu'aucun de ces trois systèmes n'est parfait, et l'on peut dire qu'ils pèchent tous par excès, comme souvent les jeunes dont nous avons la charge…

Le modèle de protection : le postulat de départ de considérer toujours l'enfant comme une victime est un mythe. Il est certes évident que le milieu a une influence directe sur le comportement de l'enfant, mais il est exagéré de mettre l'infraction ou la déviance dans un rapport de dépendance absolue et nécessaire avec ce milieu.

Dès lors, un certain nombre de comportements délictueux ou difficiles n'ont pas de lien direct avec le milieu, mais sont le fruit ou d'une décision raisonnée ou d'une émotion momentanée, ou d'une situation accidentelle et purement ponctuelle.

Le critère d'application des mesures, éventuellement des sanctions, lorsqu'il réside uniquement sur l'intérêt de l'enfant est trop subjectif, trop abstrait et donne un pouvoir discrétionnaire au juge ; il n'est donc pas satisfaisant. La notion de soins et de traitement laisse planer beaucoup d'incertitudes sur le genre et la durée des mesures dites de protection ; c'est là un écueil d'importance dans la perspective des objectifs mêmes de ces mesures prises pour des enfants qui ont justement besoin de certitude. Au fond, ce modèle pèche par excès de générosité. Mais, sous prétexte de l'intérêt de l'enfant, ne va-t-il pas contre les intérêts des enfants (abus importants et absence de critères objectifs) ?

Le modèle justice : il est peu soutenable de déclarer l'enfant libre de mener sa destinée, de maîtriser son existence et de choisir en tenant compte des intérêts légitimes des autres et des intérêts nécessaires de la vie en communauté : l'enfant doit apprendre cette liberté, il ne la reçoit pas à sa naissance.

La sanction ne peut donc être la seule réponse à ses actes. L'assimilation du mineur au prévenu adulte et la reconnaissance d'une position identique conduisent à renforcer tous les droits formels du mineur, mais à vider les juridictions spécialisées de leur spécificité ; poussé à l'extrême, le modèle justice conduit à l'abolition des instances pour mineurs.

S'agissant de la prévention générale et de la rétribution, elles renforcent l'arsenal répressif, faisant fi de tous les efforts de diversion effectués dans le monde entier et laissant au rancart les mesures éducatives et thérapeutiques, qui ont fait pourtant leurs preuves. En un mot, le modèle de justice est trop rigide et tend à une pénalisation complète de l'intervention (rejet de la protection, traitement du symptôme et non des causes, sur-responsabilisation).

La justice réparatrice contient en elle-même des limites objectives : la confrontation entre l'auteur et la victime est soumise à l'accord nécessaire de cette dernière de rencontrer le mineur. Or, dans de nombreuses situations, notamment dans les infractions contre l'intégrité sexuelle, la plupart des victimes refusent d'être mises en présence de l'auteur pour des raisons fort compréhensibles.

Dans les infractions très graves (atteinte à l'intégrité physique), on est souvent en présence de la même attitude qui rend vains les avantages escomptés. Délits commis en bande : guère possible d'organiser ce type de confrontation, soit en raison du nombre des auteurs, dont certains se soustraient à cette démarche, soit en raison de la réticence des victimes qui refusent d'être présentées au grand nombre, sous prétexte d'être alors minorisées, impressionnées, voire de courir des risques de représailles. Ce sont des obstacles réels auxquels on doit prêter attention et qui limitent de manière souvent déterminante les effets de ce système.

Mais surtout, la justice réparatrice, dans sa logique de réparation systématique et de responsabilisation présumée, confrontée aux limites objectives rappelées ci-dessus, connaît une difficulté : comment répondre aux jeunes délinquants particulièrement dangereux et qui présentent des risques de récidive évidents, que l'on ne peut pas simplement confronter aux victimes ou soumettre à des tâches communautaires ?

Ce système a introduit alors une « espèce de limite de sécurité » pour ce type de délinquants, qui se résume alors à l'enfermement : le délinquant mineur est alors privé de liberté, car il représente un danger pour la société. Ce modèle, par le biais de la « réparation du dommage » ou de la « restauration de la paix sociale » tombe dans le travers de la repénalisation par le retour du principe de la proportionnalité, la logique tarifaire et des motifs de prévention générale… Curieux effets d'une belle idée et qui montrent bien qu'il est difficile d'inventer un modèle nouveau qui gommerait les désavantages du système de protection et de justice.

En fait, la question qui se pose est celle de savoir si la justice réparatrice est un modèle en soi ou, au contraire, un instrument, un moyen à disposition des systèmes principaux. Cette question peut paraître théorique certes ; dans la mesure où il semble nécessaire d'affirmer l'identité d'un système et les références théoriques (pour ne pas dire philosophiques) auxquelles il se rattache, il vaut néanmoins la peine d'aborder cette interrogation.

Cette question est devenue d'autant plus pertinente que dans l'évolution récente des législations européennes, on note que tant les nouvelles dispositions rattachées au modèle de protection (Espagne et Suisse, par exemple) que celles qui sont liées au modèle de protection (Angleterre et Belgique, par exemple) se réclament également de la justice réparatrice… Celle-ci serait-elle alors une sorte de « bonne à tout faire » de la justice des mineurs ?

L'engouement est certes lié à un moment précis de l'histoire du développement des institutions judiciaires, mais trouve surtout une explication de son succès dans la nécessaire réapparition de la victime, trop longtemps escamotée dans les cours pour délinquants juvéniles. Et comme le fait de réintroduire cette partie dans le procès permet une responsabilisation objective, concrète et mesurable, on comprend l'intérêt des deux modèles à s'approprier ce moyen.

Au vu de ce qui a été dit plus haut sur les limites de la justice réparatrice (difficultés de confrontation auteur/victime dans des circonstances précises et limite de sécurité imposée pour les cas les plus graves) et prenant en compte cette revendication d'appropriation de cette justice par les deux modèles, on devrait plutôt conclure qu'il s'agit non d'un système, mais d'une méthode, d'un instrument, d'un moyen, au mieux d'un sous-système.

L'intéressant est alors de souligner que la justice réparatrice alliée au modèle de protection aide celui-ci à faire un pas vers le modèle de justice, en faisant appel aux notions de responsabilisation et de proportionnalité, alors que le modèle de justice, en quittant la logique purement répressive pour s'ouvrir aux concepts de réparation et d'intérêt communautaire, se rapproche un peu du modèle de protection. La justice réparatrice offre donc des possibilités nouvelles en jetant des passerelles entre les deux modèles dits classiques.

Paragraphe 2 : La finalité des mesures de protection

Les mesures de protection prononcées contre un mineur reconnu coupable d'une infraction visent à assurer sa réinsertion sociale (**A**), puis à protéger les intérêts de la victime (**B**).

A- La réinsertion sociale de l'enfant

L'enfant qui a commis une infraction démontre par là qu'il commence à avoir un comportement déviant ou antisocial. Or, comme l'a affirmé Marie Antoinette Rossi, « au plan du développement, le mineur n'est pas un individu fini… L'adolescence est une période de construction et d'affirmation de l'identité[620] ».

Aussi convient-il de tout mettre en œuvre pour lui assurer un développement harmonieux. En effet, tout au long de la procédure, la préoccupation du juge porte particulièrement sur la forme de rééducation appropriée pour l'enfant.

L'enjeu principal consiste à lui redonner une place dans la société avec un rôle précis. C'est cela la réinsertion sociale qui ne peut être réalisée en dehors d'une rééducation, d'une formation ou des soins de santé.

En premier lieu, s'agissant de l'éducation, les mesures de placement visent à s'assurer que les parents, le tuteur ou la personne à qui la garde de l'enfant a été confiée à la suite de la mesure de placement, crée des conditions favorables à une éducation susceptible d'assurer le relèvement de l'enfant.

L'éducation doit s'entendre de l'instruction scolaire et l'éducation aux valeurs de la société dans laquelle évolue l'enfant. Ce nouvel encadrement éducatif de l'enfant par les parents sous le contrôle des délégués désignés par le juge est de nature à empêcher que l'enfant ne retombe dans la délinquance.

Dans le suivi de la situation, les délégués dans les rapports qu'ils présentent font état des difficultés ou des obstacles rencontrés dans leur mission et font des propositions tendant à écourter, à prolonger ou à substituer la mesure en cours par une autre mesure.

L'éducatif permet, par exemple, d'apporter ce qui a manqué de la part d'un père absent[621]. La formation professionnelle, quant à elle, est assurée au mineur qui a dépassé l'âge de l'école obligatoire, c'est-à-dire l'âge de 15 ans. Il est admis qu'un jeune disposant d'une qualification professionnelle appropriée peut l'exercer loin des actes délictueux.

---

[620] Rossi Marie-Antoinette, www.educationsansfrontières.org, consulté le lundi 10 février 2020.

[621] Rossi Marie-Antoinette, *ibid.*

En tout cas, il a une activité lucrative et un projet de vie susceptibles de l'écarter du chemin de la délinquance.

Pour ce qui concerne les soins médicaux nécessités par les examens médicaux ou psychologiques, la cause d'une infraction commise par un mineur peut être attribuée à un déséquilibre mental ou psychologique. Il convient d'y remédier par des soins appropriés afin que l'enfant puisse s'intégrer dans la société à travers l'équilibre mental retrouvé.

Dans l'ensemble, les mesures prises par le juge permettent de canaliser l'enfant vers une vie meilleure, loin de la criminalité. Elles visent aussi à éviter à l'enfant d'avoir à l'avenir des comportements antisociaux.

L'objectif ultime c'est de faire de l'enfant un citoyen respectueux des lois de la société dans laquelle il vit. La réinsertion sociale participe de la réalisation de l'intérêt supérieur de l'enfant. Mais, outre l'avenir du délinquant mineur, le droit pénal des mineurs s'intéresse aussi à la victime dont le sort n'en est pas moins pris en compte. Sous cet angle, il y'a l'instauration de condition de vie sociale (**1**) et la stabilité dans la société (**2**).

1. L'instauration dans la société

L'une des missions des services d'aide sociale à l'enfance est d'apporter un soutien aux familles à leur domicile (soutien éducatif et/ou financier). Si des variantes départementales existent, globalement, les prestations disponibles proposent un soutien équivalent aux familles dans tous les départements francophones.

Le devoir de garder le secret professionnel et protection de l'enfance est une obligation pour tous. L'article 226-2-2 du CASF affirme cinq grands principes pour le partage d'informations à des fins de protection de l'enfance[622] :

– il est une possibilité, pas une obligation ;

– il est conditionné par l'information préalable des personnes concernées (parents, tuteurs… de l'enfant) sauf si cela est contraire à l'intérêt de l'enfant ;

---

[622] http://www.reforme-enfance.fr/groupedappui.html, consulté le 14 juillet 2020.

– il a un but unique : évaluer la situation et déterminer les actions de protection à mettre en œuvre ;
– il est STRICTEMENT limité à ce qui est NÉCESSAIRE ;
– il se fait entre personnes soumises au secret professionnel, qui mettent en œuvre ou apportent leurs concours à la protection de l'enfance.

Les principes régissant le secret professionnel dans le cadre de la protection de l'enfance sont abordés sous forme de questions/réponses, à partir de la fiche « communication et partage d'informations à caractère secret appliqués aux professionnels de santé » [6] fiche technique n° 2, mars 2010, 5 p., groupe d'appui de la réforme de la protection de l'enfance.

Cependant, il faudrait s'employer à promouvoir, notamment par la création de mécanismes appropriés, l'interaction et la coordination pluridisciplinaires et intrasectorielles requises entre les organismes et services économiques, sociaux, éducatifs et sanitaires, le système judiciaire, les organismes pour la jeunesse, les organismes communautaires et les organismes de développement et autres institutions intéressées.

Ainsi, il faut intensifier l'échange, aux niveaux national, régional et international, des renseignements, de l'expérience et de l'expertise acquis à la faveur de projets, de programmes, d'actions et d'initiatives en matière de criminalité juvénile, de prévention de la délinquance et de justice pour mineurs.

2. La stabilité dans la société

Le secrétariat de l'Organisation des Nations unies devrait, sur la base des présents principes directeurs et en collaboration avec les institutions intéressées, jouer un rôle actif dans la recherche, la coopération scientifique et la formulation de grandes options comme dans l'examen et la surveillance continue de leur application et, ce faisant, constituer une source de renseignements fiables sur des modalités efficaces de prévention de la protection des droits de l'enfant.

Les principes régissant le placement des enfants confiés à l'ASE sont abordés à partir de l'exemple du département du ministère, sous forme de questions/réponses, à réaliser à partir d'un document accessible en ligne, « le placement des enfants confiés à l'aide sociale à l'enfance »[623].

Par ailleurs, les organes, instituts, institutions et bureaux compétents des Nations unies devraient maintenir entre eux une collaboration et une coordination étroites sur diverses questions concernant les enfants, la justice pour mineurs et la prévention de la délinquance.

De même, un placement réalisé dans le cadre administratif est appelé accueil provisoire (AP). L'objectif premier des travailleurs sociaux de l'ASE est la protection de l'enfant et doit être aussi, autant que possible, la valorisation et le développement de compétences familiales. Une des explications à l'augmentation du nombre de placements depuis 2006 est la modification du dispositif de protection par la loi de protection de l'enfance de mars 2007. « La création du dispositif départemental enfance en danger, en améliorant le repérage des difficultés, a en effet entraîné une augmentation des informations préoccupantes… ». En 2010, dans le ministère, 2 019 enfants ont fait l'objet d'une information préoccupante, et 884 enfants concernés par un signalement. Cette différence correspond au tri et à l'évaluation faite par les services du conseil général, et s'inscrit tout à fait dans le cadre de la loi de mars 2007.

B- La protection de la victime

Le législateur malien protège les intérêts de la victime non seulement lors de la médiation, mais aussi lorsque la procédure débouche sur un jugement. Dans ce cas, celle-ci peut se constituer partie civile pour défendre ses intérêts.

Lorsque la procédure aboutit à une sanction, le tribunal pour enfants, après avoir pris une décision au pénal, se prononce au civil sur les intérêts de la victime. C'est le sens qu'il faut donner à la loi : « Si le tribunal retient la culpabilité de l'enfant prévenu, il prend à son égard

---

623 http://www.odpe.cg29.fr/Observatoire-departemental-de-la-protection-de-lenfance/Les-ressources/10-syntheses-sur-la-protection-de-l-enfance », Rapport rédigé en août 2011 par l'ODPE du Finistère, Consulté le 15 juillet 2020.

l'une des mesures prévues et statue sur l'action civile et les restitutions ».

Un enfant de 17 ans poursuivi devant le juge pour vol d'un portable a été déclaré coupable de vol par le tribunal pour enfants de Ségou. Vu la personnalité de l'enfant (délinquant primaire sans aucun antécédent judiciaire) et les circonstances de la cause, le mineur a été remis à ses parents pour la poursuite de sa formation. Mais, la victime s'étant constituée partie civile, le juge a condamné les parents du mineur, civilement responsables, à cinquante mille (50 000) francs en réparation du dommage subi[624].

Dans une autre affaire de vol de bijoux au marché, les parents de deux mineures reconnues coupables ont été condamnés à payer à la victime une somme de deux cent cinquante mille (250 000) francs en réparation du dommage qui lui a été causé. Lorsque l'admonestation a été prononcée par le juge, l'acte réparateur est accompli au profit de la victime directe de l'infraction.

Par exemple, s'il s'agit de dégradation d'une propriété, l'enfant doit accomplir des actes pour la remise en l'état. Il peut s'agir de remboursement de frais d'expertise, de frais médicaux en cas de coups et blessures.

En outre, en cas de vol, la remise des objets saisis permet à la victime de rentrer dans ses droits. Dans la majorité des cas, même le tribunal pour enfants, compétent pour prononcer des sanctions contre un mineur, prend des mesures éducatives avant de se prononcer sur la protection des intérêts de la victime. Mais il arrive que le juge, contre son gré, opte pour un recours ultime aux sanctions pénales : la prévention de la délinquance juvénile (**1**) et les mesures dissuasives (**2**).

1. La prévention de la délinquance juvénile

La prévention de la délinquance juvénile est un élément essentiel de la prévention du crime. En s'adonnant à la société et en se plaçant à l'égard de celle-ci et de la vie dans une perspective humaniste, les jeunes peuvent acquérir une mentalité non criminogène.

---

[624] Tribunal pour enfants de Ségou, 7 août 2012.

Une meilleure prévention s'étend au processus de socialisation[625] :

– Il faut mettre l'accent sur des politiques de prévention propres à faciliter une socialisation et une intégration réussies de tous les enfants et de tous les jeunes spécialement par le biais de la famille, de la communauté, de groupes de « pairs », de l'école, de la formation professionnelle et du monde du travail et par le recours à des organisations bénévoles. Il faut apporter l'attention voulue à l'épanouissement personnel des jeunes et des enfants qui devraient être intégralement reconnus comme des partenaires égaux dans les processus de socialisation et d'intégration.
– Il faut s'attacher, par des politiques et stratégies globales, à prévenir l'abus chez les jeunes de l'alcool, des drogues et d'autres substances. Les enseignants et les autres éducateurs devraient être équipés pour prévenir et traiter ces problèmes. Des informations sur la consommation et l'abus des drogues, y compris l'alcool, doivent être fournies à la population scolaire et universitaire.
– Des locaux spéciaux devraient être aménagés pour héberger correctement les jeunes qui ne peuvent plus vivre au foyer familial, ou qui n'ont pas de foyer.
– Il faudrait mettre en place un ensemble de services et de mesures d'assistance pour faciliter aux jeunes le passage à l'âge adulte. Il faudrait notamment instituer, à l'intention des jeunes toxicomanes, des programmes spéciaux mettant l'accent sur la prise en charge, le conseil et les interventions à visée thérapeutique.

Cependant, la famille est l'unité centrale responsable de la socialisation primaire de l'enfant ; des efforts devront être faits par les pouvoirs publics et les organismes sociaux pour maintenir l'intégrité de la famille, y compris de la famille élargie. La société a la responsabilité d'aider la famille à fournir soins et protection aux enfants et à leur assurer le bien-être physique et mental. Il faudrait prévoir des garderies en suffisance.

Lorsque, d'une part, un environnement familial stable et serein fait défaut et que, d'autre part, les efforts de la collectivité pour fournir aux parents l'aide nécessaire ont échoué et qu'on ne peut pas compter à cet égard sur la famille élargie, le recours à des foyers de substitution

---

[625] Résolution 45/112 du 14 décembre 1990, Principes directeurs des Nations unies pour la prévention de la délinquance juvénile (principes directeurs de Riyad).

(parents nourriciers ou adoptifs) doit être envisagé. Ceux-ci doivent recréer le plus complètement possible une ambiance familiale stable et sereine et procurer à l'enfant une impression de « continuité » qui lui évite de se sentir « ballotté » entre un foyer et un autre.

2. Les mesures dissuasives

En effet, une attention particulière doit être apportée aux enfants de familles affectées par l'évolution rapide et irrégulière de la situation économique, sociale et culturelle, en particulier aux enfants de familles de minorités autochtones et de familles migrantes et réfugiées. Comme cette évolution peut porter atteinte à la capacité sociale de la famille d'assurer l'éducation traditionnelle des enfants, souvent par suite de conflits de rôles et de cultures, il faut alors chercher des modalités novatrices et socialement constructives de socialisation des enfants.

L'État doit prendre les mesures voulues pour que les enfants soient élevés dans un environnement familial stable et serein. Il doit en particulier fournir l'assistance sociale nécessaire aux parents qui en ont besoin pour maîtriser les situations d'instabilités ou de conflits. Ces mesures doivent être prises par les États qui sont entre autres :

– le Gouvernement devrait adopter et appliquer des lois et procédures visant à promouvoir et à protéger les droits et le bien-être de tous les enfants. Il devrait en particulier adopter et appliquer une législation interdisant de maltraiter et d'exploiter les enfants et les jeunes ainsi que de les utiliser pour des activités criminelles. Aucun enfant ou jeune ne doit subir de correction ou de punition dures ou dégradantes, que ce soit à la maison, à l'école ou ailleurs ;

– il faudrait donner au personnel (hommes et femmes) des organes chargés de faire respecter la loi et autres organes compétents la formation nécessaire pour qu'ils sachent répondre aux besoins particuliers des jeunes et connaissent et utilisent autant que faire se peut les possibilités et les programmes de prise en charge qui permettent de soustraire les jeunes au système judiciaire ;

– il faudrait adopter et appliquer strictement une législation visant à protéger les enfants et les jeunes contre l'abus et le trafic des drogues ;

– il faut promouvoir l'adoption et l'application de textes visant à restreindre et à contrôler l'accès des enfants et des jeunes aux armes de toutes sortes. Pour prévenir toute stigmatisation, victimisation et criminalisation ultérieures des jeunes, il faudrait adopter des textes disposant que les actes non considérés comme délictuels ou pénalisés s'ils sont commis par un adulte ne devraient pas être sanctionnés s'ils sont commis par un jeune.

On devrait envisager la création d'un poste de médiateur pour les jeunes ou d'un organe indépendant chargé de fonctions similaires, qui veillerait à ce que le statut, les droits et les intérêts des jeunes soient préservés, et à ce que les intéressés soient correctement dirigés vers les services appropriés.

Le médiateur ou l'autre organe désigné superviserait aussi l'application des principes directeurs de Riyad, des règles de Beijing et des règles pour la protection des mineurs privés de liberté. Le médiateur publierait à intervalles réguliers un rapport sur les progrès accomplis et sur les difficultés rencontrées dans le processus d'application des instruments. Il faudrait aussi créer des services chargés de défendre la cause de l'enfance.

SECTION 2 : L'instauration d'une véritable politique de resocialisation des enfants en conflit avec la loi

S'il fallait trouver une expression pour qualifier ce modèle, on dirait modèle « intérêt de l'enfant ». Il part de la considération que le comportement des enfants en conflit avec la loi soit lié de manière évidente à une situation sociale, économique ou familiale défavorable. Dès lors, toute intervention doit viser à réduire les causes de ce comportement bien plus qu'à punir l'auteur. En bref, l'enfant est considéré comme une victime de son milieu, et les soins à lui apporter sont déterminés non par son comportement mais par l'examen de sa situation personnelle.

L'autorité d'intervention jouit, à ce titre, d'un très large pouvoir d'appréciation et le rôle du juge est déterminant (rôle symbolique). Le critère fondamental est le bien ou l'intérêt de l'enfant ; les principes classiques du droit pénal (proportionnalité, égalité de traitement, culpabilité–responsabilité) restent à l'arrière-plan.

Cette politique que l'on qualifie aujourd'hui de paternaliste, comme par exemple au Portugal, en Pologne, au Brésil, en France et en Écosse, et l'ancien système belge de 1965, était le prototype même du système protectionniste (confusion totale entre mineurs délinquants et mineurs dangers). Nous verrons l'administration d'une justice pour mineur (***paragraphe 1***) et le statut des enfants en conflit avec la loi (***paragraphe 2***).

Paragraphe 1 : Administration d'une justice pour mineur

Depuis le début des années 2001, des espaces exclusifs réservés aux mineurs ont été créés[626], en premier lieu à Bollé (Bamako), où un centre de rééducation des enfants en conflit avec la loi, consacrant le principe de séparation des mineurs et des adultes en milieu carcéral, a été mis en place.

À Bamako, une mission interministérielle réalisée en 2001, qui a mis en évidence les conditions difficiles de détention des mineurs, a conduit à la réhabilitation de la prison, avec une aile réservée pour les mineurs et les femmes.

D'après l'enquête menée dans ce centre de rééducation, les enfants vivent dans de meilleures conditions de vie, de survie, d'hygiène et de survie médicale.

Le Gouvernement s'attache à renforcer les activités menées au niveau des centres de détention plus exactement leur rééducation. Plusieurs assistants sociaux sont impliqués dans l'encadrement et la formation des enfants détenus qui, malgré leur incarcération, gardent des relations permanentes avec leurs familles.

Le centre de rééducation (Bollé) dispose avec l'aide de certaines ONG de structures permettant aux enfants d'avoir une bonne formation aussi bien aux métiers que dans d'autres domaines. À cet égard, nous avons le rôle de l'autorité centrale dans la mise en œuvre de la Convention (**A**) et l'intervention des organismes agréés ou personnalisés (**B**).

---

[626]Ordonnance du 1er septembre 2001, le Mali ayant adhéré à la convention de La Haye.

A- Les sanctions applicables au mineur reconnu coupable

La majorité pénale s'applique à 18 ans. Pour les mêmes faits, un mineur ne peut donc pas être sanctionné aussi durement qu'un majeur sauf rarissime. Les sanctions qui peuvent lui être appliquées évoluent avec son âge.

La législation malienne interdit la condamnation des mineurs à la peine capitale et prévoit des mécanismes interdisant l'emprisonnement à vie des mineurs. Elle prévoit plutôt que ceux-ci ne peuvent être condamnés qu'à des peines privatives de liberté temporaire[627].

Cependant, c'est le tribunal pour enfants et la cour d'assises des mineurs qui peuvent prononcer des sanctions pénales à l'encontre des mineurs délinquants, à condition qu'ils soient âgés d'au moins 13 ans au moment des faits si les circonstances et la personnalité du mineur l'exigent. Ces peines ne peuvent être supérieures à la moitié de la peine encourue par un majeur pour la même infraction[628].

Cependant, la peine infligée à un mineur entre 16 et 18 ans peut être la même que celle infligée à un majeur.

Si la cour d'assises des mineurs décide que le mineur de plus de 13 ans et de moins de 18 ans a agi avec discernement, les peines sont prononcées ainsi qu'il suit :

– s'il encourt la peine de mort ou de réclusion à perpétuité, il pourra être condamné à la peine de 10 à 20 ans d'emprisonnement ;
– s'il encourt la peine de la réclusion à temps, il pourra être condamné à être emprisonné pour un temps égal au moins à la moitié au plus de celui pour lequel il aurait pu être condamné s'il eût été majeur de 18 ans[629].

La peine d'emprisonnement ferme pour un mineur est conçue comme le recours ultime vu que d'autres options ne sont plus envisageables pénalement.

Il est important d'opérer le choix entre les sanctions pénales et les mesures sociales adaptées à l'enfance.

---

[627] Article 50, LMPIJM.

[628] Article 46, LMPIJM.

[629] Article 50, LMPIJM.

Le droit pénal des mineurs, par rapport au droit pénal commun, participe d'une logique inverse. Le principe, c'est la protection, et l'exception est la sanction, laquelle est modulée en fonction de la personnalité du mineur. Le caractère exceptionnel des mesures répressives que le juge prend s'inscrit dans une logique de protection du mineur. Aussi bénéficie-t-il d'un régime carcéral adapté à sa situation. Les mesures répressives contre le mineur délinquant peuvent, selon la gravité de l'infraction, être prononcées soit par le juge des enfants, soit par le tribunal pour enfants, soit par la chambre spéciale des mineurs de la cour d'appel, soit par la cour d'assises des mineurs. Si théoriquement le prononcé de sanctions pénales à l'encontre du mineur est possible, dans la pratique, la mise en œuvre de ces sanctions reste difficile. À niveau, il y a le placement (**1**) et des hypothèses (**2**).

1. Le placement

La remise du mineur à un établissement d'éducation ou de formation : le juge peut, d'un côté, remettre le mineur à un établissement d'éducation, de formation professionnelle ou de soins. Il ne peut en être autrement quand on sait que de nombreux mineurs délinquants sont, pour la plupart, des mineurs dont l'éducation n'a pas été bien assumée par les parents ou la famille. Par conséquent, l'infraction étant un indicateur ayant révélé cette carence en éducation, la mesure prononcée par le juge doit tendre à la corriger, sinon à refaire l'éducation du mineur. Si l'âge du mineur ne lui permet plus de poursuivre sa scolarité, il est confié à un établissement de formation professionnelle capable de lui assurer une formation susceptible de garantir sa réinsertion sociale.

Avec une qualification professionnelle, on estime que le mineur a plus de chance de s'écarter du chemin de la délinquance. Mais, si l'examen médical auquel il a été soumis révèle un état qui nécessite des soins, le juge le remet à un établissement spécialisé en la matière. Il pourra, par la suite, être conduit dans un établissement d'éducation ou dans un centre de formation professionnelle. La finalité du placement réside dans la rééducation du mineur dans un cadre fermé, loin de son environnement social habituel.

Remise du mineur à ses parents ou à une personne digne de confiance : de l'autre, le juge peut « remettre le mineur à ses parents ou à une personne digne de confiance en le plaçant pour la durée qu'il détermine sous le régime de la liberté surveillée ». Dans ce cas, le mineur est replacé en famille ou chez une personne que le juge estime avoir la capacité d'assurer son éducation et son encadrement. La remise aux parents sous le régime de liberté surveillée[630] signifie le maintien du mineur dans son milieu familial habituel sous la surveillance de délégués et sous l'autorité du juge des enfants. Dans la pratique, le juge des enfants exploite les deux options en privilégiant le placement en famille. Dans les deux cas, le mineur est sous un régime de liberté surveillée. Cela implique des visites des spécialistes désignés au lieu de placement du mineur.

2. Les hypothèses

La phase de collecte. La procédure ouverte contre un mineur délinquant comprend la phase de collecte d'informations sur le mineur qu'on peut appeler les actes préalables et la phase du jugement. Les officiers de police judiciaire, soit sur instruction du procureur de la République, soit d'office, procèdent à des enquêtes préliminaires[631].

À l'heure actuelle, il n'existe pas de service social au sein de la brigade permettant à des travailleurs sociaux d'écouter les enfants victimes ou contrevenants afin de les rassurer et de recueillir auprès d'eux les informations qui vont faciliter les relations avec leur famille, de contacter un avocat, de faire intervenir un médecin lorsque des soins s'imposent. Par défaut, en attendant la création d'un tel service, certaines de ces tâches sont assurées par des ONG locales. Ainsi, Enda Mali fournit un appui alimentaire aux enfants accueillis à la brigade ; en outre, cette association ainsi que les intervenants du Bureau international catholique de l'enfance du Mali les écoutent et recherchent leurs familles.

Le Bureau international catholique de l'enfance assure par ailleurs une assistance juridique et soutient les mineurs en cas d'absence des parents ou tuteurs. Il a aussi aménagé en 2008 un petit quartier pour mineurs comprenant deux cellules et une cour, au sein des locaux de la brigade, en vue d'améliorer les conditions de garde à vue. Pour les nécessités de l'enquête, l'officier de police judiciaire peut être amené à garder à sa disposition une ou plusieurs des personnes visées aux

---

630 Soyer JC, Droit pénal et procédure pénale, *op. cit.*, p. 360.

631 Article 88 du code de procédure pénale.

articles 73, 74, et 75 pendant 48 heures. Ces mêmes personnes peuvent encourir les sanctions prévues au code pénal relatives à la répression de l'opposition de l'autorité légitime. Le mineur de moins de 15 ans ne peut être placé en garde à vue[632].

La détention considérée ne saurait excéder 20 heures sauf autorisation expresse du procureur de la République ou du juge des enfants pour une durée qui ne pourra excéder dix heures. Dès qu'un mineur est appréhendé, outre le procureur de la République, le juge des enfants, les parents ou tuteurs sont informés immédiatement par l'officier de police judiciaire[633].

La médiation pénale, c'est une voie médiane entre le classement sans suite et la poursuite. Mais elle doit avant tout être analysée comme une alternative aux poursuites pénales et non comme une alternative au classement sans suite[634]. Elle est conçue pour des faits commis par des délinquants occasionnels, qui sont conscients de leur faute et pour des faits qui appellent une réaction rapide[635], c'est une forme de « justice négociée »[636].

Le recours à un médiateur relève de la compétence du procureur de la République, juge de l'opportunité des poursuites. Préalablement à sa décision sur l'action publique, il peut faire procéder, avec l'accord des parties, à une mission de médiation entre elles. L'initiative de la médiation doit intervenir dans les 24 heures qui suivent la présentation de l'enfant au parquet. Mais les parties ou leur représentant respectif peuvent en faire la demande. Quand la demande de médiation émane d'une requête conjointe des parties, elle ne peut leur être refusée.

---

[632] Article 20 de la loi portant minorité pénale et institution de juridiction pour mineur et 106 et 107 du code de protection de l'enfant. Le principe c'est l'interdiction de la garde à vue pour le mineur de moins de 15 ans.

[633] Article 19 de la loi portant minorité pénale et institution de juridiction pour mineur.

[634] Timsit J, La médiation pénale une alternative à la justice et non une justice alternative, Gaz. Pal., 2001, n° 5 318319, p. 53.

[635] Jacobs A, Les nouveaux pouvoirs du ministère public, Droit pénal, CUP, vol. 7 (1996), p. 79, 80.

[636] C'est une procédure volontaire qui requiert l'accord et la participation de toutes les parties. Conformément à l'article 6 du décret du 13 avril 2006, c'est le procureur de la République qui doit s'assurer du consentement des parties. Il doit obtenir l'accord des parties par écrit et ensuite déposer celui-ci dans un registre spécial.

Le caractère obligatoire de l'instruction : en droit pénal des mineurs, l'instruction[637] est toujours obligatoire, même en matière de délit. Elle est nécessaire pour que la juridiction de jugement puisse découvrir la personnalité du délinquant[638] et prendre ainsi la décision la plus appropriée à sa situation. Dès qu'il est saisi, le juge des enfants avise immédiatement les parents que l'enfant fait l'objet de poursuites et désigne ou fait désigner un avocat d'office, le cas échéant. Déjà à ce stade de la procédure, les règles de compétence[639] sont aménagées pour assurer la protection du mineur. L'instruction des délits peut être confiée soit au juge des enfants, soit au juge d'instruction, suivant une option qu'exerce le parquet ou la partie civile. Dans la majorité des cas, c'est le juge des enfants qui est saisi.

Un traitement particulier : de nos jours, le mineur délinquant bénéficie d'un traitement particulier en droit pénal malien. Le droit pénal des mineurs n'est plus considéré comme un droit dérogatoire au droit commun, mais plutôt comme un droit spécial adapté à la minorité pénale.

L'évitement de la sanction pénale : un mineur reconnu coupable d'une infraction doit assumer les suites pénales de l'acte qu'il a commis en tant qu'auteur principal, coauteur ou complice. Le droit pénal des mineurs se place dans une optique de protection du mineur, d'où la spécificité des sanctions applicables au mineur délinquant. Dans sa démarche, le juge cherche à tout prix à éviter une sanction pénale proprement dite au mineur.

Faut-il le rappeler, dans ce droit spécial, le législateur malien a prévu une procédure spéciale de mise en œuvre de la responsabilité pénale à travers laquelle il apporte une réponse appropriée au sort du mineur délinquant.

La violation de la loi pénale : en plus de la conscience dont le mineur jouit face à la commission d'un acte, il doit avoir agi volontairement et en toute liberté. La responsabilité pénale suppose une volonté tendant à la violation de la loi pénale. J.-A. Roux a défini la

[637] Renault-Brahinsky C, Procédure pénale, 8e édition Gualino, 2007, p. 277.

[638] *Ibid.*, p. 279

[639] Rassat ML, Procédure pénale, PUF, 1990, p. 148.

volonté comme étant « la force de l'esprit appliquée à la réalisation d'un dessein »[640]. L'absence d'erreur : pour ce qui est de l'erreur, il convient de distinguer entre l'erreur de fait et l'erreur de droit. L'erreur de fait a été définie par le professeur Jean Pradel comme étant « la méprise de l'agent sur la matérialité de l'acte »[641].

L'absence de contrainte. Quant à la contrainte, elle est la situation dans laquelle se trouve un mineur qui a agi sous l'emprise d'une force à laquelle il n'a pu résister. Mais l'imputabilité de l'acte au mineur ne suffit pas pour établir sa responsabilité pénale. Il doit avoir en plus commis une faute. Pour être pénalement responsable, le mineur doit avoir commis une faute, laquelle peut être intentionnelle ou non intentionnelle. Bien que le principe de reconnaissance de la responsabilité pénale du mineur soit établi, celui-ci ne peut subir la même rigueur légale qu'un majeur.

B- Une mise en œuvre difficile des mesures répressives

Quand on analyse les conditions exigées pour le prononcé d'une peine d'emprisonnement contre un mineur délinquant contenues dans la loi, on se rend compte que le législateur veut à tout prix éviter l'emprisonnement au mineur délinquant.

D'abord, les conditions édictées sont nombreuses. Ensuite, elles sont exigées de façon cumulative. Il sera très difficile pour un tribunal de réunir ces conditions afin de prononcer une peine d'emprisonnement, surtout lorsque la dernière condition exige du juge une décision motivée.

Par ailleurs, la loi, après avoir posé les conditions exigées, affirme que : « Chaque fois que possible, le tribunal évitera de prononcer une peine d'emprisonnement ferme ». Cette disposition laisse entrevoir que le juge peut écarter l'option carcérale et éviter un emprisonnement ferme au mineur délinquant, quand bien même les conditions exigées seraient réunies.

---

640 Houx JA, Cours de droit criminel, *op. cit.*, p. 141.
641 Pradel J, Principes de droit criminel, *op. cit.*, p. 105.

Le tribunal dispose donc d'un large pouvoir d'appréciation. Il est aisé de comprendre que c'est la loi elle-même qui invite le tribunal à une réponse alternative à l'emprisonnement.

Dans la pratique, en sept années d'expérience, un président de tribunal pour enfants se souvient n'avoir prononcé qu'une seule fois une peine d'emprisonnement ferme contre un mineur. Elle a été déterminée par les circonstances particulières du meurtre et la nécessité de protéger le mineur lui-même[642]. Quelle que soit l'infraction commise, le tribunal pour enfants préfère opter pour le placement de l'enfant soit en famille, soit dans un centre de rééducation et de réinsertion professionnelle.

Par ailleurs, la protection de l'enfant contre l'incarcération est renforcée par la loi qui prévoit des mesures de substitution à la détention préventive et à l'emprisonnement. Les institutions privées telles que les organisations non gouvernementales, les associations et autres groupements peuvent proposer en lieu et place une surveillance étroite, un placement dans un établissement ou un foyer éducatif ou dans une famille.

De façon générale, on constate que la loi et la jurisprudence, quelle que soit l'infraction commise, sont résolument attachées à la protection de l'enfant, auteur d'infraction.

Il n'en demeure pas moins que l'on rencontre des enfants détenus dans le système carcéral au Mali. Mais les enfants sont soumis à un régime carcéral adapté protecteur (**1**) et à l'atténuation de la responsabilité pénale du mineur délinquant (**2**).

1. La difficulté de condamnation : un régime pénal protecteur

Le régime pénal applicable au mineur en république du Mali ne consacre ni la pleine responsabilité pénale du mineur au nom du principe de la personnalité des peines, ni l'irresponsabilité totale du mineur pour immaturité.

La consécration de principe de la responsabilité du mineur délinquant à une double exigence (l'exigence de la commission d'une infraction et l'exigence de la volonté du mineur auteur de l'infraction).

---

642 Entretien avec le juge Diarra, président du tribunal pour enfants de Bamako le 23 décembre 2011 à Bamako.

Tout mineur impliqué dans une infraction a l'obligation d'en assumer les conséquences pénales[643].

Pour être constituée, mis à part le préalable qui renvoie au principe de légalité[644], une infraction doit remplir deux conditions essentielles (l'élément matériel et moral)[645].

2. L'atténuation de la responsabilité pénale du mineur délinquant

La prise en compte d'une spécificité : la minorité. La reconnaissance de la spécificité du mineur a conduit le législateur contemporain à l'adoption de nombreux textes qui ont posé le mineur comme un être nécessitant une protection spéciale[646]. Le droit de la responsabilité tient compte de l'immaturité et de la vulnérabilité du mineur pour lui conférer un statut protecteur.

Le droit pénal n'admet pas non plus une responsabilité complète du mineur qui l'assimilerait à l'adulte. Le compromis trouvé repose sur une responsabilité pénale atténuée pour le mineur. Pour des raisons précises et sur la base de fondements juridiques, le législateur malien a exclu une catégorie de mineurs de la rigueur du droit pénal, et applique de façon encadrée et souple cette rigueur à la seconde catégorie de mineurs.

L'exclusion d'une catégorie de mineurs du droit pénal : l'irresponsabilité pénale. L'article 2 de la loi n° 01-081/du 24 août 2001 portant sur la minorité pénale et institution de juridictions pour mineurs dispose : « Lorsque le prévenu ou l'accusé aura moins de treize

---

643 La convention des Nations unies relative aux droits de l'enfant, ratifiée par le Mali le 20 septembre 1990, reconnaît ce principe de la responsabilité pénale de l'enfant en permettant sa mise en cause en justice lorsqu'il commet une infraction. V. article 40 al. 1.

644 Desportes F et Le Gunehec F, Droit pénal général, p. 153.

645 Pradel J, Principes de droits criminels, éd CUJAS, Paris, p. 78.

646 Parmi ces instruments juridiques, le texte de référence reste la convention relative aux droits de l'enfant du 20 novembre 1989. L'enfant, en raison de son manque de maturité physique et intellectuelle, a besoin d'une protection spéciale et de soins spéciaux, notamment d'une protection juridique appropriée, avant comme après la naissance. V. Préambule de la convention des Nations unies relative aux droits de l'enfant du 29 novembre 1989.

(13) ans, il sera relaxé ou acquitté, comme ayant agi sans discernement. Lorsque le prévenu ou l'accusé aura plus de treize (13) ans et moins de dix-huit (18) ans, il sera relaxé ou acquitté s'il est décidé qu'il a agi sans discernement.

Par cette disposition, le législateur malien fixe un âge limite en deçà duquel un mineur ne peut répondre de ses actes devant le juge répressif. L'exclusion du mineur de 13 ans du champ du droit pénal tient à des raisons précises et à des fondements juridiques. Le législateur malien a déterminé une tranche d'âge au sein de laquelle le mineur est présumé de façon irréfragable n'avoir pas encore acquis la maturité suffisante pour discerner le bien et le mal.

L'encadrement de la minorité pénale, une question discutée : la maturité de certains majeurs. Le législateur malien reconnaît, à un certain âge, la responsabilité pénale du mineur, mais cette responsabilité est atténuée, c'est-à-dire moins rigoureuse. Après avoir mis en exergue le mineur pénalement responsable, il conviendrait de s'interroger sur une autre catégorie, celle des majeurs dont la maturité peut donner lieu à discussion. Le mineur pénalement responsable est celui dont l'âge est compris entre 13 et 18 ans.

Mais à l'intérieur de cette tranche, on retrouve deux catégories de mineurs : les mineurs dont l'âge est compris entre 13 et 15 ans et les mineurs de 15 à 18 ans. Le principe de la responsabilité pénale de cette catégorie de mineurs est posé par l'article 2 de la loi portant sur la minorité et l'institution de juridiction pour mineurs. Les catégories des mineurs de 16 à 18 ans se trouvent à la lisière de la responsabilité pénale applicable aux majeurs.

De lege ferenda **: l'instauration d'un statut transitoire.** Dans cette perspective, le législateur malien pourrait envisager un statut transitoire. La marche graduelle du développement moral chez l'homme dépend de plusieurs facteurs. Ils sont soit endogènes à l'individu (facteurs intellectuels), soit liés à son environnement social (facteurs sociaux). En effet, sur la base de ces facteurs, un individu peut avoir une maturation plus lente qu'un autre. Les majeurs attardés sont des personnes vulnérables, malléables et influençables.

Il est difficile d'établir une correspondance systématique entre l'âge et la maturité d'un individu. Les États de la sous-région ouest-africaine n'ont pas encore légiféré sur la protection des jeunes majeurs[647]. À partir de ce moment, il ne serait ni anachronique, ni illogique de plaider pour une reconnaissance d'un statut particulier aux jeunes majeurs qui pourraient bénéficier de circonstances atténuantes du fait de leur immaturité, nonobstant leur majorité du point de vue arithmétique[648].

Paragraphe 2 : Le statut des enfants en conflit avec la loi

Le statut du jeune délinquant a largement changé, du moins théoriquement, avec l'entrée en vigueur du code de procédure pénale des mineurs. Dans les dispositions générales de ce code, le principe de la responsabilité de l'enfant est relativement atténué, l'article 2 dispose que l'enfant âgé de moins de sept ans est présumé irréfragablement n'avoir pas la capacité d'enfreindre la loi pénale, cette présomption devient réfragable pour les enfants âgés de sept ans révolus[649]. La question se pose de savoir quel est le statut du mineur délinquant, il est important de voir s'il est auteur ou victime des infractions ?

D'une part, nous avons un système dans lequel le mineur délinquant est au centre d'un système qui le considère comme une victime (de sa famille, du milieu social, de la conjoncture économique) et où l'intervention de la justice, de type paternaliste, cherche des réponses sous forme de soins.

D'autre part, un système où le jeune délinquant est considéré comme plus ou moins responsable, doté de libre arbitre et où il doit

---

[647] Il serait bon que les États de la sous-région envisagent une réglementation sur la situation des jeunes majeurs comme les législations européennes.

[648] Observations de l'AFMJF sur la circulaire relative à la mise en œuvre de la protection du jeune majeur, afm.fr Comme l'avait proposé en France l'Association française des magistrats de la jeunesse et de la famille (AFMJF), deux catégories de jeunes pourraient être concernées par cette protection. La première catégorie est celle des jeunes majeurs connus ou suivis par le juge des enfants du temps de leur minorité. Pour eux, il s'agit bien de la continuité de l'action éducative qui constitue le fondement de la protection du jeune majeur. La seconde catégorie concerne les jeunes majeurs en graves difficultés d'insertion sociale, sans suivi antérieur par le juge des enfants. Ce sont des jeunes qui n'ont pas accès aux dispositifs d'insertion de droit commun ou qui en ont été en ayant été refoulés.

[649] Loi n° 211_37 du 15 juillet 2011.

répondre de ses actes, même si la réponse peut être édulcorée en raison de son âge et de sa plus faible conscience de la portée de ses actes. Les réponses s'appuient donc sur la punition, essentiellement sur la mise à l'écart.

Il est utile de se poser la question suivante, à savoir l'apparition des droits de l'enfant dans le domaine pénal a-t-elle amélioré le statut des enfants, respectivement amené le Gouvernement à rendre des décisions nouvelles à leur endroit et à prévoir des modèles plus respectueux de ce statut ? Ou au contraire, a-t-elle provoqué un durcissement des positions et des réponses sociales, car plus de droits signifient aussi plus d'obligations ?

On peut répondre tout d'abord que le nouveau statut de l'enfant a certainement amené de nombreux États à vérifier la position de l'enfant dans les procédures pénales ouvertes à leur égard et à conférer plus de droits formels en cette matière : présomption d'innocence, droit d'être assisté d'un avocat, respect des règles strictes en matière de détention préventive, droit de recourir à tous les stades de la procédure, droit de voir sa situation évaluer périodiquement... Sur ce point, il convient de rappeler qu'il y a eu une avancée certaine.

Par ailleurs, sur le droit de fond, on peut douter que le mouvement soit à une amélioration sensible de la situation des enfants. On a plutôt l'impression d'assister à un discours qui dirait plus de droit égal, plus de responsabilités égales, plus de punitions. Vous voulez des droits, chers enfants ?

D'accord, mais assumez vos responsabilités. Vous cassez, vous volez et vous blessez ; d'accord. Eh bien payez maintenant. Alors que l'on aurait pu assister à une évolution vers un statut de meilleure émancipation et vers une nouvelle position de participation des mineurs, on assiste plutôt à un retour du bâton. On est dans une symétrie droite = obligations, qui justifie cette évolution, contestable à nos yeux.

Le retour du droit qui pourrait être compris comme la réponse aux défauts du modèle de protection comporte donc des dangers sérieux et ne devrait pas nous leurrer. Plus de droits ou de meilleurs droits ou une nouvelle position de l'enfant en conflit avec la loi consistent à lui donner la parole, à l'entendre et à lui offrir la possibilité de participer à la décision prise à son égard[650]. Elle ne consiste pas à lui donner raison envers et contre tout, mais elle ne devrait surtout pas se limiter à lui dire qu'il a simplement plus de garanties formelles, mais que le prix à payer est qu'il sera plus sanctionné.

On aboutit alors à un net durcissement de la justice pénale envers les mineurs, durcissement d'autant plus dangereux qu'il est légitimé par l'octroi de ces garanties formelles. Nous avons deux (2) éléments importants : la responsabilité pénale du mineur (**A**) et la procédure pénale applicable aux mineurs (**B**).

A- La garantie des droits des mineurs détenus

Tout enfant auteur d'infraction, privé de sa liberté, a le droit d'être traité avec humanité et avec le respect dû à la dignité de la personne humaine et d'une manière prenant en compte les besoins des personnes de son âge.

L'enfant, en tant qu'être humain, doit bénéficier des droits reconnus à tout être humain privé de liberté des suites d'une décision judiciaire. En plus de ces droits, l'enfant doit être traité comme tel, c'est-à-dire en tenant compte de la vulnérabilité liée à son âge.

Ce traitement particulier du mineur prévenu ou coupable se retrouve tout au long de la procédure. Il est donc normal qu'il continue après une condamnation à une peine d'emprisonnement. La procédure pénale est un tout indivisible, du moins pour ce qui concerne le traitement du mineur délinquant.

Au cours de l'instruction, le juge pour enfants peut prendre une décision de placement provisoire à travers la Convention des Nations unies relative aux droits de l'enfant (**1**) et les principes directeurs des Nations unies pour la prévention de la délinquance juvénile (**2**).

---

[650] Charte des Nations unies et de la convention de Vienne sur le droit des traités, coll. : « Mise au Point », 2006, Ed. Ellipses, p. 19 et 20 ; De Brichambaut MP, Dobelle JF et D'Haussy MR, « Leçons de droit international public, Collection Am-phi », 2002, Ed, Aide. Presses de sciences PO et DALLOZ, p. 40.

1. La convention des Nations unies relative aux droits de l'enfant

Tout d'abord, la convention des Nations unies relative aux droits de l'enfant (CDE) du 20 novembre 1989. À ce jour, 191 États sur 193 ont signé et ratifié cette convention (à l'exception des États-Unis et de la Somalie), ce qui en fait un instrument de portée universelle.

Il y a beaucoup à dire sur cette convention, mais le propos doit se circonscrire ici. Remarquons toutefois, d'une manière générale, que cette convention introduit plusieurs notions fondamentales qui ont une influence directe ou indirecte sur l'administration de la justice juvénile :
– le critère de l'intérêt supérieur de l'enfant (art. 3) ;
– le principe de non-séparation d'avec les parents (art. 9) ;
– l'obligation d'entendre la parole de l'enfant (art. 12) ;
– la responsabilité des parents (art. 18) ;

– l'interdiction de la peine capitale, de la torture, de traitements cruels, inhumains ou dégradants (art. 37) ;
– la privation de liberté vue comme mesure *ultima ratio* (art. 37 litt. b) ;
– la reconnaissance des droits procéduraux du mineur (art. 40).

La CDE comprend deux articles qui font référence directe à la justice des mineurs (art. 37 et 40). Ce dernier article est consacré entièrement à la justice des mineurs, à quelques principes de base à respecter pour une justice juvénile spécifique (al. 1), à la procédure souhaitable applicable aux mineurs (al. 2), à la législation à prévoir (notamment sur l'âge minimal d'intervention et sur le recours systématique aux mesures extrajudiciaires) [al. 3] et au dispositif de prise en charge à mettre en place pour les jeunes délinquants.

Le domaine de la justice pénale des mineurs est, de tous les domaines des droits de l'enfant, celui où les traités internationaux ont été le plus développés, et ce, de manière assez curieuse, puisque ce n'est heureusement pas le domaine qui regarde le plus grand nombre d'enfants ; au contraire, c'est un champ occupé par une minorité. Mais probablement que la position particulière du mineur face à l'État, considéré dans son rôle judiciaire et les enjeux en présence, notamment sur le plan des réactions sociales sous forme de privation de liberté, voire même de peine capitale, ont justifié cet intérêt prioritaire.

C'est aussi un domaine où il existe une certaine articulation entre les traités, où l'on a cherché, par différents textes il est vrai, à apporter une réponse globale à un phénomène.

– la délinquance des jeunes ;

– et non des réponses partielles. Cette articulation est à souligner, car elle n'existe pas entre d'autres éléments du puzzle « droit de l'enfant ». Elle est effectuée sur un mode logique : d'abord, des principes généraux destinés à la prévention de la délinquance juvénile, puis la question de l'administration de la justice des mineurs et enfin, le sort à réserver aux mineurs privés de liberté.

2. Les principes directeurs des Nations unies pour la prévention de la délinquance juvénile

Si l'on suit la logique de cet ensemble, le premier texte à considérer est les principes directeurs des Nations unies pour la prévention de la délinquance juvénile du 14 février 1990 (dits Principes directeurs de Riyad). La date de leur acceptation n'est pas innocente, dans le sens où elle est postérieure à l'adoption de la convention des droits de l'enfant et qu'elle fait donc référence implicite à ce texte fondamental et à la position de l'enfant considéré, depuis 1989, comme un être humain à part entière et donc détenteur de droits.

Il s'agit de principes qui n'ont pas de valeur contraignante, sauf pour des points précis, déjà formulés dans la Convention et qui trouvent ici un développement ou une explication. La prévention de la délinquance juvénile est abordée d'une manière positive, soit comme la promotion du bien-être et de l'intégration sociale, composantes nécessaires pour éviter à un enfant de se manifester par des comportements délictueux.

Ce texte, pour important qu'il soit, ne comporte que peu de règles directement applicables au domaine qui intéresse cette étude ; on peut néanmoins retenir le chapitre VI consacré à la législation et à l'administration de la justice pour mineurs.

B- Les conditions de détention des mineurs

Les enfants condamnés à une peine d'emprisonnement doivent purger leur peine dans une prison civile[651]. Mais dans la réalité, ils sont souvent envoyés dans les centres d'observation et de réinsertion des jeunes délinquants ou en danger moral. La plupart des enfants rencontrés dans les prisons civiles sont en situation de détention préventive.

Les mineurs en détention préventive sont gardés, en principe, à la brigade pour mineurs. Dans la pratique, elle s'effectue dans les prisons civiles du pays et non dans un établissement approprié ou dans un local de sûreté pour mineurs, comme l'exige respectivement la loi.

Le centre spécialisé de détention, de rééducation et de réinsertion prévoit dans son règlement intérieur un régime spécifique pour les détenus mineurs en mettant l'accent sur l'éducation et la formation professionnelle et envisage éventuellement un régime alimentaire amélioré par rapport à celui des détenus majeurs.

Il nécessite de noter que tous les établissements habilités à exécuter une mesure privative de liberté concernant un mineur devront inévitablement respecter les standards pudiques *minima* déterminés par les normes internationales en matière de nourriture, d'habillement et de couchage. Comme le prévoit la disposition 37 des règles des Nations unies pour la protection des mineurs privés de liberté, tous les détenus doivent recevoir une alimentation saine et bien préparée, distribuée en quantité suffisante aux heures des repas respectant en outre les exigences religieuses de chaque enfant. Toujours selon la même disposition, les enfants doivent pouvoir avoir accès à de l'eau potable en permanence.

Le point 36 de ces mêmes règles relatif à l'habillement des mineurs détenus, ces derniers doivent avoir le droit de porter leurs propres vêtements.

Concernant le couchage, le point 33, les mineurs détenus doivent pouvoir dormir dans de petits dortoirs ou des chambres

---

[651] Bolle M, Information recueillie courant notre enquête.

individuelles et propres[652]. Les mineurs doivent avoir la possibilité de bénéficier d'une éducation et/ou d'une formation professionnelle pendant la période de leur détention.

L'oisiveté constituant un terrain fertile pour le développement par les mineurs détenus de comportements antisociaux et pour la commission d'actes de délinquance qui hypothèquent leurs perspectives d'avenir. C'est dans ce cadre que doit offrir le centre de détention des activités culturelles et récréatives aux mineurs.

Tout mineur détenu doit pouvoir avoir accès à une éducation adaptée et une formation professionnelle qui lui permettent de se réinsérer à sa sortie de prison. C'est dans cette perspective que les cours doivent être dispensés en dehors du centre pénitentiaire, dans les écoles communautaires.

Une école au même titre que la famille ou la communauté est un vecteur important de socialisation. Pour être resocialisé, le mineur doit sortir de son contexte carcéral, rencontrer d'autres enfants que ceux qui sont en détention avec lui. Cela nous renvoie aux règles *minima* des Nations unies concernant l'administration de la justice pour mineurs (**1**) et aux règles des Nations unies pour la protection des mineurs privés de liberté (**2**).

1. Les règles *minima* des Nations unies concernant l'administration de la justice pour mineurs

C'est le texte suivant qui est le plus important pour la procédure pénale ; il s'agit des règles *minima* des Nations unies concernant l'administration de la justice pour mineurs du 29 novembre 1985 (dites règles de Beijing). Elles donnent aux États des lignes directrices pour tenir compte de la protection des droits de l'enfant et le respect de leurs besoins lors de l'élaboration de systèmes spécialisés de justice pour mineurs. Il s'agit donc là aussi de règles non contraignantes, mais qui comblent une lacune.

En effet, tous les textes antérieurs établis par les Nations unies (Pacte de 1966 sur l'exercice des droits civils et politiques et *minima* pour le traitement des détenus de 1955) ne faisaient pas référence

---

652 Recueil sur la minorité, p. 202–06.

explicite à la justice des mineurs, d'où la nécessité de ce premier instrument international[653]. Ces règles de 1985 sont donc antérieures à la convention, mais il est intéressant de constater que la CDE a repris les principales dispositions de Beijing pour leur donner ainsi une valeur contraignante. De très nombreux articles intéressent la procédure pénale proprement dite ou l'organisation judiciaire.

Ce texte court (30 articles seulement) est important, car il définit de manière très précise la manière dont la justice des mineurs doit intervenir auprès des jeunes dans les trois phases de l'instruction, du jugement et de l'exécution.

À ce stade, citons de manière subjective et sous forme lapidaire dix principes fondamentaux contenus dans ce texte :
– la nécessité d'un traitement équitable et humain ;
– la déjudiciarisation par des alternatives ;
– la prise en compte de la parole du mineur ;
– la privation de liberté comme mesure de dernier ressort et la plus brève possible ;
– la privation de liberté, réponse aux seuls cas graves ;
– exclusion de la peine capitale et du châtiment corporel ;
– le placement : mesure d'exception ;
– spécialisation des organes de la justice des mineurs ;
– objectif de la justice juvénile : la réinsertion ;
– libération de la mesure dès que possible.

2. Les règles des Nations unies pour la protection des mineurs privés de liberté

Le troisième texte en la matière n'est pas dénué d'intérêt puisqu'il parle des règles à observer pour les mineurs privés de liberté, sujet

---

653 La personnalité sociale est une structuration des liens entre les rôles sociaux que chaque personne a appris tout au long du procédé de socialisation. La socialisation est donc une voie dans laquelle la personne incorpore peu à peu les traits spécifiques de la culture de son groupe d'origine qui définit son appartenance sociale. L'enfant assimile très tôt des modèles de comportement qui exercent des influences sur ses conduites tout au long de sa vie. Autrement dit, l'approche culturaliste considère la culture comme extérieure à l'individu et elle doit être progressivement intériorisée durant sa vie, jusqu'à devenir partie inhérente à sa personnalité durant l'âge adulte.

souvent brûlant, parfois tabou[654]. Il s'agit des règles des Nations unies pour la protection des mineurs privés de liberté du 14 décembre 1990 (dites règles de La Havane ou RPL)[655].

Troisième pilier de cet édifice, il a un objectif clairement défini : la protection et le bien-être des mineurs privés de liberté, c'est-à-dire de toutes les personnes de moins de 18 ans qui sont sous le coup d'une privation de leur liberté (soit sous forme de détention ou emprisonnement, soit sous forme de placement dans un établissement public ou privé), ordonnée par une autorité judiciaire, pour parer aux effets néfastes de la privation de liberté en garantissant les droits de l'enfant[656].

Il est certain que dans la procédure, au moment où il va être question de détention préventive notamment, ces principes vont intervenir et devront inspirer également les législateurs.

---

[654] Les faits commis par les mineurs doivent être des actes graves et signalés, ces derniers peuvent être des crimes, des délits (dans ce cadre la justice déterminera leur niveau de gravité) ou des contraventions qui sont les infractions les moins graves.

[655] La convention relative aux droits de l'enfant a été adoptée par l'assemblée générale des Nations unies par sa résolution 44/25 du 20 novembre 1989. La France est le deuxième pays européen à avoir ratifié la convention relative aux droits de l'enfant. Ce traité international est entré en vigueur dans le pays le 2 septembre 1990. Le royaume du Maroc a signé la convention relative aux droits de l'enfant le 26 juin 1990 et l'a ratifiée le 21 juin 1993.

[656] Parmi les principes fondamentaux de la convention relative aux droits de l'enfant : la non-discrimination ; la priorité donnée à l'intérêt supérieur de l'enfant ; le droit de vivre, de survivre et de se développer ; et le respect des opinions de l'enfant. Tous les droits reconnus dans la convention sont afférents à la dignité humaine et au développement harmonieux de chaque enfant. La convention protège les droits des enfants en déterminant des règles spécifiques en matière de soins de santé, d'éducation et de services juridiques, civils et sociaux.

CONCLUSION DE TITRE I

Après avoir tenté d'analyser les divers aspects de l'intervention du système des Nations unies dans la sauvegarde des droits de l'enfant, il est possible de porter une appréciation générale sur l'impact de celle-ci sur la réalisation des droits en question. Cette implication constitue en effet l'une des avancées les plus marquantes notées durant ces dernières décennies dans ce domaine, car elle traduit à la fois l'aboutissement d'un processus, celui de la recherche de l'exhaustivité du cadre juridique international applicable à l'enfant, et le commencement d'un autre, marqué par la volonté de voir les droits consacrés traduits dans la réalité. Cette implication avait donc moins pour objectif de légiférer que d'assurer l'application de la législation existante.

Dans ce contexte, l'appui sur l'interprétation de la charte des Nations unies et les larges possibilités d'action qui en découlent ont permis à l'ONU, et principalement au Conseil de sécurité, de réaffirmer le lien indissoluble qui existe entre le maintien de la paix et de la sécurité internationale et la protection des droits de l'homme et du droit international humanitaire, dont la méconnaissance peut justifier une action coercitive de l'organisation mondiale[657].

Le recours à cette interprétation du rôle du Conseil de sécurité a ainsi permis la redéfinition du système international de protection des droits de l'enfant tant en conflit avec la loi, tant qu'en conflits armés, avec la combinaison d'une approche réglementaire et humanitaire et d'une politique de sanction.

Dans la pratique, cette action a conduit à des réalisations considérables, que ce soit en matière de démobilisation[658] ou de signature de plans d'action entre l'ONU et des parties en conflits,

---

[657] Voir, à ce propos, Petit Yves, *Droit international du maintien de la paix*, *op.cit.*, p. 50–4.

[658] Plusieurs centaines d'enfants ont ainsi été libérés, au cours de l'année 2018 au Mali avec la résolution 1612 du Conseil de sécurité, au Tchad en 2010 (A/65/820-S/2011/250, § 35), en RCA (A/65/820-S/2011/250, § 36), en RDC (A/65/820-S/2011/250 ; § 37), au Soudan (A/65/820-S/2011/250 ; § 44), etc., et des plans d'action ont été négociés avec la plupart des parties à des conflits à cette date ; voir : A/65/820-S/2011/250, *op. cit.*

comme le reconnaît d'ailleurs le Conseil de sécurité[659]. Au-delà de cette reconnaissance, il est possible d'affirmer que des réalisations concrètes, notamment à propos de l'interdiction du recrutement et de l'utilisation d'enfants-soldats, n'ont réellement été constatées qu'après l'intervention effective du Conseil sur la base de résolutions contraignantes. Cette intervention n'a cependant pas mis fin aux violations et principalement aux recrutements d'enfants qui, excepté les cas du Burundi[660] et du Sri Lanka, ont été signalés dans toutes les situations conflictuelles, qu'elles soient ou non à l'ordre du jour de Conseil[661]. Des progrès restent donc à réaliser sur le terrain et le Conseil s'en est préoccupé dans sa résolution 2068 (2012) sur les enfants et les conflits armés.

Par ailleurs, les États membres peuvent être traduits en justice par le Conseil de sécurité. Les parties à des conflits qui commettent des violations et sévices contre la personne de l'enfant, au mépris de ses résolutions sur la question, en ayant recours à leur système judiciaire national et, le cas échéant, aux mécanismes de justice internationale[662]. Le Conseil a également son rôle à jouer en la matière et peut, à ce propos, utiliser la possibilité que lui reconnaît le statut de Rome de déférer au procureur de la CPI une situation dans laquelle un ou plusieurs crimes paraissent avoir été commis[663]. Ce facteur a été pris en compte dans les efforts récents de la communauté internationale de lutter contre l'impunité des crimes internationaux, et dont la concrétisation a conduit à la criminalisation des violations de certains droits de l'enfant.

---

[659] S/RES/2068 (2012) ; 19 septembre 2012, préambule.

[660] Il a été radié de la liste de la honte à cet effet.

[661] Voir à ce propos : A/65/820-S/2011/250, *op. cit.*

[662] *Ibid.*, §.a).

[663] *Ibid.*, §3.a)

TITRE II :

LA CRIMINALISATION DES VIOLATIONS DES DROITS DE L'ENFANT

L'impunité renvoie à « *l'absence en droit et en fait de la mise en cause de la responsabilité des acteurs de violations des droits de l'homme et du droit humanitaire en ce qu'ils échappent à toute enquête, à toute poursuite, toute accusation, toute arrestation, tout jugement* »[664]. Pendant longtemps, cette impunité a été la règle en droit international, les instruments du droit international humanitaire et des droits de l'homme n'ayant prévu aucun système de mise en œuvre de la responsabilité pénale individuelle.

Certes, les précédents judiciaires de la Seconde Guerre mondiale existaient déjà, mais ce système précaire de la justice d'après-guerre et le contexte politique mondial de l'époque n'ont pas favorisé son évolution vers un système efficace de répression. Le sort réservé à la protection des droits de l'enfant n'était pas meilleur, l'établissement de mécanismes de garantie de leur efficacité reposant essentiellement sur le bon vouloir des États.

Ce n'est donc que très récemment, sous l'effet cumulé de deux facteurs à savoir, d'une part, l'essor qu'ont connu les droits de l'enfant au cours des deux dernières décennies et, d'autre part, la mobilisation internationale en faveur de la lutte contre l'impunité des violations du droit international humanitaire et des droits de l'homme, que l'idée d'une répression judiciaire effective des manquements aux normes internationales protectrices de l'enfant en période de guerre s'est solidement ancrée dans le droit international.

---

[664] Joinet L, « *Question de l'impunité des auteurs de violations des droits de l'homme (civils et politiques)* », ONU, Rapport, Commission des droits de l'homme, Sous-commission de la lutte contre les mesures discriminatoires et de la protection des minorités, E/CN.4/Sub.2/1996/18, 20 juin 1996, cité par Mario Bettati, La coutume et la lutte contre l'impunité : principe et pratique, in *Droit international humanitaire coutumier : enjeux et défis contemporains,* sous la direction de Paul Tavernier et Jean-Marie Henckaerts, Actes du colloque organisé à Paris le 12 mars 2007 par le CICR et le CREDHO, Bruxelles, Bruylant, 2008, p. 203.

Ce système repose aujourd'hui essentiellement sur le statut de Rome de la CPI ou « la Cour » qui a été le premier texte international à définir la conscription, l'enrôlement et l'utilisation d'enfants de moins de 15 ans dans les conflits armés comme crimes de guerre[665], mais tire également partie de l'intervention d'autres juridictions *ad hoc* comme le Tribunal spécial pour la Sierra Leone (« TSSL » ou « le Tribunal spécial ») dont l'activité a été déterminante dans la formation d'une jurisprudence internationale protectrice des droits de l'enfant, de l'enfant-soldat surtout.

Cependant, si le droit international fixe les principes de base de la responsabilité pénale, il revient d'abord aux États d'établir les mécanismes de garantie et d'assurer la répression effective dans le cadre national [666]. Leur adhésion aux normes internationales criminalisant les violations des droits de l'enfant en temps de guerre est donc essentielle, bien qu'il faille reconnaître que la place occupée jusque-là par la justice interne dans la répression de telles violations reste marginale (**CHAPITRE I**). Outre, on tente souvent de privilégier le système international de répression pénale qui paraît plus effectif, et dont la jurisprudence naissante témoigne de son fort impact dans la lutte contre l'impunité des violations commises contre des enfants en période de conflit armé. Toutefois, il faut bien souligner que les règles qui régissent le fonctionnement de ces juridictions ou leur pratique traduisent, là aussi, une certaine ambivalence dans la mise en œuvre effective de cette justice pénale (**CHAPITRE II**).

---

[665] Statut de Rome, art. 8.2.b) XXVI) et 8.2.e) VII).

[666] Statut de Rome, préambule. Cette règle ne concerne pas les tribunaux *ad hoc* créés par le Conseil de sécurité pour juger les violations du droit international humanitaire commises en ex-Yougoslavie et au Rwanda. Le Tribunal spécial pour la Sierra Leone constitue également une exception en la matière puisqu'il est appelé à juger les crimes commis en Sierra Leone ou par des Sierra-Léonais lors de la guerre civile.

CHAPITRE I

LA PLACE DE LA JUSTICE INTERNE DANS LA RÉPRESSION DES VIOLATIONS

D'une manière générale, le rôle joué par les juridictions internes dans la répression des crimes de droit international reste secondaire si on le compare à l'imposante jurisprudence des tribunaux pénaux internationaux (TPI) non seulement en ce qui concerne l'application de la justice, mais aussi pour ce qui est de la précision des contours de certaines notions clés du droit de la guerre. L'intervention de l'État reste toutefois fondamentale dans la mesure où l'adhésion aux normes internationales criminalisant les violations des droits de l'enfant met à la charge de l'État l'obligation d'assurer, dans son ordre juridique, la répression effective de ces violations.

En raison de l'absence de caractère *self-executing* de ces normes, l'obligation générale qui incombe à l'État en matière de répression doit d'abord l'amener à mettre en place des règles d'établissement de la responsabilité pénale pour que les normes internationales puissent avoir un impact réel sur la protection dans l'ordre interne. Cela implique donc un travail préalable de transposition des dispositions internationales applicables à l'enfant en période de conflit armé.

Cependant, l'observation de la pratique montre que, malgré les efforts manifestes de certains États en matière d'insertion des normes internationales criminalisant certaines violations des droits de l'enfant en temps de guerre, l'impact de cette transposition peut faire l'objet d'interrogation (**SECTION 1**). Ainsi, il sera nécessaire de faire recours à la compétence extraterritoriale comme moyen de lutte contre l'impunité (**SECTION 2**).

SECTION 1 : L'impact de la transposition des normes relatives à la responsabilité pénale

Si le droit international apparaît comme le fondement de la répression des crimes internationaux, puisqu'il lui revient de poser les règles et principes qui gouvernent l'application des sanctions, force est de reconnaître que « *[l] a répression des infractions internationales définies par les Conventions ne peut se faire sans le concours des normes de droit interne* »[667].

Par ailleurs, les textes internationaux mettent souvent à la charge de l'État l'obligation d'assurer l'intégration, tout en leur laissant le choix des méthodes. Il revient donc à celui-ci d'assurer l'intégration des normes internationales d'établissement de la responsabilité (***paragraphe 1***). Cependant, si beaucoup d'États se sont acquittés de cette obligation, on note toujours un certain laxisme dans la mise en œuvre de la répression interne (***paragraphe 2***).

Paragraphe 1 : L'intégration des normes d'établissement de la responsabilité pénale

Il s'agit d'une obligation qui trouve son fondement dans les textes, mais qui s'explique aussi pour des questions de sécurité juridique (**A**). Sa réalisation reste toutefois soumise à la libre appréciation des États qui, le cas échéant, peuvent recourir à diverses techniques de l'intégration des normes internationales dans l'ordre interne (**B**).

A- L'obligation d'intégration des normes de répression pénale

La convention des Nations unies relative aux droits de l'enfant ne prévoit pas explicitement l'obligation de réprimer ses violations. Seul le protocole facultatif concernant l'implication d'enfant dans les conflits armés demande aux États de prendre les mesures d'ordre juridique nécessaires pour interdire et sanctionner pénalement l'enrôlement et l'utilisation d'enfants dans les conflits armés[668]. La répression des violations du droit international humanitaire trouve son fondement dans les articles 49, 50, 129 et 146 des conventions de Genève de 1949 qui disposent que « *[l]es Hautes Parties contractantes s'engagent à prendre toute mesure législative nécessaire pour fixer les sanctions pénales adéquates à appliquer aux personnes ayant commis, ou donné l'ordre de commettre, l'une ou l'autre des infractions graves*

---

[667] Fichet-Boyle Isabelle et Mosse Marc, L'obligation de prendre des mesures internes nécessaires à la prévention et à la répression des infractions, in Hervé Ascensio, Emmanuel Decaux et Alain Pellet (dir), Droit international pénal, (CEDIN), Paris, A. Pedone, 2000, p. 872.

[668] Protocole facultatif à la convention relative aux droits de l'enfant, concernant l'implication d'enfants dans les conflits armés, art. 4.2.

à la présente Convention »[669]. Le statut de Rome de la CPI prévoit également la même obligation pour « *les crimes les plus graves qui touchent l'ensemble de la communauté internationale [qui] ne sauraient rester impunis et [dont la...] répression doit être effectivement assurée par des mesures prises dans le cadre national* »[670].

Dans ce contexte, « *il est du devoir de chaque État de soumettre à sa juridiction criminelle les responsables de crimes internationaux* » [671]. La répression des manquements au droit international humanitaire apparaît même comme une obligation coutumière qui constitue le prolongement de l'obligation de respecter et faire respecter ce droit[672]. Marc Massé dira d'ailleurs que le syllogisme « crime de droit international : Tribunal international » ne doit pas être une échappatoire pour les États[673]. Ainsi, bien que les conventions de Genève ne prévoient pas la répression des violations de l'article 3 commun, cette obligation pourrait logiquement découler du droit coutumier qui autorise les États à engager de telles poursuites, ce que confirme d'ailleurs l'article 8 du statut de la CPI qui considère ces

---

669 Ces infractions sont spécifiées aux articles 50, 51, 130 et 147 qui mentionnent « l'homicide intentionnel, la torture ou les traitements inhumains, y compris les expériences biologiques, le fait de causer intentionnellement de grandes souffrances ou de porter des atteintes graves à l'intégrité physique ou à la santé, la destruction et l'appropriation de biens, non justifiées par des nécessités militaires et exécutées sur une grande échelle de façon illicite et arbitraire ». L'article 130 CG III y rajoute le fait de craindre un prisonnier de guerre à servir dans les forces armées de la Puissance ennemie, ou celui de le priver de son droit d'être jugé régulièrement et impartialement selon des prescriptions de la Convention. L'article 147 CG IV mentionne la déportation ou transferts illégaux, la détention illégale, le fait de contraindre une personne protégée à servir dans les forces selon les prescriptions de la Convention, la prise d'otages. Voir également l'article 85-1 du PAI qui renvoie aux articles 50, 51, 130 et 147 CG.

670 Statut de Rome, Préambule.

671 *Ibid.*

672 Voir : CIJ, Activités militaires et paramilitaires au Nicaragua et contre celui-ci, Arrêt (Nicaragua c. États-Unis d'Amérique), 27 juin 1986, § 220, dans lequel la Cour rappelle le caractère de principe général d'une telle obligation ; CIJ, Licéité de la menace ou de l'emploi d'armes nucléaires, Avis consultatif, 8 juillet 1996, § 79.

673 Cité par Mikaël Benillouche, Droit français, in Antonio Cassese, Mireille Delmas-Marty (dir.), *Juridictions nationales et crimes internationaux,* Paris, PUF, 2002, p. 191, note 3.

violations comme des crimes de guerre[674]. L'exercice de son rôle, en ce qui concerne la mise en œuvre des normes pénales internationales, met donc à la charge de l'État l'obligation de prendre des mesures internes de transposition.

Cependant, les dispositions conventionnelles mettant à la charge de l'État l'obligation de réprimer les violations du droit international ne précisent pas quelles mesures doivent être adoptées ni selon quelle procédure celles-ci doivent être prises. Elles se contentent de poser une obligation de résultat, les États gardant leur liberté dans le choix des moyens, sauf à respecter la nécessité de la peine et le choix de la sanction qui doit permettre d'atteindre l'objectif visé. Aussi, s'aperçoit-on de la diversité des techniques auxquelles ont recours les États dans l'insertion de ces normes internationales dans l'ordre interne (**1**) et la coutume internationale dans les dispositions constitutionnelles (**2**).

1. Insertion ou réception des traités : monisme et dualisme

Au stade de cette première étape constitutionnelle, il faut distinguer les systèmes monistes et dualistes.

Dans les premiers, la méthode est celle de l'insertion dite « automatique » : plusieurs modalités formelles existent, tenant compte de la répartition interne des compétences internationales. Ici, les clauses constitutionnelles courantes affirment que le droit international appartient à l'ordre juridique interne et lui confèrent souvent une primauté relative, avec un rang généralement supralégal.

Ces deux mentions peuvent figurer de manière implicite dans un seul article, ou plus expressément dans plusieurs articles constitutionnels. Les modalités procédurales, quant à elles, impliquent la ratification ou signature du traité par les autorités politiques compétentes, puis sa publication : alors, le traité devient valide et opposable aux autorités dans l'ordre juridique interne.

La ratification des traités les plus importants doit souvent être autorisée par le pouvoir législatif, comme en France. Plus récemment, une tendance (encore rare) est à la précision des conditions d'application des traités : certaines constitutions affirment une

---

[674] Statut de Rome de la CPI, art. 8-2-c).

présomption d'applicabilité directe des traités et/ou confèrent compétence aux juges nationaux pour connaître des réclamations fondées sur des traités.

Dans les systèmes dualistes, en revanche, la technique employée est celle de la réception, terme employé par la doctrine depuis Anzilotti. Elle implique l'adoption de mesures internes d'exécution, voire de transformation, du traité. En l'absence de procédure simplifiée d'insertion automatique, plusieurs techniques d'intégration du traité coexistent, selon les cas. On distingue alors l'engagement international de l'État (par la ratification) et la validité interne du traité, qui lui est généralement conférée par le pouvoir législatif. Le traité ne produit pas d'effets internes avant d'avoir été repris par une loi.

Les clauses constitutionnelles dualistes relatives aux traités sont, la plupart du temps, sommaires et peu claires. Il peut être mentionné que les traités entrent en vigueur par le biais d'un acte législatif ou réglementaire, sans préciser quels sont l'objet et le contenu de la règle interne. Beaucoup plus rarement, il peut être clairement énoncé qu'aucun accord international ne fait partie du droit interne sans intervention parlementaire.

Dans tous les cas, l'organe législatif doit donner son aval démocratique à un traité conclu par le pouvoir exécutif. Si ce n'est lors de la ratification du traité, ce sera lors de son incorporation au droit interne. Cela conduit à distinguer autorisation de ratification et approbation interne du traité. Les textes constitutionnels ne précisant alors pas quel doit être le contenu de la loi ou des « mesures de mise en œuvre nécessaires », c'est au législateur que revient le soin de préciser les différentes techniques.

Par ailleurs, on peut constater que de nombreux États pratiquent les méthodes dualistes sans que la Constitution leur impose : dans des pays de tradition de *common law*, il revient souvent au juge de déterminer certaines règles fondamentales, dont la place du droit international, comme tel est le cas au Canada. Il s'agit alors davantage d'une pratique constitutionnelle que d'une exigence textuelle.

La différence essentielle entre les deux types de techniques réside dans la valeur hiérarchique qui sera conférée au traité : lorsque celui-ci est intégré par la voie dualiste, il acquiert la valeur de l'acte interne de réception, le plus souvent une loi.

2. La coutume internationale dans les dispositions constitutionnelles

Le droit international non écrit fait l'objet d'un nombre réduit de méthodes constitutionnelles d'intégration, de par sa nature même. Aux côtés d'une immense majorité silencieuse (les pays de tradition écrite), on peut néanmoins relever quelques dispositions. La distinction entre monisme et dualisme est largement inopérante ici, dès lors que la coutume ne se prête guère aux techniques dualistes de transposition.

Dès lors, de nombreux États adoptent une approche dualiste des traités, mais moniste à l'égard de la coutume (elle acquiert donc une validité automatique et peut parfois bénéficier d'une primauté relative) : tel est le cas pour l'Italie ou l'Allemagne. En revanche, ici les oppositions entre pays de *common law* et de *civil law* sont pertinentes. En effet, la règle traditionnelle de *common law* affirmant que « *international law is part of the law of our land* » s'applique. Cependant, si de nombreux États s'engagent à respecter la coutume, sa place en droit interne est ambiguë. Néanmoins, on peut distinguer trois attitudes générales à son égard, de la plus restrictive à la plus réceptive.

Le premier type de dispositions est aussi le plus elliptique : il consiste simplement en un engagement de principe à respecter les règles de droit international généralement reconnues dans les seules relations extérieures de l'État. Cela n'implique pas sa validité interne.

Le second type de clauses n'est guère plus précis : il mentionne que l'ordre juridique interne se conforme aux règles de droit international général, sans indication quant à sa valeur (hiérarchique, surtout).

Certains États sont monistes à l'égard de toutes les sources de droit international et les assimilent : Portugal et Russie, par exemple. De nombreux États, parfois dualistes pour les traités, sont expressément monistes pour la coutume, et mentionnent sa validité automatique : tel est le cas en Autriche. Plus exceptionnellement, la Constitution prévoit même la primauté de la coutume : ainsi en va-t-il de l'Allemagne, de la Grèce. Les mêmes principes sont également pratiqués, même en l'absence de texte constitutionnel, dans un certain nombre d'autres États, comme au Canada.

B- Les techniques d'intégration des normes de répression pénale

L'incorporation des sanctions dans le droit interne soulève deux questions à savoir celle de la technique d'incrimination et celle du choix de la forme de l'incrimination.

S'agissant d'abord de la technique d'incrimination ou la définition de l'acte délictueux, les États peuvent soit appliquer directement le droit pénal national (ordinaire ou militaire) s'il prévoit déjà l'incrimination[675], soit créer une incrimination globale dans le droit interne en y incorporant une clause de renvoi aux dispositions pertinentes, soit créer une incrimination spécifique du comportement proscrit par une retranscription dans la loi nationale[676]. Certains auteurs distinguent, quant à eux, entre l'adaptation par incorporation, qui consiste en la reproduction de la norme internationale dans un texte de droit interne[677], et l'adaptation par référence qui constitue un renvoi *expressis verbis* à la norme internationale concernée. Cette dernière méthode suppose bien sûr une précision de la norme internationale en raison du principe d'interprétation stricte de la loi pénale.

S'agissant ensuite de la forme de l'incrimination, elle peut se faire soit à travers une loi spécifique, soit à travers la loi pénale existante. Le rôle de l'État ne doit cependant pas s'arrêter là. En effet, en plus du fait que les dispositions du droit international se bornent souvent à formuler des vœux et à poser des principes généraux non exécutoires, elles prévoient

---

[675] Pour Eric David, « il suffit de vérifier si à l'incrimination de droit international correspond une incrimination de droit interne sanctionnant le même fait quelle qu'en soit par ailleurs la qualification juridique précise » ; David Eric, Le droit international humanitaire devant les juridictions nationales, in Les nouvelles frontières du droit international humanitaire, Jean-François FLAUSS (dir.), Bruxelles, Bruylant, 2003, p. 137.

[676] Certains auteurs estiment que l'adoption de lois spéciales singularisant la norme internationale présente l'avantage de répondre mieux à l'originalité du droit pénal international tout en facilitant les adaptations aux éventuelles évolutions de celui-ci ; voir Isabelle Fichet-Boyle et Marc Mosse, L'obligation de prendre des mesures internes nécessaires à la répression des infractions, in Hervé Ascensio, Emmanuel Decaux et Alain Pellet (dir.), *op. cit.*, p. 882.

[677] « L'origine internationale de l'infraction n'apparaît plus en soi. Elle demeure la source, mais s'efface quant à l'instrumentum sur la base duquel une procédure pénale pourrait être déclenchée par les autorités de l'État », *ibid.*

rarement des sanctions, laissant aux États le soin de légiférer sur la question.

D'ailleurs, « *l'idée de poursuivre les auteurs de [ses] violations n'avait pas beaucoup préoccupé les auteurs des traités de droit humanitaire* »[678] qui faisaient confiance à la conscience universelle pour l'application et le respect de ces règles[679]. Cette approche favoriserait une plus grande protection et rompait avec le cycle d'une mise en œuvre laxiste de la répression interne. La particularité de certains traités est faite (**1**), et celle du droit dérivé des organisations internationales régionales (**2**).

1. Particularité de certains traités

En premier lieu, les traités relatifs aux droits de l'homme bénéficient parfois d'un traitement constitutionnel particulier. C'est le cas dans plusieurs États d'Amérique latine, probablement sous l'influence de la Constitution espagnole. Ainsi, les règles relatives aux droits fondamentaux doivent être interprétées conformément aux accords internationaux portant sur les mêmes matières. La valeur supralégale des traités peut n'être accordée qu'à cette catégorie.

Certains États confèrent même un rang paraconstitutionnel à ces traités. Cette attitude fait parfois l'objet de critiques doctrinales. En effet, malgré l'ouverture importante et récente de ces États au droit international, la majorité des normes internationales conventionnelles est largement mésestimée. On peut alors déplorer une telle situation : « sur le plan politique, la place prestigieuse accordée aux traités sur les droits de l'homme dans les constitutions de certains États nouvellement démocratiques est justifiable et compréhensible… Cependant, les répercussions juridiques de cette idée politiquement méritoire sont hélas plutôt négatives », car elle entraîne une « dégradation relative de la position constitutionnelle des autres traités ».

---

678 Bettati M, La coutume et la lutte contre l'impunité et pratique, in *Droit international humanitaire coutumier : enjeux et défis contemporains,* sous la direction de Paul Tavernier et Jean-Marie Henckaerts, (Actes du colloque organisé à Paris le 12 mars 2007 par le CICR et le CREDHO), Bruxelles, Bruylant, 2008, p. 203.
679 *Ibid.*, p. 203.

En second lieu, plusieurs textes fondamentaux mentionnent les traités auto-exécutoires, c'est-à-dire ne nécessitant pas de mesures nationales d'application : seuls ceux-ci bénéficieront de la primauté sur la loi. Ici, la difficulté réside bien sûr dans l'interprétation de ce caractère auto-exécutoire, qui n'est jamais mentionné par le traité lui-même : c'est à la loi et aux juges que revient cette mission. Les trois acteurs de l'intégration du droit international (constituant, législateur, juge) doivent ainsi être associés.

2. Particularité du droit dérivé des organisations internationales régionales

On peut souligner les difficultés de certains systèmes dualistes face à l'accroissement quantitatif du nombre d'actes unilatéraux émanant d'organisations d'intégration, reposant sur une logique moniste de primauté et d'effet direct : Italie et Royaume-Uni, par exemple, ont connu plus de difficultés que d'autres États européens à s'adapter au droit communautaire émanant de l'Union européenne et au droit de la Convention européenne des droits de l'homme. Des législations spéciales ont dû être adoptées, sans pour autant modifier les règles constitutionnelles. D'autres États, en revanche, choisissent de faire évoluer leur loi fondamentale pour tenir compte de ce phénomène en pleine extension.

Deux types de clauses constitutionnelles doivent être mentionnés ici. Il s'agit d'abord du phénomène récent des dispositions relatives aux transferts de compétences souveraines aux institutions internationales. Implicitement, elles déterminent l'application du droit dérivé émanant de ces organisations. Courantes en Europe en raison de l'intégration communautaire, elles apparaissent également sur d'autres continents, en Amérique latine par exemple.

Il s'agit ensuite, plus rarement, d'une mention expresse affirmant la validité automatique, voire la primauté des actes émanant des organisations internationales d'intégration, lorsque le traité constitutif le prévoit. Cela nécessite alors une lecture et une interprétation combinées des règles constitutionnelles nationales et du traité établissant l'organisation internationale. C'est ainsi que sont directement applicables les règles issues de l'Ohada et de l'UEMOA sur le continent africain. La méthode d'intégration est alors des plus automatiques, et ne nécessite parfois même pas de publication interne de la décision, dès lors qu'elle est publiée par l'organisation elle-même.

Cependant, pour toutes ces sources de droit international, les principes affirmés par les constitutions sont parfois atténués, voire contredits par la pratique. Même lorsque la règle constitutionnelle permet une intégration directe de la norme internationale, celle-ci est néanmoins largement transposée et renationalisée par les législateurs.

Paragraphe 2 : Les impératifs de la justice traditionnelle

Si la question de répression des violations graves du droit international se pose toujours à la fin d'un conflit, elle n'a jamais donné lieu à une réponse univoque, notamment au cours de ces dernières décennies où la volonté de réprimer les violations des droits de l'homme et du droit international humanitaire s'est posée concomitamment avec la nécessité d'instaurer un nouvel ordre social pacifique. Différentes voies ont, en effet, été suivies en fonction de l'ordre juridique concerné.

Ainsi, si les mesures adoptées ont tendu à une application stricte de la justice au niveau international, les questions soulevées par les nécessités de la réorganisation sociale ont conduit à des solutions plus modérées dans l'ordre interne. En effet, la question s'est posée de savoir s'il fallait tout pardonner de manière inconditionnelle pour favoriser la paix et la reconstruction, ou s'il fallait maintenir une conception stricte de la justice et sanctionner les responsables de violations.

On peut cependant se demander s'il faut vraiment choisir entre ces deux options. Comme le fait remarquer Samuel P. Huntington, il est impératif de « *[reconnaître] que sur la question " poursuivre et punir, vous pardonner et oublier ", chaque alternative présente de graves problèmes et que le moins insatisfaisant pourrait bien être : ne pas poursuivre, ne pas punir, ne pas pardonner et, surtout, ne pas oublier* »[680]. Il faut donc un nouveau type de justice.

---

[680] Huntington SP, *The Third Wave-Democatisation in the Late Twentieth Century*, University of Oklahoma Press, 1991, cité par Luc Huyse, Amnistie, commissions de vérité ou poursuites, in Luc Reychler et Thomia Paffenholz (dir.), *Construction de la paix sur le terrain — mode d'emploi*, Les livres du GRIP, Bruxelles, Ed. Complexe, 2000, p. 282.

À ce propos, on note que les approches souvent retenues ne privilégient pas l'une ou l'autre conception, mais tentent d'établir un amalgame entre les deux à travers la justice transitionnelle. Cette question de justice transitionnelle revêt toute son importance dans la mesure où de l'efficacité de sa mise en œuvre dépend de la répression effective des crimes commis contre des enfants dans l'ordre interne. Il convient donc de préciser certaines de ses caractéristiques (**A**), avant de voir l'application qui en est faite, les impératifs qu'elle pose et qui conduisent souvent à une répression partielle (**B**).

A- Les caractéristiques de la justice transitionnelle

La justice transitionnelle, encore appelée « justice réparatrice »[681], par opposition à la « justice rétributive », peut être définie comme réparation aux victimes « *l'ensemble des processus judiciaires et non judiciaires, visant à la manifestation de la vérité à l'issue de périodes de crises ou troublées, à l'identification des responsabilités ainsi qu'à l'octroi de réparation des victimes* »[682].

Il s'agit, en d'autres termes, « des différentes démarches que les sociétés entreprennent afin de prendre en charge la question de l'héritage des violations massives et systématiques des droits de l'homme alors qu'elles passent d'une période de conflit violent ou d'oppression à la paix, la démocratie, l'État de droit et le respect de droits individuels et collectifs »[683].

Ainsi entendue, la justice transitionnelle semble se définir surtout par son but et ses caractéristiques qui en font une notion dont l'établissement des contours reste encore difficile. En effet, tandis que

---

[681] Fabrice Hourquebie parlera de « [justice transitionnelle régulatrice et sanctionnatrice de l'exceptionnel] » ; Hourquebie Fabrice , La notion de « justice transitionnelle » a-t-elle un sens ? Disponible sur http://www.droitconstitutionnel.org/congresPars/comC5/HourquebieTXT.pdf, page consultée 13/05/2020.

[682] Philippe Xavier, Les solutions alternatives et complémentaires à la justice pénale internationale : la justice internationale, Actes du colloque organisé par le Centre de recherche en matière pénale, F. Boulan (Aix-en-Provence, 12 mai 2007), sous la direction des professeurs Xavier Philippe et Dominique Viriot-Barrial, Presses Universitaires d'Aix-Marseille, 2008, p. 131.

[683] Rapport annuel du Centre International de justice transitionnelle 2004–2005, disponible sur www.icjt.org/static/AR/AR04-05.fre.pdf, cité par X.PHILIPE, *op. cit.*, p. 132.

certains auteurs la considèrent comme « *une notion dont la seule évocation suscite scepticisme et interrogations* »[684], d'autres y voient un paradoxe qui découlerait du fait que la justice transitionnelle pose des problèmes de garanties[685]. Le contexte de naissance et de développement de cette justice traduit bien cette opposition, marque du contradictoire de l'espoir (effondrement des dictatures de l'ex-URSS, fin de l'apartheid en Afrique du Sud, affermissement des démocraties en Amérique latine) et du tragique (génocide rwandais, nettoyage ethnique dans les Balkans, au Caucase ou en Afrique) des années 1990[686]. Ce sont donc des guerres et autres troubles de ces dernières décennies, combinés au développement de la protection des droits de l'homme, qui ont fait de la justice transitionnelle un élément incontournable de la reconstruction et auquel on a quasiment toujours recours dans les situations postconflictuelles.

Cet engouement s'explique par sa souplesse, celle-ci s'appuyant sur une relativisation de l'intérêt de la répression pénale (**1**) et contribuant, par ailleurs, à accroître l'efficacité de cette justice (**2**).

1. Une relativisation de l'intérêt de la répression pénale

De toute façon, les systèmes judiciaires des États sont confrontés, à la fin d'un conflit, à des situations exceptionnelles qui dépassent de loin leurs capacités. Conçus pour traiter des crimes comme des exceptions, ils se retrouvent face à un contexte dans lequel le crime est la règle[687]. Dans une telle situation, le plus complet et le plus performant d'entre eux ne serait en mesure de gérer le problème. Parallèlement se pose le besoin de justice, condition nécessaire à l'instauration et à la consolidation de la paix à la fin d'un conflit.

---

684 Philippe Xavier, *op, cit.*, p. 131.

685 Hourquebie Fabrice, *op. cit.*, p. 3.

686 Hazan Pierre, Mesurer l'impact des politiques de châtiment et de pardon : plaidoyer pour l'évolution de la justice transitionnelle, 31/03/2006, *Revue internationale de la Croix-Rouge*, 861, disponible surhttp://www.cicr.org/fre/assets/files/other/irrc_hazan_fre.pdf,p.2.

687 Freeman Mark et Marotine Dorothée, *La justice transitionnelle : un aperçu du domaine,* p. 3, disponible sur http://www.swisspeace.ch/filadmin/user_upload/Topics/Dealing_with_the_Past/Ressources/Freeman_Mark_La_Justice_Transtionnelle.pdf, page consultée le 14/05/2020.

La justice transitionnelle introduit donc une dose de souplesse dans la recherche de la paix et de la reconstruction en privilégiant une approche holistique et intégrée, basée sur la volonté de concilier les besoins de justice et de paix par le dépassement de la logique rétributive.

Il y a deux éléments qui consacrent l'intérêt de la répression pénale.

D'abord la place accordée au rétablissement de la vérité : le travail des commissions a été l'élément révolutionnaire dans le rétablissement de la justice et de la paix d'après-guerre, celles-ci étant considérées comme l'une des options classiques à la justice judiciaire dans les périodes de transition[688].

Cependant, malgré l'importance de leur rôle, les commissions peuvent rencontrer un certain nombre de difficultés dans l'exécution de leur travail. Celles-ci peuvent être liées à la disponibilité des moyens dans la mesure où les commissions sont souvent installées dans la hâte, et les moyens mis à leur disposition ne couvrent pas toujours la charge de travail qui leur est confiée. De plus, il peut se poser la question de la légitimité ou de la crédibilité de la commission, ainsi que celle de la sécurité de ceux qui sont appelés à témoigner devant elle.

Dans l'ensemble, le travail des commissions aboutit à la publication d'un rapport contenant les recommandations à mettre en œuvre si l'on veut atteindre l'objectif de justice que l'on s'est fixé.

En ce qui concerne un traitement spécifique reconnu aux victimes : réparation, il s'agit de l'autre élément important des mécanismes de justice transitionnelle et qui vient conforter la place qui est accordée aux victimes dans le processus, dans la mesure où l'efficacité de celui-ci dépend en grande partie de sa légitimité, donc de son acceptation par la société, les victimes en premier. Comme le fait remarquer Mark Freeman, « *la légitimité des mécanismes de la justice transitionnelle mesure à l'aune de l'opposition ou de l'appui que lui portent les*

---

688 Schabas William A, *op. cit.*, p. 113.

victimes et le degré dans lequel ces victimes sont en mesure d'y prendre part et d'en tirer parti »[689].

La question de réparation pose cependant le difficile problème de la conciliation entre les intérêts de la victime et la précarité dans laquelle se trouvent souvent les États sortant d'un conflit. À ce propos, il convient de souligner qu'il est important de ne pas se focaliser sur les réparations pécuniaires, mais viser, plus généralement, la satisfaction des victimes et leur rétablissement dans leurs droits. La contribution d'organismes internationaux peut, à cet effet, permettre la réalisation de cet objectif.

2. L'importance du soutien international

Le soutien aux mécanismes de justice transitionnelle au niveau international contribue à renforcer leur efficacité. Sur ce point, le rôle joué par l'ONU peut être essentiel. En effet, l'Organisation mondiale manifeste de plus en plus d'intérêt pour le rétablissement de la paix, de l'État de droit et de la justice dans les États en transition[690].

Cette implication contribue à renforcer l'efficacité du mécanisme, du moins en ce qui concerne la réforme à entreprendre, ce qui peut avoir pour effet non seulement l'intégralité du nouveau système dans un cadre respectueux des normes internationales [691], mais aussi la facilitation du processus grâce à une aide technique et financière.

Par ailleurs, l'intervention extérieure ne doit pas se traduire par une substitution de l'ONU ou même d'ONG intervenant dans le processus. Cela risquerait en effet de méconnaître le contexte et la spécificité des besoins locaux et d'éloigner les mécanismes de leur raison d'être.

---

[689] Freeman Mark, « *What is Transitional Justice?* » (International Center for Transitional Justice, 2003, non publié, cité dans le DDR et la Justice transitionnelle, document de réflexion, Deuxième Conférence internationale sur le DDR et la stabilité en Afrique, Kinshasa, République démocratique du Congo, 12–14 juin 2007 UN/ISAA ; p. 5) cité par Eric Sottas, *Justice transitionnelle et sanction, disponible sur :*
http://www.icrc.org/fre/assets/files/other/irrc-870-sottas-web-fra-final.pdf, p. 6.

[690] Voir : Rapport du secrétaire général S/2004/616*, Rétablissement de la justice et du droit après un conflit.

[691] S/2004/616*, §§ 9, 10.

Cependant, l'appréciation de l'efficacité du processus, la question s'est souvent posée de savoir sur quelle base ou par rapport à quels critères celle-ci devrait être appréciée. À ce propos, il convient de faire remarquer qu'il n'existe pas de modèle unique d'évaluation de l'efficacité de cette justice.

Si les différents mécanismes qui la caractérisent peuvent être reproduits partout où le processus est en cours, leur mise en œuvre doit tenir compte de la spécificité contextuelle et des besoins propres à chaque communauté. Et même à l'intérieur du pays, on doit garder une certaine flexibilité en fonction des zones et des catégories concernées. Il est donc possible de conclure à l'efficacité du processus dès lors que l'objectif de pacification est atteint.

B- Une réparation partielle : la persistance de l'impunité

Elle découle souvent de l'imperfection des textes (**1**), mais peut aussi dériver de la volonté ambiguë des États qui sont parfois amenés à choisir entre les objectifs de paix et de la justice (**2**).

1. L'importance des textes

Beaucoup d'États ont transposé les normes internationales applicables à l'enfant en période de conflit armé. C'est le cas du Mali, de la République démocratique du Congo (RDC), qui, depuis les années 2000, a adopté des textes importants sur la protection de l'enfance. On peut ainsi mentionner le décret-loi n° 066 du 9 juin 2000, portant démobilisation et réinsertion des groupes vulnérables présents au sein de forces combattantes, qui ordonnait la démobilisation des enfants, garçons et filles, de moins de 18 ans associés aux forces et groupes armés[692].

De même, la loi n° 023/2002 du 18 novembre 2002 portant code de justice militaire exclut les enfants de moins de 18 ans de la compétence

692 « Art. 1er. – Il est lancé un ordre de démobilisation et de réinsertion familiale et/ou socio-économique des groupes vulnérables, hommes et femmes, présents au sein des forces armées congolaises ou dans tout autre groupe armé public ou privé, sur l'ensemble du territoire de la République démocratique du Congo. Art. 2. – Par groupes vulnérables, il faut entendre : les enfants-soldats, filles ou garçons âgés de moins de 18 ans, qui constituent un groupe particulier justifiant une intervention humanitaire urgente, les invalides, les malades chroniques, les personnes âgées, les veuves et les orphelins à charge ».

des juridictions militaires[693]. La portée pratique de ces dispositions ne doit pas être négligée. Selon le rapport mondial publié en 2008 par la coalition contre l'utilisation des enfants-soldats, des commandants auraient délibérément abandonné des enfants-soldats en route de peur d'être poursuivis après, alors qu'ils se rendaient dans des centres de démobilisation en RDC. Leur valeur dissuasive reste donc certaine et contribue à accroître leur portée.

Cependant, à l'instar d'autres pays, la mise en œuvre de ces normes tarde à être effective en raison soit du caractère laconique des textes, soit du manque de moyens, soit tout simplement de l'absence de volonté ou de politique efficace de protection. Les législations qui criminalisent les violations sont donc, sinon l'unique moyen, du moins la méthode la plus efficace pour mettre fin aux violations et à l'impunité.

Dans l'ensemble, la volonté de sanctionner les violations demeure réelle, mais le passage de cette volonté à l'action concrète nécessite un plus grand investissement politique de la part des États qui devraient faire de la protection de l'enfant une des principales priorités. La création de juridiction pénale internationale durant ces dernières années et le rôle qu'elles ont joué en matière de répression des violations du droit international humanitaire ont largement contribué à la définition du droit de la responsabilité individuelle et pourraient constituer, pour les États, une source d'inspiration et un modèle catalyseur pour mener à bien leur action de protection. À ces limites textuelles, s'ajoutent des difficultés pratiques tenant à la dialectique paix et justice, et qui rendent souvent hypothétique la mise en œuvre de la répression à la fin d'un conflit.

2. Les difficultés pratiques : la dialectique paix et justice

La faiblesse qui caractérise le système judiciaire de pays sortant de longues années de conflit ne permet pas souvent de répondre efficacement aux besoins de rétablissement de la justice. De même, la fragilité et la sensibilité des contextes d'après-guerre ne sont pas toujours favorables à l'engagement de poursuites judiciaires de masse, la fin du conflit étant souvent privilégiée sur les objectifs de justice.

---

[693] L'article 114 dispose : « Les juridictions militaires sont incompétentes à l'égard des personnes âgées de moins de 18 ans ».

Dans ce contexte, la recherche de la paix risque d'être confrontée à d'autres impératifs. L'obtention d'un cessez-le-feu peut, par exemple, être subordonnée à l'octroi d'une amnistie générale et inconditionnelle, pourtant incompatible avec le droit international.

Ainsi, en République centrafricaine, le président Bozizé avait promulgué, le 13 octobre 2008, la loi 08-020 portant amnistie générale à l'endroit des personnalités, des militaires, des éléments et responsables civils des groupes rebelles. Cette loi d'amnistie est commise sur toute l'étendue du territoire et les infractions poursuivies devant les juridictions nationales au regard du droit international humanitaire. On peut également mentionner l'accord de paix de Lomé du 7 juillet 1999 qui accordait une amnistie générale à tous les participants au conflit sierra-léonais, condition indispensable à l'arrêt des hostilités. « *Les explications données par les négociateurs du Gouvernement, incluant leurs témoignages devant la Commission, sont révélatrices à cet égard. En toute bonne foi, ils ont cru que le Front révolutionnaire uni n'accepterait pas la fin des hostilités, si l'Accord n'était pas accompagné d'une forme de pardon ou d'amnistie* »[694].

Le professeur William A. Schabas estime, à ce propos, que « *ceux qui déclarent que la paix ne peut en aucun cas être échangée contre la justice doivent être préparés à justifier la prolongation probable d'un conflit armé* »[695]. Ce procédé n'est d'ailleurs pas exclu par le droit international ; c'est son caractère inconditionnel qui est incompatible avec ce droit, notamment quand l'amnistie porte sur des crimes internationaux.

Par ailleurs, le Protocole additionnel II incite même les autorités à « *accorder la plus large amnistie possible aux personnes qui auront pris part au conflit armé ou qui auront été privées de liberté pour des motifs en relation avec le conflit armé, qu'elles soient internées ou*

---

694 Rapport de la Commission vérité et réconciliation de Sierra Leone, cité par William A. Schabas, La place de la coutume dans les travaux des Commissions vérité, justice et réconciliation : le cas de la Sierra Leone, in *Droit international humanitaire coutumier : enjeux et défis contemporains*, sous la direction de Paul Tavernier et Jean-Marie Henckaerts, Actes du colloque organisé à Paris le 12 mars 2007 par CICR et le CREDHO, Bruxelles, Bruylant, 2008, p. 152.
695 *Ibid.*

détenues »[696]. Cependant, les règles régissant l'exercice de la compétence pénale n'établissent pas une séparation stricte, et le droit international reconnaît aux États la possibilité de mettre en œuvre leur compétence juridictionnelle au-delà de leurs frontières. Cette faculté, qui peut se muer en obligation, fonde la compétence extraterritoriale dont le recours permet de combler le vide éventuellement laissé par l'État principalement concerné. Reste à savoir si son exercice présente un réel intérêt en matière de répression des violations des droits de l'enfant.

SECTION 2 : La compétence extraterritoriale comme moyen de lutte contre l'impunité

Sur le plan théorique, il ne fait aucun doute que tout État a intérêt à disposer d'un système judiciaire efficace apte à mettre en œuvre un ensemble normatif plus ou moins exhaustif, le contraire l'exposant à l'éventualité d'un déni de justice dans le cas où ses juridictions seraient saisies. Il va donc de soi qu'en matière de protection des droits de l'enfant, même les États qui ne sont pas en proie à des conflits armés et qui, par conséquent, ne connaissent pas de violations qui y soient liées disposeraient de mécanismes de répression.

Le principal problème réside donc dans la question de l'intérêt qu'auraient les États non directement concernés de mettre en œuvre leur compétence extraterritoriale soit sur la base des critères traditionnels, soit sur celle de la compétence universelle. En fait, l'étude de ces différents critères de compétence montre que s'ils présentent un réel intérêt pour la répression des crimes internationaux, et donc des crimes commis contre des enfants, aussi bien les critères traditionnels de compétence (***paragraphe 1***) que la compétence (***paragraphe 2***) offrent des perspectives de répression assez limitées.

Paragraphe 1 : L'intérêt des critères traditionnels de compétence

Certains auteurs distinguent entre « principes de compétence » et « critères de compétence ». Ainsi, si les premiers peuvent être définis « *comme des idées directrices et abstraites qui fournissent une*

---

[696] Protocole additionnel II, art. 6, 5.

légitimation à l'application de la loi pénale nationale [...] »[697], les critères de compétence constituent quant à eux « *des traditions, des concrétisations de ces principes de compétence dans le droit interne d'un État* »[698].

Les critères traditionnels de compétence se distinguent de la compétence universelle en ce sens que, contrairement à celle-ci, ils requièrent un lien de rattachement entre le présumé coupable et l'État qui gagne les poursuites. Leur intérêt et la place prioritaire qui leur est reconnue dans la pratique tiennent non seulement à la difficile mise en œuvre de la compétence universelle, mais aussi à son caractère restreint puisqu'elle n'est pas reconnue pour tous les crimes internationaux[699]. Aucune compétence universelle n'est, par exemple, prévue pour le génocide et les crimes contre l'humanité alors qu'il s'agit là des infractions les plus graves [700]. En ce qui concerne les critères traditionnels, ils se répartissent, de manière générale, entre la compétence territoriale, la compétence réelle et la compétence personnelle.

S'agissant d'abord de la compétence territoriale, elle implique « *[qu'] une personne qui commet une infraction sur le territoire d'un État déterminé est poursuivie par les autorités de cet État, sanctionnée par ses juridictions suivant le droit qui y est en vigueur et y purge sa peine* » [701]. Elle occupe une place prioritaire dans l'ordre des compétences. Elle apparaît même comme une compétence de droit commun dans la mesure où il est d'abord et toujours de la responsabilité de l'État sur le territoire duquel des crimes ont été commis de les réprimer. Ce caractère fondamental et prioritaire est d'ailleurs souligné par la Cour permanente de justice internationale (CPJI) dans l'affaire du *Lotus* où elle a estimé que « *le principe de la territorialité du droit*

---

[697] Swart Bert, La place des critères traditionnels de compétence dans la poursuite des crimes internationaux, in Antonio Cassese, Mireille Delmas-Marty (dir.), *Juridictions nationales et crimes internationaux,* Paris, PUF, 2002, p. 568, 569.

[698] *Ibid.*, p. 569.

[699] Benillouche Mikaël, Droit français, in Antonio Cassese, Mireille Delmas-Marty (dir.), *op. cit.*, p. 162.

[700] *Ibid.*

[701] Vandermeersch Damien, La compétence universelle, in Antonio Cassese, Mireille DELMAS-MARTY (dir.), *op. cit.*, Paris PUF, 2002, p. 589.

pénal est à la base de toutes les législations »[702]. Ainsi, même si un État décide d'intervenir, ce serait plutôt sur la base de la compétence personnelle et non de la compétence réelle.

S'agissant ensuite de la compétence réelle, elle « *permet à un État de réprimer les infractions commises hors de son territoire si ces infractions portent atteinte aux intérêts nationaux collectifs considérés comme fondamentaux* » [703] . En matière de répression des crimes internationaux, la mise en œuvre de cette compétence peut être pratique pour sanctionner des actes comme la prise d'otages ou autres actes de terrorisme commis, par exemple, contre la représentation diplomatique d'un État. En revanche, elle paraît d'un intérêt limité pour ce qui est de la question particulière de la répression des violations des droits de l'enfant commises en période de conflits armés puisque la notion d'intérêt à protéger disparaît ici. Ainsi, même si un État décide d'intervenir, ce serait plutôt sur la base de la compétence personnelle et non de la compétence réelle.

S'agissant enfin de la compétence personnelle, elle revêt deux formes : elle est soit active, soit passive, et repose sur le critère de la nationalité soit du délinquant (compétence personnelle active), soit de la victime (compétence personnelle passive).

Sous sa forme active, la compétence personnelle a pour objet de permettre à un État de réprimer les infractions commises par ses ressortissants hors de son territoire. Cette répression peut être autonome, et se justifierait donc par l'intérêt qu'a l'État de lier ses ressortissants où qu'ils se trouvent, ou dépendre de l'incrimination concomitante de l'acte prohibé dans l'État où il a été commis. Il s'agit de la règle de la double incrimination qui, contrairement à la compétence réelle ou à la compétence territoriale, conditionne le plus souvent l'exercice de la compétence personnelle.

En ce qui concerne la compétence personnelle passive, elle a plutôt pour objet la protection des ressortissants d'un État en permettant à celui-ci d'appliquer sa loi pénale nationale à des infractions commises à l'étranger contre ces derniers. Cette compétence facultative est

[702] CPJI, Affaire du *Lotus*, Série A, n° 10, 7 septembre 1927, p. 20.
[703] Swart Bert, *op. cit.*, p. 573.

également prévue par le protocole facultatif susmentionné[704]. Elle peut être limitée ou non par la règle de la double incrimination [705]. Cependant, contrairement à la compétence personnelle active, celle-ci reste controversée et son exercice peut s'avérer plus qu'improbable. En effet, en plus de traduire une certaine méfiance à l'égard de la justice de l'État du *locus delicti,* elle risque de se heurter fortement au principe de non-extradition des nationaux. Dans ce contexte, la meilleure chose que fait l'État, dont la victime est le national, est de faire confiance à la justice de l'État du lieu de la commission de l'infraction. Dans le cas du recrutement transfrontalier d'enfants, par exemple, les principaux États concernés pourront tout au plus collaborer dans la recherche de preuves en vue de l'établissement d'une éventuelle responsabilité.

En d'autres termes, il apparaît que les critères traditionnels de compétence offrent de larges possibilités de répression des violations commises contre des enfants en période de conflit armé, du moins en ce qui concerne le principe de territorialité et la compétence personnelle active. Cependant, leur application n'est pas automatique mais conditionnée par la présence de l'auteur présumé de l'infraction sur le territoire national qui permet aux États de poursuivre la répression d'infractions commises dans un autre État. Nonobstant que l'auteur présumé n'est pas présent sur leur territoire national ou n'a pas un intérêt direct à l'établissement de la justice.

Dans ce contexte, le recours à la compétence universelle semble offrir de réelles perspectives pour contourner les faiblesses inhérentes à la justice interne et réprimer effectivement les violations commises contre des enfants. Il y a d'une part l'omission et responsabilité du supérieur (**A**) et d'autre part, la coopération en matière d'extradition et d'entraide judiciaire en matière pénale (**B**).

A- L'omission et responsabilité du supérieur

Le droit international humanitaire (DIH) prévoit un système de répression de ses violations basé sur la responsabilité pénale individuelle des auteurs desdites violations. Ces dernières peuvent également être commises par « omission ». Dans les situations de

---

[704] *Ibid.*, art. 4.2.b).

[705] Swart Bert, *op. cit.*, p. 576.

conflit armé, les forces ou groupes armés sont généralement placés sous un commandement responsable de la conduite de ses subordonnés.

Il est donc logique, afin que le système de répression soit efficace, que la responsabilité individuelle des supérieurs hiérarchiques puisse être engagée lorsqu'ils auront omis de prendre les mesures adéquates pour empêcher que leurs subordonnés commettent des violations graves du DIH. La responsabilité de l'auteur direct pour omission (**1**) et la CG de 1929 (**2**) donneront d'amples d'informations.

1. La responsabilité de l'auteur direct pour omission

Le système de répression des « infractions graves » établi par les conventions de Genève vise les « personnes ayant commis, ou donné l'ordre de commettre » une de ces infractions[706]. La responsabilité pénale est également engagée lorsque l'« infraction grave » est provoquée par une omission d'agir. Ainsi, l'homicide intentionnel peut se réaliser par privation de nourriture ou de soins.

De même, l'« infraction grave » consistant à « priver [un prisonnier de guerre] de son droit d'être jugé régulièrement et impartialement » se réalise le plus souvent par omission.

Plus explicite, l'article 86, paragraphe 1, du Protocole additionnel I de 1977 aux CG (PA I) précise ce qui suit :

« Les Hautes Parties contractantes et les Parties au conflit doivent réprimer les infractions graves et prendre les mesures nécessaires pour faire cesser toutes les autres infractions aux conventions ou au présent protocole qui résultent d'une omission contraire à un devoir d'agir »[707].

Les « infractions graves » visées à l'article 85 du PA I comprennent également des infractions dont le mode opératoire est généralement l'omission, comme le retard injustifié dans le rapatriement des prisonniers de guerre ou des civils.

La notion de supérieur renvoie à la personne qui a une responsabilité personnelle à l'égard de l'auteur des agissements en

---

706 CG I-IV de 1949.

707 Article 86, paragraphe 1, du Protocole additionnel I de 1977 aux CG (PA I).

question parce que ce dernier, étant son subordonné, se trouvait placé sous son contrôle.

La question du niveau exigé de connaissance par le supérieur des actes ou des projets du subordonné est délicate. À cet égard, il faut considérer que le supérieur qui néglige de se tenir informé engage également sa responsabilité.

Le devoir d'agir du supérieur consiste à mettre en œuvre « les mesures qui sont nécessaires » pour empêcher ou réprimer les crimes de son subordonné. Seuls les actes qui sont « en son pouvoir » sont exigés : il ne s'agit pas de transformer tout supérieur en juge.

Les limites de la responsabilité pénale pour omission ne sont pas clairement fixées en droit pénal.

En ce qui concerne le DIH, une difficulté supplémentaire vient du fait que la responsabilité des supérieurs pour omission n'est pas expressément qualifiée d'« infraction grave ». Or, l'obligation pour les États de réprimer ou d'extrader, en exercice de la compétence universelle, porte spécifiquement sur ce type d'infractions.

2. Les conventions de Genève (CG) de 1949

Les CG sont restées muettes sur la question et ont laissé le soin à la législation nationale de régler le cas de figure par disposition expresse ou application des règles générales de droit pénal.

- **Le Protocole additionnel I de 1977**

Le PA I a codifié, en son article 86, paragraphe 2, les principes issus des procès qui ont suivi la Seconde Guerre mondiale :

« *Le fait qu'une infraction aux Conventions ou au présent Protocole a été commise par un subordonné n'exonère pas ses supérieurs de leur responsabilité pénale ou disciplinaire, selon le cas, s'ils savaient ou possédaient des informations leur permettant de conclure, dans les circonstances du moment, que ce subordonné commettait ou allait commettre une telle infraction, et s'ils n'ont pas pris toutes les mesures pratiquement possibles en leur pouvoir pour empêcher ou réprimer cette infraction* ».

Le PA I précise, en son article 87, les devoirs et obligations qu'ont les commandants militaires par rapport à leurs subordonnés. Les supérieurs doivent en particulier empêcher, réprimer et, le cas échéant, dénoncer aux autorités compétentes les « infractions graves » commises par leurs subordonnées.

- **Responsabilité pour omission lors d'un conflit armé non international**

Les CG et leur Protocole additionnel II de 1977 (PA II) ne font pas explicitement mention d'une responsabilité pénale du supérieur hiérarchique pour les infractions commises par ses subordonnés lors d'un conflit armé non international.

Il importe cependant de relever que le principe d'un commandement responsable au sein des groupes armés est une condition d'application du PA II.

Quant à la pratique des États, un nombre croissant de législations pénales nationales prévoit la responsabilité pénale des supérieurs pour tous les crimes de guerre, indépendamment du caractère international ou non international du conflit armé en relation avec lequel ils ont été commis.

B- Coopération en matière d'extradition et d'entraide judiciaire en matière pénale

Afin d'assurer le plein respect du droit international humanitaire (DIH), il est important que ses violations soient sanctionnées.

La répression de ces violations nécessite souvent la coopération de différents États ou instances, non seulement parce que les personnes impliquées dans les procès (accusés, victimes, témoins, etc.) peuvent être de diverses nationalités, ou se trouver dans différents pays, mais aussi parce que les violations les plus graves du DIH, telles que les crimes de guerre, sont considérées comme des atteintes à l'encontre de la communauté internationale dans son ensemble[708].

---

[708] Ces recommandations s'adressent surtout au Conseil de sécurité, aux gouvernements, aux parties en conflit, aux gouvernements donateurs et aux principaux acteurs, *idem.*

Dans cette perspective, le droit international prévoit des procédures de coopération en matière d'extradition, d'entraide judiciaire interétatique, ainsi que de coopération avec les tribunaux pénaux internationaux *ad hoc* et la CPI.

Nous verrons l'extradition (**1**) et la coopération avec les tribunaux pénaux internationaux *ad hoc* (**2**).

1. Extradition

L'obligation pour les États de coopérer en matière d'extradition est inhérente à l'obligation *aut dedere aut judicare* du mécanisme de répression prévu par les conventions de Genève de 1949 pour les « infractions graves » à ces traités. L'État sur le territoire ou au pouvoir duquel se trouvent les personnes prévenues a la possibilité de les juger lui-même ou de les remettre, pour jugement, à une autre haute partie contractante intéressée à la poursuite. Cette option est confirmée dans le libellé de l'article 88, paragraphe 2, du Protocole additionnel I de 1977 aux conventions de Genève, qui établit explicitement à l'intention des Hautes Parties contractantes un devoir de coopérer en matière d'extradition. Ce devoir comprend l'obligation d'examiner favorablement toute demande d'extradition d'un pays justifiant d'un intérêt juridique à la poursuite, si les conditions posées par le droit de l'État requis sont satisfaites.

Tout en prévoyant la possibilité de l'extradition, les conventions de Genève sont muettes sur la question de l'application des exceptions traditionnellement prévues dans la loi nationale qui peuvent faire obstacle à l'extradition dans certains cas particuliers.

À ce titre peuvent être mentionnées la nationalité de la personne dont l'extradition est requise, l'exception liée à la nature politique du crime, la prescription ou encore d'autres conditions auxquelles la loi nationale subordonne l'extradition (par exemple, l'existence d'un traité bilatéral ou multilatéral d'extradition). Le Protocole additionnel I n'aborde pas non plus cette question, bien que le projet du texte de ce traité exclut, en son article 78, pour les « infractions graves » l'exception du crime politique comme obstacle à l'extradition.

Il convient que cette question soit réglée par une législation nationale conforme qui exclurait pour les « infractions graves » au DIH le mobile ou le but politique de l'infraction comme justification pour refuser l'extradition.

2. La coopération avec les tribunaux pénaux internationaux *ad hoc*

Les Nations unies ont établi des tribunaux pénaux internationaux pour juger les crimes commis en ex-Yougoslavie (TPIY) et au Rwanda (TPIR).

Ces tribunaux ont la primauté sur les juridictions nationales : à tout stade de la procédure, ils peuvent demander officiellement aux juridictions nationales de se dessaisir en leur faveur (statut du TPIY, art. 9, par. 2 ; Statut du TPIR, art. 8, par. 2).

Les articles 29 et 28 du statut du TPIY et du TPIR respectivement, font obligation aux États de collaborer avec ces tribunaux à la recherche et au jugement des personnes accusées d'avoir commis des violations graves du DIH.

Les États doivent répondre sans retard aux demandes d'assistance d'une chambre de première instance des tribunaux, notamment concernant :

- l'identification et la recherche des personnes ;
- la réunion des témoignages et la production des preuves ;
- l'expédition des documents ;
- l'arrestation ou la détention des personnes ;
- le transfert ou la traduction de l'accusé devant le tribunal en question.

Paragraphe 2 : Le recours à la compétence universelle

La compétence universelle constitue une exception au principe de territorialité du droit pénal[709] dans la mesure où elle n'exige aucun lien de rattachement entre l'État qui engage les poursuites et l'accusé. Elle « *consiste en l'aptitude d'un juge de connaître d'une infraction indépendamment du lieu où elle a été commise et quelle que soit la nationalité de l'auteur ou celle de la victime* »[710].

Ainsi défini, le principe de compétence universelle semble offrir de très larges possibilités de répression des violations des droits de

---

[709] Vandermeersch Damien, *op. cit.*, p. 589.

[710] *Ibid.*

l'enfant et se présente comme un outil indispensable dans la lutte contre l'impunité.

L'étude de sa mise en œuvre montre cependant que, malgré son champ d'application potentiellement vaste, son intérêt sur la question paraît plutôt théorique en raison notamment de sa reconnaissance limitée (**A**) et de sa mise en œuvre conditionnée (**B**).

A- Une reconnaissance limitée

Cette reconnaissance a évolué au fil du temps, aménageant des fondements à l'exercice de la compétence universelle, qu'elle soit obligatoire ou facultative (**1**). Toutefois, s'il existe une certitude sur le caractère obligatoire de l'exercice d'une telle compétence s'agissant de certains crimes, le doute persiste quant à la licéité ou l'illicéité d'une compétence universelle facultative (**2**).

1. Justifications et types de compétence universelle

Contrairement à ce que l'évolution récente du droit pénal international pourrait laisser croire, les appels en faveur de l'exercice d'une compétence universelle sont relativement anciens. Au XVIIe siècle déjà, Grotius soulignait l'importance de cet exercice et affirmait que « *la présence sur le territoire d'un État d'un crime étranger jouissant en paix du fruit de ses crimes n'était pas tolérable [et ... que] les auteurs de certaines infractions particulièrement graves devraient pouvoir être poursuivis tant par l'État sur le territoire duquel le crime a été commis que dans le pays où ils ont tenté de trouver refuge* »[711].

Certes, le nationalisme du XVIIIe siècle n'a pas permis une rapide consécration de la répression universelle de certains crimes. Au contraire, il a fait naître l'idée que « *les juges [n'étaient] pas les vengeurs du genre humain en général... Un crime ne [pouvait] être puni que dans le pays où il a été commis* »[712].

---

[711] CIJ, *Mandat d'arrêt du 11 avril 2000 (République démocratique du Congo c. Belgique),* 14 février 2002, Opinion individuelle du juge Gilbert Guillaume, président, § 4.

[712] *Ibid.*

Cependant, cette volonté n'était pas totalement absente, et la répression universelle fut effectivement reconnue pour la piraterie en haute mer ou le faux monnayage[713]. D'ailleurs, dans l'affaire du *Lotus*, la CPJI avait affirmé que « *[l]oin de défendre d'une manière générale aux États d'étendre leurs lois et leur juridiction à des personnes, des biens et des actes hors du territoire, il [le droit international] leur laisse[...] une large liberté, qui n'est limitée que dans quelques cas par des règles prohibitives ; pour les autres cas, chaque État reste libre d'adopter les principes qu'il juge les meilleurs et les plus convenables* »[714].

Seulement, la conception de cette faculté de répression accordée aux États ou sa raison d'être ont changé, et si par le passé l'extension de la compétence juridictionnelle des États s'expliquait et de la coopération interétatique, c'est plutôt la référence à des valeurs communes et universelles qui justifie aujourd'hui l'exercice de la compétence universelle.

La compétence universelle peut revêtir deux formes. Elle peut d'abord être obligatoire ; c'est le cas lorsqu'elle découle d'obligations contractées par l'État par la ratification de conventions internationales ou imposées par le droit international coutumier[715]. Ainsi, on peut mentionner, en droit conventionnel, les articles 49, 50, 129 et 146 des conventions de Genève qui dispose que « *[c]haque partie contractante aura l'obligation de rechercher les personnes prévenues d'avoir commis, ou d'avoir ordonné de commettre, l'une ou l'autre [des...] infractions graves [aux Conventions de Genève], et elle devra les déférer à ses propres tribunaux, quelle que soit leur nationalité* »[716]. De son côté, la résolution 3074 (XXVIII) de l'Assemblée générale du 3 décembre 1973 affirme que « *les crimes de guerre et les crimes contre*

[713] Convention internationale pour la répression du faux monnayage, Genève, 20 avril 1929, art. 9.

[714] CPJI, Affaire du *Lotus*, Série A, n° 10, 7 septembre 1927, p. 19.

[715] Dans ce cas, elle constitue une tradition du principe « *aut dedere aut judicare* ».

[716] Conventions de Genève, art. 49, 50, 129 et 146 commun, § 2. Cette disposition poursuit : elle pourra aussi, si elle le préfère, et selon les conditions prévues par sa propre législation, les remettre pour jugement à une autre partie contractante intéressée à la poursuite, pour autant que cette partie contractante ait retenu contre lesdites personnes des charges suffisantes ». Voir aussi : Protocole additionnel I, art. 85.

l'humanité, où qu'ils aient été commis et quel que soit le moment où ils ont été commis, doivent faire l'objet d'une enquête, et les individus contre lesquels il existe des preuves établissant qu'ils ont commis de tels crimes doivent être recherchés, arrêtés, traduits en justice et, s'ils sont reconnus coupables, châtiés »[717]. Cette disposition donne à la compétence universelle une allure coutumière et impose son exercice à tous les États, qu'ils aient ou non ratifiés les textes internationaux en la matière. Cependant, cette compétence, qui ne trouve pas son « fondement juridique » dans le droit international, fait l'objet de controverses notamment sur la question de sa licéité.

2. Licéité ou illicéité d'une compétence universelle facultative

Certains auteurs ont soutenu que l'exercice d'une telle compétence constituait une ingérence dans les affaires intérieures des États et, en tant que telle, une atteinte à la souveraineté de ceux-ci. Cette question s'est d'ailleurs posée dans l'affaire du *Mandat d'arrêt du 11 avril 2000 opposant la République démocratique du Congo à la Belgique. Dans son opinion individuelle sur cette affaire, le président Gilbert Guillaume avait soutenu qu'une « compétence universelle par défaut [était] inconnue du droit international conventionnel* »[718], et que le seul cas véritable de compétence universelle ne concernait que la piraterie[719].

En d'autres termes, même si on assiste à l'émergence d'une approche plus fonctionnaliste du droit international, celle-ci ne doit pas conduire à l'immolation des principes cardinaux du droit sur l'autel d'une certaine modernité[720].

Ainsi, même s'il ne fait pas de doute que l'exercice de la compétence universelle revêt un intérêt considérable pour la mise en œuvre de la justice internationale, en ce sens qu'il contribue à exclure toute possibilité de conflit négatif de compétence, il reste

[717] A/RES/3074 (XXVIII), 3 décembre 1973, § 1.

[718] CJI, Mandat d'arrêt du 11 avril 2000, *op. cit.*, Opinion individuelle du juge G. Guillaume, président, § 9.

[719] *Ibid.*, § 12.

[720] *Ibid.*, Déclaration du juge R. Ranjeva, § 9.

que les cas dans lesquels cet exercice est permis sont limités et sa mise en œuvre effective soumise à certaines conditions.

B- Une mise en œuvre conditionnée

Deux questions essentielles se posent à ce niveau, relatives d'une part, à l'existence de mesures internes d'application de la compétence universelle (**1**) et, d'autre part, à la présence de l'accusé sur le territoire de l'État qui engage les poursuites (**2**).

1. L'existence de mesures internes d'application

Comme pour l'exercice de toute compétence extraterritoriale, les États refusent souvent d'appliquer la compétence universelle en l'absence de dispositions internes, la prévoyance expressément. Dans ce contexte, il est nécessaire que les États aient, au préalable, transposé les textes internationaux sur la compétence obligatoire ; et, pour ce qui est de la répression des violations des droits de l'enfant, le statut de Rome qui ne satisfait pas cette obligation viole certes ses engagements internationaux (s'il a ratifié les textes), mais il reste que la répression sur la base de la compétence universelle ne pourra pas être mise en œuvre dans la pratique[721].

Cependant, certains auteurs défendent le possible recours à la compétence universelle même si aucun texte interne ne le prévoit. Ainsi, « *s'il existe des peines prévues sur le plan interne, rien ne s'oppose..., à ce que d'éventuels octrois de compétences soient* self-executing. *Autrement dit, lorsqu'une compétence universelle est reconnue par le droit international coutumier ou conventionnel, celle-ci peut s'appliquer sans qu'un acte interne le prévoie explicitement, à*

---

[721] Dans l'affaire Hissène Habré, la cour de cassation sénégalaise s'est déclarée incompétente à poursuivre le prévenu pour des crimes commis à l'étranger en l'absence de dispositions internes attribuant compétence aux juridictions sénégalaises ; Cass., 20 mars 2001. Cette affaire a fait l'objet d'un litige entre la Belgique et le Sénégal devant la Cour internationale de justice et, le 20 juillet 2012, la CIJ a rendu une décision déclarant la violation, par le Sénégal, de son obligation conventionnelle de poursuivre Hissène Habré, à défaut de l'extrader vers la Belgique, telle que visé aux articles pertinents de la convention des Nations unies contre la torture de 1984.

condition, bien sûr, qu'existent des peines prévues pour les crimes donnant lieu à compétence universelle »[722].

Dans cette hypothèse, l'existence en droit interne d'une disposition criminalisant le recrutement et l'utilisation d'enfants de moins de 18 ans dans les conflits armés suffirait à établir des juridictions nationales.

Cette interprétation paraît intéressante bien qu'il faille reconnaître qu'elle est loin d'être dominante dans la pratique judiciaire des États. Parfois aussi, c'est l'incrimination même de la conscription et de l'enrôlement d'enfants-soldats qui fait défaut en droit interne, ce qui rend *a priori* impossible l'engagement de toute poursuite.

Par ailleurs, l'exercice de la compétence universelle est généralement subordonné à la présence de l'accusé sur le territoire de l'État qui engage les poursuites.

2. La présence de l'auteur présumé du crime sur le territoire

En effet, cette question revêt une importance particulière dans la mesure où il ressort de l'observation de la pratique que les États sur le territoire desquels des violations ont été commises sont rarement ceux qui mènent la répression.

De plus, les délinquants présumés se trouvent dans l'État du *locus delicti* au moment du déclenchement des poursuites. On le voit donc, cette condition risque de constituer un sérieux obstacle à l'engagement de poursuites, et c'est ce qui ressort d'ailleurs de la jurisprudence de certains États.

En France, par exemple, la loi du 2 janvier 1995, portant adaptation de la législation française aux dispositions de la résolution 827 du Conseil de sécurité des Nations unies instituant un tribunal international en vue de juger les personnes présumées responsables de violations graves du droit international humanitaire commises sur le territoire de l'ex-Yougoslavie depuis 1991, établit la compétence universelle des juridictions françaises pour connaître de ces crimes. Pourtant, dans une décision du 26 mars 1996, la chambre criminelle de la Cour de cassation a estimé que « *les juridictions françaises ne peuvent poursuivre et*

---

[722] Benillouche Mikaël, Droit français, *op. cit.*, p. 171.

juger, que s'ils sont trouvés en France, les auteurs ou complices des crimes ou délits définis par la loi française qui constituent [...] des infractions graves aux Conventions de Genève du 12 août 1949, des violations des lois et coutumes de la guerre, un génocide ou des crimes contre l'humanité »[723], et que « *la présence en France de victimes de telles infractions ne saurait à elle seule justifier la mise en mouvement de l'action, dès lors que, comme en l'espèce, les auteurs ou complices présumés de ces infractions n'ont pas été découverts sur le territoire français* »[724].

De cette décision, il ressort une certaine méfiance des États à l'égard de l'exercice de la compétence universelle. Pour des questions relatives aux violations des droits de l'enfant, ou plus précisément pour la répression du crime de recrutement, on risque d'être confronté à une inertie totale des États non directement concernés. Et puisque la justice interne n'est pas toujours fonctionnelle pour diverses raisons évoquées plus haut, il y a peu de chance que la répression soit effective.

Certains États ont cependant retenu une conception plus extensive de la compétence universelle en prévoyant son exercice même en l'absence de l'accusé du territoire. C'est le cas de la Belgique qui a institué un système d'incrimination spécifique et global à travers la loi du 16 juin 1993 relative à la répression des infractions graves aux conventions de Genève de 1949 et aux protocoles additionnels I et II de 1977, modifiée par la loi du 10 février 1999 relative à la répression des violations graves du droit international humanitaire qui intègre, dans le champ de la répression, le génocide et les crimes contre l'humanité. Ce texte prévoit des chefs de compétence plus larges comme l'extension de la compétence universelle aux conflits armés non internationaux définis par le PA II, l'incrimination des actes préparatoires et des comportements antérieurs ou périphériques qui sont

---

[723] Cour de cassation, crim., 26 mars 1996, *Javor et autres*, n° D96-81.527, in *RGDIP*, 1996, p. 1083, 1084.

[724] *Ibid.* Cette position est partagée par la doctrine, et certains observateurs n'ont pas hésité à rappeler que la présence de l'inculpé sur le territoire était « *une règle de recevabilité de l'action publique — donc une règle de procédure — et non une question de compétence »,* Bosly H-D., « La compétence universelle : la perspective du droit de la procédure pénale », in La compétence universelle, Annales du droit Louvain, vol. 64, n° 1, 2, et Revue de droit de l'ULB, vol. 30, Bruxelles, Bruylant, 2004, p. 257, cité par Antoine Bailleux, *op. cit.*, p. 41.

considérés comme des infractions autonomes [725], ou encore l'établissement d'une compétence d'application immédiate, même si l'accusé ne se trouve pas en Belgique[726].

Par ailleurs, il apparaît que si le principe de compétence universelle peut contribuer à la lutte contre l'impunité des crimes internationaux, la pratique judiciaire et politique des États en fait un principe dont l'intérêt reste plus théorique que pratique, surtout pour ce qui est de la répression des crimes commis contre des enfants. Ce rôle préventif de la compétence universelle ne doit pas être négligé dans la mesure où plus les présumés coupables auront du mal à trouver refuge dans d'autres États, plus la répression sur la base de la compétence territoriale sera facile. De la sorte, c'est l'effectivité même de la répression interne qui s'en trouvera renforcée. Il reste que, pour certaines raisons, le cadre national et les juridictions nationales peuvent être dépassés et, dès lors, la primauté doit être accordée au droit international et aux juridictions internationales dont l'intervention devient indispensable, notamment pour rassurer la répression du recrutement et de l'utilisation d'enfants-soldats.

[725] Loi du 16 juin 1993 relative à la répression des infractions graves aux conventions internationales de Genève du 12 août 1949 et aux protocoles I et II du 8 juin 1977, art. 3 et 4.

[726] C'est le cas dans l'affaire *Pinochet* ; où le juge a retenu une conception très extensive de la compétence universelle.

CHAPITRE II

LA RÉPRESSION INTERNATIONALE DES CRIMES DE RECRUTEMENT ET D'UTILISATION D'ENFANTS-SOLDATS

Si une réelle volonté de réprimer les violations du droit international a été affirmée avant même la fin de la seconde guerre mondiale[727], il a fallu attendre l'année 1998 et l'adoption du statut de Rome de la CPI ou « la Cour » pour voir consacrer une norme réprimant explicitement des crimes commis contre des enfants au niveau international, à savoir leur recrutement et leur utilisation dans les conflits armés.

Certes, l'interdiction du recrutement et de l'utilisation d'enfants-soldats date de 1977 avec l'adoption des deux protocoles additionnels aux conventions de Genève de 1949. Cependant, la répression des violations de cet interdit tardait à être effective, et même les statuts des tribunaux pénaux internationaux pour l'ex-Yougoslavie[728] et le Rwanda[729] ne faisaient pas expressément référence à la question des enfants qui, dès lors, ne bénéficiaient d'une protection que dans le cadre général de la répression des violations du droit international humanitaire.

L'incrimination apportée par le statut de la CPI et reprise plus tard par le statut du tribunal spécial pour la Sierra Leone (« Tribunal spécial ») ou « TSSL ») constitue, dans ce contexte, l'une des plus grandes avancées du système international de protection des droits de l'enfant. Ces deux textes constituent les bases conventionnelles de la répression du recours aux enfants-soldats.

D'abord, le statut de Rome, traité international créant la première juridiction pénale internationale permanente pour mettre un terme à l'impunité en réprimant les crimes les plus graves qui touchent l'ensemble de la communauté internationale[730] et qui réunit aujourd'hui

---

[727] On se rappelle que le précédent de Versailles n'a pu aboutir parce que le gouvernement des Pays-Bas n'a pas voulu extrader Guillaume II.

[728] S/RES/827 (1993), 25 mai 1993.

[729] S/RES/955 (1994), 8 novembre 1994.

[730] Statut de Rome, préambule.

122 États parties[731]. Ce texte qualifie de crimes de guerre la conscription, l'enrôlement d'enfants de moins de 18 ans et le fait de les faire participer activement à des hostilités[732]. Ensuite, le statut du tribunal spécial pour la Sierra Leone, adopté par accord entre l'ONU et le Gouvernement sierra-léonais dans le but de poursuivre les personnes qui portent la responsabilité la plus lourde des violations graves du droit international humanitaire et du droit sierra-léonais commises sur le territoire de la Sierra Leone depuis le 30 novembre 1996[733], ainsi que le Mali[734]depuis l'avènement des événements du 22 mars 2012.

Par ailleurs, quelle que soit la qualification retenue, il s'agit d'une consécration salutaire qui vient renforcer le droit de la responsabilité pénale internationale.

Dans le cadre de cette analyse du rôle et de l'apport de la justice internationale dans ce domaine, il sera d'abord question de la jurisprudence du Mali dans la mesure où, même si son intervention n'avait pas *a priori* pour objet unique la répression des crimes commis contre les enfants dans le cadre du conflit armé, celle-ci traduit l'expérience enrichissante d'une justice pénale internationale (**SECTION 1**). Cependant, le tribunal spécial reste une juridiction temporaire. De ce fait, le rôle de garant des droits de l'enfant-soldat ne peut être exercé que par la CPI. Toutefois, on note là aussi que si cet exercice connaît un début de mise en œuvre, sa généralisation et son effectivité risquent d'être suspendues, dans bien des cas, au bon vouloir des États, ce qui traduit une certaine contingence de la répression menée devant la CPI (**SECTION 2**).

SECTION 1 : Le rôle de la CPI dans le conflit malien

Sur la sphère internationale, les États sont tous soumis à de multiples obligations étant pourtant de statut d'acteurs privilégiés des

[731] http://treaties.un.org/pages/ViewDetails.aspx?src=TREATY&mtdsg_no=XVIII-10&chapter=18&lang=fr, page consultée le18/05/2020.

[732] Statut de Rome, art. 8.2.b) xxvi) et 8.2.e) vii).

[733] Accord entre l'Organisation des Nations unies et le Gouvernement sierra-léonais sur la création d'un tribunal spécial pour la Sierra Leone, art. 1er du statut du TSSL, art. 1.1.

[734] S/RES/1612.

relations internationales. Ces obligations restent constantes pour chaque État que ce soit les États riches ou ceux qui sont les moins avancés, et cela quelle que soit la zone géographique où se situent lesdits États. Ce rôle d'acteur international de premier rang se joue dans une communauté régie par une idéologie de concurrence absolue impliquant que tous les États, en voulant s'affirmer soi-même, ne laissent aucun champ d'action à l'autre, ce qui entraîne comme conséquence un climat quasi anarchique de la communauté internationale, bien qu'ayant des aspirations nobles d'atteindre un ordonnancement optimal.

Cette partie s'inscrit ainsi dans le cadre des calamités, atrocités, sinon de fléaux auxquels les États et les organisations internationales doivent faire face dans l'accomplissement de leur mission originelle, celle de sauvegarder et consolider la paix et la sécurité internationale dans le domaine.

Analysons ainsi la CPI, nous remarquons qu'aujourd'hui malgré les différentes proclamations et déclarations d'attachement et d'adhésion aux droits de l'homme la mise en œuvre de ceux-ci devient une autre réalité ; autant les droits de l'homme sont constitutionnalisés, autant il manque les mécanismes de leur encadrement pour leur promotion et leur protection effectives. Le Conseil de sécurité des Nations unies a adopté la résolution 1612 pratiquée par les ONG, la Minusma et les groupes armés (***paragraphe 1***) pour la protection des droits de l'enfant ; et pour faire inculquer le respect du principe de la CPI (***paragraphe 2***).

Paragraphe 1 : La pratique de la résolution 1612 des Nations unies

Cette résolution fait une condamnation ferme du recrutement et de l'emploi d'enfants-soldats par les parties à un conflit armé en violation des obligations internationales mises à leur charge, ainsi que toutes les autres violations et tous les autres sévices commis sur la personne d'enfants en période de conflit armé. Par ailleurs, le secrétaire général de l'ONU demande d'établir la liste des parties au conflit qui recrutent ou utilisent des enfants, dans ses rapports annuels sur les enfants et les conflits armés au Mali.

- Établissement du groupe de travail du Conseil de sécurité sur les enfants et les conflits armés :
- composé de tous les membres du Conseil,
- chargé d'examiner,
- les rapports du MRM,
- les progrès accomplis dans l'élaboration et l'exécution des plans d'action,
- et toutes les autres informations qui lui seront communiquées,
- chargé de recommander au Conseil des mesures susceptibles de favoriser la protection des enfants touchés par des conflits armés, y compris des recommandations touchant le mandat d'une opération de maintien de la paix ou intéressant les parties à un conflit,
- chargé de demander, le cas échéant, à d'autres organismes des Nations unies de prendre, chacun selon son mandat, des mesures propres à faciliter l'application de la présente résolution ;
- Mise en place du mécanisme de surveillance et de communication de l'information sur les enfants et les conflits armés demandé au §2 de sa résolution 1539 (2004) :
  - le MRM a pour vocation et finalité uniques de protéger les enfants touchés par les conflits armés,
  - les ONG internationales et locales jouent un rôle central dans le MRM, à tous les niveaux,
  - les informations recueillies par le MRM pourront servir à d'autres organes internationaux, régionaux et nationaux, *chacun dans les limites de son mandat et de son champ de compétence*, en vue d'assurer la protection, le respect des droits et le bien-être des enfants touchés par les conflits armés.

A- Les objectifs

La lutte contre le phénomène criminel que nous aurons à voir appelle une mobilisation de tous. Les tribunaux nationaux ne devraient certes pas seuls écarter tous ces crimes. Ils peuvent mener certaines enquêtes qui sont à leur portée et juger les criminels qu'ils sont en mesure d'arrêter.

Les tribunaux militaires peuvent utilement être mis à contribution à cet effet. Mais beaucoup d'acteurs de ce drame, parmi les plus importants, risquaient d'échapper aux juridictions nationales pour raison de la non-existence d'une juridiction internationale. Il n'est donc pas question d'évincer les tribunaux nationaux, mais plutôt d'assurer la plénitude de la justice dans une complémentarité, voire une collaboration plus que nécessaire.

Les États conscients que tous les peuples sont unis par des liens étroits et que leurs cultures forment un patrimoine commun, soucieux du fait que cette mosaïque délicate puisse être brisée à tout moment selon le préambule du Statut de la CPI et ayant à l'esprit qu'au cours de ce siècle des millions d'enfants, des femmes et d'hommes ont été victimes d'atrocités qui défient l'immigration et heurtent profondément la conscience humaine, reconnaissant que des crimes d'une telle gravité menacent la paix, la sécurité et le bien-être du monde. Cela nous conduit aux six (6) violations (**1**) et aux buts du mécanisme de surveillance et de communication de l'information (**2**).

1. Les six violations

La résolution 1612 a identifié six violations graves, qui doivent faire l'objet de surveillance. Il s'agit de : meurtre ou mutilation, enlèvement, recrutement ou utilisation des enfants dans des forces ou groupes armés, viol et autre acte grave de violence sexuelle, attaque contre des écoles et des hôpitaux, et le refus d'autoriser l'accès des organismes humanitaires aux enfants.

Ces violations sont commises contre les mineures, dans un contexte de conflit armé international ou national.

– Meurtre ou mutilation d'enfants : toute action qui cause la mort d'une personne mineure. Cela inclut, mais ne se limite pas aux exécutions extrajudiciaires (en dehors du processus légal), sommaires (décision prise sur place), arbitraires (sans passer par les voies légales).

– Mutilation : causer intentionnellement des lésions permanentes ou invalidantes, des cicatrices, ou la défiguration d'une personne mineure, quand cette mutilation n'est pas justifiée pour des raisons médicales. Ces définitions incluent aussi les meurtres ou mutilations d'enfants résultant des incidents des mines et UXO.

– Enlèvement : il s'agit d'enlèvement, de capture, de détention, d'arrestation d'une personne mineure, soit de façon temporaire ou permanente, commis en utilisant la force, la menace de force, la coercition, la tromperie, et ayant pour objectif l'exploitation. L'exploitation inclut, mais ne se limite pas au recrutement dans des groupes ou forces armés, à l'abus sexuel et au travail forcé.

– Recrutement ou utilisation des enfants dans des forces ou groupes armés. Il s'agit de toute personne âgée de moins de 18 ans enrôlée dans une force armée ou un groupe armé régulier ou irrégulier, quelle que soit la fonction qu'elle exerce, notamment, mais pas exclusivement, celle de cuisinier, porteur ou messager, et toute personne n'étant pas un membre de leur famille, accompagnant de tels groupes. Cette définition englobe également les filles recrutées à des fins sexuelles et pour des mariages forcés. Il ne s'agit donc pas uniquement des enfants qui sont armés ou qui ont porté des armes. Le terme « recrutement » englobe l'enrôlement obligatoire, forcé et volontaire dans toute force ou groupe armé régulier ou irrégulier. Le terme « démobilisation » signifie le retour officiel et sous contrôle à la vie civile des enfants-soldats qui étaient enrôlés dans une force armée ou dans un groupe armé.

Viol d'enfants et autres actes graves de violence sexuelle. Le statut de Rome de la CPI qualifie de crimes de guerre, le viol, l'esclavage sexuel, la prostitution forcée, la grossesse forcée, la stérilisation forcée et toute autre forme de violence sexuelle de gravité comparable ; aucun effort ne doit être épargné pour traduire en justice les auteurs de tels crimes. La violence sexuelle est un acte de nature sexuelle qui cause de la souffrance mentale et physique à une personne mineure. La violence sexuelle comprend, entre autres, les cas suivants :

– viol : pénétration de n'importe quelle partie du corps de la victime (ou de l'auteur de la violence) par un organe sexuel ; ou pénétration de l'ouverture anale ou génitale de la victime par n'importe quel objet ou partie du corps ; la pénétration a été commise avec la force, la menace de force, la coercition ou en utilisant un environnement coercitif ou quand la victime est dans l'incapacité de donner son consensus. Autre acte de violence sexuelle : tout autre acte de nature sexuelle contre une personne mineure. La violence a été commise avec la force, la menace de force, la coercition ou en utilisant un environnement coercitif ou quand la victime est dans l'incapacité de donner son consensus ;

– esclavage sexuel : l'exercice d'un pouvoir relatif au droit de propriété sur une personne mineure, tel que l'achat, la vente, le prêt ou le troc de la personne, ou l'imposition d'une forme similaire de privation de la liberté, causant l'engagement de la victime dans des actes de nature sexuelle.

Prostitution forcée (des mineurs) : forcer une personne mineure d'effectuer un acte de nature sexuelle par la force, la menace de la force ou coercition ou quand la victime est dans l'incapacité de donner son consensus afin de recevoir une rémunération pécuniaire ou autre type d'avantage.

Grossesse forcée : imposer intentionnellement et de force une grossesse à une femme mineure avec l'intention d'affecter la composition ethnique d'une certaine population ou de commettre d'autres graves violations du droit international.

Stérilisation forcée : privation de la capacité de reproduction biologique d'une personne mineure sans justifications médicales, et sans avoir obtenu le consensus de la personne.

– Attaque contre des écoles et des hôpitaux : par « école », on entend un établissement ou un endroit d'apprentissage. L'établissement ou l'endroit doit être reconnaissable et connu par la communauté en tant qu'endroit d'apprentissage. Par « hôpital », on entend tout endroit où les malades et les blessés sont rassemblés dans le but de recevoir des soins médicaux. Par « attaque », on entend l'occupation, le bombardement, le ciblage ou quelconque autre forme de dommage des écoles et hôpitaux et/ou de leur personnel, résultant de la destruction physique partielle ou totale de l'établissement ou de la privation de sa capacité de fonctionner, ou causant la mort, des blessures ou la crainte parmi la population civile. Cette attaque n'est pas la réaction à une action provenant des installations définies comme écoles et hôpitaux.

– Refus d'autoriser l'accès des organismes humanitaires aux enfants. La prévention et l'interdiction par des moyens militaires, de nature intentionnelle, du libre mouvement des biens ainsi que du personnel humanitaire vers les zones affectées par des conflits armés doivent être assurées par une assistance humanitaire aux populations.

L'assistance humanitaire inclut toute activité, ainsi que les ressources humaines et matérielles nécessaires à l'approvisionnement indispensable pour la survie des populations affectées par les conflits.

2. Les buts du mécanisme de surveillance et de communication de l'information

Le mécanisme de surveillance et de communication de l'information vise à créer un système unique, intégré et viable pour la surveillance et la communication de l'information sur les violations des droits des enfants en situation de conflit armé, ayant pour but d'assurer la conformité aux normes et standards internationaux pour la protection de l'enfant en situation de conflit armé.

La fondation d'un tel mécanisme pourrait renforcer la planification et l'exécution des politiques et des programmes pour les enfants en situation de conflit armé. De même, ce mécanisme pourra aider la formulation des stratégies de plaidoyer et de réponse, et au développement des outils et méthodologies pour une action de prévention. Les buts spécifiques incluent les éléments suivants :

– fournir de l'information exacte, objective, fiable et en temps utile : documenter systématiquement les violations des droits de l'enfant dans un contexte de conflit armé, pour qu'elles puissent être exploitées pour l'analyse, la comparaison, et le partage avec les différents acteurs qui travaillent dans le domaine des droits de l'enfant, ainsi que pour la préparation des rapports annuels des différentes organisations impliquées ;

– aider à la planification des politiques et des programmes de développement : soutenir le développement des politiques et des programmes en accord avec la situation sur le terrain, ainsi que les politiques globales concernant l'enfant ;

– déclencher une réponse : améliorer les efforts de plaidoyer locaux, régionaux et globaux menés avec les parties au conflit en partageant de façon systématique de l'information sur les violations avec les organisations concernées. Promouvoir une réponse rapide à des situations qui menacent la survie, la sécurité et les droits des enfants en situation de conflit armé ;

– surveiller et faire le suivi des engagements pris par les parties lors des accords de paix, des plans d'action et des recommandations du Conseil de sécurité.

B- Les principes directeurs du système de surveillance et de communication de l'information

L'intérêt supérieur de l'enfant [735] : le respect de l'intérêt supérieur de l'enfant est le but ultime des activités de surveillance et de communication de l'information. 1. L'identité des enfants victimes de violations ne doit pas être dévoilée au public. 2. Impartialité : les agents de surveillance seront indépendants des parties au conflit. 3. Neutralité : les agents de surveillance rapporteront tous les cas de violations sans faire de distinction entre les auteurs et leur appartenance politique, militaire, et/ou sociale. 4. Confidentialité : les sources d'information seront toujours protégées, et l'identité des agents de surveillance ne doit pas être dévoilée au public. 5. Sécurité : des mesures de précaution élémentaires devraient être prises pour la protection des personnes impliquées dans la surveillance et communication de l'information et pour celles et ceux qui fournissent l'information. 6. Précision et fiabilité de l'information : un système d'analyse et de vérification doit être établi. 7. Le retour d'information[736]: les partenaires de ce système de données seront informés sur la consolidation globale des résultats du système de surveillance (**1**) et le champ d'action du Conseil de sécurité des Nations unies (**2**).

1. La surveillance

L'objectif principal de la surveillance est d'identifier les problèmes d'une certaine situation ou d'un cas spécifique et d'indiquer quelles peuvent être les mesures à prendre afin d'y remédier. Elle permet également de s'assurer que les mesures prises ont vraiment amélioré ou contribué à l'amélioration de la situation.

---

[735] Vaillant M, « Droit à l'adolescence, droit à la clémence, droit à la responsabilité », JDJ, 1995/144, p. 22–5.

[736] Analyses de Mélanie Klein, dans Contribution à la psychogenèse des états « maniaco-dépressifs », (1934), in Essais de psychanalyse, Payot, 1982, p. 311–40. « Notes sur quelques mécanismes schizoïdes » (1946), in Développements de la psychanalyse, PUF, 1980, p. 274-300.

Par ailleurs, la surveillance est aussi effectuée afin d'obtenir des signaux d'alerte avancés. Le système d'alerte avancé se réfère à la présentation de l'évaluation d'une situation particulière en y indiquant la probabilité d'un conflit, surtout un conflit violent, suffisamment en avance pour pouvoir établir des mécanismes d'intervention avant que le conflit ne dégénère ou n'éclate réellement. Les objectifs de la surveillance des violations des enfants sont les suivants :

- – permettre une assistance immédiate ciblée ;
- – développer une réponse programmatique du Gouvernement et des acteurs humanitaires ;
- – engager un plaidoyer basé sur des preuves auprès des bailleurs de fonds, du Gouvernement et des forces/groupes armés pour le respect des normes internationales ;
- – avoir une meilleure coordination programmatique entre l'ONU et les ONG sur le terrain ;
- – être en mesure de fournir une alerte avancée ;
- – être dans des régions susceptibles de voir un conflit se déclencher ;
- – déclencher la prise de décisions politiques au sein de l'ONU (ex. résolutions Conseil de sécurité, Cour internationale de justice, etc.).

Pour qu'elle puisse être exploitée dans les rapports pour le Conseil de sécurité, l'information doit être objective, exacte et fiable. Ce qui est important dans la surveillance et la communication de l'information est d'observer et de rapporter les éléments spécifiques d'une situation. En fournissant une réponse aux questions suivantes, on peut mieux assurer l'exactitude des informations collectées et communiquées.

2. Le champ d'action du Conseil de sécurité des Nations unies

Le maintien de la paix et celui de la stabilité sont les objectifs et la responsabilité principale du Conseil de sécurité des Nations unies. Pour remplir ces objectifs, le Conseil de sécurité peut utiliser une variété de moyens qui vont de la diplomatie à l'intervention militaire. Les violations graves des droits de l'homme sont normalement considérées comme une menace sérieuse à la paix et à la sécurité. Le Conseil de sécurité peut prendre des actions très visibles comme l'imposition des sanctions telles que l'embargo, les prohibitions individuelles à voyager, le gel de comptes et avoirs bancaires ainsi que d'autres mesures moins apparentes, mais non moins efficaces pour prévenir, dissuader, arrêter et s'occuper des violations et de leurs auteurs. Le mécanisme concerne la surveillance des violations graves des droits des enfants (personnes âgées de moins de 18 ans) perpétrées par des forces et groupes armés dans des zones de conflit armé.

Paragraphe 2 : Le respect du principe de la Cour pénale internationale

Dans le cadre de la justice pénale internationale, le régime de la sanction concerne une partie des règles relatives au procès équitable où le droit de l'accusé à une peine juste et humaine, visant à sa réinsertion sociale déjà connue ou au moins prévisible avant la perpétration de la conduite et enfin prononcée suite à une procédure équitable, doit se concilier avec un aspect plus symbolique, propre à ce type de justice, à savoir l'intérêt de la communauté internationale à une condamnation sévère pour des crimes particulièrement odieux tels que les crimes de droit international. Pour cette raison, la légalité de la peine est abordée différemment dans le contexte national et dans le contexte international, où la pratique des tribunaux pénaux internationaux (TPI) a certainement influencé la réglementation de la CPI. La présente lecture du système répressif international vise à analyser le principe de légalité de la peine (**A**) dans le procès pénal international et d'en savoir les sanctions appliquées aux principes (**B**).

A- Le principe de légalité

Conformément au principe de légalité de la peine, tout système juridique doit faire en sorte qu'avant la perpétration d'une infraction pénale un individu (connaisse) doive pouvoir connaître, prévoir ou au minimum être mis en condition de savoir qu'une conduite donnée est contraire à la loi et, qu'en tant que telle, elle est passible de sanction pénale en droit international pénal (DIP), ce qui est désormais exigé pour la définition des crimes encore parmi les juges. Dans cette perspective, l'analyse du principe de la légalité de la peine dans le milieu pénal international doit tenir compte de la particularité de ce système répressif qui n'a pas de tradition judiciaire uniforme à cet égard. À l'exception des tribunaux de Nuremberg et de Tokyo, le seul élément commun au sein de la justice pénale internationale est l'interdiction absolue de la peine de mort, interdite en droit international[737]. L'opposition de plusieurs pays, notamment les États européens et latino-américains, a porté à l'exclusion de la peine capitale du statut de la Cour pénale internationale. Malgré cela, son statut n'a pas été en mesure de codifier l'interdiction en tant que norme du droit international.

En matière de peine, le statut de Rome reste générique, en particulier en ce qui concerne l'absence de paramètres à adopter pour la détermination du quantum. En combinaison avec les critères indiqués dans l'article 76 (1) déjà cité, aux termes de l'article 78 (1), les indications pour l'individualisation de la peine sont donc la gravité du crime et la situation personnelle du condamné[738]. Voyons les causes des Maliennes devant la CPI (**1**) et les peines proportionnées et individualisées (**2**).

1. Les causes des Maliennes devant la CPI

C'est exactement ce que l'on craignait, « les exactions au Mali ». Si une intervention militaire dans le nord n'est pas bien conçue et exécutée, elle pourrait aggraver une situation humanitaire déjà extrêmement fragile et entraîner également de graves violations des droits de l'homme. Elle pourrait aussi, s'inquiétait-il, ruiner toute chance d'une solution politique négociée à la crise. La dernière résolution des Nations unies, 1 à 2085 du 20 décembre[739] qui autorisait, sans condition, le déploiement d'une force internationale au Mali, prévoyait justement que l'ONU envoie sur place des observateurs pour surveiller le respect des droits dans le cadre des opérations militaires menées dans le nord du Mali. Les *djihadistes* n'ayant pas respecté les droits internationaux et ayant fait souffrir les populations, c'est presque normal qu'ils paient leurs actions… On ne va pas les plaindre… Si on ne voulait pas que

---

[737] V. Le rapport du Comité préparatoire pour la création d'une cour criminelle, doc. (…).

[738] V. Également les dispositions analogues des TPI, l'art. 24 (2) du TPI et l'art. 23 (2) du T (…).

[739] Résolution des Nations unis n° 2085 du 20 décembre.

tout ça se produise, il fallait les stopper dès le début. L'armée malienne accusée d'exactions, premier mouvement de la force africaine.

Selon la Fédération internationale des droits de l'homme (FIDH) qui accuse des soldats maliens d'avoir perpétré une série d'exécutions sommaires, au moins 11 personnes ont été tuées à Sévaré (60 km au nord-est de Bamako). Il rappelle aux forces armées et des conventions de sécurité, le respect strict des droits humains et toutes les dispositions du droit international humanitaire et des conventions internationales en la matière. Le secrétaire général de l'ONU Ban Ki-Moon, qui avait l'intervention courageuse de la France au Mali, avait fait part mardi de ses craintes concernant l'impact de l'opération sur les civils et les droits de l'homme.

La CPI a confirmé qu'il y aura un procès contre un djihadiste malien soupçonné de crimes de guerre et de crimes contre l'humanité. Avocats sans frontières Canada et ses partenaires maliens estiment que la cause pourrait faire jurisprudence et faire avancer le droit des femmes.

En 2012, des djihadistes ont occupé plus de la moitié du territoire malien et y ont semé la terreur. Dans plusieurs endroits, ils ont imposé la loi islamique, ce qui a causé énormément de violences envers les femmes maliennes. « On les visait, on les agressait, on leur faisait subir des tortures et des violences d'une gravité extrême parce qu'elles sont des femmes », explique Me Pascal Paradis, directeur général d'Avocats sans frontières Canada[740].

Le suspect, Abdoul Aziz Al Hassan, aurait fait mettre en vigueur la politique de mariages forcés, qui a donné lieu à des viols répétés. Il est le deuxième djihadiste à être jugé après Ahmad al-Faqi al-Mahdi par la CPI[741].

---

[740] La cause de Maliennes devant la Cour pénale internationale : émission « L'heure du monde » Avec Philippe-Antoine Saulnier, en semaine de 18 à 19 heures (en rediffusion à 4 heures), audio fil du mercredi 9 octobre 2019 et publié le 10 octobre 2019.

[741] Jeune Afrique, 27 septembre 2016.

2. Les peines proportionnées et individualisées

Plusieurs questions concernant l'exécution de la peine, la liberté conditionnelle, les conditions de détention et les mesures alternatives à la détention restent incertaines[742]. Il s'agit d'aspects cruciaux pour garantir l'efficacité de la sanction. Selon l'article 77, les peines que la Cour peut appliquer sont : l'emprisonnement jusqu'à 30 ans et l'emprisonnement à perpétuité pour les cas d'une gravité exceptionnelle. À l'emprisonnement, il est possible d'ajouter une amende et la confiscation[743].

Puisque la Cour est compétente à l'égard des seules personnes physiques, la responsabilité pénale des personnes morales n'a pas été retenue au cours des travaux préparatoires. À l'exception des sanctions pécuniaires appliquées par la CPI[744]. Au cours des travaux de la CDI, le projet de statut prévoyait l'emprisonnement à la vie, malgré les objections, à perpétuité, considéré comme équivalent à la peine capitale[745].

À la différence des statuts de Rome, il admet l'emprisonnement d'une durée de 30 ans ou plus et l'emprisonnement à perpétuité[746]. L'application de l'incarcération à vie, répudiée par certaines démocraties dans lesquelles cette peine est considérée comme une pratique de torture, dénature le caractère humain et non dégradant de la peine que le statut de Rome devrait assurer. Mais au-delà des critères indiqués, la réglementation du statut en la matière témoigne de l'évolution du principe de légalité de la peine au niveau international, auparavant caractérisé par une inégalité importante par rapport au contexte national qui, en général, prévoit pour chaque crime un minimum et un maximum de la peine à infliger dans la mesure où l'arbitraire qui caractérisait le moment de la prononciation de la peine

---

[742] Par exemple les articles 103 (1) (2) et 106. Sur ce point, v. en particulier, M. –C. Bassiouni, *Le fonti e il contenuto inte (...)*.

[743] CPI, Art. 77, Sur le sujet, v. M.-C. Bassiouni, *Le fonti e il contenuto inte (...)*.

[744] Le 1er décembre 2014, la Chambre d'appel de la Cour pénale internationale a confirmé, à la majorité […].

[745] V. Le projet de statut de 1994 de la CDI, reproduit in Annuaire CDI 1994, vol. II, 2e partie […].

[746] CPI, art. 77.

de la part du juge international a laissé la place à un pouvoir discrétionnaire plus limité du fait d'une réglementation plus détaillée[747].

La réflexion critique sur le régime de la peine en vigueur devant la CPI révèle un arsenal rigoureux quant aux prévisions normatives applicables par rapport aux systèmes des TPI, expression d'un système statutaire qui répudie toute vengeance et qui souligne, en revanche, le rôle dissuasif de la peine. Des failles sont néanmoins présentes, comme par exemple le fait que le statut de Rome se prononce sur le type de sanction applicable, mais il reste plus lacunaire et générique quant aux critères à adopter pour leur application.

B- Les sanctions envisageables

Comme on le sait, la justice a un coût. Mener des enquêtes sur terrain, rechercher les auteurs présumés des crimes, réunir les éléments de preuve, protéger les victimes et les témoins, les déplacer pour l'audition, faire intervenir des experts, etc. tout cela demande des moyens. La cour ayant été créée par la volonté des États, ceux-ci contribuent financièrement à son fonctionnement et à l'accomplissement de ses missions, cette union ne peut que faire la force de la CPI, d'autant celle-ci peut aussi recevoir des ressources financières de l'Organisation des Nations unies, en particulier dans le cas des dépenses liées à la saisine de la cour par le Conseil de sécurité[748].

De plus, la cour peut recevoir et utiliser à titre de ressources financières supplémentaires les conditions volontaires des gouvernements, organisations internationales, des particuliers, des entreprises et d'autres entités, selon les critères fixés en la matière par l'assemblée des États parties[749]. Il conviendra évidemment de faire très attention à l'origine de ces contributions afin d'éviter que certaines n'entraînent l'aliénation de l'indépendance de la cour. Les griefs relevant de la compétence de la CPI **(1)** et la CPI face au respect des droits de l'homme **(2)** sont soulevés.

---

747 Kovacs P, « Le prononcé de la peine », *op. cit.*, p. 848.

748 Article 115 du statut de Rome.

749 Article 116 du statut de Rome.

1. Les griefs relevant de la compétence de la cour pénale internationale

Ces griefs sont les atteintes graves aux droits de l'homme. On peut retenir entre autres :

- **Le génocide**

Aux fins du présent statut, on peut entendre par crime de génocide l'un quelconque des actes ci-après commis dans l'intention de détruire, en tout ou en partie, un groupe national, ethnique, social ou religieux, comme tel :
a) meurtre de membres du groupe ;
b) atteinte grave à l'intégrité physique ou mentale de membres du groupe ;
c) soumission internationale du groupe à des conditions d'existence devant entraîner sa destruction physique totale ou partielle ;
d) mesure visant à entraîner les naissances au sein du groupe ;
e) transfert forcé d'enfants du groupe à un autre groupe[750].

- **Crimes contre l'humanité**

Au terme de l'article 7 du statut de Rome, on entend par crime contre l'humanité, l'un quelconque des actes lorsqu'il est commis dans le cadre d'une Afrique généralisée ou systématique lancée contre toute population civile et en connaissance de cette attaque :
a) meurtre ;
b) extermination ;
c) réduction en esclavage ;
d) déportation ou transfert de population ;
e) emprisonnement ou autre forme de privation grave de liberté physique en violation des dispositions fondamentales du droit international ;
f) torture ;
g) viol, esclavage sexuel, prostitution forcée, grossesse forcée, stérilisation forcée ou toute autre forme de violence sexuelle de gravité comparable ;

---

[750] Article 6, du statut de Rome.

h) persécution de tout groupe ou de toute collectivité identifiable pour des motifs d'ordre politique, racial, national, ethnique, culturel, religieux au sens du paragraphe 3, ou en fonction d'autres critères universellement reconnus comme indivisibles en droit international, en corrélation avec tout acte visé dans le présent paragraphe ou tout crime relevant de la compétence de la cour ;
i) dispositions forcées de personnes[751] *;*
j) crime d'apartheid ;
k) autres actes inhumains de caractère analogue causant intentionnellement de grandes souffrances ou des atteintes graves à l'intégrité physique ou à la santé physique ou mondiale.

Aux fins du paraphe 1 : le statut détermine toutes ces préoccupations citées ci-haut.

- **Crimes de guerre**

La cour a compétence à l'égard des crimes de guerre, en particulier lorsque ces crimes s'inscrivent dans le cadre d'un plan ou une politique ou lorsqu'ils font partie d'une série de crimes analogues commis sur une grande échelle[752]. Aux fins de statut, on entend par « *Crimes de guerre* ».

a) Les infractions graves aux conventions de Genève du 12 août 1949, à savoir l'un quelconque des actes ci-après lorsqu'ils visent des personnes ou des biens protégés par les dispositions des conventions de Genève :

i) l'homicide intentionnel ;

ii) la torture ou les traitements inhumains, y compris les expériences biologiques ;

---

[751] Article 7, a), b)…, i), du statut de Rome.
[752] Article 8, a) i, ii, iii du statut de Rome.

iii) le fait que de causer intentionnellement de grandes souffrances ou de porter gravement atteinte à l'intégrité physique ou à la santé ;

iv) la destruction et l'appropriation de biens, non justifiées pour des nécessités militaires et exécutées sur une grande échelle de façon illicite et arbitraire ;

v) le fait de contraindre un prisonnier de guerre ou une personne protégée à servir dans les forces d'une puissance ennemie ;

vi) le fait de priver intentionnellement un prisonnier de guerre ou toute autre personne protégée de son droit d'être jugé régulièrement et impartialement ;

vii) la déportation ou le transfert illégal pour la détention illégale ;

viii) la prise d'otages.

Les autres violations graves des lois et coutumes applicables aux conflits armés internationaux dans ce cadre établi du droit international sont énumérées par le statut.

Il faut savoir que la cour exercera sa compétence à l'égard du crime d'agression quand une disposition aura été adoptée conformément aux articles 121 et 123 ; qui définira ce crime et fixera la condition de l'exercice de la compétence de la cour à son égard. Cette disposition devra être compatible avec la disposition pertinente de la charte des Nations unies[753].

2. La CPI face au respect de droit de l'homme

- Dans le cadre des droits de l'homme, il n'y a pas de justice que l'homme. Par ailleurs, on a beau élaborer des états légaux, ceux-ci resteront lettre morte s'ils ne sont pas effectivement déployés par les organes chargés de leur application. En ce qui concerne la CPI, ces organes sont constitués principalement des juges du procureur et ses adjoints, du greffier et ses adjoints, et de tous les agents de sécurité

[753] Article 5 de la charte ou du statut de Rome.

pour collaborer à l'accomplissement des missions confiées à ces organes qui forment les structures humaines.

C'est donc de l'équation personnelle de ces hommes et femmes recrutés à la CPI que dépend l'efficacité de celle-ci, voilà pourquoi le statut prévoit des conditions qui doivent être rigoureusement respectées pour leur engagement. Ainsi, par exemple, les juges doivent être « choisis parmi des personnes jouissant d'une haute considération morale, connues pour leur insatiabilité et leur intégrité, et réunissant les conditions requises dans leurs États respectifs pour l'exercice des plus hautes fonctions judiciaires ».

Ainsi, traitant de l'importante question de la responsabilité pénale, l'article 25 dispose que « Quiconque commet un crime relevant de la compétence de la CPI est individuellement responsable et peut être puni conformément au présent statut »[754].

Les articles énumérés précédemment dans le précédent paragraphe démontrent clairement la volonté de la CPI de sanctionner les crimes contre les droits de l'homme, il porte en effet que le statut de la cour « s'applique à tous de manière égale, sans aucune distinction fondée sur la qualité officielle.

En particulier, la qualité officielle de chef d'État ou de Gouvernement, de membre d'un gouvernement ou d'un parlement, de représentant élu ou d'agent d'un État, n'exonère en aucun cas de la responsabilité pénale au regard du présent statut, pas plus qu'elle ne constitue en tant que telle motif de rédaction de la peine. Les immunités ou règles de procédure spéciale qui peuvent s'attacher à la qualité officielle d'une personne, en vertu du droit interne ou du droit international, n'empêchent pas la cour d'exercer sa compétence à l'égard de cette personne »[755].

- **Dans le respect du droit international humanitaire :** dans l'immédiat, on peut proposer la création d'une brigade spéciale de recherches et d'investigation en matière de génocide, de crimes

---

[754] L'article 25 du statut de Rome.

[755] L'article 27,1 et 2 du statut de Rome.

contre l'humanité et de crimes de guerre. Elle devra être composée de magistrats, de civils et de militaires triés sur le volet et communs pour leur compétence en matière criminelle, leur efficacité dans le domaine d'enquêtes et d'instructions judiciaires, leur probité, leur souci d'enquêtes ; leur indépendance et leur neutralité politique.

Cette brigade travaillera en synergie avec les organisations nationales et internationales de défense. Une synergie avec les organisations nationales et internationales de défense des droits de l'homme qui œuvrent sur le terrain et détiennent des renseignements pertinents sur les crimes commis, sur les victimes et les témoins lesquels crimes commis des droits de l'homme.

SECTION 2 : La CPI l'exercice contraignant d'un mandat de protection de l'enfant

Bien que son statut soit entré en vigueur en 2002, la CPI ne rendra son premier jugement qu'en avril 2012 dans le cadre de son intervention sur la situation en République démocratique du Congo (RDC).

Ce jugement, qui reconnaît l'ancien chef rebelle congolais Thomas Lubanga Dyilo coupable des crimes de conscription, d'enrôlement et d'utilisation d'enfants de moins de 18 ans dans un conflit armé, s'inscrit dans la continuité de la jurisprudence du tribunal spécial pour la Sierra Leone qui, quelques années auparavant, avait ouvert la voie dans ce domaine.

Toutefois, cette reconnaissance effective des crimes de recrutement et d'utilisation d'enfants-soldats (***paragraphe 1***) cache mal la relativité du système de répression de la CPI (***paragraphe 2***).

Paragraphe 1 : La reconnaissance des crimes de recrutement et l'utilisation des enfants-soldats : résolution 1612 des Nations unies au Mali

L'engagement de la responsabilité pénale individuelle au sens du statut de la CPI requiert la réunion de deux conditions.

D'une part, les faits reprochés doivent concorder avec les crimes prévus aux articles 6, 7 ou 8 du statut, c'est-à-dire qu'ils doivent être constitutifs soit du crime de génocide, soit de crimes contre l'humanité, soit de crimes de guerre. Il convient de rappeler à ce niveau que l'incrimination du recrutement et de l'utilisation d'enfants-soldats figure à l'article 8 du statut de Rome qui définit comme crimes de guerre :

« *b) Les autres violations graves des lois et coutumes applicables aux conflits armés internationaux dans le cadre établi du droit international, à savoir, l'un quelconque des actes ci-après : [...]*

xxvi) Le fait de procéder à la conscription ou à l'enrôlement d'enfants de moins de 18 ans dans les forces armées nationales ou de les faire participer activement à des hostilités »[756] ; et

« *e) Les autres violations graves des lois et coutumes applicables aux conflits armés ne représentant pas un caractère international, dans le cadre établi du droit international, à savoir l'un quelconque des actes ci-après : [...]*

vii) Le fait de procéder à la conscription ou à l'enrôlement d'enfants de moins de 18 ans dans les forces armées ou dans des groupes armés ou de les faire participer activement à des hostilités »[757].

Le contenu de ces différentes incriminations est précisé aux articles 8.2.b) xxvi) et 8.2.e) vii) des éléments des crimes. Aussi, la constitution de l'infraction suppose-t-elle la réalisation de divers éléments à avoir :

« *1. L'auteur a procédé à la conscription, à l'enrôlement d'une ou plusieurs personnes dans les forces armées nationales [dans une force ou un groupe armé pour le conflit armé non international] ou les a fait participer activement aux hostilités.*

2. Ladite ou lesdites personnes étaient âgées de moins de 15 ans.

1. *L'auteur savait ou aurait dû savoir que ladite ou lesdites personnes étaient âgées de moins de 15 ans.*

2. *Le comportement a eu lieu dans le contexte de droit de l'homme et était associé à un conflit armé international [ou à un conflit armé ne présentant pas un caractère international].*

---

[756] Statut de Rome, art. 8.2. b) xxvi).

[757] *Ibid.* art. 8.2. e) vii).

3. *L'auteur avait connaissance des circonstances de fait établissant l'existence d'un conflit armé* »[758].

Cette consécration expresse du recrutement et de l'utilisation d'enfants de moins de 18 ans comme crimes de guerre, aussi bien dans les conflits armés internationaux que dans les conflits armés non internationaux, marque un tournant dans la consolidation du cadre de lutte contre l'exploitation des enfants dans les conflits armés. Elle répond en réalité à un objectif historique, celui de compléter le cadre juridique d'alors qui ne posait qu'une simple interdiction, laissant aux États le soin d'assurer la répression par leurs propres moyens.

Cependant, pour mieux comprendre les faits qui lui sont reprochés et le contexte dans lequel ils ont été commis, il convient de rappeler brièvement la situation conflictuelle qui règne au Mali jusqu'à l'intervention de la CPI (**A**). D'autre part, elle appelle ainsi quelques remarques, notamment par rapport au contenu et la procédure d'établissement des atrocités (**B**).

A- Le contexte de l'intervention de la CPI au Mali

Pour comprendre l'intervention de la CPI au Mali, il faut rappeler le contexte conflictuel particulier que traversait le pays dans les années 2012, mais aussi et surtout la situation particulière qui caractérisait le Nord-Mali durant cette période.

Le conflit dans le Nord serait né suite à une rébellion entre le Gouvernement du Mali et le mouvement national de la libération de l'Azawad (MNLA). En conséquence, on va assister à la création, d'un côté comme de l'autre, de comités d'autodéfense, à la formation d'alliance avec des groupes rebelles dénommés Coordination nationale de l'Azawad (CMA), mais aussi avec des groupes djihadistes Ansar Dine et mouvement pour l'unicité et le djihad en Afrique (Mudjao). Ce climat délétère a conduit le pays vers une crise dont l'éclatement peut être attribué à la conjonction de deux situations.

D'une part, une crise sécuritaire dans le Nord, caractérisée par l'occupation de la plus grande partie du territoire par des groupes armés rebelles pendant plusieurs mois, a contribué au conflit. Le cadre et les

---

[758] CPI-Éléments des crimes, art., 8.2.b) xxvi) et 8.2.e) vii).

conséquences de la crise au Nord sont plus amplement décrits aux sections 1.6 à 1.9.

D'autre part, une crise politico-institutionnelle au Sud qui a abouti au renversement du régime du président Amadou Toumani Touré. Le coup d'État a commencé par une mutinerie d'officiers subalternes de l'armée dans un camp militaire à la périphérie de Bamako le 21 mars 2012, que plusieurs attribuent notamment à une crise interne au sein de l'armée reliée à des problèmes de corruption.

Les putschistes ont par ailleurs critiqué le Président et son Gouvernement pour ne pas avoir fourni les moyens nécessaires à l'armée afin de combattre la rébellion au nord amorcée en janvier 2012. L'exécution de 70 à 153 soldats maliens détenus, dont certains auraient été égorgés par des groupes armés dans le camp militaire d'Aguelhoc entre le 18 et le 24 janvier 2012, a constitué un point culminant des combats qui a outré l'ensemble de la société malienne et de la communauté internationale[759].

Une tentative de contrecoup d'État a eu lieu le 30 avril 2012, une initiative des bérets rouges qui avaient été exclus du pouvoir par les Bérets verts. Cette unité de parachutistes a tenté de reprendre le pouvoir, sans succès.

Le 20 décembre 2012, le Conseil de sécurité des Nations unies a adopté la résolution 2085 autorisant le déploiement de la Mission internationale de soutien au Mali (Minusma) opérant sous l'égide de la Communauté économique des États d'Afrique de l'Ouest (CEDEAO) et comptant des effectifs en provenance de la plupart des pays de la sous-région (Burkina Faso, Nigéria et Sénégal)[760], afin de renforcer et

---

[759] Fédération internationale des droits de l'homme, Crimes de guerre au Nord-Mali, (16 juillet 2012), à la p. 5, [Crimes de guerre au Nord-Mali], en ligne : http://www.fidh.org/Crimes-de-guerre-au-Nord-Mali.

[760] La Minusma compte également des contingents provenant de pays qui ne sont pas membres de la CEDEAO, dont le Tchad : « Le 25 janvier, le Conseil de paix et de sécurité de l'Union africaine a demandé à la Commission de l'Union africaine et à la Commission de la CEDEAO, en collaboration avec l'ONU, l'Union européenne et d'autres partenaires, de revoir le concept opérationnel conjoint en vue de renforcer les effectifs de la Minusma, notamment en y intégrant les hommes envoyés par le Tchad et d'autres contingents » : rapport du secrétaire général sur la situation au Mali, Doc. Off. CS NU, S/2013/189, (26 mars 2013), au para. 45, [Rapport du secrétaire général

d'appuyer l'armée malienne désireuse de reprendre les zones contrôlées par les groupes armés extrémistes et terroristes, tout en appelant à des négociations avec les parties n'ayant plus de lien avec ces groupes[761].

L'avancée soudaine des groupes armés islamistes vers le Sud, le 10 janvier 2013, et la chute rapide de la ville de Konna, verrou stratégique à 700 km au nord-est de Bamako, ont déclenché l'intervention de la France dès le lendemain et accéléré le déploiement des forces des pays de la CEDEAO et celles du Tchad. L'intervention orchestrée par l'armée française – et baptisée « Opération Serval » – a permis de reprendre rapidement le contrôle des villes de Gao et de Tombouctou.

Seules les troupes françaises et tchadiennes étaient initialement entrées dans Kidal, le MNLA s'opposant à ce que l'armée malienne y entre. Jusqu'à la fin mars 2013, les forces françaises et tchadiennes ont combattu avec succès les djihadistes qui étaient stationnés dans les massifs montagneux situés à la frontière entre le Mali et l'Algérie[762]. Parallèlement, plus au sud, des escarmouches et des attentats-suicides[763] ont opposé les unités combinées des armées française et malienne, appuyées par les forces de la Minusma, aux combattants islamistes, qui réussissaient à se mouvoir sans trop de difficulté dans l'immensité désertique que représente l'essentiel du territoire du Nord-Mali.

Selon la résolution 2100 du Conseil de sécurité, la Minusma doit veiller au rétablissement de l'autorité de l'État sur tout le territoire. Sur le plan de la justice, la Minusma a comme mandat d'« accompagner les

---

sur la situation au Mali], en ligne : http://www.un.org/french/documents/view_doc.asp?symbol=S/2013/189.

761 On songe ici essentiellement au Mouvement national de libération de l'Azawad (MNLA), qui fut le fer de lance de la rébellion armée dès janvier 2012, mais qui s'est rapidement fait déborder par les mouvements armés d'obédience salafiste (AQMI, Ansar Dine, Mudjao).

762 Sarah Diffalah, « Mali. Le massif des Ifoghas, l'antre des islamistes », Le nouvel observateur, (1er février 2013), en ligne : http://tempsreel.nouvelobs.com/ guerre-au-mali/20130201.OBS7446/mali-le-massif-des-ifoghas-l-antre-desislamistes.html.

763 « Mali : attentat suicide près de Gao, deux soldats maliens et cinq islamistes tués », Le Monde, (4 mai 2013), en ligne : http://www.lemonde.fr/afrique/ article/2013/05/04/mali-attentat-suicide-pres-de-gao-deux-soldats-malienset-cinq-islamistes-tues_3171144_3212.html

efforts nationaux et internationaux visant à rebâtir le secteur de la sécurité malien, en particulier la police et la gendarmerie, grâce à une aide technique, au renforcement des capacités et à des programmes de partage de locaux et de mentorat, ainsi que les secteurs de l'État de droit et de la justice, dans les limites de ses capacités [...] » et d'« aider les autorités de transition maliennes dans leur entreprise de promotion et de défense des droits de l'Homme ».

C'est dans ce contexte de troubles et de conflits qu'est née la Plateforme, un groupe d'autodéfense. Elle conduit à un recrutement massif de jeunes combattants sans considération d'âge, à qui on dispensait une formation élémentaire des militaires, de surcroît, toujours victime de mauvais traitements ou de viols. Nous verrons d'une part les conflits maliens et ses conséquences (**1**) et les attaques contre les soldats chargés du maintien de la paix (**2**).

1. Les conflits maliens et ses conséquences

De vastes étendues de territoire au nord du pays ont en grande partie été désertées par le Gouvernement malien, permettant aux groupes armés, aux milices pro-gouvernementales et aux bandits de commettre leurs exactions en toute impunité. Depuis le début de l'année 2015, les activités et abus des groupes armés islamistes se sont étendus au centre du Mali, impliquant un nombre croissant de civils dans le conflit.

Selon un analyste des questions de sécurité, « le nombre de bandits et de terroristes a augmenté en 2016 et les attaques sont devenues plus complexes et violentes ». Bien que les groupes armés ne s'attaquent que rarement aux civils, l'aggravation de l'insécurité a sapé les efforts menés par le Gouvernement malien et par ses partenaires internationaux pour renforcer l'État de droit et fournir des soins de santé de base, de l'éducation et de l'aide humanitaire aux populations qui en ont besoin.

Dans le même temps, la persistance des conflits entre communautés du centre et du nord du Mali a fait des dizaines de morts et a été exploitée par certains groupes armés pour recueillir de nouveaux soutiens et recruter de nouveaux membres.

Exécutions par les groupes islamistes armés sur un total de 27 exécutions sommaires commises par des groupes islamistes armés en 2016[764]. Parmi les groupes présumés responsables de ces exécutions figureraient AQMI, Ansar Dine, le Front de libération du Macina (également connu sous le nom de Katiba du Macina d'Ansar Dine) et le Mouvement pour l'unicité et le djihad en Afrique de l'Ouest (Mudjao).

Ces meurtres ont eu lieu dans les régions de Mopti, de Ségou, de Tombouctou et de Kidal. Au moins deux des victimes ont été décapitées. Parmi les individus ciblés se trouvaient des maires et des maires adjoints, des chefs de village et des enseignants ; des membres des forces de sécurité maliennes, dont un membre de la garde nationale, un soldat et des agents du service des eaux et forêts ; des membres de groupes armés signataires de l'accord de paix de 2015, notamment les Touaregs du Mouvement national pour la libération de l'Azawad (MNLA) ; et dans un cas, le combattant d'un groupe islamiste qui s'était livré à des pratiques criminelles. Des témoins et des sources de renseignement ont indiqué que de nombreuses victimes avaient été accusées d'être des informateurs du Gouvernement, ou des militaires français engagés dans des opérations antiterroristes.

Des dirigeants communautaires du centre du Mali ont déclaré qu'ils pensaient qu'un certain nombre de dirigeants locaux avaient également été ciblés à titre de représailles, pour les punir de leurs pratiques présumées corrompues envers les villageois.

D'autres exécutions extrajudiciaires ont été commises en grand nombre en 2016, y compris contre des responsables locaux et assassinats qui étaient liés à des conflits intercommunautaires ou de personnes sur la répartition des terres, le partage de l'eau, ou encore à des enjeux de pouvoirs au sein des communautés[765].

---

[764] http : www.hrw.org/fr: Rapport de *Human Rights* : le conflit armé au mali et ses conséquences, Recueil de documents publiés, 2012–2017.
[765] http : www.hrw.org/fr: Rapport de *Human Rights* : le conflit armé au mali et ses conséquences, Recueil de documents publiés, 2012–2017.

2. Les attaques contre les soldats chargés du maintien de la paix

Des groupes islamistes armés ont régulièrement attaqué des membres des forces de maintien de la paix de la Minusma : en 2016, 29 Casques bleus ont été tués et environ 90 ont été blessés dans de telles attaques. Au total, plus de 70 soldats de la paix ont été tués depuis la création de la Minusma en 2013.

Un analyste des questions de sécurité a déclaré que même si la Minusma avait été attaquée à peu près autant de fois en 2016 qu'en 2015, les attaques de 2016 étaient « mieux organisées sur le terrain » et les groupes « revendiquaient plus facilement la responsabilité de ces attaques ».

La plupart de ces attaques visaient soit des convois logistiques de transport de vivres, d'eau et d'approvisionnement divers destinés aux bases de l'ONU, soit les bases elles-mêmes, en particulier celles de Kidal, de Gao et de Tombouctou. AQMI, Ansar Dine et Al Mourabitoun ont revendiqué plusieurs de ces attaques, parmi lesquelles l'attentat suicide et les tirs de roquette du 12 février contre la base de la Minusma à Kidal, qui ont tué sept Casques bleus guinéens, et l'embuscade du 18 mai à 15 km au nord d'Aguelhoc, dans la région de Kidal, qui a fait cinq morts parmi les Casques bleus tchadiens.

Les années précédentes, les attaques contre les forces de maintien de la paix avaient presque exclusivement lieu dans le nord du Mali. Mais en 2016, au moins deux attaques meurtrières se sont produites dans la région de Mopti au centre du pays. Le 29 mai, cinq Casques bleus togolais sont morts dans une embuscade à 30 km à l'ouest de la garnison de Sévaré. Le 6 novembre, un autre Casque bleu togolais a été tué dans une attaque contre un convoi d'approvisionnement à 45 km au nord de Douentza. Deux civils maliens ont également péri dans l'attaque.

Le 29 novembre, les forces d'Al Mourabitoun se sont rendues coupables du crime de guerre de perfidie en conduisant deux véhicules chargés d'explosifs portant le sigle de l'ONU dans l'aéroport de Gao. Un seul de ces véhicules a explosé, endommageant le fuselage d'un avion de la Minusma et le terminal de l'aéroport. Selon une source de renseignement, 500 kg d'explosifs ont été retrouvés dans le deuxième véhicule. Le 31 mai, une attaque contre une autre enceinte des Nations unies à Gao a tué un Casque bleu chinois et un civil français expert en déminage.

Le droit international humanitaire interdit les attaques contre le personnel des missions de maintien de la paix et accorde à ce personnel les mêmes protections que les civils en temps de guerre. Le statut de Rome de la CPI et le droit coutumier de la guerre interdisent les attaques contre les Casques bleus et contre les installations des Nations unies, qui sont considérées comme des crimes de guerre. Le Conseil de sécurité de l'ONU exige des membres des forces de maintien de la paix qu'ils soient impartiaux et qu'ils n'utilisent pas la force.

Les forces de sécurité maliennes ont fait subir de mauvais traitements d'une grande gravité à au moins 20 détenus[766]. Ces détenus, dont beaucoup portaient des cicatrices et des signes visibles de torture, ont décrit comment ils avaient été entravés, roués de coups de poing et de crosses, frappés à coups de pied, suspendus à des arbres, brûlés et soumis à un simulacre de noyade semblable au *waterboarding*, ainsi qu'à d'autres simulacres d'exécution. On leur refusait aussi systématiquement la nourriture, l'eau ou les soins médicaux.

B- La procédure d'établissement des atrocités

Les principes directeurs seront interprétés et appliqués dans le cadre général de la Déclaration universelle des droits de l'homme, du Pacte international relatif aux droits économiques, sociaux et culturels, du Pacte international relatif aux droits civils et politiques, de la Déclaration des droits de l'enfant et de la Convention relative aux droits de l'enfant, et dans le cadre de l'Ensemble de règles *minima* des Nations unies concernant l'administration de la justice pour mineurs (règles de Beijing), ainsi que d'autres instruments et normes intéressant les droits, intérêts et bien-être de tous les enfants et de tous les jeunes.

L'attribution de responsabilités clairement définies aux organismes et institutions engagés dans les actions de recherches des auteurs

---

[766] http : www.hrw.org/fr: Rapport de *Human Rights* : le conflit armé au mali et ses conséquences, Recueil de documents publiés, 2012–2017.

d'infraction ainsi qu'à leur personnel. Il s'agit, d'une part, des notions de conscription et d'enrôlement (**1**) et, d'autre part, de la participation active aux hostilités (**2**).

1. La conscription et l'enrôlement

Il convient de préciser que la conscription et l'enrôlement d'enfants de moins de 18 ans constituent des infractions distinctes, tout comme le fait de les faire participer activement à des hostilités. La chambre de première instance I de la CPI (« la Chambre ») a retenu cette distinction entre la conscription, enrôlement obligatoire, et l'enrôlement qui renvoie à l'inscription sur les rôles d'une formation militaire[767].

Si elle peut paraître superficielle pour la constitution de l'infraction, elle recouvre cependant toute son importance s'agissant de sa prise en compte au moment de la fixation de la peine. Comme il ressort de l'article 78.1 du statut de la CPI, « *[la Cour tient compte, conformément au règlement de procédure et de preuve, de considérations telles que la gravité du crime et la situation personnelle du condamné lorsqu'elle fixe la peine]* »[768].

Dans ce contexte, les peines prononcées pour les cas d'enrôlement pourraient être plus clémentes que celles retenues pour les cas de conscription qui s'accompagnent d'une circonstance dans la mesure où le recrutement intervient souvent après enlèvement. D'ailleurs, les juges interprètent différemment ces deux modes de recrutement ainsi que les conséquences qui devraient en découler. Aussi, dans son opinion dissidente sur l'affaire *Le Procureur c/ Sam Hinga Norman*, le juge Robertson estimait-il que « *le recrutement forcé est toujours condamnable, mais l'enrôlement d'enfants volontaires peut être excusé si les enfants sont intégrés dans la force considérée uniquement pour assurer des tâches de non-combattants, derrière les lignes de front* »[769].

---

[767] CPI, *Le Procureur c/ Thomas Lubanga Dyilo*, Affaire n° : ICC-01/06, Jugement, *op. cit.*, § 609.

[768] Cette règle est également prévue à l'article 19.2 du statut du TSSL.

[769]TSSL, *Le Procureur c/ Sam Hinga Norman*, Case N°: SVSL-2004-14-AR72(E), Chambre d'appel, Décision on Preliminary Motion Based on Lack of Jurisdiction (Child Recruitment), Dissenting Opinion of Justice Robertson, 31 mai 2004, § 9, cité dans : CPI, *Le Procureur c/ Thomas Lubanga Dyilo*, Affaire n° : ICC-01/04-01/06, Jugement, *op. cit.*,§ 582.

Cet argument a d'ailleurs été utilisé par la défense dans l'affaire *Le Procureur c/ Thomas Lubanga Dyilo* (« affaire *Lubanga* » ou « décision *Lubanga* »). Cette position peut se comprendre dans le cas de conflits déstructurés qui s'accompagnent souvent de soulèvements de masses qui rendent impossible tout contrôle de la qualité ou de l'âge des combattants. Cette approche répond donc à une logique protectrice de l'enfant qui, du fait de son manque de maturité et de discernement, ne serait pas en mesure de donner un consentement intègre et éclairé. On note également la même souplesse à propos de l'interprétation de la participation active aux hostilités.

2. La participation active aux hostilités

Sur ce point, il découle de la jurisprudence que l'accent est plutôt mis sur le risque auquel cette participation expose les enfants. Ainsi, dans l'affaire « *Prosecutor v. Alex Tamba Brima, Brima Bazzy Kamara and Santigie Borbor Kanu* » (« affaire *AFRC* »), la chambre de première instance II du tribunal spécial a estimé que « *[l'utilisation d'enfants pour les faire participer activement aux hostilités recouvre le fait de mettre directement leur vie en danger lors de combats* »[770]. Cette chambre se fonde ici sur une approche extensive pour estimer qu'« *[u]ne force armée a besoin d'appui logistique pour soutenir ses opérations. [Dans ce contexte, la] participation active couvre toute tâche ou tout appui permettant de mener à bien ou de soutenir des opérations lors d'un conflit. Ainsi, porter des charges pour les combattants, trouver et/ou acquérir des denrées, des munitions ou repérer des itinéraires, garder des postes de contrôle ou servir de boucliers humains constituent autant d'exemples de participation active, au même titre que la participation active à des combattants* »[771].

Cependant, c'est le critère du risque, du danger auquel l'enfant a été exposé, qui a été retenu par la chambre de première instance I dans l'affaire *Lubanga* pour préciser la notion de participation active, même s'il n'a été assigné à l'enfant qu'un rôle d'appui indirect. Ainsi, dès lors

---

[770] TSSL, *Prosecutor v. Alex Tamba Brima, Brima Kamara and Santigie Borbor Kanu*, Case N°: SCSL-2004-16-T, Trial Chamber II, Judgment, 20 June 2007, § 736; cité dans : CPI, *Le Procureur c/ Thomas Lubanga Dyilo,* Affaire n° : ICC-01/04-01/06, Jugement, *op. cit.*, § 626.

[771] *Ibid.*, § 737 ; citée dans : CPI, *Le Procureur c/ Thomas Lubanga Dyilo*, Affaire n° : ICC-01/04-01/06, Jugement, *op. cit.*, § 624.

que l'appui apporté par l'enfant aux combattants l'a exposé à un danger réel faisant de lui une cible potentielle, son rôle indirect doit être considéré comme participation active aux hostilités[772]. Par ailleurs, certaines questions peuvent être soulevées à ce niveau, notamment sur la conception du conflit armé à retenir.

Paragraphe 2 : La relativité du système de répression

La contribution de la CPI à l'œuvre protectrice des enfants-soldats, et plus généralement des droits de l'enfant, peut être mesurée à travers divers paramètres allant de sa création à son activité juridictionnelle. En effet, l'institution de la CPI revêt indéniablement une portée considérable aussi bien sur les plans juridiques que politiques. Elle a influencé la création du tribunal spécial pour la Sierra Leone dont le statut reprend, justement, l'incrimination du recrutement et de l'utilisation d'enfants-soldats. Cette consécration a eu une très grande portée puisque plusieurs prévenus ont été reconnus coupables de ces crimes et condamnés à des peines assez sévères. La portée de l'institution de la CPI se mesure également à travers les dispositions de son statut qui, d'emblée, exclut les obstacles traditionnels qui pouvaient mettre en échec la mise en œuvre de la responsabilité pénale individuelle. Il s'ensuit que n'importe quel auteur d'un crime au regard du droit international reste théoriquement justiciable devant cette juridiction. Ce potentiel reconnu à la Cour met-il, pour autant, fin à l'impunité des crimes commis contre des enfants ou, si l'on préfère, au déni de justice ?

L'observation de la pratique ne permet pas d'apporter une réponse tranchée à cette question. En effet, si l'activité judiciaire de la Cour prend forme actuellement avec pas moins de 21 affaires concernant huit situations différentes[773], sa jurisprudence récente semble plutôt ambivalente **(A)**, au moment où l'on note çà et là des tentatives de « neutralisation » de son **action (B)**.

---

[772]CPI, *Le Procureur c/ Thomas Lubanga Dyilo*, Affaire n° : ICC-01/04/06, Jugement, *op. cit.*, § 628.

[773] Ces renseignements datent du 3 avril 2014, et sont disponibles sur http : www.icc-int/fr_menus/icc/situations%20and%20cases/Pages/situations%20and%20cases.aspx .

A- Une jurisprudence ambivalente

Cette ambivalence peut être appréciée par rapport à la décision rendue dans l'affaire *Lubanga* qui, bien que renfermant une portée politique et pratique indéniable (**1**), reste critiquable sur sa portée juridique (**2**).

1. Une portée politique et pratique certaine

L'entame de l'activité judiciaire de la CPI et, plus précisément, l'inculpation de Thomas Luganga ont, d'une part, eu un effet direct assez positif sur la lutte contre l'impunité des crimes internationaux et, d'autre part, contribué à l'évolution du statut de l'enfant victime dans le procès pénal international.

- **L'impact positif sur la lutte contre l'impunité des crimes internationaux :** L'inculpation de Thomas Lubanga a été suivie de la délivrance de plusieurs mandats d'arrêt. En effet, la situation de beaucoup de pays sortant d'un conflit ou d'une période de troubles est aujourd'hui pendante devant la CPI, qu'elle y soit déférée sur initiative de l'État lui-même, du Conseil de sécurité agissant en vertu du chapitre VII de la Charte des Nations unies, ou du procureur de la Cour se saisissant *proprio motu* en vertu de l'article 15 du statut [774]. Ces inculpations concernent la République démocratique du Congo, l'Ouganda, la République centrafricaine ou encore le Soudan, mais aussi d'anciens responsables politiques, comme c'est le cas dans les affaires concernant la Libye, le Kenya, le Soudan, la Côte d'Ivoire et le Mali.

  Dans les différentes affaires, les prévenus sont accusés de crimes contre l'humanité et de crime de guerre, ce qui assure la répression des violations commises contre les civils et donc contre les enfants. Plus encore, les crimes d'enrôlement et l'utilisation active d'enfants-soldats ont été retenus à l'encontre de certains prévenus en RDC, Ouganda et Mali. Il s'agit, en premier lieu, de Germain Katanga, ancien chef rebelle de la Force de résistance patriotique en Itrui (FRTI)[775], dont la responsabilité individuelle a

---

[774] Statut de Rome, art. 13.

[775] Groupe armé composé essentiellement de combattants de l'ethnie *Ngili* et allié du Front des nationalistes intégrationnistes (FNI) composé de combattants *Lendu* avec à

été engagée sur la base de l'article 25.3.a, pour dix chefs de crimes (trois chefs de crimes contre l'humanité et sept chefs de crimes de guerre) dont celui d'utilisation d'enfants de moins de 15 ans[776].

Les charges retenues contre lui ont été confirmées dans une décision du 26 septembre 2008[777]. Ce fut, ensuite, le cas de Mathieu Ngudjolo Chui du Front des nationalistes et intégrationnistes (FNI), initialement inculpé de dix chefs de crimes [778], mais dont la responsabilité individuelle n'a pas été retenue par la chambre de première instance II[779]. Dans la situation concernant l'Ouganda, le crime d'enrôlement forcé d'enfants de moins de 15 ans a été retenu dans les mandats d'arrêt délivrés à l'encontre de Joseph Kony, Vincent Otti et Okot Odhiambo[780], tous en fuite actuellement.

Cependant, au-delà même des jugements et décisions d'inculpation de la CPI, c'est surtout à travers sa portée politique et symbolique que se manifeste le plus l'impact de son action en faveur des enfants. En effet, le fait d'avoir consacré sa première affaire à la question du recrutement s'apparente à un choix politique pénal qui tient compte du contexte de lutte contre l'implication des enfants dans les conflits armés.

---

sa tête Mathieu Ngudjolo Chui. Ces deux groupes armés combattaient celui de Thomas Lubanga, l'UPC/FPLC.

776 CPI, *Le Procureur c/ Germain Katanga*, n° : ICC-01/04-01/07, Chambre préliminaire I, Mandat d'arrêt à l'encontre de Germain Katanga, 2 juillet 2007, p. 7, (v) ; *Le Procureur c/ Germain Katanga et Mathieu Ngudjolo Chui,* Affaire n° : ICC-01/04-01/07, Décision relative à la confirmation des charges, *op. cit.*, p. 225.

777 *Ibid.*

778 CPI, *Le Procureur c/ Mathieu Ngudjolo Chui*, Chambre préliminaire I, Affaire n° : ICC-01/04-02/07, Mandat d'arrêt à l'encontre de Mathieu Ngudjolo Chui, 6 juillet 2007.

779 CPI, *Le Procureur c/ Mathieu Ngudjolo Chui*, Chambre de première instance II, Affaire n° : ICC-01/04-02/2012, Jugement rendu en application de l'article 74 du statut, 18 décembre 2012, p. 215.

780 CPI, *Le Procureur c/ Joseph Kony, Vincent Otti, Okot Odhiambo et Dominic Ongwen*, Chambre préliminaire II, Affaire n° : ICC-02/04-01/05, Mandat d'arrêt de [Joseph Kony, Vincent Otti, Okot Odhiambo], 8 juillet 2005, Chefs 5 et 13. Pour Joseph Kony, voir : Mandat d'arrêt de Joseph Kony délivré le 8 juillet 2005, tel que modifié le 27 septembre 2005. Le cinquième inculpé, Raska Lukwiya, est décédé le 12 août 2006. Aussi, son nom a-t-il été enlevé de l'affaire ?

- **Une contribution à l'évolution du statut de l'enfant victime :** Le concept de victime est défini par la règle 85 du règlement de procédure et de preuve de la Cour qui qualifie comme telle « *toute personne physique qui a subi un préjudice du fait de la commission d'un crime relevant de la compétence de la Cour* »[781]. Dans le statut de Rome, le droit des victimes à une protection ainsi que leur droit de participer à la procédure sont prévus à l'article 68 et s'exercent dans le respect des conditions posées par la règle 89 du règlement de procédure et de preuve. Il s'agit ainsi d'une reconnaissance en constante évolution qui fait passer la victime du statut de simple témoin à celui de victime ou témoin protégé[782]. Celle-ci était d'autant plus nécessaire que le rôle que pourrait jouer la victime dans la manifestation de la vérité paraît primordial, et que la nature des crimes dont elle a fait l'objet rend son ignorance impossible[783].

L'évolution du statut reconnu à la victime peut être appréciée à deux niveaux :

- d'abord, au niveau de la protection et de l'assistance accordées aux victimes et témoins, et qui est à l'origine de la création, au sein du greffe de la CPI, d'une division d'aide aux victimes et aux témoins[784] et la mise en place de mesures spécifiques de protection comme la tenue d'audiences à huis clos[785], la protection de l'identité des témoins[786], etc. Cette protection peut

---

[781] *CPI – Règlement de procédure et de preuve, Règle 85 ?a). Le paragraphe b) étend la notion de victime à toute « organisation ou institution dont un bien consacré à la religion, à l'enseignement, aux arts, aux sciences ou à la charité, un monument historique, un hôpital ou quelque autre lieu ou l'objet utilisé à des fins humanitaires a subi un dommage direct ».*

[782] Philippe Xavier, Vers une reconnaissance accrue de la place de la victime dans le procès pénal international ? De Nuremberg au statut de Rome… aperçu général des règles applicables devant la CPI, in *L'actualité de la justice pénale internationale,* Actes du Colloque organisé par le Centre de recherche en matière pénale F. Boulan (Aix-en-Provence, 12 mai 2007), sous la direction des professeurs Xavier Philippe et Dominique Viriot-Barrial, Presses universitaires d'Aix-Marseille, 2008, p. 125.

[783] *Ibid.*, *op. cit.*, p. 117, 118.

[784] Statut de Rome, art.43.6.

[785] *Ibid.,* art. 68.2.

[786] Ces mesures étaient déjà prévues par les statuts du TPIY (art.22) et du TPIR (art. 21).

aller jusqu'à la condamnation en cas de divulgation d'information sur un témoin protégé [787]. Cela pose bien évidemment la question de l'admissibilité du témoignage anonyme qui pourrait être contradictoire avec le respect du droit de la défense à un procès équitable [788]. Sur ce point, la jurisprudence s'est déjà prononcée en faveur d'une admission de principe du témoignage anonyme[789] ;

- ensuite, au niveau de la reconnaissance à la victime de droits qui, à défaut de faire de lui un acteur direct et à part entière du procès [790], lui permettent de recourir à l'assistance d'un représentant légal[791] mais aussi et surtout d'obtenir réparation du préjudice subi[792]. Ce droit est consacré à l'article 75 du statut qui permet à la Cour de se prononcer sur la réparation due aux victimes, et qui peut prendre la forme soit d'une restitution, soit d'une indemnisation, soit d'une réhabilitation [793]. Cette indemnisation peut être payée par l'accusé lui-même s'il est reconnu coupable, ou gérée par le Fonds au profit des victimes prévu à l'article 79 du statut, comme ce fut le cas dans l'affaire *Lubanga*[794].

Cette reconnaissance plus poussée de la victime peut toutefois comporter quelques effets négatifs comme le ralentissement des procès dû à une éventuelle participation d'un grand nombre de victimes, ou

---

[787] Maison Rafaëlle , La place de la victime, in Hervé Ascensio, Emmanuel Decaux et Alain Pellet (dir.), Droit international pénal, (CEDIN), Paris, A. Pedone, 2000, p. 781. De son côté, l'article 70.c) sanctionne la subordination de témoin, les manœuvres visant à empêcher un témoin de comparaître ou de déposer librement et les représailles exercées contre un témoin en raison de sa déposition.

[788] *Ibid.*, p. 780.

[789] *Ibid.*, p. 780, 781.

[790] *Ibid.*, p. 782.

[791] CPI-Règlement de procédure et de preuve, Règle 90.

[792] Il ne s'agit pas là d'une consécration nouvelle des droits de l'homme (1948), art. 8 ; Pacte international relatif aux droits civils et politique (1966), art. 2.3 ; Convention contre la torture et autres peines ou traitements cruels inhumains ou dégradants (1984), art. 14.

[793] Cette disposition a une plus grande portée que celles figurant dans les statuts du TPIY (art. 24.3) et du TPIR (art. 23) et de leur règlement de procédure et de preuve internes pour toute demande d'indemnisation ; Voir Rafaëlle Maison, *op. cit.*, 783.

[794] Statut de Rome, art. 75.2 ; CPI-Règlement de procédure et de preuve, Règle 98.

encore poser un souci financier vu le nombre de victimes qui pourraient prétendre à une réparation. De plus, elle est porteuse d'un risque d'abus comme ce fut le cas dans l'affaire *Lubanga* où des collaborateurs locaux de la CPI auraient incité des enfants à mentir sur leur passé d'enfants-soldats afin de pouvoir bénéficier du statut de victime. Elle garde toutefois tout son intérêt, tout comme la décision Lubanga qui n'en reste pas moins critiquable sur le fond, ce qui limite sa portée juridique.

2. Une portée juridique limitée

Sur ce point, on peut mentionner le fait que la décision *Lubanga* n'apporte rien de nouveau sur le plan juridique, contrairement à la jurisprudence du TSSL qui s'est non seulement étendue sur la question de l'amnistie[795], mais qui a aussi formellement reconnu le caractère coutumier des crimes de recrutement et d'utilisation d'enfants-soldats de moins de 15 ans[796]. Dans un tel contexte, la décision de la CPI sonne plutôt comme une confirmation de la jurisprudence du tribunal spécial, encore à un degré moindre puisque la peine retenue ici (14 ans d'emprisonnement) est moins lourde que celles déjà prononcées par le TSSL pour les mêmes crimes[797].

---

[795] TSSL, *Prosecutor v. Marris Kallon and Brima Barry Kamara,* Case N°: SCSL-2004-15-AR72 (E) and Case N°: SCSL-2004-16-AR72 (E), Decision on Challenge to Jurisdiction: Lomé Accord Amnesty, 13 March 2004. Il convient cependant de préciser que la question ne se posait pas non plus dans cette affaire.

[796] TSSL, *Prosecutor v. Sam Hinga Norman*, Case N°: SCSL-2004-14-AR72 (E), Decision on Preliminary Motion based on Lack of Jurisdiction (Child Recruitment), 31 May 2004.

[797] TSSL, *Proscutor v. Issa Hassan Sesay, Marris Kalllon and Augustine Gbao*, Case n°: SCSL-2004-15-T, Trial Chamber I, Sentencing Judgment, 8 April 2009, app. 94 et 96. La chambre avait retenu 50 ans d'emprisonnement pour Issa Hassan Sesay et 35 pour Morris Kallon. Elle avait cependant pris le soin de préciser « *[qu']il [était]universellement reconnu et admis qu'une personne convaincue de nombreux crimes devrait en règle générale être condamnée plus lourdement qu'une personne déclarée coupable d'un seul de ces crimes* », *Proscutor v. Issa Hassan Sesay, Marris Kallon and Augustine Gbo*, Case N°: SCSL-2004-15-T, *op. cit.*, § 18, cité par CPI , *Le Procureur c/ Thomas Lubanga Dyilo*, Affaire n° : ICC-01/14-01/06, Chambre de première instance I, Décision relative à la peine, rendue en application de l'article 76 du statut, 10 juillet 2012, § 14. Et contrairement à Issa Hassan Sesay et Morris Kallon qui ont été reconnus coupables de 16 chefs, Thomas Lubanga n'a été condamné que pour trois crimes.

Le point qui n'a fait l'objet de plus de critiques reste toutefois l'exclusion des violences ou crimes sexuels qui n'ont pas été retenus dans cette affaire alors que les témoignages ont révélé que des enfants-soldats en étaient victimes. On peut mentionner, à ce propos, la position adoptée par la juge Odio Benito dans son opinion individuelle et dissidente, et à travers laquelle elle rejette la conception de la notion d'utilisation d'enfants pour les faire participer activement à des hostilités » retenue par la chambre de première instance I. Pour elle, la chambre a défini ce concept à partir d'une analyse au cas par cas ou dans le cadre restreint des charges portées contre l'accusé[798]. En procédant de la sorte, « *la majorité ne s'est préoccupée que d'un seul des objectifs d'un procès devant la CPI : déterminer la culpabilité ou l'innocence d'un accusé* »[799]. Or, la protection nécessite de prendre en compte tous les intérêts en jeu, ce qui exige une définition juridique complète du crime qui puisse assurer, dans le cas présent, la protection de la vie et de l'intégrité personnelles de tous les enfants de moins de 15 ans[800]. Cette solution n'en serait que conforme à l'article 21.3 du statut qui impose une interprétation du droit applicable de manière compatible avec les droits de l'homme internationalement reconnus, ce qui exclut donc toute interprétation sur la base des preuves présentées[801].

Par ailleurs, il convient de faire remarquer que le statut de Rome exclut les obstacles traditionnels à la mise en œuvre de la responsabilité pénale[802], ce qui renforce la portée potentiellement large de la compétence personnelle de la Cour. Cette consécration trouve d'ailleurs une concrétisation dans la pratique puisqu'à ce jour d'anciens chefs d'État font l'objet d'un procès devant la CPI[803] et des mandats d'arrêt

[798] Opinion individuelle et dissidente de la juge Odio Benito, dans : CPI, *Le Procureur c/ Thomas Lubanga Dyilo*, Affaire n° : ICC-01/04-01/06, Jugement, *op. cit.*, § 7.

[799] *Ibid.*, § 8.

[800] *Ibid.*, § 7.

[801] *Ibid.*, § 6.

[802] Statut de Rome, art. 27 (Défaut de pertinence de la qualité officielle) et art. 29 (Imprescriptibilité).

[803] C'est le cas de Laurent Gbagbo, ancien chef d'État ivoirien, inculpé depuis novembre 2011 ; voir : CPI, *Le Procureur c/ Laurent Gbagbo,* Affaire n° : ICC-02/11-01/11, Mandat d'arrêt à l'encontre de Laurent Koudou Gbagbo, Chambre préliminaire III, 23 novembre 2011.

ont même été délivrés à l'encontre de chefs d'État en exercice[804]. L'effectivité de la politique répressive est donc bien réelle et sa valeur dissuasive certaine. D'ailleurs, ceux qui cherchent à éviter la compétence de la CPI s'appuient souvent sur des moyens autres que la contestation vaine de sa compétence. On peut, à ce propos, mentionner l'instrumentalisation abusive qui est souvent faite de la complémentarité, utilisée comme moyen de contournement ou de « neutralisation » de l'action de la Cour.

B- Les tentatives de « neutralisation » de l'action de la Cour

Elles s'appuient sur une approche qui soit instrumentalise la justice **(1)**, soit invoque cette instrumentalisation comme rempart contre la mise en œuvre de cette justice **(2)**.

1. L'instrumentalisation de la justice : une mise à l'épreuve de la complémentarité

C'est l'article 1er du statut de Rome qu'« *[i]l est créé une Cour pénale internationale [...] complémentaire des juridictions pénales nationales* ». Cette complémentarité est explicitée à l'article 17 du même statut qui fixe les conditions de recevabilité ou, plutôt, les causes d'irrecevabilité des affaires portées devant la Cour. Ainsi, « *une affaire est jugée irrecevable par la Cour lorsque : a) L'affaire fait l'objet d'une enquête ou de poursuites de la part d'un État ayant compétence en l'espèce, à moins que cet État n'ait pas la volonté ou soit dans l'incapacité de mener véritablement à bien l'enquête ou les poursuites ; b) L'affaire a fait l'objet d'une enquête de la part d'un État ayant compétence en l'espèce et que cet État a décidé de ne pas poursuivre la personne concernée, à moins que cette décision ne soit l'effet du manque de volonté ou de l'incapacité de l'État de mener véritablement à bien des poursuites ; c) La personne concernée a déjà été jugée pour*

---

[804] Il s'agit du chef d'État soudanais, Omar Hassan Ahmad Al Bashir, qui fait actuellement l'objet de deux mandats d'arrêt (CPI, *Le Procureur c/ Omar Hassan Ahmad Al Bashir*, Affaire n° : ICC-02/05-01/09, Mandat d'arrêt à l'encontre d'Omar Hassan Ahmad Al Bashir, Chambre préliminaire I, 4 mars 2009, et CPI, *Le Procureur c/ Omar Hassan Ahmad Al Bashir*, Affaire n° : ICC-02/05-01/09, Deuxième mandat d'arrêt à l'encontre d'Omar Hassan Ahmad Al Bashir, Chambre préliminaire I, 12 juillet 2010) ; et du président du Kenya, Uhuru Muigai Kenyatta, dont l'ouverture du procès avait déjà été programmée pour le 9 juillet 2013 (CPI, *Le Procureur c/ Uhuru Muigai Kenyatta*, Affaire n° : ICC-01/09-02/11).

le comportement faisant l'objet de la plainte, et qu'elle ne peut être jugée par la Cour en vertu [du principe non bis in idem*]* »[805]. Initialement prévue pour alléger la charge de travail de la juridiction internationale et permettre aux États d'assurer en premier lieu la répression des crimes internationaux, la complémentarité a souvent été détournée pour des raisons essentiellement politiques.

Ces inculpations n'ont cependant pas toujours l'effet escompté, certains invoquant une justice instrumentalisée pour refuser toute procédure devant la CPI.

2. Le refus d'une justice instrumentalisée : l'UA et la critique de la politique

L'inculpation récente de chefs d'État en exercice, loin d'être accueillie favorablement, semble produire l'effet inverse de celui escompté pour la justice pénale internationale. En témoignent les propos très virulents de l'ancien président de la Commission de l'Union africaine (UA), Jean Ping, tenus à l'endroit du procureur de la CPI lors de la 17e session ordinaire de l'UA tenue à Malabo (Guinée équatoriale). En effet, intervenant à propos de la Cour, M. Ping affirmait que : « *On a l'impression que la Cour pénale internationale ne vise que les Africains. Cela signifie-t-il que rien ne se passe par exemple au Pakistan, en Afghanistan, à Gaza, en Tchétchénie ? Ce n'est pas seulement en Afrique qu'il y a des problèmes. Alors pourquoi n'y a-t-il que des Africains qui sont jugés par cette Cour ?* »[806] Son argumentation ne s'appuie pas sur un refus de la justice, car, selon lui, l'Afrique n'est ni contre la CPI ni contre la lutte contre l'impunité. En atteste d'ailleurs le nombre d'États africains actuellement parties au statut de la CPI (34 États). Le principal problème résiderait ailleurs, plus précisément dans la manière dont la justice internationale est rendue, ou dans la politique pénale du procureur d'alors, Louis Moreno Ocampo, qu'il accuse de faire de la politique au lieu de dire le droit. Il convient de rappeler ici que l'Union africaine avait refusé d'appliquer

---

805 Statut de Rome, art. 17.1 (a-c).

806 Par Valentin Hodonou, Journaliste béninois, spécialiste de l'Afrique, disponible sur http://www.slateafrique.com/23611/la-cour-penale-internationale-est-elle-raciste;vidéo de l'intervention disponible sur : http://www.youtube.com/watch?v=U7B3FNSjJaq, consulté samedi le 15- 08-2020.

le mandat d'arrêt de la Cour à l'encontre du guide libyen, Muammar Gaddafi, après avoir apporté son soutien au Président soudanais également inculpé, deux années auparavant, pour génocide, crime contre l'humanité et crimes de guerre[807]. De même, le 26 mai 2013, l'UA avait adopté une autre résolution visant à soustraire le président kenyan de la CPI. Ce refus, une remise en cause de l'obligation de coopérer avec la CPI[808], a fait l'objet d'indignation de la part de certains acteurs des droits de l'homme sur le continent, et l'archevêque sud-africain, Desmond Tutu, ira même jusqu'à charger l'UA qui « *[a]u lieu de condamner le génocide au Darfour, [...] a choisi de faire part de ses inquiétudes au sujet de l'acharnement dont seraient victimes les dirigeants africains et a soutenu les efforts d'El-Béchir pour retarder la justice* »[809].

Il faut dire que le raisonnement de M. Ping a sa part de logique et de vérité, et conduit effectivement à s'interroger sur l'action de la Cour ou la politique pénale de son procureur. En effet, à propos des huit situations déférées à la CPI à ce jour[810], 18 affaires ont été ouvertes, toutes n'impliquant que des Africains dont deux présidents de la République en exercice, Ahmad Al Bashir du Soudan et Uhuru Muigai Kenyatta du Kenya. Au même moment, des violations des droits de l'homme et du droit international humanitaire, au moins tout aussi graves, sont commises dans d'autres contextes qui semblent être totalement ignorés par la Cour et, au-delà, par la communauté internationale. On peut citer ici deux exemples pour illustrer le problème soulevé par cette « politique répressive partiale ».

Il s'agit d'abord de l'intervention, contre l'avis du Conseil de sécurité, des États-Unis en Irak en 2003 et de ses conséquences immédiates, et plus particulièrement des violations massives des droits de l'homme commises dans la prison tristement célèbre d'Abou Ghraib où les interrogatoires s'appuyaient sur la torture et la négation totale de

---

807 CPI, *Le Procureur c/ Omar Hassan Ahmad Al Bashir*, Affaire nº : ICC-02/05-01/09, Mandat d'arrêt, *op. cit.*

808 Statut de Rome, art. 86.

809 http://www.slateafrique.com/23611/la-cour-penale-internationale-est-elle-raciste.consulté samedi, le 15-08-2020.

810 Ouganda, République démocratique du Congo, Darfour (Soudan), République centrafricaine, Kenya, Libye, Côte d'Ivoire, Mali.

la dignité humaine. On peut certes se féliciter du changement d'attitude des États-Unis vis-à-vis de la CPI. Rappelons, en effet, que l'institution de la « *juridiction internationale a, [sans doute], fait peur aux États-Unis, et à la méfiance de l'administration Clinton a succédé une lutte sans merci de l'administration Bush* »[811].

En suite de la guerre entre Israël et la Palestine, et surtout des effets de l'opération israélienne « Plomb durci » menée à Gaza du 27 décembre 2008 au 18 janvier 2009. Cette opération, qualifiée par Amnesty International de « *22 jours de mort et de destruction* »[812], aurait causé la mort de quelque 1 400 palestiniens dont des centaines de civils non armés parmi lesquels environ 300 enfants.

Par ailleurs, ces deux exemples jettent effectivement le doute sur l'impartialité de la CPI et de la justice pénale internationale et viennent conforter les critiques déjà nombreuses à l'encontre du procès de Charles G. Taylor considéré, par certains, comme un bouc-émissaire de la communauté internationale.

---

811 Petit Yves, Préface à l'ouverture de Clémence Bouquemont, *La Cour pénale internationale et les États-Unis*, Paris, l'Harmattan, 2003, p. 7.

812 http://www.amnestyinternational.be/doc/s-informer/actualites-2/article/israel-gaza-opération-plomb-durci, consulté le lundi 17-08-2020.

CONCLUSION DE TITRE II

En somme, si la politique pénale internationale appelle à être redéfinie pour une plus grande équité, condition *sine qua non* de son effectivité, les précédents du TPIY ont montré que même un chef d'État en exercice ne pouvait pas et ne devait pas échapper à la justice[813]. La CPI s'inscrit déjà dans cette logique[814], et sa compétence *ratione personae* potentiellement vaste lui donne *a priori* les moyens de sa mission.

Les éléments analysés en rapport avec la consolidation des droits de l'homme en général et le respect de la protection des droits de l'enfant en particulier conduit au développement du monde en général et de l'Afrique en particulier. La stratégie d'intégration régionale, que nous considérons comme une des voies qui pourrait concourir à la paix et au développement des pays africains en général et ceux de l'Afrique de l'Ouest en particulier, est à ce prix. La CPI est une institution permanente, indépendante, dotée de la personnalité juridique internationale. Elle a la capacité juridique nécessaire lui permettant d'exercer ses fonctions et d'accomplir sa mission, celle de promouvoir la primauté du droit et lutter contre l'impunité des crimes pénaux internationaux les plus graves et imprescriptibles à savoir : le crime de génocide, les crimes contre l'humanité, les crimes de guerre. C'est en parlant de ces causes que nous avons dégagé les divers caractères de cette cour, elle a un caractère supranational c'est-à-dire qu'elle tient ses pouvoirs et sa légitimité de la volonté des États qui ont signé, ratifié, accepté ou approuvé son statut ou qui y ont adhéré conformément aux dispositions de l'article 125 du statut de Rome. Elle est aussi indépendante et impartiale. Dotée de la personnalité juridique internationale, la CPI est une institution internationale reliée au système des Nations unies. Les juges de la CPI exercent leurs fonctions en toute

---

813 C'est le cas de l'ex-président de la Serbie, Slobodan Milosevic, inculpé par le TPIY alors qu'il était en exercice. Son arrestation n'interviendra cependant qu'au 1er avril 2001 après qu'il ait quitté ses fonctions.

814 TSSL, *Prosecutor v. Sam Hinga Norman,* Case N°: SCSL-2004-14-AR72 (E), Decision on Preliminary Motion based on Lack of Jurisdiction (Child Recruitment), Dissenting Opinion of Justice Robertson, 31 May 2004, § 39.

indépendance. Ils ne doivent exercer aucune activité qui pourrait être incompatible avec leurs fonctions.

Nous avons aussi présenté le cas pratique de la violation des droits de l'homme et du droit international humanitaire ainsi que la résolution des conflits par des moyens pacifiques parce que la paix, pour sa part, peut être envisagée en termes universels. Elle touche à tous les domaines de la vie humaine. Sa non-satisfaction conduit l'homme à des impulsions dont la maîtrise ne dépend que de lui. Mais, cela dépend en partie du niveau d'intériorisation de la place où il se situe. Nous avons pensé situer son action à trois niveaux à savoir : individuel, national ou international. Il faut savoir que la quête de la paix se veut être une lutte permanente.

Notons aussi que la création de la CPI est vraisemblablement l'une des innovations institutionnelles les plus importantes depuis l'avènement de l'ONU. Désormais, aucun dirigeant ne peut plus se voir protéger par une immunité lorsqu'il se verra coupable par une violation des droits humains ou humanitaires ou encore soit par les préventions retenues par le statut de Rome.

CONCLUSION DE DEUXIÈME PARTIE

Entre 1935 et 1958, la protection de l'enfant a connu de grandes transformations. S'engageant dans une politique de réforme en instituant la première forme d'assistance éducative en France, le législateur manque cependant à sa mission. La protection de l'enfant est dispersée, désordonnée et inefficace malgré le travail mené par les juges. Aussi, la mise en œuvre d'une politique nataliste et familiale dans les dernières années de la IIIe République conduit l'État à compter sur les familles nombreuses pour assurer la stabilité du pays, mais elle ne produit pas de mesures destinées à structurer les droits de l'enfance. Preuve en est, le code de la famille de 2011 traduit une volonté particulièrement aiguë de maintenir la famille dans son but premier : le travail et la procréation. Certaines mesures adoptées tendent à la recherche d'une protection organisée de l'enfant. Si un grand nombre de dispositions sont abrogées *in odio autoritas*, force est de constater que les vestiges des institutions seront repris à leur compte par les IVe et Ve Républiques.

Néanmoins, l'objectif principal a changé : tandis que l'intérêt de l'enfant s'affirmait dans un objectif de politique nataliste et familiale, les années d'après-guerre entendent affirmer l'intérêt de l'enfant pour lui-même. Il faut dire que les horreurs de ces quatre années ont favorisé la coopération internationale, surtout dans la protection de l'enfant. La Déclaration universelle des droits de l'homme affirme l'existence d'une égalité entre tous les hommes, et *a fortiori*, des enfants. Or, de nouvelles difficultés apparaissent et il est certain que l'intérêt de l'enfant sert à nouveau à promouvoir une politique familiale précise. Néanmoins, les années 1935–1958 ont permis l'émergence de nombreuses idées de réformes, dont l'élargissement de la compétence du juge des enfants consacrée par l'Ordonnance du 23 décembre 1958.

De même, en généralisant la mesure d'assistance éducative, le législateur prend acte des volontés de la doctrine et des praticiens de l'enfance. Certainement, la naissance de nouvelles sciences ciblées sur l'enfant entraîne de graves conflits, mais le bouleversement de la conception de la puissance paternelle, combiné à l'abandon d'une politique hygiéniste systématique, consacre la protection de l'enfant contre ses parents, fondée désormais sur son seul intérêt.

CONCLUSION GÉNÉRALE

De 1804 à 1958, la protection de l'enfant au sein de son foyer s'est construite sur l'évolution de la conception de la puissance paternelle. Véritable droit-pouvoir au début du XIXe siècle, la puissance paternelle devient au XXe siècle un droit-fonction, sous la dénomination tardive d'autorité parentale. Dès lors, cette construction peut se résumer au passage des droits du père sur l'enfant au droit de l'enfant d'être protégé contre ses parents.

En effet, au début du XIXe siècle, la protection de l'enfant contre son père est quasi inexistante, car l'État, se reposant sur les familles pour assurer sa pérennité, refuse de pénétrer le foyer paternel, sauf à constater une infraction sur la personne de l'enfant. Aussi, en dehors de quelques cas prévus par le code pénal, les juges ne pouvaient protéger efficacement l'enfant.

Les conflits armés, entraînant avec la menace de la protection de l'enfant, conduisent les élites à s'émouvoir du sort des enfants et à s'interroger sur le rôle de l'État dans la société pour canaliser les droits de la protection déviants.

L'État, en se fondant sur l'intérêt de l'enfant, doit intervenir en soutien à la famille défaillante ou en difficulté pour assurer le bien-être matériel et moral de l'enfant. Toutefois, les éléments historiques de la construction de la protection de l'enfant contre ses parents nous imposent la vigilance. Ils révèlent en effet que la notion d'intérêt de l'enfant, si elle est aujourd'hui un « *facteur d'adaptabilité du droit et c'est sans aucun doute ce qui constitue sa principale richesse* »[815], n'est jamais certaine et qu'il faut se méfier des interprétations opportunistes qui pourraient en être faites au nom de la protection de l'enfant contre ses parents, mais au détriment de sa protection individuelle[816].

---

[815] Gouttenoire A, « Le contrôle exercé par la cour de cassation sur l'intérêt supérieur de l'enfant », in Mélanges en l'honneur de la professeure Françoise Dekeuwer-Défossez, Monchrestien, 2012, p. 148.

[816] L'étude du droit comparé suffit à s'en convaincre. L'Angleterre a été l'un des premiers pays d'Europe à assurer l'intérêt de l'enfant. Or, le *Children Act* de 1989, complété par l'Act de 2004, a posé une présomption de maltraitance au nom de l'intérêt de l'enfant en justifiant l'intervention *a priori* de l'État dans la famille sans

La problématique des droits de l'enfant s'est posée pendant longtemps et continue d'alimenter les débats tant au niveau des ONG de défense des droits de l'homme que des États à travers le monde. À la quête de solution appropriée, divers accords ou conventions ont été signés par les États qui engagent les États signataires à prendre des mesures concrètes en vue de l'effectivité de ces instruments juridiques.

La situation de l'enfant semble avoir été toujours une préoccupation au Mali au regard de la préexistante des lois maliennes sur l'enfant à la convention sur les droits de l'enfant et à la charte africaine sur les droits et le bien-être de l'enfant. Ce qui explique en partie la ratification par le Mali de presque tous les accords internationaux relatifs à l'enfance. Mais c'est à travers le code de protection de l'enfant que le législateur malien tente d'instituer un système de protection capable à la fois d'assurer une plus grande effectivité des droits de l'enfant et de réaliser la complémentarité requise entre les objectifs de la prévention sociale et ceux de la protection juridique.

En effet, le code de protection de l'enfant traite non seulement de la protection de l'enfant, autant pour éviter que les mineurs ne tombent dans la délinquance, mais aussi les protéger des dangers qu'ils encourent ainsi que des infractions dont ils pourront être victimes. Ainsi, le législateur malien a prévu la création de juridictions distinctes des juridictions de droit commun, plus adaptées pour traiter exclusivement du cas des mineurs. Les juges qui forment ces juridictions sont spécialisés et ont été choisis pour leur intérêt touchant aux questions relatives aux enfants.

Dans un souci de mieux préserver les chances de réhabilitation et de réinsertion des mineurs contrevenants, les différentes mesures éducatives doivent être appliquées dans la pratique avec efficience.

---

réelle possibilité pour les familles, en grande majorité issues de milieux difficiles, de se défendre. Un véritable eugénisme aurait ainsi été mis en place, pour « éradiquer les mauvaises familles » et proposer à l'adoption un grand nombre d'enfants au détriment de leur intérêt, cf. Bellone F, « La protection de l'enfance au Royaume-Uni est un trafic légalisé qui débouche sur un crime honteux : l'adoption forcée », Journal du droit des jeunes, 2013, n° 326, p. 26-32 ; Rosenczveig JP, « Le scandale des " enfants volés " de Grande Bretagne », Journal du droit des jeunes, 2011/10 (n° 310), p. 10 et 11.

Pour cela, il faudra sensibiliser les juges des enfants à la nécessité de faire une plus large application des mesures éducatives afin de prévenir les placements de mineurs en détention pour lesquels une mesure éducative s'avère nécessaire, également d'étendre si possible le bénéfice de ces mesures au plus grand nombre de mineurs condamnés eu égard aux conditions de détention nuisible existantes au sein des maisons d'arrêt et de correction au Mali.

Il faudrait aussi respecter la prohibition de la peine de mort et de la réclusion à perpétuité à l'encontre du mineur afin de lui donner une chance de resocialisation. Organiser la durée des peines privatives de liberté en faveur de l'enfant conformément aux dispositions de la loi. Il est indispensable que les conditions de détention des enfants incarcérés respectent les normes internationales prescrites en la matière. Pour y arriver, l'État devrait plus s'engager à intégrer la dimension « droits de l'enfant » dans la formation des régisseurs et du personnel de surveillance des maisons d'arrêt et de correction. Quant aux régisseurs et directeurs des établissements pénitentiaires, ils doivent accomplir la tâche de resocialisation des mineurs en créant des relations de partenariat avec les ONG et les partenaires extérieurs.

À la date de l'adhésion du Mali à la Convention, le droit positif malien disposait déjà d'un code de la parenté (C. Parenté), d'un code de protection de l'enfant (CPE). Il faut mentionner également l'existence de code des personnes et de la famille. Ces composantes du droit positif malien sur le droit de la famille traitent chacune de la protection de l'enfant dans le domaine de l'adoption et du mariage de la jeune fille.

Le code de la parenté dans ses articles 59 et suivants règle l'adoption-protection et l'adoption-filiation. Cette dernière catégorie (l'adoption-filiation) en raison notamment de sa portée au plan international paraît conforme à l'esprit et à la lettre de la convention de La Haye du 23 mai 1993. Le CPE reconnaît le droit de tout enfant âgé de moins de cinq ans à l'adoption filiation.

Quant au projet de code des personnes et de la famille, il a été adopté par le Gouvernement depuis 2000, mais attend encore d'être adopté par le Parlement nonobstant cette annonce faite par le Président de la République dans son message à la Nation à l'occasion de la fête d'indépendance du 22 septembre 2007. En effet, ledit projet traite expressément de l'adoption internationale et se trouve assez fortement inspiré par les dispositions de la convention de La Haye. Dans la pratique, les tribunaux prononcent plusieurs jugements d'adoption-filiation en application du code de la parenté ayant une portée internationale.

Les droits de l'enfant restent des droits fondamentaux garantis aussi bien par les instruments universels que les instruments régionaux. Il est important qu'en Afrique de tels droits soient toujours plus promus et respectés, tout en tenant compte des réalités culturelles locales.

L'État malien a toujours essayé de résoudre ce problème en aval par la répression systématique des délinquants, la création de certaines lois, le tribunal pour enfants et même exagérément des prisons pour enfants couramment appelées centre de rééducation sans avoir un minimum de structure pouvant permettre à l'enfant de bénéficier d'un traitement adéquat pouvant faciliter sa réinsertion sociale.

On doit tout d'abord comprendre que l'enfant est toute personne âgée de moins de 18 ans. L'État a donc pour tâche de le rééduquer et le réinsérer dans la société.

La famille devient un outil ou une privilégiée pour faire face à cette situation dangereuse. C'est dans la famille que l'homme fait ses premiers apprentissages des vertus morales et sociales. L'homme est profondément marqué par son éducation première qui est bien ancrée dans sa conscience et marquera plus que les deux autres qui sont l'éducation scolaire ou instruction et l'ensemble des expériences ou les fréquentations faites dans la vie. Mais l'éducation familiale ou éducation première a toujours prédominé.

La Convention internationale des droits de l'enfant (CIDE) adoptée par l'Assemblée générale des Nations unies, le 20 novembre 1989, ratifiée par le Mali, pose les principes fondamentaux du respect des droits de l'enfant et les éléments essentiels à sa personne. Comme tout individu, l'enfant a droit à la vie, à la santé, à la sécurité, au loisir, à la liberté, etc. Qu'il soit au Mali ou à l'étranger, la question des droits de l'enfant reste un sujet universel de débat social, psychologique et juridique. Aujourd'hui, quelle est la position du Mali en matière des droits de l'enfant à l'échelle mondiale par rapport à la protection.

Cependant, en toute vraisemblance, la situation semble n'être pas trop claire quant à la condition de vie des petits enfants et des adolescents maliens. Le défi à relever est toujours grand, plus de 20 ans après la ratification de cette convention. Les mécanismes publics de protection des droits de l'enfant sont jusque-là faibles. Les lois sont en majeure partie désuètes, les garanties constitutionnelles ne sont pas pleinement accordées. Les interventions des organismes internationaux et non gouvernementaux essaient d'atténuer les difficultés mais sans pouvoir les résoudre.

L'enfant malien continue à être victime des abus et violations de toutes sortes, malgré les garanties que lui offrent la constitution et lesdites conventions.

Les organismes de protection au Mali tels que le bien-être social, la brigade de protection des mineurs, le centre de rééducation des mineurs en conflit avec la loi ne remplissent pas efficacement leur rôle et ne concertent pas leurs efforts dans le but de protéger l'enfance en difficulté, et ne se font seulement remarquer qu'à Port-au-Prince comme si cette dernière représente tout le pays.

Il ne suffira pas uniquement de mettre en place un arsenal juridique reconnaissant la protection à l'enfance africaine, mais de mettre en œuvre des mesures concrètes pour rendre effective une telle protection. Qu'il s'agisse de lutter contre les mauvais traitements, contre l'exploitation économique ou sexuelle, contre toutes formes de discrimination, il est important que la législation locale évolue dans le sens d'une protection toujours plus efficace ; d'où la nécessité d'assurer une plus grande harmonisation des législations nationales d'avec les différents instruments juridiques internationaux comme la convention sur les droits de l'enfant.

Dans le cas du Mali qui nous a servi tout au long de ce travail de cadre d'analyse, il existe des lacunes certaines au niveau de la législation qui exigent que des solutions soient trouvées pour se conformer avec les engagements pris au plan international pour garantir les droits de l'enfant (dualiste contradictoire sur le plan des textes qui portent parfois atteinte aux droits de l'enfant sur une manière comme celle de la majorité matrimoniale, différence entre la majorité pénale, la majorité électorale et la majorité civile pour ne citer que cela).

Cependant, il faudrait aller toujours plus loin que la simple juxtaposition de textes et montrer une plus grande volonté concrète de protéger les enfants en gérant plus rationnellement le peu de ressources matérielles et humaines disponibles dans le cadre de stratégies plus appropriées, moins coûteuses impliquant le mieux possible les populations. Car, dans des pays confrontés à de nombreuses difficultés socio-économiques, c'est finalement par la sensibilisation des populations aux violations des droits de l'enfant que constituent certaines pratiques qui ont cours dans tous les secteurs de la vie sociale, qu'il est possible d'espérer une meilleure reconnaissance et protection des droits de l'enfant.

Dans toutes les mesures prises à l'égard de l'enfant, l'action de prévention au sein de la famille doit être une considération primordiale en vue de sauvegarder le rôle familial et consolider par une protection nécessaire à son développement naturel. La responsabilité qui incombe aux parents ou tuteurs ou gardiens dans l'éducation de l'enfant, sa scolarité et son encadrement doivent être renforcés.

C'est ainsi qu'à travers le code de protection de l'enfant que le législateur tente d'instituer un système de protection capable à la fois d'assurer une plus grande effectivité des droits de l'enfant et de réaliser la complémentarité requise entre les objectifs de la prévention sociale et ceux de la protection juridique. En effet, le code de protection de l'enfant traite non seulement de la protection de l'enfant, autant pour éviter que les mineurs ne tombent dans la délinquance mais aussi les protéger des dangers qu'ils encourent ainsi que des infractions dont ils pourront être victimes.

Ainsi, le législateur malien a prévu la création de juridictions distinctes des juridictions de droit commun, plus adaptées pour traiter exclusivement les cas des mineurs. Les juges qui forment ces juridictions sont spécialisés et ont été choisis pour leur intérêt touchant aux questions relatives aux enfants. Dans un souci de mieux préserver les chances de réhabilitation des mineurs contrevenants, les différentes mesures éducatives doivent être appliquées dans la pratique avec efficience.

Au Mali, le droit pénal applicable au mineur délinquant semble se détacher du droit pénal général, mais le chemin est encore long pour rendre ce droit pénal plus lisible et accessible à tous. Pendant que le Mali s'inscrit sur la liste des pays protecteurs des droits du mineur, on constate malheureusement que de par le monde, le courant protectionniste du mineur évolue vers une pénalisation de la délinquance du mineur, et dans le courant mixte la balance penche vers la rigueur pénale[817].

Pour cela, il faudra sensibiliser les juges des enfants à la nécessité de faire une plus large application des mesures éducatives afin de prévenir les placements de mineurs en détention pour lesquels une mesure éducative s'avère nécessaire, également d'étendre si possible le bénéfice de ces mesures au plus grand nombre de mineurs condamnés eu égard aux conditions de détention nuisible existantes au sein des maisons d'arrêt et de correction au Mali. Il faudrait aussi respecter la prohibition de la peine de mort et de la réclusion à perpétuité à l'encontre du mineur. Organiser la durée des peines privatives de liberté en faveur de l'enfant conformément aux dispositions de la loi.

Il est indispensable que les conditions de détention des enfants incarcérés respectent les normes internationales requises en la matière. Pour y arriver, l'État devrait plus s'engager à intégrer la dimension « droits de l'enfant » dans la formation des régisseurs et du personnel de surveillance des maisons d'arrêt et de correction.

Quant aux régisseurs et directeurs des établissements pénitentiaires, ils doivent accomplir la tâche de resocialisation des mineurs en créant des relations de partenariat avec les ONG et les partenaires extérieurs. Dans toutes les mesures prises à l'égard de l'enfant, l'action de prévention au sein de la famille doit être une considération primordiale en vue de sauvegarder le rôle familial et le consolider par une protection nécessaire à son développement naturel. La responsabilité qui incombe aux parents ou tuteurs ou gardiens dans l'éducation de l'enfant, sa scolarité et son encadrement doivent être

---

[817] Brière C, « Réflexions sur le droit pénal des mineurs : de l'éducatif au répressif », Les Petites Affiches, 2002, n° 254, p. 2 et s. cité par Dr Aly Kola Koïta, enseignant-chercheur à l'USJPB, publié dans le Revue africaine de Sciences politique et sociales n° 13 avril 2017.

renforcés. Désormais pour la protection de l'enfant, il est bon que le Mali s'approprie des traités et conventions internationaux.

Il ne suffira pas uniquement de mettre en place un arsenal juridique reconnaissant la protection à l'enfance africaine, mais de mettre en œuvre des mesures concrètes pour rendre effective une telle protection. Qu'il s'agisse de lutter contre les mauvais traitements, contre l'exploitation économique ou sexuelle, contre toutes formes de discrimination, il est important que la législation locale évolue dans le sens d'une protection toujours plus efficace ; d'où la nécessité d'assurer une plus grande harmonisation des législations nationales d'avec les différents instruments juridiques internationaux comme la Convention sur les droits de l'enfant.

Le cas du Mali qui nous a servi tout au long de ce travail, le cadre d'analyse, il existe des lacunes certaines au niveau de la législation qui exigent que des solutions soient trouvées pour se conformer avec les engagements pris au plan international pour garantir les droits de l'enfant (dualiste contradictoire sur le plan des textes qui portent parfois atteinte aux droits de l'enfant sur une manière comme celle de la majorité matrimoniale, différence entre la majorité pénale, la majorité électorale et la majorité civile pour ne citer que cela).

Cependant, il faudrait aller toujours plus loin que la simple juxtaposition de textes et montrer une plus grande volonté concrète de protéger les enfants en gérant plus rationnellement le peu de ressources matérielles et humaines disponibles dans le cadre de stratégies plus appropriées, moins coûteuses impliquant le mieux possible les populations. Car, dans des pays confrontés aux nombreuses difficultés socio-économiques, c'est finalement par la sensibilisation des populations aux violations des droits de l'enfant que constituent certaines pratiques qui sont en cours dans tous les secteurs de la vie sociale. Il est possible d'espérer une meilleure reconnaissance de protection de l'enfant.

Les pouvoirs publics devraient accorder une importance primordiale aux plans et programmes destinés aux enfants et allouer des crédits suffisants pour le financement des services, équipements et personnels nécessaires en matière de soins médicaux, de santé mentale, de nutrition, de logement, conflits armés et dans d'autres domaines, y compris la prévention de l'abus des drogues et de l'alcool et le traitement des toxicomanes, en veillant à ce que ces fonds profitent effectivement aux enfants.

Le placement des enfants en institutions devrait n'intervenir qu'en dernier ressort et ne durer que le temps absolument indispensable, l'intérêt de l'enfant étant la considération essentielle. Il faudrait définir strictement les critères de recours aux interventions officielles de ce type, qui devraient être limitées normalement aux situations suivantes : a) l'enfant ou l'adolescent a enduré des souffrances infligées par ses parents ou tuteurs ; b) l'enfant ou l'adolescent a subi des violences sexuelles, physiques ou affectives de la part des parents ou tuteurs ; c) l'enfant ou l'adolescent a été négligé, abandonné ou exploité par ses parents ou tuteurs ; d) l'enfant est menacé physiquement ou moralement par le comportement de ses parents ou tuteurs ; et e) l'enfant ou l'adolescent est exposé à un grave danger physique ou psychologique du fait de son propre comportement et ni lui, ni ses parents ou tuteurs, ni les services communautaires hors institution ne peuvent parer ce danger par des moyens autres que le placement en institution[818].

Il faudrait diffuser auprès des spécialistes et du public des informations scientifiques sur le type de comportement et de circonstance qui peuvent entraîner la victimisation physique ou morale et l'exploitation des jeunes ou qui sont symptomatiques d'une telle situation. Les États devraient commencer ou continuer à envisager, élaborer et appliquer des mesures et des stratégies à l'intérieur ou à l'extérieur du système de justice pénale pour éviter la violence dans la famille dont sont victimes les enfants et pour assurer à ces derniers un traitement équitable.

---

818 Résolution 45/112 du 14 décembre 1990, Principes directeurs des Nations unies pour la prévention de la délinquance juvénile.

BIBLIOGRAPHIE

I. OUVRAGES GÉNÉRAUX ET SPÉCIAUX

A. Ouvrages généraux

- Bailleux A., *La Compétence universelle au carrefour de la pyramide et du réseau : de l'expérience belge à l'exigence d'une justice pénale transnationale*, Bruxelles, Bruylant, 2005, p. 225.
- Beaud M., *L'Art de la thèse*, Paris, La Découverte, 2006, p. 202.
- Bouquemont C., *La Cour pénale internationale et les États-Unis, Paris, l'Harmattan,* 2003, p. 159.
- Charte des Nations unies et de la convention de Vienne sur le droit des traités, coll. : « Mise au Point », 2006, Éd. Ellipses, p. 19 et 20.
- Daillier P., Forteau M. et Pellet A., *Droit international public*, Paris, LGDJ, édition 2009, p. 1709.
- David E., *Principes de droit des conflits armés*, Bruxelles, Bruylant, 1994, p. 791.
- David E., *Principes de droit des conflits armés*, Bruxelles, Bruylant, 4e édition, p. 2008, 1117.
- Dhotel G., *Les Enfants dans la guerre*, Toulouse, Milan 1999, 63 p.
- De Brichambaut M. P., Dobelle J. F. et D'Haussy M. R., « Leçons de droit international public », coll. : « Am-Phi », 2002, Éd. Aide. Presses de sciences PO et Dalloz, p. 40.
- Haug H., *Humanité pour tous : le mouvement international de la Croix-Rouge et du Croissant-Rouge,* Genève, Institut Henry-Dunant, 1993, 690 p.
- Kolb R., *Droit humanitaire et opérations de paix internationales*, Bruxelles, Bruylant, 2002, p. 152.

- Lafrance L., *Droit humanitaire et guerres déstructurées : l'exemple africain*, Montréal, Liber, 2006, p. 152.
- Lombart L., *Le Tribunal pénal spécial sierra-léonais*, Paris, Publibook, 2003, p. 97.
- Martinetti F., *Les Droits de l'enfant*, Paris, Librio, 2002, p. 93.
- Maupas S., *L'Essentiel de la justice pénale internationale*, Paris, Gualino, 2007, p. 173.
- Maystre M., *Les Enfants-soldats en droit international : problématiques contemporaines au regard du droit international humanitaire et du droit international pénal*, Paris, Pedone, 2010, p. 202.
- Merieu P., *Le Pédagogue et les droits de l'enfant : histoire de malentendu ?* Condé-sur-Noireau, Tricorne, 2002, p. 46.
- Meunier G., *L'application de la convention des Nations unies relative aux droits de l'enfant dans le droit interne des États parties*, Paris, Harmattan, 2002, p. 254.
- Moro Alfredo Carlo et Fellahian, *L'Enfant sans droits*, Paris, Fayard, 1992, p. 312.
- Mubiala M., *Le Système régional africain de protection des droits de l'homme*, Bruxelles, Bruylant, 2005, p. 400.
- Pictet J., sous la direction de : *La convention de Genève pour l'amélioration du sort des blessés et des malades dans les forces armées en campagne*, Genève, Comité international de la Croix-Rouge, 1952, p. 542.
- Pictet J., sous la direction de : La *convention de Genève pour l'amélioration du sort des blessés, des malades et des naufragés dans les forces armées en campagne*, Genève, Comité international de la Croix-Rouge, 1959, p. 333.
- Pictet J., sous la direction de : *La Convention de Genève relative au traitement des prisonniers de guerre*, Genève, Comité international de la Croix-Rouge, 1958, p. 834.

- Pictet J., sous la direction de : La *Convention de Genève relative à la protection des personnes civiles en temps de guerre*, Genève, Comité international de la Croix-Rouge, 1956, p. 729.

- Pictet J., *Une institution unique en son genre : Le comité international de la Croix-Rouge*, Genève, Institut Henry-Dunant, 1985, p. 110.

- Youf D., *Penser les droits de l'enfant*, Paris, PUF, 2002, p. 184.

B. Ouvrages spéciaux

- Amnesty International, *Enfants d'Asie du Sud : préserver l'avenir en protégeant leurs droits*, Paris, les éditions francophones d'Amnesty International, 1998, p. 85.

- Amnesty International, « *Les enfants-soldats : l'une des pires formes de travail des enfants* », Paris, EFAI, 1999, p. 15.

- Amnesty International, « *L'intérêt supérieur de l'enfant* » : *les droits humains et l'administration de la justice pour mineurs*, *Document public (Index AI : ACT 76/06/98)*, Londres, EFAI, 1998, p. 10.

- Amnesty International, « *Sierra Leone. Une décision historique du tribunal spécial : les crimes au regard du droit international ne peuvent être amnistiés* », AFR 51/006/2004 – EFAI – Londres, le 18 mars 2004, p. 5.

- Bureau international catholique pour l'enfance, *La Protection légale et judiciaire des enfants au Mali.*

- CICR, *Le Droit international humanitaire et les défis posés par les conflits armés contemporains*, 28e Conférence internationale de la Croix-Rouge et du Croissant-Rouge, Genève, décembre 2003.

- Comité des droits de l'enfant, Directives générales concernant la forme et le contenu des rapports initiaux que les États parties doivent présenter conformément au paragraphe premier a) de l'article 44 de la Convention relative aux droits de l'enfant, in Nations unies, *Droit de l'homme : les droits de l'enfant*, Fiche d'information n° 10 (Rev. 1), (Annexe III), Genève, 1997, p. 54.

- Institut de l'enfance et de la famille, *La Convention des Nations unies sur les droits de l'enfant du 20 novembre 1989 en 89 questions*, Paris, Éd. Candot-Bourgery, 1990.

- UNHCR, *Droit opérationnel sous-régional 2011 – Afrique centrale et Grands Lacs*, http://www.uncr.fr.

- UNHCR, *Protection des réfugiés : guide sur le droit international relatif aux réfugiés* n° 2-2001, Genève, 2001, p. 147.

- Unicef et bureau du représentant spécial du secrétaire général pour les enfants et les conflits armés, *Examen stratégique décennal de l'étude Machel : les enfants et les conflits dans un monde en mutation*, New York, avril 2009.

- Unicef, Travailler ensemble pour protéger les enfants lors des conflits armés.

- Union interparlementaire – Office du Haut-Commissaire des Nations pour les réfugiés, *Protection des réfugiés : guide sur le droit international relatif aux réfugiés*, 2001.

- Watchist on Children and Armed Conflict, Passer à l'action et bien faire les choses : *étude mondiale sur « Le mécanisme de surveillance et communication de l'information dirigé par l'ONU concernant les enfants et les conflits armés »*, janvier 2008, p. 61.

- Rapport du secrétaire général sur les enfants dans les conflits armés, doc. ONU, 2013-2019.

- Unicef : Un guide pour intégrer les droits de l'enfant dans les évaluations d'impact et passer à l'action.

- Bureau régional de l'Unicef pour l'Afrique de l'Ouest et du Centre en partenariat avec le ministère du Développement social, de la Solidarité et des Personnes âgées : rapport sur la protection sociale et les enfants en Afrique de l'Ouest et du Centre : le cas du Mali, février 2009.

- Nations unies : S/2018/441 : Rapport du secrétaire général sur la situation au Mali, 6 juin 2018.

- Nation unies : S/2018/1174 : Rapport du secrétaire général sur la situation au Mali, 28 décembre 2018.

- Déclaration du secrétaire général des Nations unies sur le mandat de la Minusma, 30 juin 2017.

- Conférence internationale, organisée par la Commission des droits de la personne et des droits de la jeunesse (Québec) : Les institutions de défense des droits de l'enfant : une mesure de protection effective des droits des enfants et des jeunes, 18–20 novembre 2004, Montréal.

- La protection des enfants dans les opérations de maintien de la paix des Nations unies, Printemps 2011, Volume I, 2017.

- Haut-Commissariat des Nations unies pour les réfugiés (UNHCR) : Protection des enfants, 2012.

- Office des Nations unies (ONUDC) : l'élimination de la violence à l'encontre des enfants.

- Unicef/UNHCR : Rapport de l'atelier conjoint sur la protection des enfants affectés par la crise au Mali+3, Unicef régional pour l'Afrique de l'Ouest et du Centre, Dakar, 24, 25, 26 avril 2013.

- Association pour la prévention de la torture (apt) : Rapport sur : Les institutions nationales des droits de l'homme en tant que mécanismes nationaux de prévention : opportunités et défis, « *National Human Rights Institutions as National Preventive Mechanisms : opportunites andchallenges* », janvier 2014.

- Nations unies : Institutions nationales pour les droits de l'homme, historiques, principes, fonctions et attributions, série sur la formation professionnelle, n° 4 (Rev. 1).

- PNUD : Rapport établi par Blandford Consulting : Étude sur l'état des Institutions nationales des droits de l'homme (INDH) en Afrique, 2016.

- Avocat Sans Frontière (ASF) Rwanda/Unicef : *Les Droits de l'enfant de A à Z*, manuel de vulgarisation des droits de l'enfant.

- Guide à l'usage des parlementaires n° 7, Unicef, 2004 ;

- ONG educo (Mali) Rapport sur l'analyse situationnelle des droits à la protection des enfants à Bamako et Ségou-Mali, avril 2017.

- M. N'Guessan Kouame, député (Côte d'Ivoire) : Rapport sur les Institutions nationales des droits de l'homme (INDH) dans l'espace francophone, Antanarivo (Madagascar), 10 juillet 2016.

- Conférence régionale sur l'impunité, la justice et les droits de l'homme, Déclaration de Bamako, 2 au 5 décembre 2011.

- Christophe Daadouch et Pierre Verdier : Article sur : Protection de l'enfance : ce qui change avec la loi du 14 mars 2016 et ses 11 décrets, mars 2016.

- Les droits de l'enfant, dossier préparé par l'Unicef France 2009.

II. ARTICLES ET CONTRIBUTIONS

- Abi-Saab Georges, « Les mécanismes de mise en œuvre du droit humanitaire », *RGDIP*, 1978, p. 103–29.

- Abi-Saab Georges, « Les protocoles additionnels, 25 ans après », in *Les Nouvelles frontières du droit international humanitaire*, Acte du colloque organisé par l'Institut d'études de droit international de l'université de Lausanne, Jean-François Flauss (dir.), Bruylant, 203, p. 17-39.

- Adenuga M, « Amnistie sans amnésie : le dispositif d'amnistie de l'accord de Lomé et ses effets sur le tribunal spécial pour la Sierra Leone », Colloque Assemblée nationale, 6 décembre 2007.

- Aderinwale Ayodele, « La société civile et la lutte contre la prolifération des armes légères et de petit calibre », in UNIDIR, *Lutte contre la prolifération des armes légères en Afrique de l'Ouest*, manuel de formation des forces armées et de sécurité, sous la direction d'Anatole Ayissi et Ibrahima Sall, Genève, Nations unies, 2003, p. 115-22.

- Arzoumanian Naïri et Pizzutelli Francesca, « Victimes et bourreaux : questions de responsabilité liées à la problématique des enfants-soldats en Afrique », RICR, décembre 2003, vol. 85, n° 852, p. 827-56.

▪ Ayissi Anatole et Maia Catherine, « La lutte contre le drame des enfants-soldats ou le Conseil de sécurité contre le terrorisme à venir… », *Rev. Trim. Dr. H. (58/2004)*, Bruxelles, Bruylant, 2004, p. 341-52.

▪ Ben Achour Rafâa, « Les sanctions contre l'Irak : quelle efficacité ? in Les Nations unies et les sanctions : quelle efficacité ? » Colloque d'Aix-en-Provence des 10 et 11 décembre 1999, sous la direction de Rostane Mehdi, Paris, A. Pedone, 2000, p. 95-108.

▪ Benillouche Mikaël, « Droit français », in Antonio Caqqese, Mireille Delmas-Marty (dir.), *Juridictions nationales et crimes internationaux*, Paris, PUF, 2002, p. 159-91.

▪ Bennouda Mohamed, La Convention des Nations unies relative aux droits de l'enfant, AFDI, 1989, p. 433-45.

▪ Bettati Mario, « La coutume et la lutte contre l'impunité : principe et pratique », in *Droit international humanitaire coutumier : enjeux et défis contemporains*, sous la direction de Paul Tavernier et Jean-Marie Henckaerts, Actes du colloque organisé à Paris le 12 mars 2007 par CICR et le CREDHO, Bruxelles, Bruylant, 2008, p. 203-15.

▪ Boraine Alex, « La justice transitionnelle : un nouveau domaine », Allocution prononcée lors du colloque « Réparer les effets du passé : réparations et transitions vers la démocratie », Ottawa, Canada, le 11 mars 2004.

▪ Boukongou J.-D., « Le système africain de protection des droits de l'enfant : exigences universelles et prétentions africaines », CRDF, n° 5, 2006, p. 97–108.

▪ Bourgues Habif C., « Le terrorisme international », in Hervé Ascensio, Emmanuel Decaux et Alain Pellet (dir.), *Droit international pénal*, CEDIN, Paris, A. Pedone, 2000, p. 457–66.

▪ Cantwell N., « La Convention internationale des droits de l'enfant », in *Les Droits de l'enfant, quelle protection demain ?*, sous la direction de Annette JACOB, Actes du colloque organisé par la Société lyonnaise pour l'enfance et l'adolescence les 8 et 9 novembre 1990 à Lyon, Lierre et Condrier Éditeur, 1991, p. 61–4.

- Cassese A., « L'incidence du droit international sur le droit interne », in Antonio Cassese et Mireille Delmas-Marty (dot.) *Juridictions nationales et crimes internationaux*, Paris, PUF, 2002, p. 555-66.

- Condorelli L., « La Commission internationale humanitaire d'établissement des faits : un outil obsolète ou un moyen utile de mise en œuvre du droit international humanitaire ? » in *Un siècle de droit international humanitaire : centenaire des conventions de La Haye et cinquantenaire des conventions de Genève*, sous la direction de Paul Tavernier et Burgorgue-Larsen Laurent, Bruxelles, Bruylant, 2001, p. 87–99.

- Connors J., *Les Organes de contrôle des Nations unies et la protection des droits des enfants.*

- David E., « Des occasions manquées de mettre en œuvre la responsabilité de la communauté internationale dans le génocide rwandais », in Laurent Burgorgue-Larsen (dir.), *La Répression internationale rwandaise*, Bruxelles Bruylant, 2003, p. 239–50.

- Dr Aly Kola K., « Le mineur délinquant en droit pénal malien », *Revue africaine de sciences politiques et sociales*, n° 13 avril 2017.

- Delmas-Marty M., « La responsabilité pénale en échec (prescription, amnistie, immunités) », in Antonio Cassese, Mireille Delmas-Marty (dir.), *Juridictions nationales et crimes internationaux*, Paris, PUF, 2002, p. 613-15.

- Dhommeaux J., « Le rôle du Comité des droits de l'enfant dans le contrôle, l'interprétation et l'évolution de la convention relative aux droits de l'enfant », in Mélanges offertes à Karel Vasak, *Les Droits de l'homme à l'aube du XXIe siècle*, Bruxelles, Bruylant, 1999, p. 553-80.

- Dieryck F. et Willemot Y., « La Coalition internationale contre l'utilisation d'enfants-soldats », in *La Guerre, enfants admis*, coédition GRIP, Complexe, 2001, p. 159-67.

▪ Dupuy P. M., « Normes internationales pénales et droit impératif (*jus cogens*) », in Hervé Ascensio, Emmanuel Decaux et Alain Pellet (dir.), *Droit international pénal*, CEDIN, Paris, A. Pedone, 2000, p. 71-80.

▪ Dutli M., « Enfant-combattants prisonniers », *Revue internationale de la Croix-Rouge*, n°°785, 31-10-1990, p. 456–70.

▪ Ferraro T., « Protocole facultatif sur l'implication des enfants dans les conflits armés », *RGDIP*, 2000, p. 499-505.

▪ Florquin N. et Decrey Warner E., « L'impact des listes de terroristes sur l'engagement humanitaire des groupes armés non étatiques : quelles conséquences pour la communauté de la maîtrise des armements ? » *Forum du désarmement,* UN, 2008, p. 17-26.

▪ Kalonji A., « La protection des enfants au cœur des premières poursuites intentées devant la Cour pénale internationale et le tribunal spécial pour la Sierra Leone », *Revue pluridisciplinaire de recherche*, n°°6, automne 2008.

▪ Kuntziger I. et Galand R., « Quels règles et mécanismes internationaux pour protéger les enfants dans la guerre ? » in *La Guerre, enfants admis*, Marc Schmitz (coord.), coédition GRIP, Complexe, 2001, p. 127-47.

▪ M. Samba TRAORÉ, « Les droits de l'enfant au Mali ».

▪ « Les Nations unies et les droits de l'enfant ».

▪ Saint-James V, « Les tribunaux pénaux internationaux *ad hoc* créés par résolution de l'ONU », in Jean-Pierre Marguenaud et Hélène Pauliat (dir.), *Les Droits de l'homme face à la guerre :* D'Oradour à Srebrenitsa, *Actes du Colloque de* Limoges, 15-16 décembre 2008, Paris, Dalloz, 2009, p. 47-65.

▪ Zappala Salvatore, « Le droit international humanitaire devant les tribunaux internationaux des Nations unies pour l'ex-Yougoslavie et le Rwanda », in *Les Nouvelles Frontières du droit international humanitaire*, Jean-François Flauss (dir.), Bruxelles, Bruylant, 2003, p. 89-116.

III. DOCUMENTS OFFICIELS

A. Documents des Nations unies

1. Documents du Conseil de sécurité

a. Résolutions

- Résolution 471 (1980), 5 juin 1980, Territoires occupés par Israël.
- 661 (1990), 6 août 1990, Iraq et Koweït.
- 687 (1991), 3 avril 1991, Iraq et Koweït.
- S/RES/1864 (1993), 15 septembre 1993, Angola.
- S/RES/1127 (1997), 28 août 1997, Situation en Angola.
- S/RES/1132 (1997), 8 octobre 1997, Situation en Sierra Leone.
- S/RES/1171 (1998), 5 juin 1998, Situation en Sierra Leone.
- S/RES/1189 (1998), 13 août 1998, Le terrorisme international.
- S/RES/1237 (1999), 7 mai 1999, Situation en Angola.
- S/RES/1260 (1999), 20 août 1999, Situation en Sierra Leone.
- S/RES/1261 (1999), 25 août 1999, Les enfants dans des situations de conflits armés.
- S/RES/1269 (1999), 19 octobre 1999, La responsabilité du Conseil de sécurité quant au maintien de la paix et de la sécurité internationales.
- S/RES/1279 (1999), Situation en République démocratique du Congo.
- S/RES/1341 (2001), 22 février 2001, Situation concernant la République démocratique du Congo.
- S/RES/1368 (2001), 12 septembre 2001, La menace à la paix et à la sécurité internationale résultant d'actes terroristes.

- S/RES/1373 (2001), 28 septembre 2001, La menace à la paix et à la sécurité internationale résultant d'actes terroristes.
- S/RES/1539 (2004), 22 avril 2004, Les enfants et les conflits armés.
- S/RES/1564 (2004), 18 septembre 2004, Rapport du secrétaire général sur le Soudan.
- S/RES/1572 (2004), 15 novembre 2004, Situation en Côte d'Ivoire.
- S/RES/1593 (2005), 31 mars 2005, Rapports du secrétaire général sur le Soudan.
- S/1612 (2005), 26 juillet 2005, Situation au Mali.
- S/RES/1688 (2006), 16 juin 2006, Situation en Sierra Leone.
- S/RES/1778 (2007), 25 septembre 2007, Situation au Tchad, en République centrafricaine et dans la sous-région.
- S/RES/1882 (2009), 4 août 2009, Les enfants et les conflits armés.
- S/RES/1998 (2011), 12 juillet 2011, Les enfants et les conflits armés.
- S/RES/2068 (2012), 19 septembre 2012, Les enfants et les conflits armés.
- S/RES/2143 (2014), 7 mars 2014, Les enfants et les conflits armés.

b. Déclaration du président

- S/PRST/1998/18, 29 juin 1998, Les enfants touchés par les conflits armés.
- S/PRST/1999/34, 30 novembre 1999, Le rôle du Conseil de sécurité dans la prévention des conflits armés.

- S/PRST/2004/46, 14 décembre 2004, Protection des civils dans les conflits armés.
- S/PRST/2005/25, 21 juin 2005, Protection des civils en période de conflits armés.
- S/PRST/2007/22*, 25 juin 2007, Maintien de la paix et de la sécurité internationales, ressources naturelles et conflits.
- S/PRST/2009/1, 14 janvier 2009, Protection des civils en période de conflits.
- S/PRSY/2010/10, 16 juin 2010, Les enfants et les conflits armés.

2. Documents de résolutions de l'Assemblée générale

- 3 (I), 13 février 1946, Extradition et châtiment des criminels de guerre.
- 95 (I), 11 décembre 1946, Confirmation des principes de droit international reconnus par le statut de la cour de Nuremberg.
- 2626 (XXV), 24 octobre 1970, Déclaration aux principes du droit international touchant les relations amicales et la coopération entre les États conformément à la charte des Nations unies.
- 3074 (XXVIII), 3 décembre 1973, Principes de la coopération internationale en matière de dépistage, d'arrestation, d'extradition et de châtiment des individus coupables de crimes de guerre et crimes contre l'humanité.
- A/RES/48/141, 7 janvier 1994, Haut-Commissaire chargé de promouvoir et de protéger tous les droits de l'homme.
- A/RES/49/60, 9 décembre 1994, Déclaration sur les mesures visant à éliminer le terrorisme international.
- A/RES/53/25, 19 novembre 1998, Décennie internationale de la promotion d'une culture de la non-violence et de la paix au profit des enfants du monde (2001–2010).

- A/RES/53/108, 8 décembre 1998, Mesures visant à éliminer le terrorisme international.
- A/RES/S-27/2, 11 octobre 2002, Un monde digne des enfants.
- A/RES/60/147, 16 décembre 2005, Principes fondamentaux et directives concernant le droit à un recours et à réparation des victimes de violations flagrantes du droit international des droits de l'homme et de violations graves du droit international humanitaire.
- A/RES/63/241, 13 mars 2009, Droits de l'enfant.

3. Rapports du secrétaire général

- Supplément à l'Agenda pour la paix : Rapport de situation présenté par le secrétaire général à l'occasion du cinquantenaire de l'Organisation des Nations unies, doc. ONU A/50/60*, 25 janvier 1995.
- Rapport du secrétaire général sur l'activité de l'organisation (Assemblée générale, Documents officiels, 54e session, Supplément n° 1 (A/54/1), 31 août 1999.
- S/1999/957, 8 septembre 1999, La protection des civils en période de conflits armés.
- A/55/163-S/2000/712, 19 juillet 2000, Les enfants et les conflits armés.
- Rapport du secrétaire général sur l'établissement d'un tribunal spécial pour la Sierra Leone, doc. ONU S/2000/915, 4 octobre 2000.
- A/57/588-S/2002/1269, 5 novembre 2002, Prévention des conflits armés : vues des organes, organisations et organismes du système des Nations unies.
- S/2006/851, 27 octobre 2006, Rapport du secrétaire général sur les enfants et les conflits armés au Burundi.

4. Conclusion du comité exécutif du HCR

- Conclusions du comité exécutif n° 84 – Conclusion sur les enfants et adolescents réfugiés, document : n° 84 (XLVIII) – 1997, 17 octobre 1997.

- Conclusion du Comité exécutif n° 94 – Conclusion sur le caractère civil et humanitaire de l'asile, document : n° 94 (LIII) – 2002, 8 octobre 2002.

- Conclusion du comité exécutif n° 98 — Conclusion sur la protection contre l'exploitation et les sévices sexuels, document : n° 98 (LIV) — 2003, 10 octobre 2003.

B. Instruments conventionnels

▪ **Instruments conventionnels internationaux**

- Déclaration à l'effet d'interdire l'usage de certains projectiles en temps de guerre : Déclaration de Saint-Pétersbourg, 11 décembre 1868.

- Convention pour régler la tutelle des mineurs, La Haye, 12 juin 1902.

- Convention (IX) concernant le bombardement par les forces navales en temps de guerre, La Haye, 18 octobre 1907.

- Charte des Nations unies, San Francisco, 26 juin 1945.

- Déclaration universelle des droits de l'homme, New York, 10 décembre 1948.

- Principe du droit international consacré par le statut du tribunal de Nuremberg et dans le jugement de ce tribunal, New York, 29 juillet 1950.

- Déclaration des droits de l'enfant, adoptée et proclamée par la résolution 1386 (XIV) le 20 novembre 1959.

- Convention de Vienne sur le droit des traités, Vienne, 23 mai 1969.

- Convention n° 138 de l'Organisation internationale du travail sur l'âge minimum, 26 juin 1973.

- Recommandation R146 de l'Organisation internationale du travail sur l'âge minimum 26 juin 1973.

- Protocole additionnel aux conventions de Genève du 12 août 1949 relatif à la protection des victimes des conflits armés internationaux (Protocole I), 8 juin 1977.

- Protocole additionnel aux conventions de Genève du 12 août 1949 relatif à la protection des victimes des conflits armés non internationaux (Protocole II), 8 juin 1977.

- Ensemble de règles *minima* des Nations unies concernant l'administration de la justice pour mineurs (règles de Beijing), adopté par l'Assemblée générale dans sa résolution A/RES/40/33, 29 novembre 1985.

- Statuts du Mouvement international de la Croix-Rouge et du Croissant-Rouge, adoptés par la XXVe conférence de la Croix-Rouge à Genève en 1986 et amendés en 1995 et 2006.

- Convention des Nations unies relatives aux droits de l'enfant, New York, 20 novembre 1989.

- Règlement intérieur de la Commission internationale humanitaire d'établissement des faits, adopté le 8 juillet 1992 par la commission à Berne et modifié le 11 mars 2003 à Genève.

- Convention sur la sécurité du personnel des Nations unies et du personnel associé New York, 9 décembre 1994.

- Engagement de Paris en vue de protéger les enfants contre une utilisation ou des recrutements illégaux par des groupes ou forces armés.

- Statuts du comité international de la Croix-Rouge, 24 juin 1998.

- Statut de Rome de la Cour pénale internationale, 17 juillet 1998.

- Déclaration du comité international de la Croix-Rouge : Promotion et protection des droits de l'enfant, Assemblée générale des Nations unies, 53e Session, Troisième commission, point 106 de l'ordre du jour, New York, 21 octobre 1998.

- Convention internationale pour la répression des attentats terroristes à l'explosif, Annexe à la résolution de l'Assemblée générale A/RES/52/164, 9 janvier 1999.

- Convention n° 182 de l'Organisation internationale du travail concernant l'interdiction des pires forces de travail des enfants, Genève, 17 juin 1999.

- Recommandation R190 de l'Organisation internationale du travail sur les pires formes de travail des enfants, Genève, 17 juin 1999.

- Protocole facultatif à la convention relative aux droits de l'enfant, concernant l'implication d'enfants dans les conflits armés, New York, 25 mai 2000.

- Protocole facultatif à la convention relative aux droits de l'enfant établissant une procédure de présentation de communication, New York, 19 décembre 2011.

▪ **Instruments conventionnels régionaux**

a. Afrique

- Convention de l'OUA régissant les aspects relatifs aux problèmes des réfugiés en Afrique, Addis-Abeba (Éthiopie), 10 septembre 1969.

- Charte africain des droits de l'homme et des peuples, Nairobi (Kenya), 27 juin 1981.

- Charte africaine des droits et du bien-être de l'enfant, Addis-Abeba (Éthiopie), 11 juillet 1990.

- Resolution of the Plight of African Children in Situation of Armed Conflicts, adoptée par le Conseil des ministres de l'OUA à sa 64e session à Yaoundé (Cameroun), 1–5 juillet 1996, Doc.CM/RES/1959 (LXIV).1.

- Protocole (au traité de la CEDEAO) relatif au mécanisme de prévention, de gestion de règlement des conflits, de maintien de la paix et de la sécurité, Lomé (Togo), 10 décembre 1999.

- Déclaration de N'djamena, Mettre fin au recrutement et à l'utilisation des enfants par les forces et groupes armés, Contribution à la paix, à la justice et au développement, (Cameroun – Niger – Nigéria – République centrafricaine – Soudan – Tchad), N'Djamena (Tchad) ; 7–9 juin 2010.

- Rapport de la 17e session du Comité africain des experts sur les droits et le bien-être de l'enfant (CAEDBE), 22–25 mars 2011, Addis-Abeba (Éthiopie), doc. CADBE/RPT. (XVII).

- Directives pour l'examen des communications prévues à l'article 44 de la Charte africaine des droits et du bien-être de l'enfant, doc. ACERWC/8.

- Directives pour l'établissement des premiers rapports des États parties (préparées par le Comité africain d'experts des droits et du bien-être de l'enfant conformément à l'article 43 de la Charte africaine des droits et du bien-être de l'enfant), doc.cmttee/ACRWC/2II. Rev2. Directives relatives à la conduite des enquêtes du Comité africain d'experts sur les droits et bien-être de l'enfant en vertu de l'article 45 de la Charte africaine et l'article 74 de son règlement intérieur, doc. ACERWC/8/5.

b. Amérique

- Convention américaine relative aux droits de l'homme, San José (Costa Rica), le 22 novembre 1969.

- Déclaration de Carthagène sur les réfugiés, Carthagène des Indes (Colombie), 22 novembre 1984.

c. Asie et Région arabe

- Pacte arabe des droits de l'enfant, Tunis (Tunisie), 6 décembre 1983.
- Nouvelle Charte arabe des droits de l'homme, Tunis (Tunisie), mai 2004.

d. Europe/Union européenne

- Convention européenne de sauvegarde des droits de l'homme et des libertés fondamentales, Rome (Italie), 4 novembre 1950.
- Convention européenne sur l'exercice des droits de l'enfant, Strasbourg (France), 25 janvier 1996.
- Traité sur l'Union européenne, Maastricht, 7 février 1992.
- Convention européenne sur l'exercice des droits de l'enfant, 25 janvier 1996.
- Code de conduite de l'Union européenne en matière d'exportation d'armements, Bruxelles, 5 juin 1998.
- Accord de partenariat entre les membres du groupe des États d'Afrique, des Caraïbes et du Pacifique, d'une part, et la Communauté européenne et ses États membres, d'autre part, signé à Cotonou le 23 juin 2000, Journal officiel des communautés européennes.
- Charte des droits fondamentaux de l'Union européenne, 7 décembre 2000.
- Position commune 2003/444/PESC du Conseil du 16 juin 2003 concernant la Cour pénale internationale, *Journal officiel de l'Union européenne*.
- Résolution du Parlement européen sur la traite des enfants-soldats, 3 juillet 2003 P5_TA (2003) 003, Considérant B et D, *Journal officiel de l'Union européenne*.
- Résolution adoptée par l'Assemblée parlementaire paritaire

ACP-UE le 15 octobre 2003 à Rome (Italie) sur les droits des enfants et en particulier les enfants-soldats.

- Accord de coopération et d'assistance entre la Cour pénale internationale et l'Union européenne, 10 avril 2006.
- Communication de la commission, vers une stratégie européenne sur les droits de l'enfant, COM (2006) 367 final, Bruxelles, le 4 juillet 2006.
- Action commune 2007/677/PESC du Conseil du 15 octobre 2007 relative à l'opération militaire de l'Union européenne en République du Tchad et en République centrafricaine, *Journal officiel de l'Union européenne* L 279, 23/10/2007.
- Orientations de l'UE pour la promotion et la protection des droits de l'enfant, 10 décembre 2007.
- Communication de la commission au Conseil, au Parlement européen, au comité économique et social européen et au comité des régions, « Une place à part pour les enfants dans l'action extérieure de l'UE », COM (2008) 55 final, 5 février 2008.
- Mise à jour des orientations de l'UE sur les enfants face aux conflits armés, 17 juin 2008.
- Décision du Conseil du 26 janvier 2009 mettant en œuvre l'article 2, paragraphe 3, du règlement (CE) n° 2580/2001 concernant l'adoption de mesures restrictives spécifiques à l'encontre de certaines personnes et entités dans le cadre de la lutte contre le terrorisme, et abrogeant la décision 2008/01/2009 (2009/62/CE), *Journal officiel de l'Union européenne* L 23, 27 janvier 2009.
- Résolution du Parlement européen du 19 février 2009 sur une place à part pour les enfants dans l'action extérieure de l'UE (2008/2203 (INI).
- L'Union européenne et les missions de maintien de la paix des Nations unies – Réponse au rapport annuel du Conseil, Document A/2049, 2 décembre 2009.

- Lignes directrices de l'Union européenne mises en jour concernant la promotion du droit humanitaire international (2009/C 303/06), *Journal officiel de l'Union européenne*.

- Déclaration commune de l'UE à l'occasion de la journée internationale contre l'utilisation d'enfants-soldats, ST 6519/11, Addis-Abeba/Bruxelles, le 12 février 2011.

▪ Décision 2011/168/PESC du Conseil du 21 mars 2011 concernant la Cour pénale internationale et abrogeant la position commune 2003/444/PESC, *Journal officiel de l'Union européenne* L 76, 22 mars 2011.

C. Législations nationales du Mali/Rapport des structures nationales du Mali

1. Législations nationales du Mali

▪ Charte de Kurukan Fouga de 1222 ;

▪ L'Ordonnance n° 73-036 du 31 juillet 1973 relative au C-Parenté

▪ Constitution du 25 février 1992 ;

▪ Loi n° 92-038/AN-RM du 24 décembre 1992 ;

▪ Loi n° 93-001/AN-RM du 6 janvier 1993 ;

▪ Loi n° 92-020 du 23 septembre 1992 (code de travail) ;

▪ Loi n° 2017-021 portant modification du code de travail de 1992 ;

▪ Loi n° 01-081 du 24 août 2001 portant sur la minorité pénale et institution de juridictions pour mineurs ;

▪ Loi n° 01-080 du 1er février 2002 (code de procédure pénale) ;

▪ Loi n° 97-022 du 14 mars 1997 ;

▪ Code de protection de l'enfant de 2002 ;

▪ Loi n° 06/AN-RM du portant code des personnes et de la famille de 2006.

- Ordonnance n° 02-062/P-RM du 5 juin 2002 ;
- Loi n° 2012-023 du 12 juillet 2012 relative à la lutte contre la traite des personnes et les pratiques assimilées ;
- Décret n° 96-159/P-RM du 31 mai 1996, modifié par le décret n° 323/P-RM du 26 juin 2009 ;
- Arrêté n° 09-3825/MJ-SG du 17 décembre 2009.

1. Rapport des structures nationales du Mali

- Mali Recueil sur la minorité, 2010
- Ministère de la Promotion de la Femme de la Famille et de l'Enfant : Cinquième Rapport national du Mali de suivi de la mise en œuvre de la déclaration et du Programme d'action de Beijing de 1995 (rapport BEIJING+25), mai 2019.
- Herman Pingwendé Zougrana, Dr Baye DIAKITÉ et Atta Haber Mahamane : Rapport sur les pratiques endogènes de protection des enfants concernés par la mobilité dans le contexte d'urgence à Gao et à Tombouctou au Mali, juin 2017.
- Rapport périodique du Mali à la Commission africaine des droits de l'homme et des peuples relatif à la mise en œuvre de la Charte africaine des droits de l'homme et des peuples, 2001-2011.
- Rapports de la Commission nationale des droits de l'homme (CNDH) (Mali), 2014-2019.
- Rapport de l'AMDH, août 2018.

IV. JURISPRUDENCE

A – Jurisprudence internationale

- **Cour permanente de justice internationale/Cour internationale de justice**

  - Affaire du *Lotus*, Recueil des arrêts, Série A, n°°10, 7 septembre 1927.

- Affaire du Détroit de Corfou, Arrêt du 9 avril 1949 : CIJ, Recueil 1949.
- Réparation des dommages subis au service des Nations unies, Avis consultatif : CIJ, Recueil 1940.
- Mandat d'arrêt du 11 avril 2000 (République démocratique du Congo c/ Belgique), arrêt, CIJ, Recueil 2002.
- Conséquence juridique de l'édification d'un mur dans le territoire palestinien occupé, avis consultatif, CIJ, Recueil 2004.
- Question concernant l'obligation de poursuivre ou d'extrader (*Belgique c/ Sénégal*), Arrêt, 20 juillet 2012.

o **Cour pénale internationale (CPI)**

- Le Procureur c/ Joseph Nony, Vincent Otti, Okot Odhiambo et Dominic Ongwen, Affaire n° : ICC-02/04-01/05, Mandat d'arrêt de [Joseph Kony, Vincent Otti, Okot odhiambo], Chambre Préliminaire II, 8 juillet 2005.
- Le Procureur c/ Thomas Lubanga Dyilo, Affaire n° : ICC-01/04-01/06, Mandat d'arrêt (sous scellés), Chambre préliminaire I, 10 février 2006.
- Le Procureur c/ Laurent Gbagbo, Chambre préliminaire III, Affaire n° : ICC-02/11/01/11, Mandat d'arrêt à l'encontre de Laurent Koudou Gbagbo, 23 novembre 2011.
- Le Procureur c/ Abdel Raheem Muhammad Hussein, Affaire n° : ICC-02/05-01/12, Chambre préliminaire I.
- Le Procureur Fatou Bensouda c/ M. Al Hassan Ag Abdoul Aziz Ag Mohamed Ag Mahmoud (« M. Al Hassan ») Affaire en raison de sa participation alléguée avec mouvement terroriste Ansar Dine, à des crimes de guerre et crimes contre l'humanité perpétrés durant l'occupation de la ville de Tombouctou en 2012 et 2013, chambre préliminaire I, 9 avril 2018.

o **Tribunal pénal international pour l'ex-Yougoslavie**

- Le Procureur c/ Dusko Tadic, alias « Dule », Affaire n° IT-94-1-AR72, Arrêt relatif à l'appel de la défense concernant l'exception préjudicielle d'incompétence, Chambre d'appel, 2 octobre 1995.

- Le Procureur c/ Zejinil Delalic, Zdravko Mucic alias « Provo », Hazim Delic, Esad Landzo alias « Zenga », Affaire n° : IT-96-21-T, Jugement, Chambre de première instance, 16 novembre 1998.

- Le Procureur c/ Anto Furundzija, Affaire n°°IT-95-17/1-T, Jugement, Chambre de première instance, 10 décembre 1998.

- Le Procureur c/ Dario Kordic et Mari Cerkez, Affaire n°°IT-95-14/2-A, Arrêt, Chambre d'appel, 17 décembre 2004.

o **Tribunal spécial pour la Sierra Leone**

- Prosecutor v. Charles Ghankay Taylor, Case N°: SCSL-2003-01-I, Indictment, 7 march 2003.

- Prosecutor v. Foday Saybana Sankoh, Case N°: SCSL-2003-01-I, Indictment, 7 March 2003.

- Prosecutor v. Samuel Hinga Norman, Moinina Fofana and Allieu Kondwa, Case N°: SCSL-04-154-T, Decision on Registrar's Submission of Evidence of Death of Accused Samuel Hinga Norman and Consequential Issues, 21 May 2007.

- Prosecutor v. Moinina Fofana and Allieu Kondewa, Case N°: SCSL-2004-14-A Judgment, Appeals Chamber, 28 May 2008.

- Prosecutor v. Issa Hasan Sesay, Morris Kallon and Augustine Gbao, Case N°: SCSL-2004-15-T, Judgment, Trial Chamber I, 2 March 2009.

- Prosecutor v. Charles Ghankay Taylor, Case N°: SCSL-2003-01-T, Judgment, Trial Chamber II, 18 May 2012.

- Prosecutor v. Charles Ghankay Taylor, Case N°: SCSL-2003-01-A, Notice of Appel of Charles Ghankay Taylor, the Appeals Chamber, 19 July 2012.

- Prosecutor v. Charles Ghankay Taylor, Case N°: SCSL-2003-01-A, Appellant's Submissions of Ghankay Taylor, The Appeals Chamber, 1er October 2012.

V. SITES WEB UTILISÉS

- http://www.africa-union.org
- http://www.amnestyunternational.be
- htto://www.childrenandarmedcnflict.un.org
- http://www.crin.org
- http://www.droits-enfant.com
- http://www.droits-fondamentaux.org
- http://www.fidh.org/Crimes-de-guerre-au-Nord-Mali
- http://www.gouv.ml
- http://www.hrw.org.fr
- http://www.hrx.org.fr
- http://www.icc-cpi.int.fr
- http://www.iccnow.org
- http://www.ici-cij.org
- http://www.icr.icty.org
- http://www.liberation.fr
- http://www.operationspaix.net
- http://www.minusma.org
- www.onudc.org
- http://www.un.org

- http://www.unesco.org
- http://www.unicef.org
- http://www.unicefmali.com
- http://www.unhcr.org
- http://www.sc-sl-org
- http://wwwtreaties.un.org
- http://www.trial-ch.org

VI. DICTIONNAIRES

- Jean SALMON (dir.), *Dictionnaire du droit international public*, Bruxelles, Bruylant, 2001.
- Jean-Luc Albert, Dominique Asquinazi-Bailleux, Loui d'About, Cécile Chainais, Adrien-Charles Dana, Thierry Debard, Virginie Donier, Sylvie Ferré-André, Serge Frossard, Emmanuel Guinchard, Serge Guinchard, Yann Kerbrat, Yves Mayaud, Henri Roland, Gérard Vachet, André Varinard (tous les domaines du droit, par les regards croisés de spécialistes). *Lexique des termes juridiques*, Paris, Dalloz, 25e édition, 2017.

ANNEXES

ANNEXE I :

✓ Travail des enfants par OIT

Limites d'âge supérieures	Type de travail				
	Travail exclu de la législation de l'âge minimum	Travail léger < 14 heures/semaine	Travail non dangereux < 43 heures/semaine	Travail dangereux x ≥ 43 heures/semaine	Forme intrinsèquement condamnable de travail des enfants
18 ans		A		C	D
15 ans (b)					
12 ans (c)		B			

Légende :

- Zone A : *Child Work* ou « travail des enfants légitime » (ou travaux ménagers).
- Zone B, C et D : *Child Labour* ou « travail des enfants », c'est-à-dire à abolir.
- Zone B : « travail des enfants à abolir progressivement ».
- Zones C et D : « pires formes », à abolir d'urgence.
- Zone C : point d) de l'article 3 de la Convention n° 182 (*infra*).
- Zone D : point a), b) et c) de l'article 3 de la Convention n°° 182 (*infra*).

Notes **:** (a) Travaux ménagers, travail dans l'entreprise familiale, travail effectué dans le cadre de l'éducation. (b) L'âge minimum d'admission à l'emploi est déterminé par la législation nationale entre 14 et 16 ans. (c) L'âge minimum pour le travail léger peut être fixé à 12 ou 13 ans.

Source : OIT, 2002.

ANNEXE II

L'ÉVENTAIL DES MENACES QUI PEUVENT PESER SUR LES ENFANTS DANS UN CONTEXTE DE CRISE HUMANITAIRE	
Les plus évidents qui menacent les enfants dans les crises humanitaires	**Les risques moins évidents qui menacent les enfants dans les crises humanitaires**
Décès	Traumatisme psychologique
Perturbation de la scolarité	Recrutement en tant qu'enfants-soldats
Séparation de la famille	Enlèvement, traite d'enfants et exploitation
Malnutrition	Travail des enfants
Déplacement	Violence et maltraitance
Maladie et blessure physique	Mariage d'enfants

ANNEXE III

✓ **COMPOSITION DU CONSEIL D'ADMINISTRATION DE L'Unicef DE 1946 À 2014**

Numéros	ÉTATS	DATES
01	Afghanistan	1960–1963 ; 1965–1967 ; 1977–1980
02	Albanie	2012–2014
03	Algérie	1971–1974 ; 1982–1985 ; 2004–2006
04	Angola	1991–1997
05	Antigua-et-Barbuda	1998–2000 ; 2008–2014
06	Argentine	1946–1955 ; 1985–1988 ; 2005–2007

07	Arménie	2001–2003
08	Australie	1946–1961 ; 1966–1969 ; 1979–1982 ; 1983–1986 ; 1987–1990 ; 1991–1995 ; 2001–2002 ; 2005–2008
09	Autriche	1957–1959 ; 1981–1984 ; 2004–2006 ; 2008–2009 ; 2012
10	Azerbaïdjan	1994–1997 ; 1998–2000
11	Bahamas	2007–2009
12	Bahreïn	1982–1985
13	Bangladesh	1982–1991 ; 1998–2000 ; 2004–2006 ; 2009–2011
15	Barbade	1977–1983 ; 1989–1992
16	Bélarus	1946–1956 ; 1978–1981 ; 1988–1991 ; 1994–1995 ; 2004–2006 ; 2010–2012
17	Belgique	1951–1961 ; 1965–1971 ; 1980–1983 ; 1984–1990 ; 1997–1999 ; 2007 ; 2011 ; 2013–2014
18	Bénin	1975–1978 ; 1984–1990
19	Bhoutan	1984–1987
20	Bolivie (État plurinational de)	1951 ; 1975–1978 ; 1988–1991 ; 2000–2002 ; 2005–2007
21	Botswana	1980–1983
22	Brésil	1946–1971 ; 1976–1979 ; 1980–1983 ; 1985–1988 ; 1991–1996
23	Bulgarie	1960–1965 ; 1966–1978 ; 1985–1988 ; 1992–1994[819] ; 2013–2014

[819] À la suite de la reconstitution du Conseil d'administration, en application de la résolution 48/162 de l'Assemblée générale en date du 20 décembre 1993, un certain nombre de membres du Conseil de direction élus pour 1993/1994 n'ont pas été réélus

24	Burkina Faso	1982–1985 ; 1993–1996 ; 2006–2008
25	Burundi	1979–1982 ; 1995–1997 ; 2004–2006
26	Cameroun	1967–1970 ; 1976–1979 ; 1988–1991 ; 2007–2009
27	Canada	1946–1958 ; 1962–1996 ; 1999–2001 ; 2003–2006 ; 2009–2010 ; 2012–2013
28	Cap-Vert	1997 ; 1999 ; 2010–2012
29	République centrafricaine	1973–1976 ; 1982–1985 ; 1991–1994 ; 2007–2009 ; 2013–2014
30	Tchad	1982–1985
31	Chili	1958–1975 ; 1977–1980 ; 1982–1988
32	Chine	1946–1956 ; 1958–1973 ; 1980–2014
33	Colombie	1946–1950 ; 1955–1959 ; 1974–1977 ; 1983–1989 ; 1992–1994 ; 2001–2003 ; 2006–2008 ; 2011–2013
34	Comores	1998–2000
35	Congo (République du)	1972–1975 ; 1985–1988 ; 1991–1994 ; 1998–2000 ; 2010–2012
36	Costa Rica	1970–1973 ; 1992–1995
37	Côte d'Ivoire	1981–1984 ; 2000–2002
38	Croatie	2007–2009
39	Cuba	1974–1977 ; 1983–1986 ; 1996–1998 ; 2001–2002 ; 2009–2014

par le Conseil économique et social à sa session d'organisation du 4 février 1994 pour siéger au Conseil d'administration en 1994. Il s'agissait des États suivants : Bulgarie, Finlande, Népal, Nicaragua, Norvège, Sénégal, Turquie et Yémen.

40	République tchèque[820]	1993 ; 1998–1999
41	Tchécoslovaquie[821]	1946–1950 ; 1954–1959 ; 1968–1971 ; 1990–1992
42	République populaire démocratique de Corée	2005–2007
43	République démocratique du Congo	2001–2003 ; 2013–2014
44	Danemark	1946–1950 ; 1984–1987 ; 1990–1993 ; 1996–1997 ; 1999–2001 ; 2003–2004 ; 2006–2007 ; 2009–2014
45	Djibouti	1985–1988 ; 2004–2006 ; 2013–2014
46	République dominicaine	1951 ; 1954–1965 ; 1967–1970
47	Équateur	1946–1962 ; 1965–1968 ; 2002–2004
48	Égypte	1955–1959 ; 1964–1967 ; 1970–1976 ; 1988–1991 ; 2013–2014
49	El Salvador	1957–1963 ; 2004–2006 ; 2010–2012
50	Érythrée	2003–2005
51	Estonie	2011–2014
52	Éthiopie	1966–1969 ; 1985–1988 ; 1991–1994 ; 2007–2009

[820] La Tchécoslovaquie a été membre de l'Organisation des Nations unies depuis la création de cette dernière, le 24 octobre 1945, jusqu'au 31 décembre 1992, date qui marque la fin de son existence. Les États qui lui ont succédé, la République tchèque et la République slovaque, ont été admis à l'ONU le 19 janvier 1993.

[821] La Tchécoslovaquie a été élue pour remplacer la République démocratique allemande en octobre 1990.

53	Finlande	1974–1977 ; 1983–1986 ; 1989–1994 ; 2 1995 ; 1998–2000 ; 2005–2006 ; 2008–2009 ; 2012–2013
54	France	1946–1996 ; 1998–1999 ; 2001–2002 ; 2004–2005 ; 2009–2014
55	Gabon	1970–1973 ; 1985–1988 ; 2001–2003
56	Gambie	2001–2003 ; 2012–2014
57	République démocratique allemande[822]	1981–1984 ; 1990
58	Allemagne	1975–1995 ; 1997–1999 ; 2001–2003 ; 2005–2007 ; 2008–2009 ; 2011–2012 ; 2014
59	Ghana	1978–1981 ; 1993–1996 ; 2003–2005 ; 2013–2014
60	Grèce	1946–1957 ; 1960–1962 ; 1998–2000 ; 2008–2010 ; 2013
61	Guatemala	2006–2008
62	Guinée	1968–1970 ; 1975–1978 ; 2000–2002
63	Guyana	1986–1989 ; 1999–2001 ; 2013–2014
64	Haïti	2008–2010 ; 2012–2014
65	Hongrie	1979–1985

[822] La République fédérale allemande et la République démocratique allemande ont été admises à l'ONU le 18 septembre 1973. Du fait du rattachement de la République démocratique allemande à la République fédérale d'Allemagne, le 3 octobre 1990, les deux États allemands se sont unis pour former un seul État souverain. À compter de la date de l'unification, cet État a été désigné à l'ONU sous le nom d'« Allemagne ».

66	Islande	2010
67	Inde	1950–1960 ; 1962–1977 ; 1978–1997 ; 2000–2005 ; 2007–2009 ; 2012–2014
68	Indonésie	1951–1978 ; 1984–1996 ; 1997–1999 ; 2001–2003 ; 2011–2013
69	Iran (République islamique d')	1957–1962 ; 2000–2005 ; 2008–2010 ; 2013–2014
70	Iraq	1946–1955 ; 1968–1970
71	Irlande	2002–2003 ; 2007 ; 2010 ; 2013
72	Israël	1951–1959 ; 1961–1968 ; 2013
73	Italie	1951–1964 ; 1970–1979 ; 1982–1997 ; 2000–2002 ; 2004–2006 ; 2009–2012 ; 2014
74	Jamaïque	1991–1996 ; 1997–1999 ; 2002–2004
75	Japon	1954–1957 ; 1960–1962 ; 1973–2009 ; 2011–2012 ; 2014
76	Jordanie	1977–1980
77	Kazakhstan	1998–2000 ; 2010–2012
78	Kenya	1995–1997 ; 2012–2014
79	République démocratique populaire lao	2001–2003
80	Liban	1993–1996 ; 2004–2006

81	Lesotho	1983–1989 ; 2002–2004
81	Libéria	1987–1993 ; 2009–2011
82	Libye	1979–1982 ; 1998–2000
83	Luxembourg	2003 ; 2010
84	Madagascar	1982–1985 ; 2001–2003
85	Malawi	1970–1973 ; 2004–2006 ; 2010–2012
86	Malaisie	2007–2009
87	Mali	1985–1988 ; 2007–2009
88	Mauritanie	2007–2009
89	Mexique	1960–1965 ; 1979–1991
90	République de Moldova	2003–2005
91	Maroc	1965–1968 ; 1976–1979 ; 1995–1997 ; 2001–2003
92	Mozambique	1992–1995 ; 2005–2007
93	Myanmar	2004–2009
94	Namibie	1996–1998 ; 2011–2013

95	Népal	1982–1985 ; 1992–1994 ;2 2002–2004
96	Pays-Bas	1946–1950 ; 1975–1981 ; 1982–1988 ; 1989–1997 ; 2000–2002 ; 2005–2007 ; 2009 ; 2011–2012 ; 2014
97	Nouvelle-Zélande	1946–1952 ; 1958–1961 ; 1997–1998 ; 2010–2012 ; 2014
98	Nicaragua	1988–1994 ; 2 1997–1999 ; 2003–2005
99	Niger	1984–1987
100	Nigéria	1961–1964 ; 1970–1975 ; 1988–1991 ; 1997–1999
101	Norvège	1946–1955 ; 1971–1974 ; 1977–1983 ; 1986–1989 ; 1991–1994 ; 2 1995–1999 ; 2001–2002 ; 2004–2005 ; 2008–2010 ; 2012–2014
102	Oman	1985–1991 ; 1997–1999
103	Pakistan	1952–1980 ; 1981–1984 ; 1985–1997 ; 1999–2001 ; 2006–2008 ; 2010–2014
104	Panama	1982–1985 ; 2014
105	Papouasie-Nouvelle-Guinée	2014
106	Paraguay	1999–2001
107	Pérou	1967–1969 ; 1973–1976 ; 1989–1992 ; 2003–2005
108	Philippines	1951–1960 ; 1963–1981 ; 1987–1990 ; 1992–1995
109	Pologne	1946–1950 ; 1957–1979 ; 1986–1992

110	Portugal	2001–2003 ; 2007 ; 2012
111	Qatar	2010–2012
112	République de Corée	1988–1997 ; 2006–2014
113	Roumanie	1971–1974 ; 1984–1987 ; 1993–1996 ; 2000–2002 ; 2008–2010
114	Fédération de Russie[823]	1946–2014
115	Rwanda	1973–1976 ; 2006–2008
116	Sénégal	1963–1969 ; 1978–1981 ; 1991–1994 ; 2 2004–2006
117	Serbie	2006–2008
118	Sierra Leone	1969–1971 ; 1990–1993
119	Slovénie	2002–2004 ; 2009–2011
120	Somalie	1979–1985 ; 2010–2012
121	Afrique du Sud	1946–1951 ; 1998–2000
122	Espagne	1963–1965 ; 1990–1993 ; 2000 ; 2003–2004 ; 2006 ; 2008 ; 2012
123	Sri Lanka	1951–1952 ; 1990–1993

[823] La fédération de Russie occupe, depuis le 24 décembre 1991, le siège de l'ex-Union des Républiques socialistes soviétiques (URSS), qui était membre de l'ONU depuis sa fondation, le 24 octobre 1945.

124	Soudan	1963–1965 ; 1988–1993 ; 1998–2000 ; 2009–2011
125	Suriname	1993–1995 ; 1996–1998
126	Swaziland	1982–1985
127	Suède	1946–1950 ; 1955–1984 ; 1988–1998 ; 2000–2009 ; 2011–2014
128	Suisse[824]	1946–1994 ; 1996–1999 ; 2002–2004 ; 2007 ; 2009–2010 ; 2013
129	Thaïlande	1951–1953 ; 1965–1967 ; 1969–1977 ; 1980–1992 ; 2013–2014
130	Togo	1981–1984
131	Trinité-et-Tobago	2000
132	Tunisie	1957–1971 ; 1985–1988 ; 2010–2012
133	Turquie	1951 ; 1959–1974 ; 1986–1989 ; 1993–1994 ; 1996–1997 ; 2000 ; 2007
134	Ouganda	1967–1970 ; 1974–1977 ; 1988–1991 ; 1995–1997
135	Ukraine	1946–1950 ; 1996–1998 ; 1999–2001 ; 2005–2007
136	Émirats arabes unis	1981–1984
137	Royaume-Uni de Grande-Bretagne et d'Irlande du Nord	1946–1981 ; 1982–1996 ; 1998–2000 ; 2003–2005 ; 2007–2008 ; 2010–2012 ; 2014

[824] La Suisse a été admise à l'ONU le 10 septembre 2002.

138	République-Unie de Tanzanie[825]	1976–1979 ; 1991–1994
139	États-Unis d'Amérique	1946–2014
140	Uruguay	1951–1956 ; 1962–1964 ; 1971–1974 ; 1987–1993 ; 2009–2011
141	Venezuela	1957–1958 ; 1968–1974 ; 1978–1987 ; 1995–1997
142	Viet Nam	1959–1962 ; 1996–1998
143	Yémen[826]	1991–1994 ; 1998–2000 ; 2001–2003
144	Yougoslavie[827]	1946–1961 ; 1965–1968 ; 1974–1986 ; 1987–1990 ; 1991–1994
145	Zambie	1977–1980 ; 2014
146	Zimbabwe	1989–1992 ; 1999–2001 ; 2008–2010

Source :
www.unicef.org/mali/th%C3%A8mes/mali?items_per_page=50, consulté le 7 novembre 2019.

[825] Tanganyika a été admis à l'ONU le 14 décembre 1961 et Zanzibar le 16 décembre 1963. Du fait de l'union de Tanganyika et Zanzibar, ratifiée le 26 avril 1964, les deux États occupent depuis le 1er novembre 1964 un seul siège sous l'appellation de « République-Unie de Tanzanie ».

[826] Le Yémen a été admis à l'ONU le 30 septembre 1947 et le Yémen démocratique le 14 décembre 1967. Depuis le 22 mai 1990, les deux pays réunifiés occupent un seul siège sous le nom de « Yémen ».

[827] La République fédérale socialiste de Yougoslavie a été l'un des membres fondateurs de L'ONU à sa création le 24 octobre 1945. Le 27 avril, après la scission de la République de Bosnie-Herzégovine, de la République de Croatie et de l'ex-République yougoslave de Macédoine, elle a été désignée sous l'appellation de « République fédérale de Yougoslavie », comprenant les Républiques du Monténégro et de Serbie. Le 4 février 2003, ce pays a pris pour nom « Serbie-et-Monténégro ». Dans une lettre datée du 3 juin 2006, le président de la République de Serbie a informé le secrétaire général que le siège de la Serbie-et-Monténégro à l'ONU continuerait d'être occupé par la république de Serbie.

ANNEXE IV

GUIDE D'ENTRETIEN

<u>THÈME :</u> Entretien sur la protection des droits de l'enfant au Mali

A - IDENTIFICATION

Structure :

Responsable :

Nom et Prénom :

Fonction :

Contact :

B – QUESTIONS

1) Les instruments juridiques des droits de l'enfant ratifiés par le Mali sont-ils appliqués ?
2) Existe-t-il des enfants associés aux conflits armés au Mali ? Si oui pourquoi ? Et quelle est la sanction réservée aux auteurs ?
3) Existent-t-ils des répressions en cas de violations des droits de l'enfant ?
4) Recevez-vous des plaintes relatives à des violences basées sur les enfants ?
5) Quelles sont les pistes pour une meilleure prise en charge des exigences de la protestation légale des enfants au Mali ?
6) Quel est le rôle de votre structure dans la protection des droits de l'enfant ?

C - Questions finales

7) Généralement, dans quelle mesure sont-ils, les enfants au Mali, affectés par la dynamique de conflit et d'insécurité au centre et au nord du Mali ?

8) Y-a-t-il autre chose concernant le sujet que l'on n'aurait pas évoqué au cours de ce guide d'entretien ?

9) Souhaitez-vous être informé de nos résultats de cette recherche ? Si oui, par quel moyen de communication ?

Merci Monsieur pour votre franche collaboration !

ANNEXE V

FICHE D'ÉVALUATION

ANNÉES	PLACEMENTS	RÉPARTITION DES PLACEMENTS				AFFAIRES
		PLACEMENTS DIRECTS		PLACEMENTS INDIRECTS		
		F	G	F	G	

TABLE DES MATIÈRES

Structures éditoriales du groupe L'Harmattan

L'Harmattan Italie
Via degli Artisti, 15
10124 Torino
harmattan.italia@gmail.com

L'Harmattan Hongrie
Kossuth l. u. 14-16.
1053 Budapest
harmattan@harmattan.hu

L'Harmattan Sénégal
10 VDN SICAP AMITIE 3
BP 45034 Dakar-Fann
direction@senharmattan.com

L'Harmattan Cameroun
Tsinga/Derrière polyclinique FECAFOOT
BP 11486 Yaoundé
Jacques.koukam@harmattan.fr

L'Harmattan Burkina Faso
Villa 281, secteur 23 623, rue 14.32
Ouagadougou
zagbie@outlook.fr

L'Harmattan Guinée
Almamya, rue KA 028 OKB Agency
BP 3470 Conakry
harmattanguinee@yahoo.fr

L'Harmattan RDC
185, avenue Nyangwe
Commune de Lingwala – Kinshasa
matangilamusadila@yahoo.fr

L'Harmattan Congo
219, avenue Nelson Mandela
BP 2874 Brazzaville
deunovmikhael@gmail.com

L'Harmattan Mali
Immeuble Mgr Jean Marie Cissé
Aci Hamadallaye
BP 145 Bamako
syllaka@yahoo.fr

L'Harmattan Togo
Djidjole – Maison Amela
face EPP BATOME
02 BP 20680 Lomé
didieramela11@gmail.com

L'Harmattan Côte d'Ivoire
Résidence Karl – Cité des Arts
Abidjan-Cocody
03 BP 1588 Abidjan
harmattan.ivoire@gmail.com

L'Harmattan Bénin
Rue 604, (Immeuble à l'entrée
de la rue UCAO- Cite de Saint-Jean)
Cotonou
stepcorpus@gmail.com

Nos librairies en France

Librairie internationale
16, rue des Écoles
75005 Paris
librairie.internationale@harmattan.fr
01 40 46 79 11
www.librairieharmattan.com

Librairie des savoirs
21, rue des Écoles
75005 Paris
librairie.sh@harmattan.fr
01 46 34 13 71
www.librairieharmattansh.com

www.ingramcontent.com/pod-product-compliance
Lightning Source LLC
LaVergne TN
LVHW021149061026
849535LV00002B/401